»Richtig reisen«
Venezuela, Kolumbien und Ecuador

In der vorderen Umschlagklappe: Übersichtskarte Venezuela

In der hinteren Umschlagklappe: Übersichtskarte Kolumbien und Ecuador

»Richtig reisen«

Venezuela, Kolumbien und Ecuador

Reise-Handbuch

Karl-Arnulf Rädecke

DuMont Buchverlag Köln

Umschlagvorderseite: Markt in Zumbahua, Ecuador

Umschlaginnenklappe: Detail eines Hauses in Villa de Leyva, Kolumbien

Umschlagrückseite: Strand von Arapito, Mochima-Nationalpark, Venezuela

Frontispiz: Teppich mit indianischem Muster

CIP-Titelaufnahme der Deutschen Bibliothek

Rädecke, Karl-Arnulf:
Venezuela, Kolumbien und Ecuador: Reise-Handbuch /
Karl-Arnulf Rädecke. – Köln: DuMont, 1990
  (Richtig reisen)
  ISBN 3–7701–2189–9

© 1990 DuMont Buchverlag, Köln
Alle Rechte vorbehalten
Satz, Druck und buchbinderische Verarbeitung: Boss-Druck, Kleve

Printed in Germany ISBN 3–7701–2189–9

Inhalt

Kolumbien

Allgemeine Landeskunde

Orte und Landschaften in Kolumbien

Praktische Reiseinformationen

Venezuela

Allgemeine Landeskunde

Venezuela im Überblick

Strukturdaten Venezuela

Staatsname	República de Venezuela
Flagge	gelb-blau-rot gestreift, Sternenhalbkreis auf blauem Grund
Staatssprache	Spanisch, teils auch indianische Idiome
Staatsform	Präsidiale föderative Republik; seit Ende 1988 ist Carlos Andrés Pérez Präsident
Staatliche Gliederung	20 Bundesstaaten (Estados), Bundesdistrikt Caracas (Distrito Federal), zwei Bundesterritorien (Territorios Federales: Amazonas und Delta Amacuro)
Gesamtfläche	912000 qkm, mehr als 3½mal so groß wie Westdeutschland
Hauptstadt	Caracas (ca. 4,5 Mio. Einwohner)
Bevölkerung	20 Mio. (offizielle Schätzung): 66% Mestizen und Mulatten; 22% Weiße; 8% Schwarze; 2% Indios
Bevölkerungswachstum	ca. 3%
Lebenserwartung	70 Jahre
Religion	95% Katholiken, 2% Protestanten
Analphabetenrate	15% (aller über 15-Jährigen)
Einwohner pro Arzt	ca. 900
Arbeitslosenquote	15% offiziell, 24% laut Schätzungen
Pro-Kopf-Einkommen	2760 Dollar
Währung	Bolívar
Auslandsschulden	ca. 26 Mrd. Dollar

Klima

Venezuela hat ein tropisches Klima. Starke Temperaturschwankungen, nach denen in den nördlichen Breiten die Jahreszeiten definiert werden, fehlen. Die durchschnittlichen Monatswerte variieren im Jahr lediglich um ca. 3° C. Die Unterschiede zwischen Tag und Nacht sind in den Andengebieten allerdings erheblich. Ausschlaggebend für das Klima sind die Höhenlagen, so daß man drei verschiedene Zonen unterscheidet.

Die *tierra caliente* ist die heiße Zone bis ca. 800 m Höhe mit durchschnittlich 24–28° C. Trocken-heiß sind die Küstenstriche im Norden, am regenärmsten ist das Gebiet nördlich von Coro. Die größte Mittagshitze tritt in der Bucht von Maracaibo auf. Ein extrem feucht-heißes Klima bestimmt das Orinoco-Delta und die südlichen Urwaldgebiete. Zur *tierra templada,* der gemäßigten Zone zwischen 800 und ca. 2200 m Höhe mit Temperaturen von 17–24° C, gehören die Täler von Caracas, Valencia und Barquisimeto. Die venezolanischen Anden bilden im Bereich zwischen 2200 und ca. 3400 m die *tierra fría,* die kalte Zone mit 12–17° C. Oberhalb davon folgt die *tierra helada* (eisige Zone) und bei ca. 4400 m die Schneegrenze.

Als Sommer *(verano)* wird in Venezuela die Trockenzeit zwischen November und April bezeichnet. Am niederschlagsärmsten sind die Monate Januar bis März. Als Winter *(invierno)* gilt die Regenzeit von Mai bis Oktober. Diese Einteilung geht auf die Spanier zurück, deren Winter sich hauptsächlich durch stärkere Regenfälle bemerkbar macht. Krasse Gegensätze zwischen beiden Perioden weisen die weiten Savannen der Llanos in Mittelvenezuela auf. Im Westen des Landes (Mérida) gibt es zwei Regenzeiten, nämlich im Mai und im Oktober. Regenzeit bedeutet immer, daß im Durchschnitt mehr Niederschläge fallen. Sie ist keineswegs reisefeindlich, da die Schauer meist nur am Nachmittag auftreten. Während des übrigen Tages ist es überwiegend sonnig.

Geographische Gliederung

Die Küste

Von der Halbinsel Guajira im Westen, die sich Venezuela mit Kolumbien teilt, bis zum Delta des Orinoco an der Ostküste erstrecken sich fast 3000 km oft faszinierender Küstenlandschaft. Der Süden des flachen Maracaibo-Bassins ist feucht-heiß. Dichte Vegetation und Sümpfe finden sich um die Mündungen der Flüsse Catatumbo und Escalante. Die Region westlich des Sees wird zunehmend in eine Weide- und Parklandschaft für die Viehzucht verwandelt. Die nördlichen Ufer mit ihren berühmten Ölfeldern nahe Maracaibo, der zweitgrößten Stadt des Landes, sind trocken-heiß, ebenso die Halbinsel Guajira und die karibische Küste bis weit hinaus über das Kolonialstädtchen Coro mit seinen imposanten Dünenfeldern. Die mittlere Küstenregion, insbesondere östlich von La Guaira, ist sehr schmal und steil, im Hinterland erhebt sich die Cordillera de la Costa. Östlich davon öffnet sich der weite Halbkreis der Bucht von Barcelona mit kilometerlangen Stränden, Kokospalmen-Plantagen und riesigen Lagunen.

Zwischen Puerto la Cruz und Cumaná, wo die Berge wieder nahe an die Küste herantreten, findet man traumhafte Palmenstrände. Neben der großen Insel Margarita, heute ein Einkaufs- und Urlaubsparadies, gehören noch eine Reihe kleinerer Inseln zu Venezuela, wie die Islas de Aves, Los Roques, Orchila und Blanquilla.

Die nördlichen Bergländer

Im Gebirgsknoten von Pamplona (Kolumbien) teilen sich die Ostanden und legen sich V-förmig um die Maracaibo-Senke mit dem gleichnamigen großen See. Den nördlichen Ast mit der Sierra de Perijá teilt sich Venezuela mit Kolumbien. Diese noch weitgehend unerschlossene Bergwelt wurde lange Zeit von den wilden Motilones-Indios mit ihren schweren, schwarzen Pfeilen verteidigt.

Der südliche Ast, von der kolumbianischen Ostkordillere durch die Niederung von Táchira getrennt, erreicht in der Sierra Nevada de Mérida Höhen bis zu 5000 m. Hier liegen die einzigen Schneeberge Venezuelas, darunter der Pico Bolívar, mit 5007 m die höchste Erhebung des Landes. Bis etwa in die Gegend von Barquisimeto gehört der Gebirgszug zu den Anden. Zwischen der oberen Grenze des Bergwaldes (bei ca. 3200 m) und der Schneegrenze liegen die *páramos,* meist feuchtkalte und kahle oder grasbedeckte Hochflächen mit niedrigem Pflanzenwuchs und einer Vielzahl von Bergseen *(lagunas).*

Die sich östlich an die Anden anschließende niedrigere Küstenkordillere (Cordillera de la Costa), die teilweise steil in das Karibische Meer abfällt, hat sehr fruchtbare Täler mit angenehmem Klima. Sie ist daher auch Hauptsiedlungsgebiet der Venezolaner. Diese Region mit den bedeutenden Städten Caracas, Maracay und Valencia ist wirtschaftlich und politisch das Herz Venezuelas. Das zentrale nördliche Bergland reicht bis zur Senke von Barcelona, durch die der Río Unare als einziger Strom der zentralvenezolanischen Savannen (Llanos) das Karibische Meer erreicht.

Östlich des Río Unare bildet die Sierra de Cumaná die letzten höheren Erhebungen des nördlichen Berglandes, dessen Ausläufer noch die Halbinsel Paria und die Insel Trinidad bilden.

Die Llanos

Auf den leicht hügeligen bis tischflachen weiten und heißen Ebenen zwischen den nördlichen Bergländern und dem Orinoco, der Venezuela von Westen nach Osten durchfließt, leben auf einem Drittel der Landesfläche nur ca. 15% der Bevölkerung. Die höheren Zonen (Llanos altos) zu Füßen der Bergketten sind am dichtesten bevölkert.

Die nur selten baumreiche Graslandschaft der Savannen, hin und wieder unter-

Wasserfälle im Canaima-Nationalpark

brochen durch Galeriewälder entlang der Flüsse, leidet in der Regenzeit unter Überschwemmungen. Heftige Tropenschauer, die *palos de agua,* lassen dann die Flüsse über ihre Ufer treten und verwandeln die tiefer gelegenen Gebiete, insbesondere zwischen Río Apure und Orinoco, in morastige Lagunen. In der Trockenzeit herrscht dagegen extreme Dürre; viele Flüsse verkümmern zu Rinnsalen, und der starke Wind treibt riesige Staubfahnen vor sich her.

Das Vieh der riesigen Haciendas wird bei Überschwemmungen in höhere Lagen, auf die *mesas,* getrieben, während es zur Dürrezeit nur weiter flußabwärts genügend Nahrung findet. Mit Stauseen wie dem Embalse de Guárico nahe Calabozo gelingt es, überflüssiges Wasser zurückzuhalten und in der Trockenzeit dosiert zur Bewässerung freizugeben.

Fast alle Flüsse münden in den Orinoco, mit Ausnahme des Río Unare im Osten, in dessen Tal die Llanos bis zur Karibikküste vordringen. Die Region um El Tigre ist gekennzeichnet von Bohrtürmen, die wertvolles leichtes Öl fördern. Der größte Teil der Llanos ist Weideland. Rund 70% der Rinder Venezuelas werden hier gezüchtet, vor allem wiederstandsfähige Zeburassen im südlichen Staat Apure.

Das Bergland von Guayana

Mit 450 000 qkm (fast doppelt so groß wie Westdeutschland) umfaßt dieses südöstliche Bergland rund 50% der Gesamtfläche Venezuelas. Im Gegensatz zu den geologisch jungen Anden ist es aus erdgeschichtlich sehr alten Gesteinen aufgebaut, deren Schollenstruktur durch fehlenden Vulkanismus erhalten wurde. Die Erosion hat während Hundertmillionen von Jahren die Landschaftsformen abgerundet, so daß weite Täler und flache Höhen charakteristisch sind. Das Bergland von Guayana ist reich an Eisen, Gold und Diamanten, besonders im Norden.

Im Südosten liegt die Gran Sabana, eine rund 1000 m hohe leicht hügelige Ebene. Charakteristisch für sie sind die *tepuis,* bis zu 3000 m hohe Tafelberge, die senkrecht aus schräg ansteigenden Erosionshängen aufragen. Oben hat sich eine seltene Flora erhalten, die großes wissenschaftliches Interesse erregt. Von dramatischer Schönheit sind die Wasserfälle, die an den Flanken oft über Hunderte von Metern herabstürzen. Am berühmtesten ist der Salto Angel am Tepui Auyán, mit fast 1000 m die höchste Kaskade der Welt.

15

Die Gran Sabana ist Teil des Nationalparks Canaima, eines der weltweit größten Naturparks (3 Mio. ha). Bisher entdeckte man hier 500 Orchideenarten. Im
westlichen Teil wurde das Touristenzen-
trum Canaima eingerichtet (vgl. S. 78).

Flora und Fauna

Typisch für die tropische Trockenvegetation der Küstengebiete bis ca. 400 m Höhe
ist der *cardon dato,* eine Art Kandelaberkaktus, der bis zu 10 m hoch wird und
nachts blüht. Die reifen, eßbaren Früchte
sind meist rot, die gelben bzw. weißen sind
wegen ihrer Süße beliebt. Der ausgesprochen widerstandsfähige *guamacho* wächst
zu einem 8 m hohen stacheligen Baum
heran, erkennbar an seiner leuchtend
gelben Blütenpracht. Häufig trifft man
auch auf den *cují,* eine Akazienart mit feinen Blättern, gedrehtem Stamm, gelben
Blüten und schotenartigen Fruchtkap-
seln. Charakteristisch für die Küsten im
Einflußbereich der Passatwinde ist die
Kokospalme, für die trockenen Zonen
auch die Dattelpalme. In den Savannen der
Llanos im Innern Venezuelas sieht man
immer wieder Gruppen oder ganze Wälder
der *palma llanera,* die sowohl die Brände
der Trockenzeit wie auch die Überschwemmungen der Regenzeit überlebt. Weite
Gebiete der Llanos sind durchsetzt vom
knorrigen *chaparro,* dem auch die hier
häufigen Brände wenig anhaben. *Chapar-
rales* nennt man die Savannen, die mit diesem Baum stark durchsetzt sind. In feuchteren Zonen der Llanos und des Berglandes von Guayana wächst die *moriche*-
Palme häufig in Gruppen, sogenannten
morichales. Sie wird fast ganz vom Menschen verwertet, weshalb sie auch ›Lebens-
baum‹ heißt. Der Nationalbaum Venezuelas, der *araguaney,* blüht zwischen Februar

und Mai leuchtend gelb, obgleich er dann
alle seine Blätter verloren hat.

Von den über 1300 Vogelarten Venezuelas gehören die *guácharos* zu den interessantesten. Sie leben in tiefen Höhlen und
werden nachts aktiv, indem sie sich am
Echo orientieren. Die berühmteste Höhle
liegt unweit von Cumaná (vgl. S. 58). An
den Küsten sieht man Pelikane, Kormorane, mitunter große Flamingogruppen,
coro-coros (rote Ibisart) und die *garza
blanca,* eine weiße Reiherart. Überall im
Land sorgen schwarze Geier als Gesund-
heitsapostel für die Beseitigung des Aases.
In der Trockenzeit sammeln sich an Flüssen und Lagunen der Llanos besonders
viele Vögel. Der *hoazine* in den Llanos hat
als Jungvogel noch Krallen an den Flügel-
enden und erinnert dadurch an einen
Urvogel. In den Urwaldgebieten und
Savannen leben Papageien, Tukane und
Kolibris.

Das Stromsystem des Orinoco ist sehr
reich an Fischarten. Der *arapaima,* eine
Welsart, kann bis zu 3,5 m Länge und
300 kg Gewicht erreichen. Er ist ein
Speisefisch, den man räuchert oder trocknet, um ihn haltbar zu machen. Die in
Venezuela *caribe* genannten berühmten
Piranhas mit ihren spitzen Zähnen werden durch offene Wunden angelockt.
Große Schwärme können in kurzer Zeit
Tier oder Mensch skelettieren. Mit elektrischen Schlägen von 600 Volt betäuben die
bis 2 m langen Zitteraale ihre Opfer. Humboldt erforschte diese Fischart, indem er
Pferde ins Wasser treiben ließ.

Die Anakonda, eine bis zu 11 m lange
Wasserschlange, die in den Orinoco-Flüs-
sen lebt, verschlingt Vögel und sogar
Wasserschweine. Große Kaimane sind
nur noch selten anzutreffen, insbesondere
Exemplare von 6 m Länge oder mehr soll
es nur noch in den geschützten Gebieten
der Llanos geben.

Junge mit Echse in den venezolanischen Llanos

Die kleinen *babas*, die häufig an den Straßen der Llanos dösen, insbesondere an den Wasserstellen westlich von San Fernando, konnten der Dezimierung entgehen, da sich ihre Haut kaum für Damenhandtaschen eignet. Die *arrau*-Schildkröte dagegen, die bis zu 80 kg schwer ist, wurde massenweise gejagt, um daraus Öl zu gewinnen, so daß der Bestand stark geschrumpft ist. In steppenhaften Zonen leben Echsen.

Anders als etwa in Afrika gibt es in Südamerika keine großen Säugetiere. Die Raubkatzen der Regenwälder, wie Puma, Jaguar und Ozelot, sind stark dezimiert, da sie wegen ihres Felles begehrt waren. Die *chiguire* (Wasserschweine) sind die größten Nagetiere. Es sind dunkelbraune, schnelle Schwimmer, die zur Plage werden. Vor Ostern schießt man sie zu Tausenden ab, um ihr Fleisch als saisonale Spezialität in den Städten zu verkaufen.

Durch Jagdverbote (die allerdings kaum überwacht werden können) und rund 20 Nationalparks versucht die Regierung des Landes heute, die Natur zu schützen.

Der Reisende, der sich bis in Urwaldgebiete vorwagt, merkt schnell, wer hier die wahren Herrscher sind: die Moskitos.

Bevölkerung

Von den rund 20 Mio. Venezolanern sind 66% Mischlinge (Mulatten und Mestizen), 22% Weiße, 8% Schwarze und nur 2% Indios der Anden und der Regenwälder. Der rein indianische Teil der Bevölkerung wird auf 200 000 geschätzt. Schwarze und Mulatten leben hauptsächlich in der Region Barlovento, an der Küste östlich von Caracas. Da die Kolonialspanier kaum Frauen mitbrachten, kam es von Anfang an zur Vermischung der Rassen.

Pardos ist eine generelle Bezeichnung für Mischlinge, *zambos* sind Mischlinge aus Schwarzen und Indios.

In den letzten 40 Jahren siedelten viele Italiener, Portugiesen und Briten nach Venezuela über, vor allem im Zuge des Ölbooms nach dem Zweiten Weltkrieg. Venezuela ist aber auch ein Einwanderungsland für Lateinamerikaner: Besonders aus Argentinien und Kolumbien kamen zahlreiche politische Flüchtlinge; Venezuela lockt außerdem viele Menschen aus den Nachbarländern an, weil es den höchsten Lebensstandard in Lateinamerika hat.

Aufgrund des hohen Bevölkerungswachstums von ca. 3% jährlich sind 50% der Venezolaner unter 18 und 70% unter 30 Jahre alt. Daraus erwächst ein großes Problem für das Erziehungssystem und den Arbeitsmarkt. Die Verteilung der Bevölkerung im Land ist extrem ungleichgewichtig. Nur rund 1% lebt im südlichen Guayana-Gebiet auf 50% der Landesfläche, in den Llanos sind es knapp 20% (sieben Menschen pro qkm), während die zentrale nördliche Küstenbergregion mit fast 80% die höchste Bevölkerungskonzentration aufweist. Im Bereich der Hauptstadt kommen stellenweise über 1000 Menschen auf einen Quadratkilometer.

Inzwischen wohnen von zehn Venezolanern nahezu acht im städtischen, zwei im ländlichen Bereich. Am Anfang des Jahrhunderts war das Verhältnis genau umgekehrt. Immer mehr Menschen ziehen an die Ränder der Großstädte, besonders im Fall von Caracas, wo sie die Elendsviertel und die Zahl der Arbeitslosen täglich vergrößern.

Regierungssystem

In Venezuelas repräsentativer Demokratie werden die Abgeordneten des Kongresses

Venezolanerin der Sierra Nevada de Mérida

(Congreso Nacional) alle fünf Jahre gewählt. Den Senat (Camera de Senadores) beschickt jeder der 20 Bundesstaaten mit zwei Abgeordneten, während sich die Anzahl der Vertreter im Abgeordnetenhaus (Camera de Diputados) nach dem jeweiligen Bevölkerungsanteil richtet. Für alle Bürger über 18 Jahren besteht eine Wahlpflicht.

Zeitlich parallel zur Abgeordnetenwahl wird der Präsident direkt gewählt. Als Regierungschef ernennt er die Minister und ist Oberbefehlshaber des Heeres. Die Gouverneure der 20 Teilstaaten (Estados) werden vom Volk gewählt, während der Bundesdistrikt (Distrito Federal mit der Hauptstadt Caracas), die beiden Bundesterritorien Amazonas und Delta Amacuro (Orinoco-Delta) und die 72 kleineren Inseln (Dependencias Federales) unmittelbar der Zentralregierung unterstehen.

Seit dem Sturz des Diktators Jiménez im Jahre 1958 gilt Venezuela als stabilste Demokratie Südamerikas. Ein Grund dafür ist auch, daß der Präsident nach dem Ablauf seiner Amtszeit eine Zwangspause von zehn Jahren einlegt und sich erst danach zur Wiederwahl stellen kann. Zwei Parteien dominieren die politische Landschaft: Die Acción Democrática (AD – ›Los Adecos‹) ist sozialdemokratisch ausgerichtet, die ursprünglich stark konservative COPEI (Comité de Organización Política Electoral Independiente) christlich-sozial. Beim Regierungswechsel besetzt die siegreiche Partei die leitenden Posten der Verwaltungen, eine politische Sitte, die man in Venezuela nach einer Frucht ›guanabana‹ nennt: Das Grün der Schale symbolisiert die Farbe der COPEI und das Weiß des Fruchtfleisches die der AD. Die bedeutendste Linkspartei ist MAS (sozialistische Bewegung) mit vielen Wählern in den Großstädten.

Wirtschaft

Schwerpunkte der Wirtschaft Venezuelas sind die Erdölgewinnung und der Eisenerzbergbau. Seit der Nationalisierung der Erdöl- und Eisenindustrie kann die Regierung direkt in die Wirtschaft eingreifen. Neben der Textilindustrie und der dominierenden Konsumgüterindustrie haben sich als verarbeitende Gewerbe insbesondere die Petrochemie, die Stahlerzeugung und der Automobilbau entwickelt. Die industriellen Ballungsräume sind Valencia, Victoria, Maracaibo und Barquisimeto im Norden des Landes sowie Ciudad Guayana (Puerto Ordaz) am Orinoco.

Venezuela, Gründungsmitglied der OPEC und mitverantwortlich für die Preissteigerungen beim Erdöl in den 70er Jahren, litt unter dem anschließenden Nachfragerückgang. Vorher sorglos aufgenommene Kredite konnten nicht mehr zurückgezahlt werden, die Auslandsschulden wuchsen auf 26 Mrd. Dollar an. Als auf Druck des Internationalen Währungsfonds (IWF), der die Sanierung der Wirtschaft als Voraussetzung weiterer Kredite forderte, staatliche Subventionskürzungen durchgeführt wurden, kam es 1989 in einigen Städten zu gewalttätigen Unruhen, die Hunderte von Todesopfern forderten.

Venezuela exportiert in die Bundesrepublik Erdöl und Erdölerzeugnisse (1985 im Werte von 3,5 Mrd. DM, seitdem rückläufig), Kaffee, Kakao, Tee und Gewürze. Es importiert aus der Bundesrepublik Maschinen, chemische und pharmazeutische Produkte, Kunst- und Farbstoffe.

Bodenschätze

Schon die Spanier wußten um die heute so ergiebigen Vorkommen an Eisen im Berg-

Venezuelas flüssiges Gold: Das Erdöl

Der Anfang war bescheiden: 1865 gewann man in Táchira Öl, das hauptsächlich für Lampen benötigt wurde. Im April 1914 stieß der legendäre Bohrturm ›Zumaque 1‹ auf die riesigen Vorräte des Mene Grande-Feldes am Ostufer des Maracaibo-Sees. Nach dem Ersten Weltkrieg erschloß man dann fast jährlich neue Felder. In der Maracaibo-Senke ist der fossile Brennstoff unter dicken Sedimentschichten ideal konserviert. Die Bohrungen waren zwar weniger ergiebig und teurer als in den arabischen Staaten, aber günstiger als in Texas, so daß US-Firmen in großem

Ölgewinnung im Maracaibo-See, um 1920

Umfang in das Geschäft einstiegen. Schritt für Schritt sicherte sich Venezuela seit 1943 immer größere Stücke vom Ölkuchen. Die Nationalisierung des Erdöls erfolgte 1976: Shell (jetzt Maraven), Esso-Creole (jetzt Lagoven), Mobil (jetzt Llanoven) faßte man mit anderen Unternehmen zur Corporación Venezolana del Petróleo (CVP) zusammen. Die Verarbeitung des Rohöls wanderte von den Venezuela vorgelagerten holländischen Inseln Aruba und Curaçao ins Mutterland zurück.

Auch in den Llanos wurde gebohrt, besonders in den östlichen Gebieten um El Tigre, die heute immerhin mit einem Drittel an der Gesamtförderung beteiligt sind. Die neu entdeckten Ölsand-Vorkommen des Orinoco-Gürtels, die wohl größten der Welt, erfordern jedoch eine komplizierte und teure Fördertechnik und werden vorerst nicht ausgebeutet. Neu entdeckte Verwertungsverfahren machen aber auch die Verwendung dieser schweren Öle wirtschaftlich. Unter den Erdölförderländern liegt Venezuela etwa an achter Stelle. Das Öl erbringt 60% der Staatseinnahmen und ist mit rund 80% an den Exporterlösen beteiligt. Was die nachgewiesenen Erdölreserven betrifft, liegt das Land weltweit an vierter Stelle, nach Saudi-Arabien, Kuwait und der UdSSR.

Obwohl anfangs Tausende von Arbeitsplätzen geschaffen wurden, sind nur ca. 3% der Arbeitnehmer in der Ölwirtschaft beschäftigt. Der beachtliche Gewinn hat die Kluft zwischen Reich und Arm nicht überbrückt, sondern vertieft und den unteren Bevölkerungsschichten wenig geholfen.

land von Guayana am unteren Orinoco. Doch bis weit in unser Jahrhundert verhinderten Transportprobleme den intensiven Abbau. Angeregt durch den Rückgang der Erzvorkommen in den USA, begannen US-Firmen Anfang der 50er Jahre mit der Förderung: die Bethlehem Steel bei El Páo und die U.S. Steel am 800 m hohen Cerro Bolívar, dessen Erze mit einem Eisengehalt von 60% sehr ergiebig sind. 1975 übernahm die staatliche Corporación Venezolana de Guayana (CVG) die Ausbeutung. 65% des Erzes werden exportiert.

Mit seinen umfangreichen Bauxitvorkommen bei Pijiguaos ist Venezuela dabei, sich zum Großproduzenten von Aluminium zu entwickeln. Die dazu benötigte elektrische Energie liefert der Guri-Staudamm am Río Caroní, einem Nebenfluß des Orinoco. Das Kraftwerk ist bisher das größte der Erde, und der Stausee nimmt eine doppelt so große Fläche wie Luxemburg ein. Das Werk erzeugt weit über 50% des venezolanischen Stromes, der über Hochspannungsleitungen auch zu den industriellen Ballungszentren des Nordens geleitet werden soll.

Die Goldgewinnung im Grenzgebiet zu Guayana spielt eine insgesamt geringe, aber doch interessante Rolle. Nach vielen Generationen von Goldwäschern begann 1864 eine französische Gesellschaft mit der Ausbeute: Allein in der großen Mine von El Callao förderte sie binnen eines Jahres 8 t Gold. Nach Zeiten des Niedergangs und der nur begrenzt erfolgreichen Tätigkeit einer britischen Firma erneuerte das nationale Unternehmen Minas de Oro 1953 die verfallenen Anlagen und führte die Goldsuche fort.

Tausende von Goldwäschern, die an den Flüssen ihre Arbeit fortsetzen, beliefern vorwiegend Juweliere und Zahnärzte. Nur ein sehr kleiner Teil des Goldes geht pflichtgemäß an den Staat, das meiste

Goldwäscher

wandert illegal nach Brasilien und Kolumbien. 1986 erhielt der Staat von den geschätzten 14 t Fördermenge nur eine einzige.

Landwirtschaft und Fischerei

Nur rund ein Viertel des Landes ist landwirtschaftlich nutzbar. Die tatsächlich kultivierten Flächen liegen überwiegend in der Kordillerenregion. Hauptanbauprodukt ist der Mais. Daneben werden Reis, Sorghum, Kartoffeln, Maniok, Bohnen, Zuckerrohr, Bananen und Kokosnüsse geerntet. Kaffee- und Kakaoplantagen finden sich vor allem in den Staaten Mérida, Trujillo, Táchira und Sucre.

Die Landwirtschaft beschäftigt zwar 15% aller Arbeitskräfte, erarbeitet aber nur 8% des Bruttoinlandsprodukts (das ist der geringste Wert in Lateinamerika). Obgleich alle Voraussetzungen für eine Selbstversorgung vorhanden sind, müssen rund 30% der Nahrungsmittel eingeführt werden. 1983 waren es immerhin noch 70%. Nicht zuletzt führten die hohen Deviseneinnahmen aus dem Erdölgeschäft zur Vernachlässigung der Landwirtschaft. Doch seit dem Rückgang des Ölgeschäftes kurbelt man die Produktion an. Inzwischen versorgt sich das Land mit Getreide und Zuckerrohr weitgehend selbst. Der Bau von Staudämmen zur Bewässerung hat wesentlich dazu beigetragen.

Ein Hemmschuh bleibt weiterhin die ungleiche Bodenverteilung. Die nur halbherzig durchgeführte Agrarreform von 1960 (unter Betancourt) erhöhte zwar die Anzahl selbständiger Bauernfamilien, verbesserte aber nicht die Produktivität. Die traditionellen, extensiv bewirtschafteten Haciendas der Großgrundbesitzer prägen das Land noch immer. Die Viehzucht erbringt 40% der Einnahmen im Agrar-

Fischer auf der Isla de Margarita

sektor. Rinder werden hauptsächlich in den Llanos in Apure und im Staat Zulia am Maracaibo-See gezüchtet. Zulia ist das Zentrum der Milchwirtschaft.

Auch der Fischfang spielt eine Rolle. Venezuela nimmt weltweit nach den USA und Japan den dritten Platz im Thunfischfang ein.

Geschichte

Präkolumbische Zeit

Schon in vorkolumbischer Zeit sind die Anden um Mérida und die Küstenkordilleren am dichtesten bevölkert. Die Urbewohner der Bergwelt betreiben Ackerbau und legen dazu Terrassen und künstliche Bewässerungssysteme an. Sie liefern Textilien und Salz an die Fischerstämme der Küstenbereiche.

In den fruchtbarsten Bergtälern existieren sozial gegliederte Gemeinschaften, die ihre Siedlungen oft befestigen. In den Fehden mit anderen Stämmen werden Gefangene gemacht und zur Feldarbeit eingesetzt oder gegen Luxusartikel getauscht, etwa Perlen von der Nordostküste bei Cumaná, Salz von der Araya-Halbinsel, Kokablätter und -paste von den Andenhängen und Gold aus dem Guayana-Bergland.

Besonders expansiv verhalten sich die Karibenstämme der östlichen Llanos. Auf Kriegs- und Handelszügen dringen sie bis weit in die Karibik vor. Ihre Handelsverbindungen verlaufen entlang dem Orinoco bis hoch in die Anden. Besonders begehrt sind die Eier und Panzer der *arrau*-Schildkröten, die bis heute auf einigen Orinoco-Inseln massenhaft anzutreffen sind. Als primitives Zahlungsmittel die-

nen Ketten aus Schneckengehäuse, *quiripa* genannt, die auch als Schmuck und Statussymbole getragen werden.

Insgesamt ist über die Urbevölkerung Venezuelas wenig bekannt, da sie von den Spaniern sehr früh ausgerottet wird und keine beständigen Bauwerke hinterläßt.

Kolonialzeit

Am 1. August 1498 sichtet Kolumbus auf seiner dritten Reise zur Neuen Welt das Delta des Orinoco und vermutet, auf Festland gestoßen zu sein. Er glaubt aber weiterhin, sich in Indien zu befinden. Vier Tage später geht er auf der Halbinsel Paria an Land und betritt damit zum ersten und letzten Mal südamerikanischen Boden. Vorbei an der Insel Margarita gelangt er wieder zurück nach Santo Domingo. Ein Jahr später segeln Alonso de Ojeda und Amerigo Vespucci (Kosmograph und Namensvater des Kontinents) entlang der gesamten venezolanischen Küste bis zur Halbinsel Guajira im Westen. Die Pfahlbauten bei Maracaibo inspirieren sie zum Namen ›Veneciola‹ (Klein-Venedig), woraus der Name ›Venezuela‹ entstand.

Wenig später nehmen Pedro Alonso Niño und Cristóbal Guerra eine ähnliche Route und entdecken die Perlengründe vor Margarita. Die Indianer von Curiana (im Gebiet von Cumaná) empfangen sie friedfertig und bieten Perlen und Gold zum Tausch an. Auf der kleinen Insel Cubagua gründen die Konquistadoren mit Nueva Cádiz ihre erste Siedlung in Südamerika. Cubagua erlebt einen Perlenboom, der bis zum verheerenden Seebeben von 1543 dauert.

Dominikaner- und Franziskanermönche lassen sich im Gebiet des heutigen Cumaná nieder, werden aber von Indios getötet, denn die einst so friedlichen Stämme

Yanoama-Jäger

Kazike Guaicaipuro den Spaniern den heftigsten Widerstand. Das Gebiet um Cumaná, Nueva Andalucía (Neu-Andalusien) genannt, bildet eine eigenständige Verwaltungseinheit, aber beide sind der Audiencia von Santo Domingo (Hispaniola) unterstellt. Insgesamt vollzieht sich die Eroberung Venezuelas langsam und ungeordnet. Da keine großen Schätze wie in Mexiko und Peru entdeckt werden, bleibt Venezuela für die Eroberer von nachrangigem Interesse. 1777 entsteht als Verwaltungsinstanz für ganz Venezuela die Capitanía General mit Sitz in Caracas, das als königliche Audiencia die Gerichtsbarkeit für das ganze Land erhält.

Die Ideen der Französischen Revolution und der Unabhängigkeitsbewegung in den englischen Kolonien Nordamerikas sowie der Geist der Aufklärung verbreiten sich Ende des 18. Jhs. auch in den spanischen Kolonien, die nun nach Selbständigkeit streben. Die Anführer entstammen der dünnen Gesellschaftsschicht der reichen, meist grundbesitzenden *criollos,* die bisher von allen einflußreichen Regierungsposten ausgeschlossen sind. Soziale und wirtschaftliche Veränderungen beabsichtigen sie meist nicht.

Die USA und England fördern im eigenen machtpolitischen Interesse die Loslösungsbestrebungen von Spanien. Francisco de Miranda versucht die Spanier mit Hilfe Englands zu bekämpfen. Er landet 1806 zweimal an der venezolanischen Küste, erhält aber zu wenig Unterstützung, um erfolgreich sein zu können. 1810 wird in Caracas der Generalkapitän Emparán abgesetzt und eine Junta gebildet. Am 5. Juli 1811 proklamiert Caracas als erste Stadt der Kolonien die Unabhängigkeit. Sie ist das Werk einer kleinen weißen Minorität. Die von dieser Schicht unterdrückten *pardos* (Mischlinge), insbesondere die Bewohner der Llanos, kämp-

haben begonnen, sich gegen ihre Gefangennahme durch Sklavenhändler zu wehren. Gonzalo de Ocampo gründet 1521 Nueva Toledo (später Cumaná) als erste beständige Siedlung auf dem Festland. An der Westküste entsteht 1527 auf Initiative von Juan de Ampués der Ort Coro. Zwei Jahre später erscheinen die Deutschen in Coro und bleiben bis 1546, denn der spanische König Carlos I. (Kaiser Karl V.) hat dem Bankhaus der Welser gegen Kredite die Nutzung des Gebietes überlassen. Ambrosius Alfinger regiert als Vertreter der Welser von 1529 bis 1533, überläßt aber Ampués die Geschäfte. Alfinger unternimmt Expeditionen ins Landesinnere und sucht vergeblich nach dem legendären El Dorado (vgl. S. 140) sowie nach einem Durchgang zum Pazifik. Mit demselben Ziel zieht sein Nachfolger Nicolaus Federmann durch die Llanos und über die Anden, um ins Hochland von Bogotá vorzustoßen.

Nach Coro wird Barquisimeto 1564 Hauptstadt des Westens des heutigen Venezuela, und ab 1577 geht diese Funktion an Caracas über. Hier bereitet der

Simón Bolívar

Am 24. Juli 1783 in Caracas als Sohn einer sehr reichen Kreolenfamilie geboren, verliert Simón Bolívar seinen Vater schon mit drei und seine Mutter mit neun Jahren. Sein Onkel und Vormund schickt den 16jährigen Simón für drei Jahre nach Madrid, wo er ein Mädchen aus einer begüterten venezolanischen Familie heiratet. Kaum nach Caracas zurückgekehrt, stirbt sie unerwartet. Während eines Europaaufenthaltes lernt Bolívar ein Jahr später in Paris Alexander von Humboldt kennen, der gerade seine große Amerikareise beendet hat. Er soll ihn ermuntert haben, sich für die Befreiung der spanischen Kolonien zu engagieren. 1807 kehrt Bolívar über Hamburg nach Caracas zurück.

Als Reaktion auf die Okkupation Spaniens durch napoleonische Truppen bildet sich in Spanien 1810 eine Junta, in deren Auftrag Bolívar eine Delegation nach London führt. Hier bittet er vergeblich um Unterstützung für die Befreiungsbewegung. Nach der Unabhängigkeitserklärung Venezuelas am 5. Juli 1811 sammelt Bolívar seine ersten militärischen Erfahrungen in der revolutionären Armee unter dem Oberbefehl von Francisco de Miranda, muß aber nach den Siegen des spanischen Generals Monteverde auf die Insel Curaçao flüchten.

Schon Anfang 1813 kann Bolívar in Cartagena (Kolumbien) neue Truppen rekrutieren und über die Anden siegreich bis Caracas vordringen, wo er am 14. Oktober zum ›Libertador‹ (Befreier) proklamiert wird und als Oberbefehlshaber diktatorische Vollmachten erhält. Er ist zur führenden Persönlichkeit der Unabhängigkeitsbewegung geworden.

Doch bereits neun Monate später flieht er mit vielen Tausend Caraceños vor den wilden *llanero*-Reitern des venezolanischen Generals Boves, der sich mit den spanischen Truppen unter General Pablo Morillo verbündet. Spanien kann nach dem Ende der napoleonischen Besetzung wieder alle Energie zur Rückeroberung der Kolonien verwenden.

Von seinem Exil auf Haiti aus gelingt es Simón Bolívar erst in einem zweiten Anlauf im Jahre 1817, wieder auf dem Festland Fuß zu fassen. Seine Operations- und Rückzugsbasis wird das entlegene Angostura (heute Ciudad Bolívar) am Orinoco. Er gewinnt die *llaneros* für sich und stärkt seine Armee durch Tausende von europäischen Freiheitskämpfern. Auf dem Kongreß von Angostura (1819) formuliert Bolívar sein allzu ehrgeiziges Ziel: den Zusammenschluß der befreiten Kolonien in einem zentral organisierten Großstaat. Noch im selben Jahr kann er nach der ersten entscheidenden Schlacht von Boyacá (nahe Bogotá) den neuen Staat Großkolumbien proklamieren, bestehend aus Neu-Granada (heute etwa Kolumbien) und Venezuela. Bogotá wird Hauptstadt und Bolívar der erste Präsident dieses Reiches.

Die Spanier werden jedoch erst 1821, nach den Schlachten von Carabobo und Bomboná, aus Venezuela vertrieben. Kurz darauf fällt Quito an die Patrioten. Hier lernt Simón Bolívar die Peruanerin Manuela Sáenz kennen, die Ehefrau eines englischen Arztes. Sie bleibt seine Geliebte bis kurz vor seinem Tode. In Guayaquil trifft Bolívar General San Martín, der in den noch nicht endgültig eroberten südlichen Kolonien kämpft, einen Mann mit ganz anderen Zukunftsvisionen. Doch Bolívar kann sich durchsetzen. 1824 wird Peru befreit. Das koloniale Hoch-Peru nennt sich zu Ehren des Befreiers Bolivien und wählt – wie auch Peru – Bolívar zum Präsidenten.

Simón Bolívar

Der Traum von der Einheit der fünf befreiten Staaten Venezuela, Kolumbien, Ecuador, Peru und Bolivien erweist sich allerdings sehr schnell als realitätsfremde Illusion. Soziale Gegensätze und Intrigen führen zu Aufständen und Bürgerkriegen. An dem von Bolívar einberufenen Kongreß in Panama nehmen nicht alle Länder teil. Bolívars panamerikanische Vision ist gescheitert.

Nach einem versuchten Attentat auf den ›Libertador‹ am 25. September 1828 in Bogotá legt Simón Bolívar sein Präsidentenamt auch in Großkolumbien nieder und zieht sich krank und enttäuscht an die karibische Küste zurück, wo er am Nachmittag des 17. Dezember 1930 im Landhaus eines Freundes nahe Santa Marta stirbt. Die Uhr im Sterbezimmer wird um ein Uhr und sieben Minuten angehalten. Heute liegt Bolívar in Caracas begraben (vgl. S. 42).

fen noch lange auf seiten der Spanier. Der gesamte Osten bleibt vorerst königstreu. Das vernichtende Erdbeben von 1812 gibt der ersten Republik bereits den Todesstoß. Miranda wird von den Spaniern, die bald darauf ihre Macht erneuern, gefangengenommen und stirbt in einem Gefängnis in Cádiz.

Überall im Lande gehen jedoch die Kämpfe weiter. Die Repression der Spanier bringt weite Bevölkerungskreise gegen sie auf, vor allem im Osten des Landes kommt es zu Rebellionen.

So kann der aus Kolumbien zurückkehrende General Simón Bolívar 1813 bis Caracas vordringen und die zweite Republik ausrufen. Er wird als Befreier (Libertador) gefeiert, doch schon ein Jahr später wieder vertrieben. Die Spanier finden immer noch Unterstützung bei den Mischlingen. Daher sucht Bolívar sofort nach der Rückkehr aus seinem Exil und der Landung in Ostvenezuela im Jahre 1816 die Unterstützung des *llanero*-Generals José Antonio Páez. Bolívars Heer erhält weiteren Zuwachs durch europäische Freiheitskämpfer. Am 24. Juni 1821 müssen die Spanier auf dem Schlachtfeld von Carabobo kapitulieren. Bolívars Idee eines Großkolumbien wird endlich Wirklichkeit, wenn auch nur für neun Jahre. Er übernimmt das Amt des Präsidenten und wählt Bogotá als Hauptstadt. Er kämpft aber in Peru und Bolivien weiter gegen die Kolonialmacht. Venezuela, das von allen Republiken am meisten unter dem Krieg gelitten hat, will jetzt keine untergeordnete Rolle spielen. 1830 bricht ›Gran Colombia‹ auseinander, Bolívar erkrankt bald darauf und stirbt in Santa Marta.

Nach der Unabhängigkeit

In Venezuela bestimmt General Páez die Politik bis 1848 im Einvernehmen mit den reichen Landbesitzern und Geschäftsleuten, die als konservative Oligarchie nicht an sozialen und ökonomischen Reformen interessiert sind. Immerhin gelingt es den Konservativen, die durch die Befreiungskriege zerrüttete Wirtschaft zu sanieren. Die Vorherrschaft des Militärs und der Großgrundbesitzer verärgert einen Teil der Konservativen, die daraufhin die Liberale Partei unter Führung von Leocadio Guzmán und die Zeitung ›El Venezolano‹ gründen.

Nachdem General José Tadeo Monagas als Verteidiger der Konservativen zum Präsidenten berufen worden ist, errichtet er ein diktatorisches Regime. Obwohl er auch liberale Minister einsetzt, regiert er nach eigenem Gutdünken. Die Sklaverei wird 1854 abgeschafft, doch den ehemaligen Sklaven ist damit wenig geholfen, denn ihre Existenzbedingungen verbessern sich kaum. Monagas setzt in den Provinzen militärische Statthalter ein, die mit ihm das Land ausplündern und unterdrücken. Erst als er 1858 seine Amtszeit auf sechs Jahre ausweiten und eine Wiederwahl ermöglichen will, kommt es zu blutigen Unruhen, die fünf Jahre andauern und

schließlich den föderalistischen liberalen Kräften zum Sieg verhelfen, die eine starke Zentralregierung ablehnen. Doch setzt sich die Mißwirtschaft auch unter den unabhängigeren *caudillos* in den Provinzen fort. Erst Guzmán Blanco, der im April 1870 siegreich in Caracas einzieht, beseitigt das politische Chaos. Gemäß liberalen Prinzipien sorgt er für grundlegende Reformen.

Er überzieht das Land mit einem Netz von Elementarschulen und führt einen ›wahren‹ Krieg gegen die katholische Kirche: Der Exilierung des Erzbischofes folgen die Erklärung der Religionsfreiheit und die Legalisierung der Zivilehe; die Klöster werden aufgelöst, Kirchengüter enteignet und kirchliche Privilegien abgeschafft. Wirtschaftliche Reformen machen das Land wieder kreditwürdig, die Städte werden modernisiert, Straßen und Eisenbahnen gebaut. Guzmán Blanco bekämpft zwar die Korruption bei seinen Staatsdienern, aber viele seiner Maßnahmen bringen ihm selbst Millionen ein, so auch die Enteignung der Kirchengüter. Er stirbt steinreich, ohne die miserable Situation der Massen grundlegend verbessert zu haben.

1899 betritt der nächste Diktator die Bühne: Cipriano Castro, ein *caudillo* mit Cowboy-Mentalität und Farmer aus Táchira, zieht mit seiner Privatarmee in Caracas ein. Er und seine Clique halten sich an ausländischem Eigentum schadlos und verspielen dadurch jeden Kredit. Britische, deutsche und italienische Kriegsschiffe beschießen sogar zeitweise venezolanische Karibikhäfen, um Castro vor weiteren Übergriffen zu warnen.

Als der Diktator 1908 wegen einer Nierenoperation in Deutschland weilt, setzt ihn sein nächster Vertrauter, General Gómez, ab und läßt sich selbst zum Präsidenten ausrufen. Juan Vicente Gómez,

Sohn eines spanischen Einwanderers und einer India gehört zur Clique der *andinos* aus Táchira. Seine Machtbasis ist eine gründlich reorganisierte und modern ausgerüstete Armee, trainiert von Chilenen, die wiederum ihren Schliff von deutschen Ausbildern erhalten haben. Gómez besetzt alle einflußreichen Stellen mit Kampfgenossen aus Táchira. Ein dichtes Spitzelnetz erstickt jegliche Kritik im Land. In Gefängnissen, wie ›La Rotunda‹ in Caracas, ›El Libertador‹ in Puerto Cabello und Fort ›San Carlos‹ vor Maracaibo, werden Regimegegner gefoltert und ermordet. Auf den meist für die Armee gebauten Straßen – auch in unzugänglichen Landesteilen – erreichen die Soldaten des Diktators schnell aufständische Regionen.

Die Finanzen stabilisieren sich, weil Gómez erfolgreich für die Anlage von Kapital wirbt. Entscheidender ist jedoch, daß man 1914 Öl im Maracaibo-See entdeckt, das von ausländischen Firmen unter günstigen Bedingungen gefördert werden darf. Venezuela bezahlt seine gesamten Auslandsschulden.

Wie seine Vorgänger ist Gómez nicht ununterbrochen Präsident, er beherrscht aber bis 1935 – im Amt oder hinter den Kulissen – die Politik des Landes. Die Erdölmilliarden ermöglichen die Finanzierung vieler öffentlicher Arbeiten, doch trotz des Reichtums werden Gesundheitswesen, Erziehung und die Interessen des breiten Volkes vernachlässigt. Staatsgelder pumpt man in die (Öl)Industrie, die Landwirtschaft geht jedoch leer aus, und fast die Hälfte der Nahrungsmittel muß importiert werden. Der Diktator und seine Clique sehen den Staat als Selbstbedienungsladen: Binnen kurzer Zeit wird Gómez zum größten Landbesitzer; was er und seine Familie nicht an sich reißen, erhalten die Offiziere als Beute. Die an der Zentraluniversität beginnende Opposition wird brutal zerschlagen.

Markthalle in Caracas, um 1920

Mit 79 Jahren stirbt Gómez eines natürlichen Todes. Zehn Jahre später putschen junge Heeresoffiziere unter Führung von Marcos Pérez Jiménez, der 1952 endgültig die Herrschaft an sich reißt und bis 1958 als Diktator regiert. Er stammt wie Gómez aus der Provinz Táchira, lebt ebenso ausschweifend wie dieser und bereichert sich genauso skrupellos: Das während seiner Amtszeit ›erworbene‹ Vermögen wird auf 250 Mio. Dollar geschätzt. Der Luxus des Offiziersklubs übersteigt alle Vorstellungen, die Offiziere bereichern sich ungehemmt. Die Revolution von 1958 fegt den Diktator aus dem Amt, erlaubt ihm aber den Abgang ins (komfortable) Exil.

Das Jahr 1958 bringt das Ende der diktatorischen *caudillos*. Rómulo Betancourt (1959–1964) wird zum ersten demokratisch gewählten Präsidenten ernannt, der

werke. Herausragende Künstler waren José Lorenzo Zurita und Francisco José de Lerma, Juan Pedro López, ›El Pintor de Tocuya‹ (Anonymus) und die Mitglieder der ›Escuela de los Landaeta‹.

Bald nach den Unabhängigkeitskämpfen zog es etliche europäische Maler nach Venezuela. Der Deutsche Ferdinand Bellermann (1814–1889) bereiste das Land 1842 und malte viele Landschaftsbilder. An seiner Seite hielt sich der Engländer Lewis B. Adams auf. 1852 kam der dänische Landschaftsmaler Fritz Georg Melbye (1826–1896), begleitet vom späteren impressionistischen Wegbereiter Camille Pissarro aus Frankreich.

Mit der Vertreibung der Spanier verlor die katholische Kirche zunehmend an Einfluß, und religiöse Themen traten allmählich in den Hintergrund. Der Stolz der werdenden Nation, insbesondere der politischen und wirtschaftlichen Elite, zeigte sich auch in der Kunst: Maler wurden damit beauftragt, herausragende Freiheitskämpfer, heroische Szenen der entscheidenden Schlachten oder Präsidenten darzustellen.

Martín Tovar y Tovar (1827–1902) fertigte 1887 das Deckengemälde ›La Batalla de Carabobo‹ (Die Schlacht von Carabobo) des Salón Elíptico im Capitolio von Caracas an (vgl. S. 40). Tovar y Tovar, Cristóbal Rojas (1857–1890) wie auch Arturo Michelena ließen sich in Paris ausbilden und inspirieren. Besonders Michelena (1863–1898), der bedeutendste venezolanische Maler des 19. Jhs., erlangte auch in Frankreich Ruhm. Er starb, kaum 35jährig, nach der Rückkehr in seine Heimat.

Zu den herausragenden Malern der ersten Hälfte des 20. Jhs. gehören Emilio Boggio (1857–1920), Tito Salas (1888–1974), Federico Brandt (1879–1932), Armando Reverón (1889–1954), Manuel Cabré (1890–

seine gesamte Amtszeit übersteht. Seitdem wechseln sich die großen Parteien der Konservativen und Liberalen an der Macht ab, und Venezuela gilt als demokratischster und modernster Staat in Südamerika. Aus den Wahlen des Jahres 1988 geht die liberale Acción Democrática als Sieger hervor und stellt mit Carlos Andrés Pérez den Präsidenten.

Kunst, Kultur, Folklore

Malerei

Bis Anfang des 19. Jhs. dominierten in der Malerei religiöse Themen. Mit der Besserung der wirtschaftlichen Bedingungen im 18. Jh. entstanden erste Meister-

1984), Rafael Monasterios (1884–1961), Marcos Castillo (1897–1966) und Francisco Narváez (1905–1982).

Moderne Architektur

Als Vater der modernen Architektur gilt Carlos Raúl Villanueva, 1900 in London geboren. Nach seinem Studium in Paris ließ er sich 1928 für immer in Venezuela nieder.

Seit den 30er Jahren plante und leitete er Projekte moderner Stadtentwicklung in Caracas, die man durch die Millionen des Ölbooms finanzierte. Die Raumnot der in atemberaubendem Tempo expandierenden Hauptstadt gab den Anstoß. Ganze Stadtviertel wurden saniert und mit einer Betonarchitektur ausgestattet, in der dekorative Elemente nicht fehlen.

Die Modernisierung begann 1941–43 mit der Beseitigung des Armenviertels El Silencio mitten in Caracas, das erste Projekt dieser Größe in ganz Lateinamerika. In den folgenden 15 Jahren entstanden weitere Anlagen, die von der Idee ausgingen, das Wohnen auf engem Raum mit Grün- und Freiflächen sowie Freizeiteinrichtungen zu verbinden. In seinem Hauptwerk, dem Campus der Universidad Central, hat Villanueva seine Vorstellung der Integration von funktioneller Architektur, Malerei und Bildhauerei am besten verwirklicht.

Literatur

Zwei der bekanntesten modernen Romanciers Venezuelas sind Rómulo Gallegos und Arturo Uslar Pietri.

Romulo Gallegos (1884–1969) thematisiert in seinen Romanen den Kampf des Menschen gegen eine übermächtige Natur,

Wandgemälde in Mérida

Moderne Architektur in Caracas

sei es nun die unendliche Savanne oder der undurchdringliche Urwald. Ein anderer Schwerpunkt ist das Verhältnis von Zivilisation und Barbarei. Gallegos propagiert die ethnische Vermischung der Menschen in Venezuela (und in ganz Lateinamerika), auch um so eine neue, eine südamerikanische Identität zu entwickeln; aus seiner Sicht unterscheiden nicht Herkunft und Hautfarbe, sondern der soziale Stand die Bevölkerungsschichten. ›Cantaclaro‹ (1931) erzählt von einem *llanero,* ›Canaima‹ (1932) vom schwarzen Goldsucher Marcos Vargas, der um seine Ausbeute betrogen wird. In ›Pobre Negro‹ (1927) versucht ein schwarzer Bandenführer seinen minderwertigen sozialen Status durch Brutalitäten vergessen zu machen. Als Hauptwerk gilt ›Doña Bárbara‹ (1929).

Wie viele seiner lateinamerikanischen Kollegen war auch Gallegos in der Politik tätig, er erreichte sogar das Amt des Präsidenten, allerdings nur für zehn Monate des Jahres 1948.

Der Universitätsprofessor Arturo Uslar Pietri, der 1963 zu den Präsidentschaftswahlen kandidierte, hatte mehrere Ministerämter inne. Sein Roman ›Las Lanzas Coloradas‹ (Die roten Lanzen, 1931), in Madrid erschienen und preisgekrönt, schildert in poetischer Prosa den Vernichtungskampf zwischen Republikanern und Royalisten in den Unabhängigkeitskriegen. Mit Elementen des ›Magischen Realismus‹ (vgl. S. 120) werden die Gedanken- und Wunschwelten der Weißen, Schwarzen und ›Roten‹ ausgemalt. Das Werk gilt als ein Schlüsselroman bezüglich der lateinamerikanischen Wirklichkeit und als eine Art venezolanisches Nationalepos. In ›El Camino de El Dorado‹ (1947) greift Pietri die schillernde Gestalt des Konquistadors Lope de Aguirre auf, der auf der Suche nach dem Goldreich den Amazonas befährt und sich durch Grau-

Stierkampf und Stierspiele

Der enge Kontakt der Kolonien mit Andalusien, der Wiege des spanischen Stierkampfes, hat diesen ›Sport‹ schon früh in Lateinamerika heimisch gemacht. Von November bis Februar/März, vielfach in Verbindung mit größeren Festen wie Karneval, ist hier Saison *(temporada),* während die spanische *torero*-Elite arbeitslos ist und nach Übersee jettet, um die Arenen der großen Städte zu füllen.

Das Publikum jubelt aber auch nationalen *toreros* zu, von denen César Girón in Venezuela und Pepe Cáceres in Kolumbien zu den Großen gehörten. Den Stier, der speziell für seinen chancenlosen kurzen Todeskampf am Nachmittag gezüchtet wird und der als wesentliche Eigenschaften Mut und Angriffslust zur Schau stellen soll, tötet man in der Arena nach spanischem Muster in drei Phasen: 1. Test seiner Reaktionen durch das Stierkämpferteam und Schwächung seiner Kraft durch die Lanzenstiche eines berittenen *picador* in die Nackenmuskulatur. 2. Drei Paare *banderillas,* bunte, kurze Spieße mit Widerhaken, werden in die Nackenmuskulatur gestoßen. 3. Der *matador* (Töter) reizt mit den Bewegungen eines roten Tuches *(muleta)* den Stier und versucht den Todesstoß mit einem Degen. Meist jedoch müssen die Todesqualen des Tieres durch einen Schlachtstich abgekürzt werden.

Auf dem Lande, vor allem auf Rinder-Haciendas, gibt es Stiertreiben und unblutige Stierkämpfe als Mutprobe der jungen Männer. Statt junger Stiere *(novillos)* müssen oft auch Kälber herhalten. In den Rinderzuchtgebieten der venezolanischen und kolumbianischen Llanos sind Vorführungen der *toros coleados,* kurz *coleo* genannt, unverzichtbarer Bestandteil von größeren Festen. Reiter packen den jungen Stier beim Schwanz und versuchen, ihn mit einem Ruck zu Boden zu werfen. Diese *tumbadores* werden nach Schnelligkeit und Geschicklichkeit bewertet. Die Praktiken erinnern an nordamerikanische Rodeos, haben aber ihren Ursprung in den spanischen *encierros* (Eintreiben der Stiere), bei denen allerlei draufgängerischer Unfug mit den Tieren getrieben wird.

samkeit, Haß und Mut an die Spitze einer Gruppe von spanischen Abenteurern setzt.

Volksmusik

Ein über die Grenzen Venezuelas hinaus bekannter Volkstanz ist der *joropó*, der Nationaltanz des Landes. Seine Heimat sind die Llanos. Besonders in den Tanzfiguren verrät er den Einfluß des spanischen Flamenco, speziell des *zapateado* (Fußstampfen). Die Tanzpaare halten sich meist an den Händen, seltener sieht man sie eng umschlungen. Die Liedtexte kreisen um Liebe und Einsamkeit sowie die Arbeit der Viehtreiber in den weiten Savannen der Llanos. Bei den ursprünglicheren Darbietungen während der Festivals werden zu einer festen Melodie Texte improvisiert, wobei es auch auf Schlagfertigkeit ankommt.

Eine schnelle Version des *joropó* ist der *golpe*, von dem es verschiedene Varianten gibt, den temperamentvollen *golpe tocuyano* oder die getragenen *pasaje* und *zumba-que-zumba*.

Die wichtigsten Begleitinstrumente sind die kreolische Harfe (*arpa llanera* mit großem und langem Schallkörper), *cuatro* (vier Saiten, Nationalinstrument) und *tiple* (vier Saitenpaare), *maracas* (Rasseln), aber oft auch Gitarre, Laute *(bandola)* und Geige. Tonangebend ist die Harfe, die in Venezuela aggressiver klingt als in Paraguay, der zweiten Hochburg der südamerikanischen Harfenmusik.

Über ganz Venezuela verbreitet sind die *gaitas,* temperamentvolle Lieder, die ursprünglich aus der Provinz Zulia kommen. Die Musik vieler Volkstänze ist afrikanisch beeinflußt. Im Barlovento, einer Küstenregion (ca. 100 km östlich von Caracas) mit einem hohen Prozentsatz Schwarzer, feiert man die Feste San Juan und San Pedro (24. und 29. Juni) mit Trommelmusik bis tief in die Nacht.

Der Tanz *carite* kommt von der Insel Margarita und stellt eine symbolische Auseinandersetzung zwischen dem *carite*-Fisch und den Fischern dar. Sehr bewegt ist auch der *mampulorio;* die Schwarzen des Barlovento drücken in ihm die Freude über den Tod eines gerade geborenen Babies aus, von dem man sicher war, es werde als Engel in den Himmel kommen. In der Provinz Sucre besiegt ein Zauberer durch den *chiriguare*-Tanz das Böse, repräsentiert durch einen Tänzer mit Eselsschwanz; es wird dann vom *zamurro* gefressen. *Los chimichimitos* ist ein humorvoller Tanz, in dem alte Leute, Hexen und Indios aufs Korn genommen werden. Andere traditionelle Tänze sind *maremare, sebucán* und *burriquita*.

Orte und Landschaften in Venezuela

Caracas

Die Hauptstadt Venezuelas liegt in ca. 1000 m Höhe unweit des Karibischen Meeres, etwa im Zentrum der rund 3000 km langen Küste des Landes.

Nach dem Zweiten Weltkrieg entwickelte sich Caracas zu einer der modernsten südamerikanischen Großstädte, deren Wachstum nur mit dem São Paulos zu vergleichen ist. Heute leben in Groß-Caracas rund 4 Mio. Einwohner. Die Metropole ist zwar das Handels- und Bankenzentrum des Landes, aber ein weniger bedeutender Industriestandort, da viele Betriebe per Dekret in die Valles del Tuy, nach Maracay, Valencia, Barquisimeto und andere Orte verlagert wurden.

Während an den besseren Lagen der Nordhänge, am Fuße des Pico de Ávila, elegante Wohnviertel wie Altamira oder Country Club entstanden sind, werden die steilen Hänge der Talränder zunehmend von den *ranchos* überzogen, den Elendshütten, die hier insgesamt weniger arm erscheinen mögen als in anderen südamerikanischen Großstädten.

Heute bilden ursprünglich eigenständige Orte des Tales, wie Petare oder Baruta, Stadtteile von Caracas. Die Neubausiedlungen *(urbanizaciones)* mit ihren Wohnsilos sind inzwischen weit über das Tal nach Süden hinausgewachsen und erreichen bereits das 25 km entfernte Los Teques.

Caracas hat ein angenehmes Klima, von dem man allerdings in den Straßen des Zentrums nicht viel merkt, da die Luft durch Autoabgase stark verschmutzt ist. An dem ständigen Verkehrschaos haben weder die neue Metro etwas geändert noch die Autopista Fajardo, die als mehrspurige Autobahn die Ost-West-Achse der Stadt bildet, noch das Fahrverbot an verschiedenen Tagen der Woche, das je nach der Endziffer der Nummernschilder zu beachten ist.

Geschichte

Die Bewohner von San Francisco, einer von Francisco Fajardo um 1560 gegründeten spanischen Siedlung im Tal von Caracas, wurden nach langen, blutigen Kämpfen gegen die Indio-Stämme der Toromaimas, Meregotos und Quiriquires wieder vertrieben. Nach offizieller Version war es Diego de Losada, der nach jahrelangen Streifzügen durch das Land im Tal von Caracas eine neue Siedlung anlegte und ihr am 25. Juli 1567 den Namen ›Santiago de León de Caracas‹ gab. (Die Spanier nannten die Indios der Region kurz ›Caracas‹.) Zu dieser Zeit bestand Cumaná schon 47 und Coro 40 Jahre.

1576 wurde Juan de Pimentel erster Gouverneur. Ein Stadtplan aus dieser Zeit zeigt 25 Häuserblocks, in denen schätzungsweise 60 Familien wohnten. Überwiegend handelte es sich um mit Palmzweigen bedeckte Lehmhütten. Erst allmählich leistete man sich den Luxus von *adobe*-Wänden und Ziegeldächern. Aus gehauenem Stein bestanden lange Zeit nur die wichtigsten Gebäude um die Plaza Mayor. Die Siedlung wuchs sehr langsam,

Straßenszene in Caracas

und das Leben war hier schwer und gefährlich: Piraten drangen immer wieder von
der Küste ins Hochtal, der Rattenplage
von 1622 folgte 1627 eine Hungersnot,
dann brach 1667 die Pest aus, die Pocken
wüteten 1687, und das schwere Erdbeben
von 1641 forderte 500 Tote und zerstörte
viele Häuser.

Dieser Schock lähmte den Ort fast 100
Jahre lang. 1731 wurde Caracas Hauptstadt des Generalkapitanates Venezuela.
Der Kaffee- und Kakao-Export brachte
um die Mitte des 18. Jhs. neuen Aufschwung. (Den Handel mit Kakao, dem
neuen Verkaufsschlager in der Alten Welt,
beherrschte die allmächtige baskische
Compañía Guipuzcoana.) Der Gouverneur Felipe Ricardos (1751–1757) ließ neue
Gebäude um die Plaza Mayor errichten.
Trotz weiterer Epidemien (Pocken im
Jahre 1764) kam es besonders unter Gouverneur Torres in den 80er Jahren zu
einem wirtschaftlichen und kulturellen
Aufblühen der Stadt.

Simón Bolívar (vgl. S. 25 f.) wurde am
24. Juli 1783 in einem recht wohlhabenden Caracas geboren, das schon heimlich
Pläne für die Unabhängigkeit schmiedete.
Für die rund 50 000 Einwohner begannen
am 19. April 1810 mit der Vertreibung
des spanischen Generalkapitäns Emparán
die Befreiungskämpfe. Sie brachten zwar
erhebende Momente, wie den kurzzeitigen
Triumph Bolívars und seine Ernennung
zum ›Libertador‹ im Jahre 1813, doch litt
das gesamte Land unter dem einsetzenden
wirtschaftlichen Niedergang. Das Gesicht
der Stadt änderte sich, viele Menschen ver-
ließen sie, und andere kamen aus den Provinzen hierher. Bolívar wurde vergessen.
Erst 1842 überführte man seine sterblichen Reste aus Kolumbien nach Caracas.

Präsident Guzmán Blanco moderni-
sierte den Ort in den 70er Jahren des
19. Jhs. Hunderte von neuen Gebäuden
entstanden, die Straßen erhielten Gasbe-
leuchtung, ein Telegraphenservice wurde
eingerichtet und eine Bahn zum Küstenort

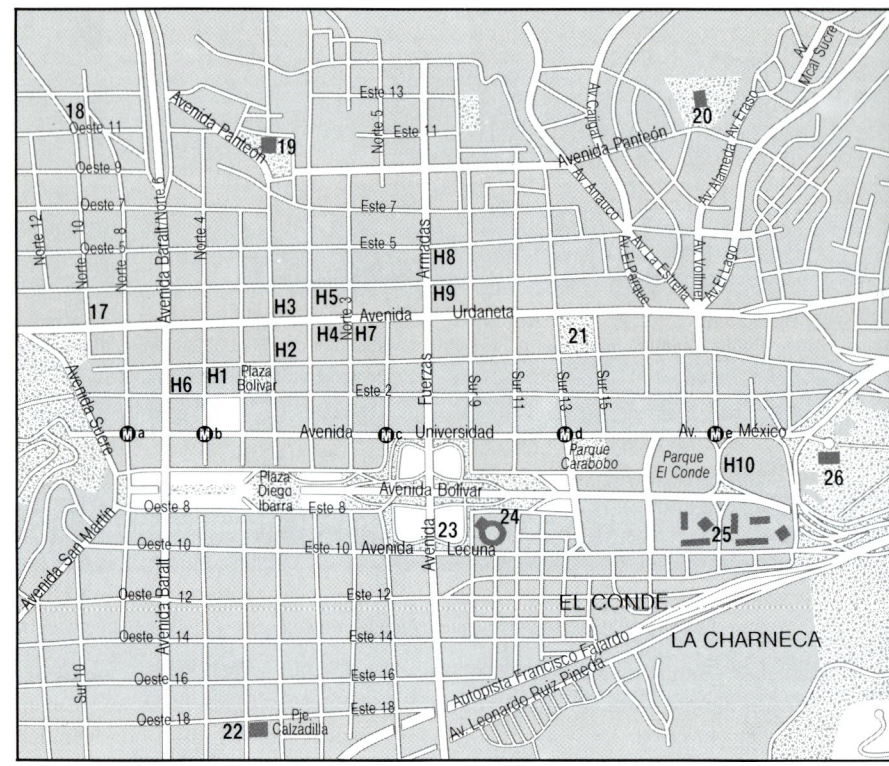

Caracas 1–16 vgl. Ausschnittplan, S. 39 17 Präsidentenpalast Miraflores 18 Kirche La Divina Pastora 19 Panteón Nacional 20 Kolonialmuseum 21 Plaza Candelaria 22 Landhaus (Cuadra) Bolívars 23 Busterminal 24 Stierkampfarena 25 Hochhausgruppe Parque Central 26 Museo Nacional, Museo de Bellas Artes 27 Parque Los Caobos 28 Universidad Central 29 Plaza Venezuela 30 Boulevard Gran Sabana 31 Autobahnknoten El Pulpo (Krake) 32 Ladenzentrum Chacaito

La Guaira gebaut. Das kulturelle Leben von Caracas blühte auf. Vorbild für den Präsidenten sowie für das luxuriöse Leben und Dandytum der Reichen war das Paris von Napoleon III.

Nach der Entdeckung der großen Ölvorkommen im Maracaibo-See und dem ersten Ölboom der 20er und 30er Jahre wuchs die Stadt in rasantem Tempo. Bis dahin war das Tal von Caracas zu beiden Seiten des Río Guaire von großen Haciendas überzogen, an die heute noch einige der Parks erinnern. Bei der raschen

Ausdehnung verzichtete man wegen der Unebenheit des Geländes meist auf das Schachbrettmuster der Altstadt und nahm wenig Rücksicht auf den kolonialen Gebäudebestand. Die moderne Hochhausarchitektur begann in den 30er Jahren, als Präsident Medina Angarita den Architekten Villanueva mit dem Abbruch des Viertels El Silencio und dem Bau des Centro Simón Bolívar mit seinen beiden 30stöckigen Bürotürmen ›Las Torres‹ beauftragte. Heute werden sie von den Wolkenkratzern des Parque Central weit überragt.

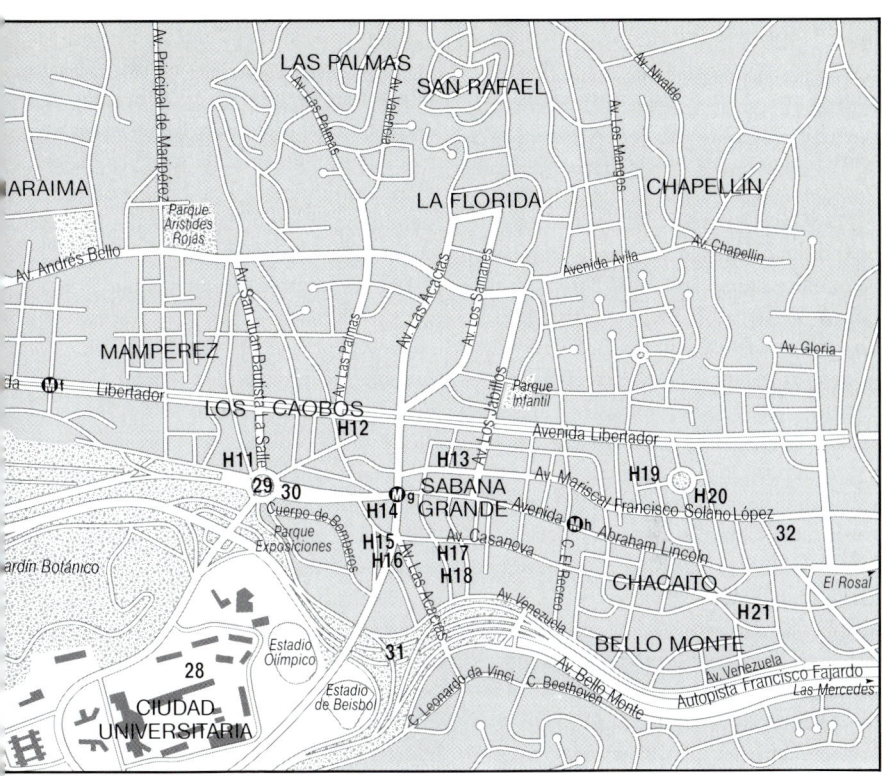

Hotels: H1 El Conde H2 Plaza Catedral H3 Verroes H4 Mara H5 Canaima H6 Caroní
H7 Tiuna H8 Terepaima H9 Inter H10 Hilton H11 City H12 Ritz H13 Tampa
H14 King's Inn H15 Tanausú H16 Odeon H17 Kursaal H18 El Escorial H19 Plaza Palace
H20 Savoy H21 Las Américas
Metrostationen (Linie Propatria – Chacaito): a Silvencio b Capitolio c La Hoyada d Cara-
bobo e Bellas Artes f Colegio Ingeniero g Plaza Venezuela h Sabana Grande

Sehenswürdigkeiten

Die wenigen alten Bauwerke des einstigen kolonialen Zentrums ducken sich zu
Füßen moderner Hochbauten. Die heu-
tige **Plaza Bolívar,** die zur Kolonialzeit als
Marktplatz, Stierkampfarena und Exer-
zierplatz diente und das Zentrum der Stadt
war, ist mit den angrenzenden Gebäuden
im wesentlichen ein Produkt des 19. Jhs.
Hier lauschten die Caraceños der Proklamation der neuen Verfassung eines
unabhängigen Venezuela, nach dessen

Held Simón Bolívar der Platz allerdings
erst rund 60 Jahre später benannt wurde.
Seitdem Guzmán Blanco bei der Einwei-
hung der neoklassisch-barocken Reiter-
statue am 7. November 1874 einen Kranz
aus Guayana-Gold zu ihren Füßen nieder-
legte, fehlt hier nie ein Gebinde zu Ehren
des Befreiers vom spanischen Joch. Zwar
müssen Männer heute beim Betreten des
Platzes nicht mehr Jacket und Schlips tragen und den Hut ziehen, aber Wächter mit
Trillerpfeifen achten doch streng auf ein
gebührendes Verhalten. Die Plaza mit

ihrer tropischen Flora bietet Erholung vom Trubel der Großstadt. An Wochenenden und Donnerstagen werden hier Konzerte gegeben. An der Westseite präsentieren sich oft kleine *conjuntos* mit Volksmusik.

Die **Casa Amarilla** (Gelbes Haus) erhielt ihren Namen in den ersten Jahren der Republik, als man sie mit dieser freundlichen Farbe anstrich, um ihre dunkle Geschichte als königliches Gefängnis vergessen zu machen. Von hier führten die Spanier viele Freiheitskämpfer zur grausamen öffentlichen Hinrichtung auf die angrenzende Plaza. Gerüchten zufolge sollen unter den Kellern noch Folterwerkzeuge und Gebeine von Gefangenen liegen. Am 19. April 1810 konstituierte sich im Gelben Haus der Stadtrat von Caracas als oberste Regierungsjunta, die bald darauf den spanischen Generalkapitän zurück in seine Heimat schickte. Das Gebäude diente dann als Museum, Militärlager und Präsidentenpalast. 1900 sprang Präsident Cipriano Castro aus Angst vor einem Erdbeben von einem der Balkone und ruinierte so seinen Ruf. 1912 zog hier das Außenministerium (Cancillería) ein. Der Salón de las Banderas (Salon der Fahnen) mit Büsten von Bolívar und Vorkämpfern der Unabhängigkeit ist in den Nationalfarben Gelb, Blau und Rot gehalten und dient zum Empfang von Diplomaten; Besichtigung nur mit Erlaubnis der Oficina de Protocolo (im Gebäude).

Die **Kathedrale** errichtete man 1594 an der Stelle einer schlichten Kapelle aus *adobe*-Ziegeln, doch wurde sie wie die meisten anderen Kolonialbauten durch mehrere Erdbeben zerstört (u. a. 1641 und 1812) und anschließend wieder aufgebaut. Das Glockenspiel des Turmes, das auch die Nationalhymne erklingen läßt, hat man 1888 aus London importiert. Vorübergehend beherbergte die Familienkapelle in der Kathedrale die Gebeine Bolívars, die erst zwölf Jahre nach seinem Tod hierher überführt wurden, um dann 1876 den letzten Ruheplatz im Panteón Nacional zu finden, das man vom Kathedralen-Vorplatz aus im Norden vor den Bergen liegen sehen kann. Der mit mexikanischem Gold überzogene Hauptaltar zeigt den Stadtpatron Santiago (auch spanischer

Orientierung in der Altstadt

In der Kolonialzeit orientierte man sich nur an den Namen der Ecken *(esquinas)* der quadratischen Häuserblocks *(cuadras)*. Teils ist das noch heute so und entsprechend im Stadtplan vermerkt. Die Namen verweisen auf einst bekannte Anwohner oder auch Heilige, wie El Conde (der Graf), Las Monjas (die Nonnen) oder San Francisco. Später erhielten die Straßen Nummern. Die Zählung beginnt vor der Ecke des Kathedralenturms (Esquina La Torre). Die von diesem Punkt ausgehenden vier Straßen heißen nach den Himmelsrichtungen schlicht Avenidas Norte, Este, Sur und Oeste. Alle Straßen, die von der Achse der Avenidas Norte/Sur Richtung Osten verlaufen, heißen Este, die von der Achse der Avenidas Este/Oeste nach Norden verlaufen, heißen Norte etc. Die parallel zur Ost-West-Achse bergauf führenden Straßen haben eine ungerade, die ins Tal hinunter eine gerade Zahl, und die Straßennummern parallel zur Nord-Süd-Achse nach Osten sind ungerade, nach Westen gerade. Dieses System gilt allerdings nur für den älteren Stadtteil mit seinem Schachbrettmuster.

Nationalheiliger), die in ganz Lateinamerika verehrte Santa Rosa und die Heilige Ana de Coro, die 1637 auf der Flucht vor Piraten hierher gelangte. Im Kirchengebäude hängen Gemälde bedeutender Künstler, u. a. ›Purgatorium‹ (Fegefeuer) von Christóbal Rojas und das durch den Tod des Malers unvollendet gebliebene ›Abendmahl‹ des Venezolaners Arturo Michelena. Wer sich zufällig am Karsamstag in Caracas aufhält und mittags die Glocken der Kathedrale hört, hebe schnell drei Steine auf. Mit jedem Stein, den man dann wegwirft, entledigt man sich eines Problems – so der Volksglaube.

Im Gebäude des **Concejo Municipal** (Rathaus) war einst eine höhere Schule untergebracht, später ein philologisches und theologisches Seminar für junge Männer, eine Art Universität für Reiche, die weiß, christlich und unbescholten sein mußten. Die Kapelle ist der einzige erhal-

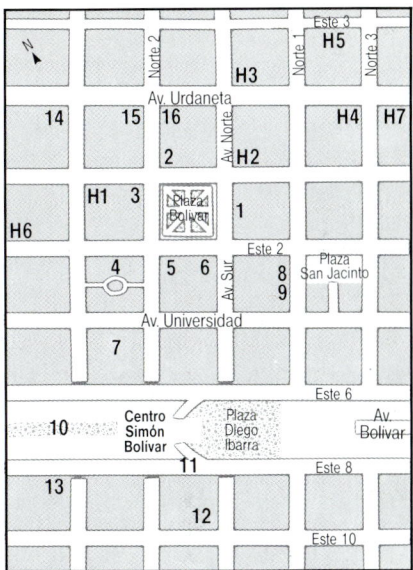

Caracas (Zentrum) 1 Kathedrale 2 Distriktregierung 3 Gelbes Haus (Casa Amarilla) 4 Capitolio Nacional 5 Erzbischöflicher Palast 6 Rathaus 7 Kirche San Francisco 8 Museum Bolívar 9 Geburtshaus Simón Bolívars 10 Las Torres 11 Kirche Santa Teresa 12 Nationaltheater 13 Stadttheater 14 Hauptpost 15 Plaza Eloy Blanco 16 Kirche Santa Capilla Hotels: H1 El Conde H2 Catedral H3 Verroes H4 Mara H5 Canaima H6 Caroní H7 Tiuna

Die Kathedrale von Caracas

tene koloniale Teil. Der älteste Plan von Caracas (1578) ist im Patio zu sehen. In den Räumen werden Gemälde (von Boggio), Ausgrabungsobjekte und geschnitzte Darstellungen des kolonialen Lebens gezeigt (von Raúl Santana). An der gegenüberliegenden Seite der Plaza Bolívar befindet sich das Verwaltungsgebäude des Distrito Federal (Distrikt von Caracas), kurz ›La Gobernación‹ (Regierung) genannt.

Die Stelle, an der Präsident Guzmán Blanco in den 70er Jahren des vorigen Jahrhunderts das **Capitolio** errichten ließ, nahm vorher ein reiches Kloster der ›unbefleckten Empfängnis‹ ein. Die Nonnen, alle von ›reinem Blute christlicher Ahnen

In der ›Altstadt‹ von Caracas, nahe dem Capitolio

mit makelloser Vergangenheit‹, wurden 1874 vertrieben, als der Präsident die Klöster schließen ließ. Eine vergoldete Kuppel bekrönt den in Weiß gehaltenen erhöhten Nordbau. Dieser Palacio Federal mit dem Salón Elíptico (Ovaler Salon) im Zentrum kann besichtigt werden. An den Wänden hängen die Porträts vieler Helden der Unabhängigkeit. Das die Entscheidungsschlacht von Carabobo darstellende Gemälde von Tovar y Tovar füllt die Zentraldecke aus. Weitere Wand- und Deckengemälde verweisen auf andere wichtige Schlachten. In der schwarzen Marmortruhe an der Südwand liegen das Unabhängigkeitsdokument (Libro de Acta) des ersten Nationalkongresses vom 5. Juli 1811 und auch der Schlüssel zur goldenen Urne Bolívars im Panteón. Im Innenhof befinden sich ein attraktiver Palmengarten und das Nationalwappen in Form eines Blumenmosaiks. Im Südteil des Capitolio (Palacio Legislativo) tagen die gesetzgebenden Organe Senat und Abgeordnetenkammer.

Die Kirche **San Francisco** gehört zu einem 1575 von Alonso Vidal begonnenen Franziskanerkloster. Sie wurde nach dem Erdbeben von 1641 wiederaufgebaut und bis Mitte des 18. Jhs. vollendet. Da das schwere Erdbeben von 1812 die Kirche kaum beschädigte, konnte Simón Bolívar hier ein Jahr später den Titel ›Libertador de las Américas‹ (Befreier Amerikas) erhalten. Der bauwütige Präsident Guzmán Blanco gestaltete 1887 die Fassade neugotisch. Die meisten Kapellen sind im späteren Churrigueresco-Stil mit seiner barocken Fülle an Ornamentik errichtet. Auf der linken Seite ist die vierte Kapelle der Virgen de Coromoto gewidmet, der Patronin Venezuelas; daneben der Altar des San Nicolás de Tolentino, dem Gläubige die Befreiung der Stadt von einer Rattenpest des Jahres 1662 zuschreiben. Auf der rechten Seite liegt nahe dem Eingang die Kapelle des San Onofre, Beschützer in Berufsangelegenheiten, an der Wand die Votivgaben. Am Karfreitag führt man die Virgen de la Soledad (Jungfrau der Einsamkeit) in einer Prozession von hier zur Kathedrale an der Plaza Bolívar und einen Tag später wieder zurück.

Die **Basílica de Santa Teresa** (Ende 19. Jh.) besteht eigentlich aus zwei zusammenhängenden Kirchen, nämlich Santa Ana (Westseite) und Santa Teresa (Ostseite). Der Hauptaltar bildet die Grenze zwischen beiden. Die Statue des Nazareners von Santa Teresa zieht besonders am Mittwoch der Karwoche Gläubige an, die sich, auf Knien rutschend, Christus nähern. Der Legende nach wurden während einer Choleraepidemie die Kranken geheilt, als sie die Früchte eines Limonenbaumes aßen, den die Statue des Nazareners bei einer Prozession berührt hatte.

In der **Casa Natal de Bolívar,** dem Geburtshaus Simón Bolívars, erblickte der spätere Befreier Südamerikas das Licht der Welt. Er verließ das Stadthaus seiner wohlhabenden Familie 1799, um den damals in diesen Kreisen üblichen Bildungsurlaub in Spanien anzutreten. Die Bolívars trennten sich sieben Jahre später von dem Haus. 1912 wurde es von der ›Patriotischen Gesellschaft‹ renoviert und der Öffentlichkeit zugänglich gemacht. (Im Museo Bolivariano nebenan kann man sich näher über den ›Freiheitsgeneral‹ informieren; vgl. Museen, S. 44.)

Das Landhaus **Cuadra Bolívar** lag damals außerhalb der Stadt und hatte einen Garten, der bis hinunter zum Río Guaire reichte. Simón Bolívar verbrachte hier einen Teil seiner Jugend und traf sich mit anderen jungen Männern, um in der geheimen ›Verschwörung von 1808‹ die Unabhängigkeitskämpfe vorzubereiten. Ende des vorigen Jahrhunderts verkaufte die Familie ihr Landgut an General Mendoza, der es in Parzellen aufteilte und veräußerte. Es wurde 1930 vom Staat erworben und 1972 endgültig als Museum eröffnet. Obgleich auf die Familie Bolívar spezialisiert, ist es nach der Quinta de Anauco (heute Museo de Arte Colonial; vgl. Museen, S. 44) eines der besten Anschauungsobjekte des kolonialen Lebens der Stadt am Ende des 18. Jhs.

Nordwestlich der Plaza Bolívar, in einem Bereich nördlich des Miraflores-Palastes, liegt ein ärmlicher, aber auch noch ursprünglicher Teil der Altstadt. Die steilen und engen Straßen haben Bürgersteige, die dem Niveauausgleich der Häuserfundamente folgen und daher teilweise hoch über den Fahrbahnen liegen und viele Treppen haben.

Die Kirche **La Divina Pastora** (göttliche Schäferin) wurde nach dem schweren Erdbeben von 1812 neu errichtet. La Pastora, deren Skulptur der Legende nach drei unbekannte Mönche zurückließen, wird jeden Februar auf einer Wallfahrtsprozession hinunter an die Küste nach Maiquetía und nach fünf Tagen wieder zurückgetragen. Die Gläubigen benutzen dabei (in etwa) den alten spanischen Königsweg (Camino Real), der ca. sechs Häuserblocks entfernt an der Puerta de Caracas (Tor zu Caracas) begann. Er verband die Stadt seit dem frühen 17. Jh. mit La Guaira an der Küste. An diesem nicht mehr vorhandenen Tor standen eine Zollstation und als Warnung die Picota, eine Art Schandpfahl mit dem Kopf eines hingerichteten Verbrechers.

Unweit des Kapitols liegt der stark bewachte Palast des Präsidenten, der **Palacio de Miraflores.** Nach seinem Bau am Ende des 19. Jhs. beherrschte er diesen

Teil der Stadt, ist jetzt aber von Hochhäusern verdeckt. Der Bauherr, General und Präsident Joaquín Crespo, starb in einer Schlacht, bevor er hier einziehen konnte. Seit 1911, als der Staat den Palast kaufte, residieren hier die Präsidenten Venezuelas. Stahlplatten machen das Schlafgemach erdbebensicher.

Im **Panteón Nacional** sind Wegbereiter und Helden der Befreiungskriege und andere nationale Berühmtheiten beigesetzt. Die Kirche der Heiligen Dreifaltigkeit, die hier einst stand, wurde durch das große Erdbeben von 1812 völlig zerstört. Seit 1876 befindet sich im neuen Bau auch die Urne mit der Asche von Simón Bolívar, die seit 1842 in der Familienkapelle der Kathedrale gestanden hatte. Die überlebensgroße neoklassische Statue Bolívars im Mittelschiff fertigte der Italiener Pietro Tenerani an. Die rechte Hand auf dem Herzen symbolisiert die Reinheit des Gewissens und der Lorbeer in der linken Hand Lohn und Ruhm für Tapferkeit; die linke Frauenstatue verkörpert Gerechtigkeit, die rechte Freiheit. Die drei Figuren des Reliefs repräsentieren die drei befreiten Staaten Venezuela, Kolumbien und Ecuador. Die Deckengemälde mit Szenen aus den Befreiungskriegen stammen von Tito Salas. Soldaten halten hier permanent Wache (Di–Fr 9–12 und 14–17; Sa und So 10–13 Uhr).

Will man das moderne Caracas kennenlernen, beginnt man am besten an den Torres, um dann entlang den Avenidas Universidad/México zur Hochhausstadt Parque Central zu gelangen, von dort durch den Parque Los Caobos über die Plaza Colón zur Plaza Venezuela und schließlich in den Geschäftsteil Chacaito.

Die Zwillingstürme ›Las Torres‹ sind das Wahrzeichen des **Centro Simón Bolívar,** des administrativen Zentrums von Caracas mit seinen zahlreichen Ministerien und Verwaltungseinrichtungen. Die Türme, als Symbole der Stadt ein beliebtes Fotomotiv, markieren den Beginn des Baubooms in den 30er Jahren, der an dieser Stelle mit dem Abriß des Elendsviertels El Silencio einsetzte. Die vierspurige Avenida Bolívar und eine Reihe Nord-Süd-Straßen werden unter dem gesamten Komplex hindurchgeführt, so daß auf der oberen Ebene die weiten Plazas Diego Ibarra und España angelegt werden konnten.

Irreführend ist der Name **Parque Central** für die mächtige Gruppe von sieben 44stöckigen Wohnhochhäusern, die ab 1966 östlich vom Centro Bolívar entstanden. Zwei alles überragende achteckige Wolkenkratzer sind inzwischen hinzugekommen. Diese Wohnstadt für rund 20000 Menschen und wohl 1000 Büros war als autarke Welt geplant. Hier kann man das Museo de Arte Contemporáneo besuchen (zeitgenössische Kunst, vgl. Museen S. 44).

Unweit davon befindet sich neben dem gleichnamigen Busterminal die Stierkampfarena **Nuevo Circo.** Die Stierkampfsaison dauert von November bis März. Die berühmtesten nationalen und spanischen *toreros* treten hier vor maximal 12000 Zuschauern auf (vgl. S. 32).

Am westlichen Ende des Parque Los Caobos ist vor dem Ateneo de Caracas gegenüber dem Hotel Hilton eine Reihe moderner Skulpturen zu sehen. Am Eingang zum Park zeigen das Museo de Bellas Artes (Museum der Schönen Künste) internationale und die Galería de Arte Nacional venezolanische Kunst (vgl. Museen, S. 44). Im **Parque Los Caobos** wachsen viele tropische Bäume und Pflanzen. Im 18. Jh. gehörte das Terrain zur Kakaoplantage einer französischen Familie, die enteignet wurde, weil sie mit den Freiheitskämpfern sympathisierte. Ab 1865

Hochhauskomplex des Parque Central

baute man hier Kaffee an. Die damals gepflanzten Schattenbäume sind inzwischen Veteranen. In den 20er Jahren hat der Staat den jetzigen Park eingerichtet. Kurz hinter dem Eingang trifft man auf das Denkmal der Teresa de la Parra, der berühmtesten Romanautorin des Landes.

Wer sich für die Flora Venezuelas interessiert, findet im **Jardín Botánico,** dem botanischen Garten gleich jenseits der Autopista Francisco Fajardo, zahlreiche Tropengewächse – eine gepflegte und sehr sehenswerte grüne Oase innerhalb der Betonlandschaft von Caracas.

Die **Universidad Central de Venezuela** (UCV) ist die weitaus größte der sieben Universitäten von Caracas, darunter drei privaten. Zu den rund 50 000 Studenten kommen ein paar tausend Verwaltungsangestellte. Als beste Lehranstalt gilt in Caracas die Universidad Simón Bolívar (USB). Der Campus der Zentraluniversität (1953) ist bekannt für seine Kunst-

objekte: Rund 50 Wandgemälde, zehn Skulpturen, Fresken und Glasfenster sind organisch in die Architektur integriert. Der Gesamtkomplex wurde vom venezolanischen Architekten Carlos Raúl Villanueva entworfen. Die wichtigsten Kunstwerke sind im Bereich zwischen Bücherei (Librería) und Museum zu finden.

Die **Plaza Venezuela** ist einer der belebtesten Verkehrsknotenpunkte der Stadt. Hier stehen die Hochhäuser des Torre Capriles und Torre Phelps. Östlich der Plaza führt ein Boulevard mit vielen Geschäften und gemütlichen Straßencafés durch den Stadtteil **Sabana Grande** bis zu den Einkaufszentren von Chacaito.

Museen

Die **Casa Natal de Bolívar** zeigt Andenken an Simón Bolívar (vgl. S. 41; Di–So 9–12 und 14.30–17.30 Uhr).

Das **Museo Bolivariano** unmittelbar neben dem Geburtshaus Simón Bolívars enthält u. a. persönliche Utensilien, Porträts und Briefe Bolívars sowie Andenken an einige Wegbereiter der Unabhängigkeit (Di–Fr 9–12 und 14.30–17.30, Sa/So 10–13 und 14.30–17 Uhr).

Cuadra Bolívar, Landhaus der Bolívars (vgl. S. 41; Di–Sa 9–13 und 14.30–17.30, So 10–13 und 14.30–17 Uhr).

Das **Museo de Arte Colonial,** auch Quinta de Anauco genannt, ist eines der besten Museen kolonialer Kunst des Landes. Die vielen Alltagsgegenstände in den authentischen Räumlichkeiten dokumentieren einprägsam die spätere Kolonialzeit. In dieser damals außerhalb der Stadt gelegenen Kaffee-Hacienda des Generals Francisco Rodríguez del Toro war Bolívar oft Gast. Interessant auch die alten Bäume und Pflanzen des Gartens (Di–Sa 9–12 und 14–17, So 10–17 Uhr).

Das **Museo de Bellas Artes** am Parque Los Caobos besitzt überwiegend internationale Kunst: ägyptische und lateinamerikanische Sammlung, kubistische Werke, Skulpturen, chinesisches Porzellan. Am Eingang kann man Bücher, Reproduktionen und Volkskunst kaufen (Di–Fr 9–12 und 15–17.30, So 10–17 Uhr).

Die **Galería de Arte Nacional** am Parque Los Caobos zeigt Werke der berühmtesten Maler Venezuelas wie Arturo Michelena, Cristóbal Rojas, Tovar y Tovar, Tito Salas, Jesús Soto (Öffnungszeiten wie Museo de Bellas Artes).

Museo Arturo Michelena, Calle Urapal: stellt Gemälde dieses berühmtesten venezolanischen Malers des 19. Jhs. aus; allerdings befinden sich die bekanntesten in der Galería de Arte Nacional (9–12 und 15–17 Uhr, außer Mo u. Fr).

Museo de Ciencias Naturales an der Plaza Morelos: enthält außer naturhistorischen Stücken auch präkolumbische

Volkskunst, nicht nur Venezuelas (Öffnungszeiten wie Museo de Bellas Artes).

Museo de Arte Contemporáneo (Gegenwartskunst) im Parque Central, Nivel Bolívar; auch Verkauf von Büchern (Di–So 11–19 Uhr).

Museo del Teclado (mit Tastatur-Instrumenten) im Parque Central, Edificio Tacagua (täglich 10–13.20 und 13.30–16 Uhr).

Das **Museo de los Niños im Parque** Central zeigt, didaktisch gut aufbereitet, alles, was Kinder interessieren könnte (Di–Fr 9–11.30 und 14.30–17, Sa/So 10–17 Uhr).

Information: Corporación de Turismo, Av. Lecuna, Parque Central, Torre Oeste, 37. Stock; vermittelt auch landesweit eine Reihe guter Hotels. Das Touristenbüro gibt einen brauchbaren jährlich erscheinenden Führer heraus, mit genauen Angaben zu den Hotels, leider oft

Straßenstand im Zentrum von Caracas

ohne Preise. Ein weiteres Büro befindet sich im Flughafen.

Unterkunft: *Luxushotels* sind das Tumanaco, nahe dem Verteiler Cienpiés, also weit außerhalb des Zentrums (wohl das beste Hotel von Caracas), und das zentraler gelegene Hilton, am Westende des Parque Caobos.

Mittelklassehotels: El Ávila (sehr gute Lage nördlich des Kolonialmuseums). In der Altstadt, nahe der Plaza Bolívar (vgl. Stadtplan): El Conde; Catedral (direkt an der Plaza); Veroes; Mara; Canaima; Caroní; Tiuna; Terepaima; Inter. Außerdem viele gute Hotels in den Stadtteilen Sabana Grande/Chacaito: City; Ritz; Tampa; King's Inn; Tanausú; Odeón; Kursaal; El Escorial; Plaza Palace; Savoy; Las Américas sowie Plaza Venezuela, Av. La Salle, am Torre Phelps, und Broadway, Ende Av. Casanova.

Restaurants: Caracas besitzt eine Fülle empfehlenswerter Restaurants. Insbesondere die Stadt

teile El Rosal und Las Mercedes sind bekannt für ihre zahlreichen guten Lokale. In Las Mercedes findet man in der Av. Río de Janeiro, an der C. Madrid sowie an den Avdas. Principal de Las Mercedes und La Trinidad bestimmt ein passendes Restaurant, in El Rosal vor allem in den Avdas. Venezuela, Pichincha und Tamanaco.

Venezolanische/kreolische Küche bieten im Centro: Casa Álvarez, Av. 1 Norte, zwischen Ecke Veroes und Jesuitas, zwei Blocks nördlich der Plaza Bolívar (angeblich das älteste Restaurant am Ort); Dama Antañona, Av. 3 Este, zwischen den Ecken Jesuitas und Maturín; La Atarraya, Plaza Venezolano, gegenüber dem Museum Casa Bolívar (ein traditionsreiches Lokal in ehemaligem Klostergebäude); Plaza Mayor, an der Plaza Bolívar gegenüber der Casa Amarilla; links davon einfachere, typische und volkstümliche Restaurants mit einheimischen Gerichten. Im Stadtteil El Rosal: El Portón, Av. Pichincha (traditionelle kreolische Küche); El Tejar II, Av. Pichincha; Los Pilones, Av. Venezuela, Nähe Av. Pichincha. Im Stadtteil Las Mercedes: El Granjero Tostados, Av. Río de Janeiro, zwischen C. Caroní und New York; Pollos en Brasa Caroní, C. Caroní/París; auch die meisten Restaurants mit internationaler Küche haben typisch venezolanische Gerichte, insbesondere die besseren Hotelrestaurants.

Spanische Küche: Viele einfache Restaurants um die Plaza Candelaria (ca. acht Blocks entlang der Av. Este, Nähe Centro) und an der Av. Francisco Solano López (auf der Höhe der C. Manguitos/Apamates), u. a. Taberna Tu Tasca; Rías Gallegas; La Cazuela; Urrutias.

Tascas: Eine *tasca* ist die traditionelle Form der spanischen ›Kneipe‹, wo man zu Bier oder Wein kleine Happen *(tapas)* vor dem späteren Abendessen zu sich nimmt. Im Stadtteil Bello Monte, südlich von Sabana Grande: Costa Vasca, C. Beethoven; El Manchego, Av. Bello Monte. Im Stadtteil Las Mercedes: Tu Tasca, C. Trinidad, zwischen Londres/París.

Deutsche Küche: La Choza, Av. Tamanaco, und unweit davon Fritz und Franz, C. Naiguitá, beide im Stadtteil El Rosal.

Flüge: Der internationale Flughafen Simón Bolívar (meist Maiquetía Airport genannt) und der nationale Flughafen (Terminal Nacional) von Caracas liegen dicht beieinander an der Küste nahe Maiquetía. Von hier sind es ca. 20 km bis zum 900 m höher gelegenen Caracas (an Sonntagnachmittagen Staus wegen der Rückreisewelle von der Küste). Für die Hotelsuche ist es vorteilhaft, möglichst früh am Tage anzukommen. Gute Hotelvermittlung im Flughafen. Man lasse sich einen Zettel mit den für Taxifahrer und Hotel erforderlichen Informationen geben. In der Hotelvermittlung bekommt man auch ein Ticket für die Taxis, deren Abfahrt vor der Halle kontrolliert wird. Die Preise sind staatlich festgelegt. Viele Fahrer bieten sich jedoch außerhalb der Reihe an, in diesen Fällen Preis vorher absprechen; über die aktuellen Sätze informiert das Touristenbüro im Flughafen. IMTC-Busse verkehren ca. alle 30 Min. (Haltestelle auch vor dem nationalen Terminal) und benötigen etwa 45 Min. bis Caracas, Nähe Hilton Hotel.

Fernverkehr mit Bussen und Sammeltaxis: Caracas hat einen großen, zentralen Busterminal (vgl. Stadtplan) namens ›Nuevo Circo‹, nahe der Stierkampfarena. Rund um die Uhr fahren die Busse der ca. 30 Unternehmen zu den verschiedenen Zielorten. Als gut gilt die Firma Aerobuses de Venezuela. Tickets erhält man im Terminal. In der Regel muß der Ausweis bzw. Paß vorgelegt werden, auch bei den *colectivos* (Sammeltaxis), in Venezuela *por puestos* (pro Sitz) genannt, die ebenfalls zahlreiche Strecken bedienen und hier auf Passagiere warten. Wenn der Wagen voll ist, geht es los. An Hauptfeiertagen ist der Andrang groß. Die keiner Organisation angehörenden *por puestos* (bei Unfall nicht versichert, ›piratas‹ genannt) stehen etwas abseits und locken Passagiere durch lautes Ausrufen der Zielorte.

Stadtverkehr: Im Stadtgebiet von Caracas werden hauptsächlich Minibusse eingesetzt, daneben *por puestos* oder *carritos*. Start- und Zielort sind an den Fahrzeugen angegeben. An den Bushaltestellen hängen keine Pläne aus, man muß also die entsprechenden Auskünfte bei den Fahrern einholen und am besten eine Stadtkarte mitnehmen. Haltestellen beachten die Minibusse kaum, man winkt einfach und sagt dem Fahrer Bescheid, wenn man aussteigen

möchte. Gezahlt wird vor dem Aussteigen, bei den großen Stadtbussen beim Einsteigen. Weihnachten ist der Fahrpreis doppelt so hoch, um dem Fahrer den Weihnachtsbonus *(aguinaldo)* zukommen zu lassen.

Taxis: Die zugelassenen Straßentaxis haben das Zeichen ›Libre‹ (frei) und ein gelbes Nummernschild, um sie von den nicht lizensierten zu unterscheiden. Taxis mit der Aufschrift ›Linea‹ haben ihren festen Standort in einem Vorort oder Stadtteil und befahren eine festgelegte Strecke. Sie können telefonisch geordert werden, die Nummern stehen auf den Wagen (mit Firmennamen) und unter ›Linea de Taxis‹ im Telefonbuch. Moderne Wagen, Service rund um die Uhr und Funk bieten Tele-Taxi, Taxitour und Taxis Móvil.

Metro: Die modernste Untergrundbahn Lateinamerikas (von Franzosen gebaut) ist sauber, sicher und sehr schnell. Die alle 4 Min. eintreffenden Züge benötigen für die Strecke Propatria – Chacaito maximal 20 Min., Taxis hingegen nicht selten eine Stunde. Videoüberwachung und Übersichtlichkeit sorgen für die Sicherheit der Passagiere. Da die Ticketautomaten häufig nicht funktionieren, gibt es lange Schlangen vor den Schaltern. Wichtig: Das Ticket unversehrt für die Schlitzautomaten an den Ausgängen aufbewahren. Der Verzehr von Lebensmitteln und Getränken, Rauchen und die Beförderung großer Gepäckstücke sind verboten. Auf der Linie Propatria – Chacaito liegen nur die Stationen Agua Salud und Caño Amarillo über der Erde.

Leihwagen: Wegen des chaotischen Verkehrs und der Parknot ist es sinnlos, sich für den Aufenthalt in Caracas einen Wagen zu mieten. Für Fahrten über Land lasse man sich bei Bedarf einen Wagen in einer der Städte, die man ansteuert, reservieren. Meist genügt es aber, sich dort bei der Ankunft auf dem jeweiligen Flughafen an eine der Mietgesellschaften zu wenden, es sei denn, man hat ganz spezielle Wünsche. Avis z. B. bietet kaum Wagen mit Vierradantrieb an. Da immer mehrere der acht wichtigen Unternehmen (u. a. Hertz, Budget, Avis, National, Aco) in den Flughäfen vertreten sind, hat man hier die besten Auswahl- und Ver-

Gebäude der Metroverwaltung, Caracas

gleichsmöglichkeiten. Im Telefonbuch finden sich die aktuelle Adresse und Telefonnummer der jeweiligen Firma. In den besseren Hotels sind auch ein oder mehrere Büros von Leihwagenfirmen untergebracht.

Geldwechsel: Im Flughafen Wechselschalter im Terminal, am besten bei Intercambio (getrennte Schlangen für Schecks und Bargeld).

Pico de Ávila

Mit einer Seilbahn (Teleférico) kann man in 15 Min. zur Ávila-Station (ca. 2100 m) hochfahren und von dort in drei Etappen hinunter nach Macuto an die Küste (30 Min.). Die Anlage erbaute der Saarbrücker Ernst Heckel 1956/57. Phantastische Ausblicke bieten sich bei gutem Wetter (meist vormittags) auf Caracas und die Küste bis La Guaira; auf der Fahrt kann man beobachten, wie sich die Vegetation mit zunehmender Höhe verändert. An der

Station: ein Restaurant, Souvenirläden, sogar eine Eislaufbahn. Zu Fuß leicht zu erreichen ist der Rundbau eines Hotels (Gastronomieschule), das nach Alexander von Humboldt benannt ist, der den Berg bestiegen haben soll. An der Maripérez-Talstation in Caracas bilden sich an Wochenenden und im Juli/August lange Warteschlangen; deshalb sehr früh Karten kaufen, frühstücken kann man in der Cafetería.

Das gesamte Bergland ist seit 1958 ein Nationalpark, der als ›Lunge von Caracas‹ bezeichnet wird. Mehr als 200 km Wanderwege durchziehen ihn. Eine Aufenthaltsgenehmigung erteilt das INP (Instituto de Parques Nacionales) im Büro am Parque del Este, Eingang Av. Miranda.

El Litoral

El Litoral (die Küste) wird der Küstenbereich westlich und östlich von La Guaira genannt. Er ist durch die steil aufragende Bergkette, die unter Wasser weitere 3000 m abfällt, von dramatischer Schönheit. Hier herrscht ein heißes Klima. Von La Guaira bis Naiguatá drängen sich Hotels, Restaurants und Clubs. An den Wochenenden sind sie das Ziel Tausender von Caraceños. Weniger Betrieb herrscht an der Küste zwischen Naiguatá und Los Caracas, wo die gut ausgebaute Straße endet. Von hier bis Chirimena ist die Piste mit einem normalen Pkw nur in den trockenen Monaten (4 Std., ohne Stopps) befahrbar, in der Regenzeit (Mai bis November) kann sie durch starke Schauer völlig unpassierbar werden. Ab Chirimena ist die Straße wieder besser, Rückfahrt nach Caracas möglich über Higuerote. Ein Aufenthalt an der Küste ist nur an Werktagen ein Genuß. An Wochenenden muß man lange Staus auf der Autobahn nach Caracas und auf der Küstenstraße in Kauf nehmen. Die Hotels sind meist ausgebucht.

Vorschlag für eine Rundfahrt: mit dem Taxi nach La Guaira, dort Besichtigung, dann weiter nach Macuto, von dort mit der Seilbahn (evtl. noch wegen Reparatur geschlossen) über die Station Ávila hinunter nach Caracas.

1589 von Gouverneur Diego de Osorio gegründet, wurde **La Guaira** (›der Wind‹, indianisches Wort) von den Spaniern durch fünf Befestigungen gegen die häufigen Piratenattacken geschützt. Wegen der Nähe zu Caracas spielte der Schiffsverkehr eine wichtige Rolle, obwohl La Guaira kein natürliches Hafenbecken besaß: Die Schiffe ankerten vor der Küste, Passagiere und Güter erreichten die Stadt per Boot. Maiquetía entstand als Siedlung der Maultiertreiber, die die Waren von La Guaira nach Caracas transportierten. Die 3 m breite Königsstraße (Camino Real de Las Dos Aguadas) ist in Teilen erhalten.

1734 entstand die Casa Guipuzcoana als Niederlassung und Lagerhaus der gleichnamigen baskischen Handelsgesellschaft (Besichtigung 9–18 Uhr).

Hauptattraktion von La Guaira sind die engen Straßen mit kolonialem Charme, insbesondere der Callejón Salsipuedes, der wohl wegen seiner Enge diesen humorvollen Namen trägt: ›Verlaß ihn, wenn du kannst‹. Die steilen Straßen hinunter zum Meer wurden so ausgerichtet, daß sie von der Seebrise profitieren konnten.

Das Fort El Vigía (Wache) über dem Ort wurde Anfang des 19. Jhs. durch eine neue Befestigung ersetzt. Vom Castillo de San Carlos, 1610 errichtet und vor zehn Jahren restauriert, hat man einen guten Ausblick auf die Stadt, den Hafen und die Küste.

Colonia Tovar

Die ca. 50 km westlich von Caracas in den Bergen gelegene deutsche Kolonie zählt zu den beliebtesten Ausflugszielen der Caraceños. Auf Initiative des Geographen Augustín Codazzi, der das Ziel verfolgte, die venezolanische Wirtschaft nach den Befreiungskriegen zu stärken, segelten 1843 insgesamt 358 Deutsche aus dem Ort Kaiserstuhl im Schwarzwald nach Venezuela. 70 starben unterwegs an den Pocken. Die Siedlung, die die Ankömmlinge auf dem Land des Grafen Martín Tovar y Ponte errichten durften, gab sich strenge Gesetze, darunter das Verbot, Einheimische zu heiraten. Unterdessen kursierten Gerüchte über die Wirkung der Inzucht. 1963, als die Autostraße bis zur 1800 m hoch gelegenen Colonia Tovar fertig wurde und der Tourismus begann, hatte der Ort erst rund 1300 Einwohner. Heute sind es 1600. Sie leben nicht in einem geschlossenen ›typisch deutschen‹

Typisches Haus in Colonia Tovar

Dorf, sondern in verstreut liegenden Häusern, von denen etliche imitierte Fachwerkbauweise zeigen.

Deutsches Know-how ließ hier die erste Brauerei auf venezolanischem Boden entstehen. Nicht nur wegen des Tourismus werden deutsche Traditionen nach wie vor gepflegt, besonders in der Gastronomie. Das Café Muunstall ist das älteste Haus im Ort. Die Kirche, die San Martín de Tours geweiht ist, hat ein Original aus Emmendingen zum Vorbild. Die Karnevalsmasken sind denen aus dem Schwarzwald nachgebildet.

An Wochenenden sind die kleinen Hotels ausgebucht. Die Straße über El Junquito ist besonders sonntags nach 16 Uhr durch den Rückreiseverkehr total verstopft.

Unterkunft: Ältestes Hotel ist Selva Negra (Schwarzwald). Einen besonders schönen Ausblick hat man vom Hotel Edelweiss, aber auch von den meisten anderen: Alta Bavaria; Bergland; Freiburg; Kaiserstuhl, alle mit guten Restaurants.

Anreise: Vom Busterminal in Caracas fahren täglich Sammeltaxis *(por puestos)* nach Colonia Tovar. Mit einem Mietwagen kann man den Ort in eine Rundreise über Chichiriviche (vgl. S. 82) bzw. Carayaca und Catia/Maiquetía einbeziehen.

Los Teques

Die 1703 gegründete Hauptstadt des Staates Miranda wird sicher schon bald von den südwestlichen Pendler-Siedlungen von Caracas erreicht werden. Teques ist eine spanische Abkürzung für Arnactoeques, einen Karibenstamm, der den Spaniern unter seinem berühmten Häuptling Guaicaipuro (›brennender Speer‹) bis 1568 erbitterten Widerstand leistete. Hauptattraktion ist die Eisenbahn südlich des Ortes. Eine rund 11 km lange Strecke bis

49

zum Parque El Encanto hat man für Touristen restauriert. Interessant sind die alte deutsche Lokomotive von 1891 und der Präsidentenwaggon.

Anreise: Busse und *por puestos* fahren ständig vom Terminal in Caracas bis in die Nähe der Bahnstation.

Die Küste östlich von Caracas

Barcelona

Wie so viele Siedlungen der spanischen Kolonien erhielt Barcelona bei der Gründung (1671) den Namen der Heimatstadt der Siedler, in diesem Fall Katalanen. Auch die beiden Schutzheiligen, Santa Eulalia und San Cristóbal wurden übernommen. Der Franziskanerorden La Recoleta missionierte vom damaligen Kloster aus (heute nur noch Ruinen) das Hinterland des Ortes.

Bis ins späte 19. Jh. besaß Barcelona einen bedeutenden Hafen; von hier gelangten die Waren entlang des Río Unare zu den südlichen Llanos. An diese Zeit erinnert nur noch ein Zollhaus (Rincón Aduana) nördlich der Stadt im Mündungsbereich des Río Neverí, das man entlang der Avenida 5 de Julio erreicht (ca. 3 km). Die Hafenaktivitäten verlagerten sich nach Guanta (östlich von Puerto La Cruz), von dessen tieferem Becken die Schiffe das Fleisch der Llanos-Rinder zu den karibischen Inseln transportierten.

Heute bildet Barcelona, das 3 km vom Meer entfernt liegt, zusammen mit Puerto La Cruz im Norden eine Doppelstadt mit etwa 300 000 Einwohnern. Barcelona ist Haupt- und Verwaltungsstadt des Staates Anzoátegui, der um El Tigre und San Tomé im Süden große Erdölfelder besitzt.

Der Río Neverí bildet die Grenze zwischen der kolonialen Altstadt im Westen und den modernen Vierteln im Osten, die langsam mit Puerto la Cruz verschmelzen. Die früher verheerenden Überschwemmungen des Río Neverí sind durch einen Ableitungskanal gebannt worden.

Sehenswürdigkeiten

Barcelonas Altstadt um die Plaza Boyacá bis hinunter zum Río Neverí hat immer noch kleinstädtisch-kolonialen Charakter: Die Häuser sind meist einstöckig und mit Fenstergittern versehen. Hohe Trottoirs schützen gegen die einst häufigen Überschwemmungen durch den Fluß während der Regenzeiten.

Auf der **Plaza Boyacá** steht das Denkmal des Generals José Antonio Anzoátegui, der als 20-Jähriger in einer entscheidenden Schlacht der Unabhängigkeitskriege im kolumbianischen Boyacá siegte.

Die **Kathedrale** wurde 1774 fertiggestellt. Sie enthält einige koloniale Gemälde und einen vergoldeten Altar. Wie so viele venezolanische Kirchen jener Zeit ist sie äußerlich schlicht und hat Festungscharakter.

Das kleine **Museo de la Tradición** an der Südseite der Plaza ist in einem der ältesten Häuser untergebracht. Zu seinen Exponaten gehören etwa eine koloniale Küche mit Sickersteinen, durch die das Wasser gefiltert wurde, und religiöse Gliederpuppen aus Holz, die zu verschiedenen Festlichkeiten dem Anlaß gemäße Kleider erhielten. Das Gebäude, in dem heute die **Casa de la Cultura** ihren Sitz hat, ist ein typisches doppelstöckiges Kolonialhaus, in dem reiche Kaufmannsfamilien im Obergeschoß wohnten und ihre Geschäftsräume im Parterre hatten. (Calle San Félix/Garrera, zwei Blocks von der Plaza entfernt.)

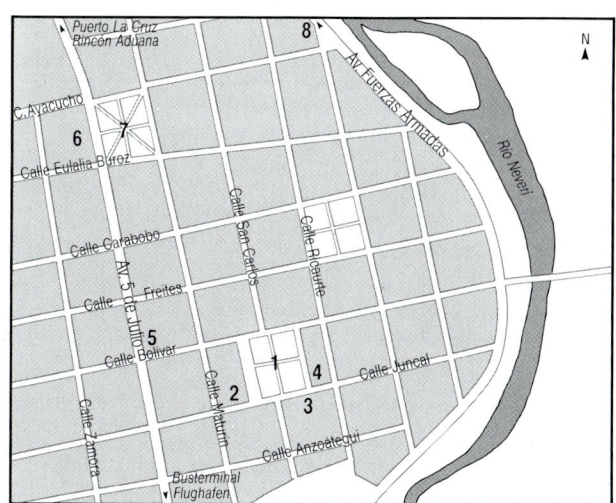

Barcelona
1 Plaza Boyacá
2 Kathedrale
3 Museo de la Tradición
4 Rathaus
5 Hotel Barcelona
6 Casa Fuerte
7 Plaza Bolívar
8 Hotel Neverí

Die Ruinen der **Casa Fuerte** (Festungshaus) an der Plaza Bolívar sind die Überreste eines Klosters der Franziskaner. Nach der Vertreibung der königstreuen Mönche in den Unabhängigkeitskämpfen ließ Bolívar das Kloster befestigen. Am 7. April 1817 erstürmte es der spanische General Aldama, der auch unter den Frauen und Kindern ein Massaker angerichtet haben soll. Der Tod des irisch-jamaikanischen Kommandanten und Freundes Bolívars, Major Chamberlain, und seiner jungen Frau Eulalia inspirierten auch europäische Autoren zu romantischen Gedichten und Dramen.

Unterkunft: Bestes Hotel am Ort ist Barcelona, an der Av. 5 de Julio/Ecke C. Bolívar (zentral gelegen nahe der Plaza Boyacá, allerdings oft ausgebucht); gut ist auch das Hotel Neverí am gleichnamigen Fluß, Av. Fuerzas Armadas/Av. Miranda; preiswerte Hotels nahe dem Zentrum: Canarias, C. Bolívar; Nacional, C. Zamora; Palace, C. Freites; Plaza, C. Juncal; Italia, C. Zamora.

Restaurants: Bessere Restaurants gibt es nur in den Hotels Neverí und Barcelona; einfache Cafeterías nahe Ecke Av. 5 de Julio/C. Bolívar.

An- und Weiterreise: *Flüge* vom Flughafen für Barcelona und Puerto La Cruz, 4 km südlich von Barcelona, von und nach Caracas (Maiquetía, 6× täglich), Porlamar, Isla Margarita (2× täglich), Puerto Ordaz (1× täglich, Sa nonstop), Maturín (1× täglich).

Busse: Vom Busterminal im Südwesten der Stadt, an der Av. San Carlos, nach Cumaná (ca. 3 Std.), Ciudad Bolívar (ca. 5 Std.), Caracas (ca. 6 Std.); *por puestos* nach Puerto La Cruz auch entlang der Av. 5 de Julio.

Puerto La Cruz

Die 10 km lange Avenida Intercomunal verbindet das kleinstädtische und verschlafen wirkende Barcelona mit dem Schwesterort Puerto La Cruz, dem wirtschaftlich weit dynamischeren Nordteil der Doppelstadt.

Der moderne touristische Riesenkomplex **El Morro** westlich von Puerto La Cruz wurde 1971 begonnen und für über 50 000 Gäste geplant. Dazu gehört die sogenannte ›Aquavilla‹ (Wasserstadt) in den ehemaligen Salinen El Paraíso mit fast 20 km Kanalsystem, Yachthäfen, Clubs etc. Jenseits des langen Strandes an der Halbinsel El Morro liegen weitere Hotels, Clubs und die Doral Beach Villas.

Die ersten Häuser von Puerto La Cruz entstanden weiter östlich von diesem Komplex am heutigen Paseo Colón. Anfang des 19. Jhs. siedelten sich hier Fischer der Insel Margarita an, nachdem sie reiche Fanggebiete um die Chimana-Inseln entdeckt hatten. Die nahen Quellen ›vom Heiligen Kreuz‹ waren Ziel vieler Caraceños, verschwanden jedoch, als vor rund 50 Jahren mit dem Bau eines Pipelineterminals der Ölboom begann. Bald darauf schuf die Mene Grande-Ölgesellschaft die Carretera Negra, um eine schnelle Verbindung entlang der Pipeline zu ihren Bohrtürmen um El Tigre in den südlichen Llanos herzustellen.

Heute ist Puerto la Cruz die wichtigste Stadt Ostvenezuelas. Raffinerie und Ölhafen im Osten der Stadt (Guaraguao) beeinträchtigen nicht ihre Bedeutung als beliebtes Seebad. Der Paseo Colón entlang der Bucht von Pozuelos ist mit seinen Hotels, Restaurants und Geschäften attraktiv genug, um viele Urlauber anzuziehen. Besonders an Wochenenden ist es nicht einfach, ein Hotelzimmer zu finden.

Hauptattraktionen sind die nahe Inselwelt des **Nationalparks Mochima** (seit 1973) und die Traumstrände Arapito und Colorado (nach ca. 25 km an der Straße nach Cumaná, s. u.). Die bergigen Inseln des Nationalparks schwächen die Passatwinde ab. Fischen, Tauchen und Wassersport sind das ganze Jahr über möglich; die ruhigen Gewässer besitzen eine reiche Unterwasserfauna. Die Fischer fahren nachts aus, tagsüber kann man nach persönlicher Absprache ihre Boote mieten. Bootsservice und Verleih von Ausrüstungen im Centro Náutico ›Gente de Mar‹, einer öffentlichen Marina beim Hotel Meliá oder im Odisea-Büro im Hotel

Fischerboote bei Puerto La Cruz

Fischer in der Bucht von Barcelona

Doral Beach Villas am westlichen Ende der Bucht (El Morro).

Unterkunft: Die besten Hotels am Ort sind: Meliá, Paseo Colón; Doral Beach Villas (Apartments), Av. Americo Vespucci, Complejo Turístico El Morro. Preiswerte Hotels am Paseo Colón: Neptuno, Riviera, Gaeta, Araguaney.

Restaurants: Ein gutes Restaurant im Hotel Meliá, viele preiswerte finden sich entlang des Paseo Colón.

An- und Weiterreise: *Flugverbindungen* über den Flughafen von Barcelona (vgl. S. 51). *Busse* vom Busterminal, C. Democracia, nach Cumaná (ca. 2 Std.), Ciudad Bolívar (ca. 5 Std.), Caracas (ca. 6 Std.).
Fährverbindungen zur Isla de Margarita: Conferry ab Muelle Los Cocos, mehrmals täglich (ca. alle 3 Std.); Buchungen im Hotel Meliá oder direkt am Landesteg); Turismo Margarita legt etwas westlich der Conferry-Anlegestelle ab; die Fähre Gran Cacique braucht nur 2–3 Std. für die Fahrt (Buchungen im Hotel

Meliá). Für Autos ist eine Reservierung mindestens am Tage vorher angeraten, am besten schon von Caracas aus; dort unterhält Conferry ein Büro in der Av. Lincoln (Torre Lincoln) im Stadtteil Sabana Grande.

Die Küste zwischen Puerto La Cruz und Cumaná

Die Küstenzone zwischen Puerto La Cruz und Cumaná ist bergig und gehört zu den eindrucksvollsten Landschaften in Venezuela. Von den Palmenstränden ist die **Playa Colorado** am bekanntesten. Der Name geht auf die rötliche Farbe des Sandes zurück. Zusammen mit der nahen **Playa Arapito** ist der Strand von der Straße aus leicht zu erreichen. Er ist allerdings an Wochenenden und in Ferienzeiten stark frequentiert. An Wochenenden werden auch Bootsausflüge zu den vorgelagerten Inseln angeboten. Weiter nörd-

Playa Colorado

lich liegt das Fischerdorf **Santa Fé,** das ärmlich und heruntergekommen wirkt. Interessant ist die kleine Fischmarkthalle direkt am Ufer. Immer lauern hier Pelikane auf Abfälle, und der Gestank ist atemberaubend. Der Name des Ortes ›Heiliger Glaube‹ geht auf die Missionen zurück, die hier als erste auf südamerikanischem Boden entstanden. Die **Bahía de Mochima** erreicht man am besten von Cumaná. Von dem Ort Puerto Viejo sind Bootsfahrten in den maritimen Nationalpark möglich, der nach dieser Bucht benannt ist. Auch von den Hotels Bordones und Cumanagoto in Cumaná werden Bootsfahrten organisiert. Im Club Marina gibt es Wassersportmöglichkeiten.

Cumaná

Cumaná gilt als erste Stadtgründung auf südamerikanischem Boden. Es hat daher den Beinamen *Ciudad Primogénita* (erstgeborene Stadt). Schon 1515 landeten hier die Franziskaner in der festen Absicht, die Indios zu bekehren. Doch ihr Ziel wurde von den eigenen Landsleuten durchkreuzt, die Jagd auf die Indios machten, um sie zum Perlentauchen vor der Insel Cubagua zu zwingen. 1520 kam es zu einem Indio-Aufstand: Die wenigen spanischen Hütten am Río Manzanares wurden vernichtet und die meisten Mönche getötet. Der zur Bestrafung der Einheimischen entsandte Gonzales de Ocampo gründete ein Jahr später Nueva Toledo als erste dauerhafte spanische Siedlung auf dem Festland. Auch der berühmte ›Indio-Verteidiger‹ Las Casas scheiterte an den Interessen und Sklavenjagden der *perleros.*

Erst 1568 taufte der Gouverneur von Neu-Andalusien, wie Ostvenezuela damals hieß, die Siedlung auf den Namen Nueva Córdoba de Cumaná. Wie alle Städte der Karibik litt es unter Piratenüberfällen und Epidemien. Das letzte schwere Erdbeben von 1929 war von einer 6 m hohen Flutwelle begleitet, die weite Küstenstriche verwüstete.

Am 16. Juli 1799 landete der deutsche Gelehrte Alexander von Humboldt mit dem Schiff ›Pizarro‹ im Hafen von Cumaná. Er berichtete von Einwohnern, die zigarrerauchend auf Stühlen im Uferwasser des Río Manzanares saßen, und von Sklaven, die mit Öl eingerieben und nach der Güte ihrer Zähne verkauft wurden. Humboldt blieb einen Monat in Cumaná. Im Kampf um die Unabhängigkeit stellte die Stadt ihr eigenes Heer unter General Santiago Mariño auf. Er befreite Cumaná im August 1812 von den Spaniern.

Heute ist es mit über 200 000 Einwohnern Hauptstadt und kommerzielles Zentrum des Staates Sucre. Cumaná lebt von einer florierenden Fisch- und Fischkonserveninindustrie sowie vom Tourismus. Die brandungslose Manzanares-Bucht lockt viele venezolanische Urlauber an. Von hier starten die meisten Fähren zur Insel Margarita. Durch die Trockenlegung der Sumpfgebiete zwischen Altstadt und Meer im Nordosten ist viel Wohn- und Industrieterrain hinzugewonnen worden.

Sehenswürdigkeiten

Das **Castillo de San Antonio** erhielt den Namenszusatz ›de la Eminencia‹, weil es auf einer strategisch günstigen Anhöhe liegt, von der man einen weiten Ausblick auf die Stadt und den gesamten Golf von Cariaco hat. Wie bei den meisten spanischen Befestigungsanlagen existierte anfangs nur ein Bollwerk aus Lehmziegeln. Erst die Piratenangriffe der Engländer bewogen den Gouverneur Saavedra zum Bau eines soliden Forts. Nach dem verheerenden Erdbeben von 1684 verwendete man dazu haltbares korallines Felsgestein. Der sternförmige Grundriß mit vier Bollwerken entspricht dem gängigsten Typ spanischer Befestigungsanlagen. Das Castillo wurde wiederholt umgestaltet, um es moderneren militärischen Bedürfnissen anzupassen. Wie auch bei der letzten Restaurierung von 1975 achtete man nicht darauf, die koloniale Architektur zu erhalten, die daher nicht mehr zu erkennen ist.

Man erreicht das Fort mit dem Wagen auf einer gut ausgebauten Straße. Interessanter ist allerdings der Aufstieg über die Treppen, die unweit der Kirche nach oben führen. Der Rückweg kann dann über die Anfahrtsstraße erfolgen, an einem interessanten Friedhof und einem Gefängnis vorbei.

An der Kirche Santa Inés sieht man noch die Ruinen eines kleineren Forts von 1673, das nicht restauriert wurde und nur über den Kirchgarten zugänglich ist. Wer

Cumaná 1 Castillo de San Antonio 2 Friedhof 3 Plaza Rivero 4 Kirche Santa Inés 5 Castillo María de la Cabeza (Ruinen) 6 Regierungssitz des Staates Sucre 7 Plaza Bolívar 8 Casa-Museo Eloy Blanco 9 Plaza Eloy Blanco 10 Kathedrale 11 Parque Ayacucho 12 Museo de Sucre 13 Mercado 14 Hotel Regina

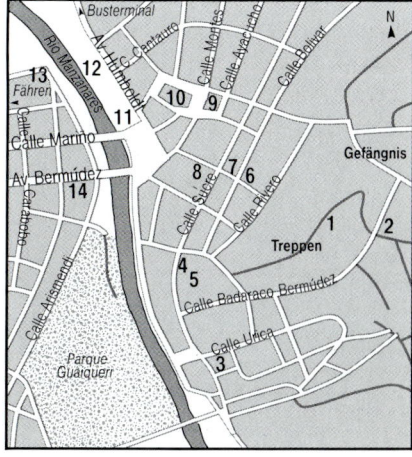

es besichtigen will, kann sich am Pfarrhaus den Schlüssel geben lassen.

Die **Iglesia de Santa Inés** (hl. Agnes) wurde in ihrer heutigen Form nach dem letzten schweren Erdbeben von 1929 errichtet. Santa Inés ist die Schutzpatronin des Staates Sucre, zu der sie nach der erfolgreichen Abwehr der Indios (1572) erkoren wurde. Einer Legende nach gelangte die Statue der Heiligen, die sich heute auf dem Altar befindet, an Bord eines Piratenschiffes nach Cumaná.

Einen Wohnblock weiter findet man die Mauerreste des Klosters San Francisco. Die Kapuzinermönche, eine Unterabteilung des Franziskanerordens, gründeten die erste Schule des Festlandes und rund 30 Ortschaften in der Umgebung. In den Klosterruinen entstanden später Werkräume und Wohnungen. An der Ostseite sieht man noch ein Emblem der Missionare. Die angrenzende Plaza hieß lange Plaza de San Francisco, heute Plaza Rivero.

Weiter im Osten der Stadt, um die **Plaza Bolívar,** sind viele alte Gebäude restauriert worden. Das Geburtshaus (Casa Natal) des Dichters Andrés Eloy Blanco (1896–1955), Autor des bekannten Liedes ›Píntame Angelitos Negros‹ (Male mir schwarze Engel), hat man im Stil der Jahrhundertwende wiederhergestellt. Hier kann man Schallplatten mit einigen seiner Gedichte hören.

Auf der anderen Seite der Plaza (Fußgängerzone) liegt ein Kolonialhaus, in dem die Verwaltung des Staates Sucre untergebracht ist; im Patio einige Kanonen. Die nahe Plaza de Eloy Blanco wird von der neoklassischen Fassade der **Kathedrale** von Cumaná beherrscht.

Ein Aufenthalt im gepflegten und mit tropischen Bäumen bepflanzten **Parque Ayacucho** an den Ufern des Río Manzanares bietet eine angenehme Erfrischung in dem meist schwül-heißen Klima der Stadt.

Das **Museo de Sucre** zeigt Andenken an den General Antonio José de Sucre, den berühmten Sohn der Stadt, der dem Staat den Namen gab. Er erkämpfte in der Schlacht von Ayacucho am 9. Dezember 1824 die Unabhängigkeit Perus und war erster Präsident von Bolivien.

Unterkunft: *Luxushotels* sind Cumanagoto und Los Bordones an der Playa San Luis mit Palmenstrand.

Gut bis mittelmäßig: Weiter stadteinwärts, auch in Strandnähe, liegen Gran Hotel, Hotel Villamar und Caribe. Im Norden: Minerva, Av. Cristóbal Colón; Savoia, Av. Perimetral. Sehr vorteilhaft für Besichtigungen: Hotel Regina, Av. Bermúdez (von den oberen Stockwerken schöner Blick auf den Río Manzanares sowie das Kastell und die Kirche Santa Inés; gutes Restaurant). Weitere preiswerte Hotels in dieser Gegend: Mariño, C. Mariño/Junín; Europa, C. Mariño; Río, C. Urdaneta; Venecia und Guaiquerí, Av. Bermúdez.

Einfachere Hotels jenseits des Flusses, u. a. an der C. Sucre: Vesuvio, Colón, Italia, Cumaná, Astoria.

Restaurants: Gute Restaurants in den Hotels Los Bordones, Cumanagoto, Regina, Mariño und Savoia. Am Meer: Los Montones (Balneario los Uveros); Los Castillitos, nahe Marina Pública (Fisch). Zwischen Fähranleger und Av. Perimetral: Mar und El Teide (Edificio Oriente); Mercadito de Cumaná, an der Plaza del Indio (einfach und typisch).

An- und Weiterreise: *Flüge* ab dem neuen Flughafen, ca. 15 Min. südlich von Cumaná, von und nach Caracas (3× täglich) und Porlamar auf der Insel Margarita (2× täglich).

Busse ab dem Busterminal, Av. Las Palomas, nach Puerto La Cruz (ca. 2 Std.), Caripe (Guácharo-Höhle; ca. 90 Min.), Carúpano (ca. 2,5 Std.), Maturín (ca. 3 Std.), Guiría (ca. 6 Std.).

Fähren nach Araya *(lancha rápida)* ab Muelle Puerto Sucre; zur Insel Margarita, Punta de Piedra, mit Conferry und Naviarca; Autofähren (um 7, 14, 15 und 17 Uhr) brauchen ca.

5 Std., das Schnellboot Gran Cacique (nur Passagiere, 7.30 und 13.30 Uhr) 1,5 Std.; Vorbuchung auch von Caracas, Adresse vgl. S. 53).

Feste: Patronatsfest der Santa Inés am 22. Januar. Im ganzen Land berühmt ist der Karneval im nahen Carúpano.

Castillo de Santiago

Eine der vielen interessanten Ausflugsmöglichkeiten von Cumaná ist eine Bootsfahrt zur Halbinsel Araya mit den Ruinen eines großen spanischen Forts und den Salinen. Das Salz der Salinen von Araya, die heute von der Staatsfirma Ensal (Empresa Nacional de Salinas; jährliche Produktion von ca. 450 000 t) betrieben werden, war zur Kolonialzeit als Konservierungsmittel sehr gefragt. Welche Bedeutung ihm beigemessen wurde, zeigt der Bau des Castillo de Santiago de Araya, des mächtigsten, wichtigsten und teuersten Kastells der Spanier in Venezuela. Der Entwurf stammt von Bautista Antonelli, dem berühmten militärischen Baumeister des 16. Jhs., der auch wichtige Forts in Havanna und Cartagena errichtete. Die Ausführung der wesentlichen Teile besorgte sein Sohn Juan nach 1622. Um 1665 war es fertiggestellt. Der leicht zu bearbeitende koralline Kalkstein kam aus einem nahen Steinbruch, Lebensmittel und Wasser für die Arbeiter, die wegen der sengenden Hitze fast nur nachts arbeiten konnten, lieferte Cumaná. Als 100 Jahre nach der Vollendung des Forts ein schwerer Hurrican die Salinen zerstörte, machten die Spanier das Kastell durch Sprengung unbrauchbar. Nur der Ostteil ist noch erhalten.

Die weißen Salzberge der Salinen und das Kastell am anderen Ende der Bucht sind schon vom Boot aus zu sehen. Eine Erlaubnis zur Besichtigung der Salinen kann man im Büro von Ensal (nahe der

Blick vom Castillo de Santiago auf die Halbinsel Araya

Mole) erhalten. Das frei zugängliche Kastell erreicht man über einen langen schattenlosen Strand (extreme Sonne!). Autos, die die Schotterstraße gleich hinter dem Strand befahren, nehmen Anhalter bereitwillig mit.

Einfache Restaurants gibt es nahe dem Kastell und an der Straße zu den Salinen; auf diesem Fahrdamm vor der Mole warten mitunter lange Schlangen von Lastern mit Bergen von Salzsäcken.

Anreise: Überfahrt ab Mole Puerto Sucre in Cumaná (Tickets am Zugang); an der Südseite der Mole schnellere Boote.

Guácharo-Höhle

Die mächtige und eindrucksvolle Tropfsteinhöhle Cueva de Guácharo beim Städtchen Caripe ist die Nist- und Tagesschlafstätte Tausender krähengroßer Vögel (angeblich 40 000) der Gattung Ziegenmelker. Die trotz ihrer großen Augen fast blinden, braungefiederten Vögel mit 1 m Flügelspannweite orientieren sich beim Flug durch die Schallreflektion klickender Laute von bis zu 10 000 Hertz. Während ein Teil der ausgewachsenen Tiere nachts in dichten Schwärmen die Höhle verläßt, um nach Früchten zu suchen, bleibt der andere Teil bei den Jungvögeln in den Nestern, die sich in 10–20 m Höhe an den Höhlenwänden befinden. Die herabgefallenen Kerne bilden mit dem ständig rieselnden Kot eine breiige und glitschige Masse, Nährboden für Kolonien von gespenstischen weißen Keimstengeln. Die Indios dieser Gegend hielten die Höhle für den Eingang zum Totenreich. Sie sollen die krähenartigen Schreie der Jungvögel, deren ohrenbetäubender Lärm die Unterhaltung erschwert, zur Weissagung genutzt haben. Nach dem Bericht Alexander von Humboldts, den die indianischen Führer 1799 aus Aberglauben nur 472 m weit ins Innere geleiteten und dem die Höhle gewidmet ist, bedeutet das altspanische Wort *guácharo* soviel wie ›langgezogenes Wehklagen‹.

Der wissenschaftliche Name Steatornis caripensis (Homboldtiani), ›Fettvogel von Caripe‹, geht zurück auf die barbarisch anmutende Sitte der Chaima-Indios, die Jungvögel mit Stöcken aus ihren Nestern zu schlagen und ihnen bei lebendigem Leibe die dicke Fettschicht um den Hinterleib abzuschneiden. Bei dieser alljährlichen ›*cosecha de la manteca*‹ (Fetternte)

Cueva de Guácharo

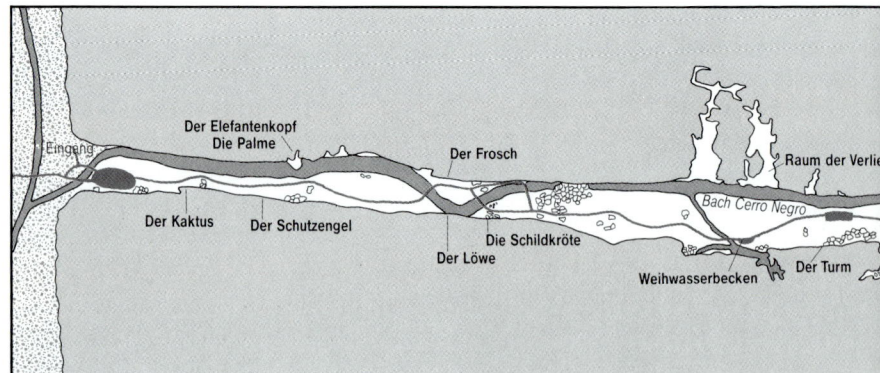

um den 20. Juni schmolz man das Fett in großen Tonkesseln zu geruchlosem Öl, das nicht ranzig wurde.

Die Höhlen sind ein beliebtes Ausflugsziel. Die Führer besitzen oben abgedunkelte Spezialleuchten, um die Vögel nicht zu irritieren. Wer bereit ist, die Gesamtkosten der üblichen Zehnergruppe zu tragen, erhält auch eine individuelle Führung. Tragen Sie möglichst unempfindliche Schuhe und Kleidung (Morast und herabfallender Kot der Vögel), und nehmen Sie eine kleine zusätzliche Taschenlampe mit (nicht nach oben richten). Blitzlicht und Rauchen sind verboten. Vögel kann man leider nicht sehen – allenfalls aus dem Nest gefallene Jungtiere. Die Bewanderung der zugänglichen 1,5 km der Höhle dauert gut 1 Std. und ist während der Regenzeit in der feucht-warmen Luft sehr anstrengend.

Restaurant, Toiletten, sogar Duschen sind vorhanden. Das kleine Museum ›Alejandro de Humboldt‹ ist von 9–17 Uhr geöffnet.

Anreise: Von Cumaná aus per Bus/*por puesto* bis Caripe (ab Busterminal). Ein Taxi (ca. 25 Dollar) bietet die Möglichkeit, die Dörfer Cumanacoa, Aricagua oder San Antonio mit ihren interessanten Kolonialkirchen in eine Tagesrundfahrt einzuschließen und auf der Rückfahrt die Küstenstraße östlich von Cumaná zu benutzen. Nach einem Taxi fragt man am besten an der Plaza hinter den Brücken in Cumaná.

Die Insel Margarita

Die Insel Margarita wurde schon 1525 vom spanischen König an Marcelo de Villalobos vergeben, der sie mit 20 Familien besiedeln sollte. 1593 starb der letzte Villalobos im Kampf gegen den Piraten Amburs. Allein in den 30 vorangegangenen Jahren war die Insel dreißigmal von Piraten heimgesucht worden. Jeder Seeräuber, der etwas auf sich hielt, überfiel sie mindestens einmal in seinem Leben.

1810 unterstützte die Bevölkerung sofort den Befreiungskampf gegen das Mutterland. Als die Spanier mit 15 000 Mann unter General Pablo Morillo im April 1815 in Pampatar ankamen, um die Kolonien zurückzuerobern, unterwarf sich ihm der Kommandant Juan Bautista Arismendi nur zum Schein. Im Mai 1816 landete der Befreier Simón Bolívar, von Haiti kommend, in Juangriego. Margarita und ihren Nachbarinseln wurde wegen ihres Einsatzes im Unabhängigkeitskrieg der Name Nueva Esparta (Neu-Sparta) verliehen – in Erinnerung an den Kampf der Spartaner gegen die Perser.

Margarita blieb eine Insel der Kleinbauern und Fischer. Ende des 19. Jhs. lebte der Perlenhandel wieder auf, und viele internationale Agenten landeten in Pampatar, dem damaligen Haupthafen. Erst 1962 wurde die Perlenfischerei verboten, damit sich die Muschelkolonien wieder erholen können.

Heute leben viele Bewohner vom wachsenden Tourismusgeschäft. Denn seit 1973

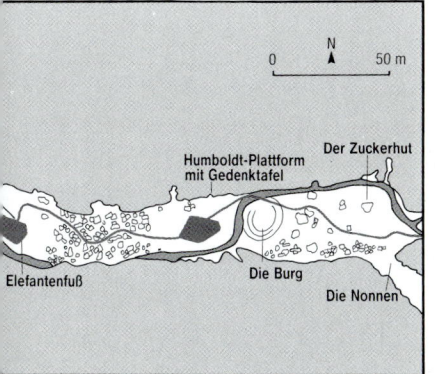

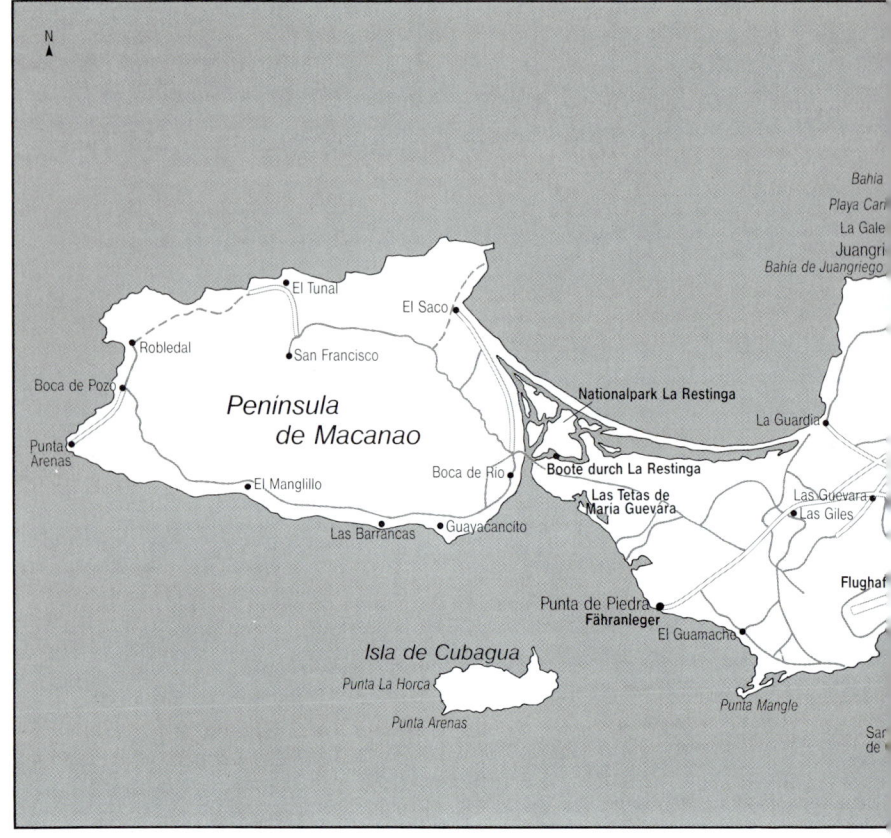

Isla de Margarita

VENEZUELA: ISLA DE MARGARITA
entwickelte sich die Insel mit der *zona franca* (Freizone) und dem *puerto libre* (Freihafen) zu einem dynamischen Frei-handelszentrum. Waren aus Übersee, die sonst durch hohe Importzölle verteuert werden, können die Venezolaner hier preiswerter erstehen. Fähren (von Cumaná und Puerto La Cruz) und Flüge (von Cumaná und Caracas) bringen mehrmals täglich, besonders an Wochenenden, Tausende von Touristen. Neben dem zoll-freien Einkauf sind die karibischen Traum-strände der Insel eine Attraktion ersten Ranges. Nur im Nordosten erzeugen die Passatwinde eine stärkere Brandung.

Das Touristen- und Einkaufsmekka ist Porlamar, das schon seit langem einen rasanten Bauboom erlebt. In weniger als zehn Jahren hat sich die Einwohnerzahl der Stadt verzehnfacht. La Asunción, in den Bergen von Margarita gelegen, ist die Hauptstadt von Nueva Esparta, das Mar-garita-Macanao, Cubagua und Coche um-faßt.

Porlamar

Der Priester Francisco de Villacorta grün-dete die Stadt 1536. Der ursprüngliche

Durch die Fußgängerzonen des Bulevar Guevara und der Calle Gómez im Zentrum der Geschäftszone gelangt man hinunter zum **Mercado de la Bahía** an der Calle La Marina. Besser und teurer sind die Geschäfte entlang der Avenida Santiago Mariño und der Avenida 4 de Mayo. Von dort verläuft bis zum Faro de la Puntilla (Leuchtturm) in der Einmündung der Calle Fajardo eine palmenbestandene Uferpromenade mit Bänken. Über den Paseo Rómulo Gallegos erreicht man das Hotel Bellavista und die Avenida Santiago Mariño.

Das **Museo Francisco Narváez** zeigt in erster Linie Werke des hier geborenen Bildhauers und Malers (Calles Igualdad und Fraternidad, Mo–Fr 8–12 und 14–17, Osterwoche 10–17 Uhr).

Pampatar

In der Kolonialzeit war Pampatar (zusammengezogen aus Puerto Real de Mampatare) bedeutender als Porlamar, da es ein tieferes Hafenbecken besaß, zu dessen Schutz das **Castillo San Carlos Borromeo** diente. Das rekonstruierte Fort an der Bucht ist die Hauptattraktion der Stadt. Es wurde 1664–1684, in der Zeit der schwersten Piratenangriffe, errichtet und ist auf den drei Landseiten von einem Verteidigungsgraben umgeben, der einst mit Wasser gefüllt war. Die vier Ecken sind bollwerkartig ausgebaut und mit je einem Eckturm bestückt. Die Befreiungstruppen konnten 1814 gerade noch verhindern, daß die abziehenden Spanier das Castillo in die Luft jagten. Von hier und vom Fortín de la Caranta am anderen Ende der Bucht (Reste) wurden feindliche Schiffe ins Kreuzfeuer genommen.

Das kleine Museum im Kastell (täglich 8–12 und 14–18 Uhr) zeigt Porträts von

Name Pueblo de la Mar verkürzte sich im Laufe der Zeit zu Porlamar. Ende des 19. Jhs. überrundete der Ort das bis dahin wichtigere Pampatar und entwickelte sich seitdem zum wirtschaftlichen Zentrum der Isla de Margarita.

Porlamar verfügt über keine besonderen Sehenswürdigkeiten. Interessant ist der Bereich zwischen der Plaza Bolívar und dem Ufer. An der Ostseite der schattigen und belebten Plaza, an der Calle La Marina, steht die Kirche **San Nicolás de Bari** mit einer Reproduktion der schwarzen Madonna von Montserrat bei Barcelona, Spanien.

den Helden der Freiheitskämpfe und die zu jener Zeit benutzten Waffen.

Die gegenüberliegende Kirche **Cristo del Buen Viaje** (Christus der guten Reise) enthält eine von den Fischern verehrte Christusfigur. Der Legende nach konnte das Schiff, das die Statue an Bord genommen hatte, den Hafen erst verlassen, als es sie zurückließ. Die Architektur der Kirche ist typisch für die Insel: Der seitliche Turm besitzt einen überdachten Glockenstuhl, erreichbar über eine Außentreppe. Ein Gemälde in der Kirche hat das Jüngste Gericht zum Thema (›Las Ánimas‹, 1772, von Juan Pedro López).

Über die Bucht von Pampatar gelangt man durch den Ortsteil Caranta zum **Morro El Vigía,** von wo sich ein weiter Blick über die Südküste bietet.

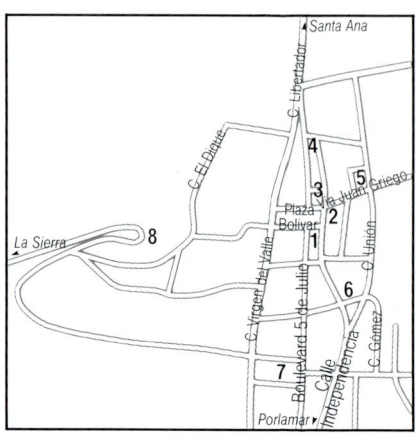

La Asunción   1 Nuestra Señora de la Asunción   2 Museo Nueva Cádiz   3 Casa de la Cultura   4 Casa de Arismendi   5 Koloniale Brücke   6 Gouverneurssitz   7 ehemaliges Kloster San Francisco   8 Castillo Santa Rosa

La Asunción

Die im fruchtbaren Tal von Santa Lucía gelegene Hauptstadt der Insel wurde 1565 durch Capitán Pedro González Cervantes de Albornoz gegründet. Die Berge boten einen gewissen Schutz vor Piraten und Indios. Vom hoch über der Stadt gelegenen **Castillo de Santa Rosa** konnte man das gesamte Land bis zur Küste im Auge behalten. Die Inschrift über dem Eingangstor nennt 1681 als Baujahr.

Die Kirche **Nuestra Señora de la Asunción** an der Plaza Bolívar entstand ab 1570. Sie gab als eines der ersten Gotteshäuser des Landes das architektonische Vorbild für viele weitere ab. Der 1599 fertiggestellte Turm ist der älteste Venezuelas. Die charakteristische Außentreppe geht nur bis zur Sakristei und führt dann innen weiter bis zum Glockenstuhl. Der festungsartige, schlichte Kirchenbau besitzt ein Renaissanceportal und im Mittelschiff eine maurische Holzdecke.

Das **Museo Nueva Cádiz** in der Calle Independencia/Fermín, einst Empfangshaus der Kolonialregierung, enthält Ausstellungstücke aus allen Jahrhunderten, auch im schönen Hof und Garten mit imposanten Palmen (Mo–Fr 10–17, Sa 9–17 Uhr). In der **Casa de la Cultura** gegenüber der Kirche werden Reproduktionen von typischer Keramik aus Venezuela ausgestellt und zum Verkauf angeboten. Die koloniale **Casa de Arismendi,** einen Block vom Museum entfernt in der Calle Independencia, dokumentiert die Geschichte der Familie des Freiheitsgenerals Arismendi.

Weitere Orte, Sehenswürdigkeiten und Strände

Wer von Porlamar durch Los Robles bzw. El Pilar nach Norden reist, sollte die kleine, weiße Kirche rechter Hand nicht übersehen. Glockenturm und Außentreppe zeigen die inseltypische Bauweise.

Von Asunción gelangt man durch die Berge Richtung Juangriego. Am Wege liegt die einstige Verteidigungs-Plattform **Fortín España** (bei Santa Ana), von der sich ein weiter Ausblick auf die Küste von Juangriego genießen läßt. Im Ort **El Cercado,** 2 km westlich von Santa Ana, bietet man Reproduktionen kolonialer Keramik an. In La Vecindad und entlang der Straße nach Juangriego werden Hängematten *(chinchorros)* geknüpft bzw. verkauft.

Fährt man statt dessen von La Asunción direkt Richtung Norden, sieht man rechts den zum Monumento Nacional erklärten Berg Matasiete. Interessanter ist der Umweg über die **Playa Guacuco,** einen der längsten Strände von Margarita: Die Straße ist ab Asunción asphaltiert, die

nördlich entlang der Küste bis La Fuente führende Strecke soll verbessert werden. Sie ist landschaftlich reizvoll. In der Ferne sieht man die Islas Los Frailes. Zu den Strandeinrichtungen gehören eine Bar, ein Kiosk und Umkleidekabinen; an Wochenenden ertönt Salsamusik aus Lautsprechern (Hotel und Camping Playa Guacuco).

Über Paraguachí (La Plaza) gelangt man zur schmalen **Playa El Cardón,** nördlich des gleichnamigen Hotels, das auf einer kleinen Landzunge liegt. Die Straße führt 2 km am Strand entlang bis **Puerto Fermín** mit dem Hotel El Tirano (Tyrann) am gleichnamigen Strand und dem Restaurant Dorina (frische Meeresfrüchte) südlich vom Hotel. Der Strand erhielt seinen Namen nach dem Tyrann Lope de

Strand auf der Isla de Margarita

Aguirre, der hier 1561 gelandet sein soll und die Insel terrorisierte. Der koloniale Rebell war den Amazonas hinabgefahren (von Werner Herzog in seinem Film ›Fitzcaraldo‹ inszeniert), ehe er hierher kam.

Die **Playa El Agua** gilt mit ihrem feinen Sand und den Palmen als schönster Strand von Margarita; gute Strandeinrichtungen und Bars; Hotel Villa El Agua am Nordteil des Strandes; viele gute Fischrestaurants; oft heftiger Wind und starke Brandung.

Nahe der weiter nach Norden führenden Straße illustriert das sehenswerte **Museo El Caserío** das venezolanische Landleben mit Werkstätten, Küche, Zukkerrohrpresse; in einem anderen Haus ist indianisches Kunsthandwerk aus allen Teilen des Landes ausgestellt; im Zentralgebäude Verkauf.

Auch den Fischerort **Manzanillo** am Cabo Negro, einst ein verschlafenes Nest, hat der Bauboom erreicht. Trotzdem läßt sich der Fischeralltag noch in seiner Ursprünglichkeit beobachten, besonders am Vormittag: Anlanden des Fangs, Abwiegen, Verkauf oder Trocknung nach dem Einsalzen, Abtransport in großen Körben (maras). Das ganze Dorf hilft beim Einholen der langen Netze.

An der Straße von Manzanillo nach Juangriego trifft man auf eine Reihe von Sandstränden mit ruhigem Wasser, wo es nur in Ferienzeiten betriebsam zugeht. Hinter dem Ort Pedrogonzález führen verschiedene Wege zu sehr einsamen Stränden. Die Gegend nördlich des Ortes war bis 1968 völlig isoliert, bis die neue Küstenstraße nach Manzanillo gebaut wurde.

Juangriego, benannt nach einem griechischen Piraten, liegt in einer der schönsten Buchten mit ruhigem Wasser, breitem Strand und nur wenigen Hochbauten. Allemal lohnend ist der Rundblick vom **Fortín de La Galera** am Nordende des Ortes, einst eine Plattform für Kanonen. Nach Norden blickt man hinunter auf Bucht und Strand und den Ort La Galera mit einigen einfachen Hotels und Strandeinrichtungen. Von Haiti kommend, landete Simón Bolívar 1816 mit rund 300 Mann in der Bucht von Juangriego, wo er 500 weitere Männer für den Kampf um die Befreiung Venezuelas von der spanischen Kolonialherrschaft sammelte. Juangriego ist berühmt für seine Sonnenuntergänge, die sich am besten vom Fortín de La Galera beobachten lassen.

Eine der Hauptattraktionen der Insel ist die Lagune **La Restinga**, seit 1974 Teil des Nationalparks, der außerdem den Nordostteil von Macanao mit seiner tropischen Trockenvegetation umfaßt. Das Mangrovenlabyrinth der Lagune ist vom Meer durch einen schmalen Sandstreifen von ca. 25 km Länge getrennt. Im Süden stellt ein schmaler Kanal die Verbindung zum Meer her. Der Sand des Strandes entstand durch Pulverisierung fossiler Muscheln.

An der Anlegestelle Embarcadero El Indio können Motor-*lanchas* gemietet werden; interessanter sind die kleineren für fünf Personen, am besten mit Sonnendach. Die Fahrgäste teilen sich den Mietpreis, der so günstig ist, daß man das Boot auch für sich allein mieten kann, wenn man die Fahrt verlängern möchte. Bei gutem Wetter ist die Tour ein phantastisches Erlebnis: Sie führt durch Kanäle mit humorvoll-romantischen Namen wie ›Liebesgarten‹, ›Liebestunnel‹, ›Kanal des Stolzes‹; am Wurzelgewirr der Mangroven sitzen Muscheln; Kormorane, Flamingos, Reiher und *coro-coros* (eine Art Ibis) sind zu beobachten. Die Fahrt geht meist zur Playa Restinga mit der Anlegestelle El

Playa El Agua, Isla de Margarita

Marktfrau in Porlamar

Strand zum Trocknen ausgelegt. Während der Fiesta de San Rafael im Oktober tragen die Gläubigen die Statue des Heiligen in einer Prozession von Boca de Pozo nach Robledal.

Information: Touristenbüro in Porlamar, Av. Miranda, nahe der Kirche Barí; Turismo Guaiquerí, Av. Santiago Mariño/Marcano.

Unterkunft in Porlamar: *Luxushotels* Margarita Concorde, auf der Halbinsel El Morro (mit schönem Blick auf beide Buchten), und Bella Vista, an der Bucht östlich vom Zentrum, Av. Santiago Mariño.
   Gut bis mittelmäßig: For You, Av. Santiago Mariño/Patiño; Los Pinos, C. Los Pinos/Guillarte; Colibrí, Av. Santiago Mariño/Cedeño; El Farallón, C. Malaver/Marcano; Le Parc, C. Guillarte, westlich vom Zentrum; Vista Mar, via El Morro an der Bucht (alle Zimmer mit Seeblick); Dos Primos, Av. Santiago Mariño/Zamora; weitere Unterkünfte finden sich besonders bei El Morro an der Westbucht.

Botadero, wo der Führer wartet, bis man gebadet und in einem der offenen Restaurants gegessen hat. Nach dem Besuch der Lagune gelangt man über eine Brücke auf die Halbinsel Macanao, deren Berge höher sind als die Margaritas, jedoch spärlicher bewachsen. **Boca del Río** ist der wichtigste Ort, ein Fischerdorf mit einer kleinen, aber aktiven Werft. Gleich vor dem Ort unterhält die Univerdidad de Oriente ein **Museo del Mar** mit Skeletten und Köpfen von Großfischen sowie mit Korallen, einer Muschelsammlung, konservierten Meerestieren und experimentellen Zuchtbecken.
   An der großen Bucht von Macanao im äußersten Westen der Insel liegen die beiden Fischerdörfer Boca del Pozo und das kleinere Robledal. Die Boote, die in der Bucht ankern, sehen aus, als ob sie viele Fangtage draußen blieben. Hier werden auch Haie gejagt und manchmal auf dem

Eisverkäufer

Landschaft auf der Halbinsel Macanao, Isla de Margarita

Perlenfischerei auf Cubagua und Coche

Als Kolumbus im August 1498 auf der Halbinsel Paria im Nordosten Venezuelas landete und zum einzigen Mal südamerikanisches Festland betrat, fiel ihm der reiche Perlenschmuck der Indios auf. Ein Jahr später wurden die Perlenbänke bei der Insel Cubagua südlich von Margarita entdeckt. Rund 50 Glücksritter von Santo Domingo kamen herüber und gründeten Santiago de Cubagua, das man 1528 in Nueva Cádiz umtaufte.

Die Perlmuschelbänke wurden mitt Hilfe indianischer Taucher-Sklaven rigoros ausgebeutet. Der aus Sevilla stammende Dominikaner Bartolomé de Las Casas, der für den Schutz der Indios kämpfe, berichtet von mit Wunden übersäten, ausgemergelten Indios, die man beim Tauchen an Ketten fesselte und die daher leicht zur Beute der Haie wurden. 1589 wurden die Perlen – manche bis zu taubeneigroß – sogar offiziell als Zahlungsmittel zugelassen. Die Nachbarinsel Coche brachte es auf einen Ausstoß von monatlich bis zu 400 Pfund der begehrten Schmuckstücke, die sogar die Mode in Europa beeinflußten. Sie füllten die königliche Kasse zeitweise mit ebensoviel Einnahmen wie das peruanische Gold.

Lebensmittel, Wasser und Brennholz mußten vom Festland und der Insel Margarita eingeführt werden, denn auf Cubagua gab es nichts als Sand und Felsen. Als schon 1513 die Perlenfunde nachließen, entwickelte sich Cubagua auch zum Umschlagplatz für Indio-Sklaven vom Festland. Sie erhielten das ›C‹ als Zeichen für Cádiz eingebrannt. Das verheerende Erd- und Seebeben von 1541 zerstörte Nueva Cádiz völlig, es gab kaum Überlebende.

... in **Pampatar:** Chalets de Caranta (Apartments am Ostende der Bucht); Apartahotel Pampatar (an der Straße, die um die Bucht führt); Puerto Esmeralda (an der Playa Moreno südlich von Pampatar).

... an der **Westküste:** Hotels Cardón, Tirano und El Agua.

... in **Juangriego:** Residencias Juan el Griego, Jesús Rafael Leandro (Zimmer außerhalb der Saison auch tageweise, sonst wochenweise; empfehlenswertes Restaurant El Nero); Residencias Clary's, C. Mártires (mit gutem Restaurant); Hotel Juangriego, C. La Marina (mit gutem Restaurant am Strand); Residencias San José, C. Colón; jenseits des Fortín La Galera einige Motels, wie Motel Posada del Sol, La Galera und Chalets Flamingo.

An- und Weiterreise: *Flüge* über den internationalen Flughafen Santiago Mariño (20 Min. von Porlamar entfernt). In der Ferienzeit fast stündlich Flüge von und nach Caracas (Maiquetía); mindestens 1× täglich u. a. nach Barcelona, Carúpano, Cumaná, Maracaibo, Puerto Ordaz.

Fähren: Ab Punta de Piedra westlich des Flughafens Conferry nach Cumaná (11.30 und 19.30 Uhr, ca. 3 Std.) und Puerto La Cruz (9, 12, 15 und 21 Uhr, ca. 4 Std.). Nach Carúpano (16.30 Uhr, 3 Std.) von der neuen Mole El Morro bei Porlamar. Die Abfahrtszeiten können sich ändern. Schneller geht es mit Turismo Margarita (Gran Cacique) nach Cumaná (10.30 und 17.30 Uhr, 90 Min.) und Puerto La Cruz (10 und 18 Uhr, knapp 3 Std.). Bevor man mit dem Auto durch den Zoll *(aduana)* fährt, muß man am Ticketschalter *(venta de pasajes)* seine Reservierung für das Schiff bestätigen. Es wird überprüft, ob man innerhalb der zollfreien Warenlimits (Information bei Einreise) geblieben ist; wenn nicht, zahlt man nach. In der Schlange zur Fähre kontrolliert die Guardia Civil die Personalien. Auf dem Boot muß man seinen Wagen verlassen.

Leihwagen: Im Flughafengebäude sechs Leihwagenfirmen, geöffnet meist 6–20 Uhr. Viele Firmen auch vor dem Hotel Bella Vista in Porlamar.

Busse/Sammeltaxis: Busse zum Festland (teils schließt der Beförderungspreis die Fähre ein) fahren ab dem Terminal am Centro Comercial Bella Vista, ca. zehn Blocks nördlich vom Zentrum Porlamars. Busse nach Caracas sind oft ausgebucht. Vom Flughafen sowie Punta de Piedra fahren *colectivos* und Taxis nach Porlamar. *Colectivos (por puestos)* ab Calle La Marina am Denkmal Miranda in Porlamar nach Manzanillo und Punta de Piedra, von der Plaza Bolívar nach Juangriego; die Linea Boca del Río verkehrt zur Laguna La Restinga und Macanao. Ein Tagesausflug per Taxi rund um die Insel ist möglich und relativ preiswert (Preis vorher aushandeln).

Der Südosten Venezuelas

Ciudad Bolívar

›Santo Tomás de la Guayana de Angostura‹ wurde die 1764 angelegte Stadt ursprünglich getauft. Ihr Gründer, der Gouverneur Sabas Moreno, benutzte den Zusatz ›Angostura‹ (Enge), weil die Siedlung an der nur 1 km breiten Flußenge des Orinoco liegt. Den Untergrund bildet eine fast 2 Mrd. Jahre alte Felsformation, auf deren erodierten, stellenweise sichtbaren Buckeln die Altstadt errichtet wurde, so daß sie in den Genuß der kühlenden Passatwinde kam. Mit deren Hilfe überwanden die kolonialen Segelschiffe die rund 400 km lange Strecke vom Orinoco-Delta bis zur Stadt. Bis ins 20. Jh. wurden von hier Felle, Gummi, Gold und Diamanten verschifft.

Mit den Steuern, die er auf Zuckerrohrschnaps und Kampfhähne erhob, baute der Gouverneur Manuel Centurión den heutigen Altstadtkern um die spätere Plaza Bolívar.

Angostura, wie die Stadt lange hieß, bildete damals das Tor zu den unerforschten Weiten Guayanas und der östlichen

Llanos. Die Spanier schützten den Ort durch das direkt an der Stromenge gelegene, heute verschwundene Fort San Gabriel sowie durch zwei Festungen nahe dem Orinoco-Delta (vgl. S. 74 f.). Geschichtliche Bedeutung erlangte die Stadt erst in den Unabhängigkeitskriegen. General Piar befreite die Region 1817 von den Spaniern, wurde aber von Simón Bolívar hingerichtet. Bolívar startete hier seinen endgültigen Befreiungskampf im Jahre 1819, unterstützt durch den Zustrom englischer, deutscher und irischer Veteranen aus den Napoleonischen Kriegen. Auf dem Kongreß von Angostura verkündete er seine Idee einer zentralen Regierung und wenig später die Schaffung von Großkolumbien.

Erst als die 1957 vollendete Straße von San Fernando de Apure über Calabozo bis zur Nordküste eine Landverbindung geschaffen hatte, wurde der Schiffsverkehr auf dem Orinoco weitgehend eingestellt. Zehn Jahre später errichtete man gleich westlich der Stadt die Puente de Angostura, die bis heute einzige Brücke über den Orinoco. Bis dahin gelangten Personen und Waren per Fähre von Soledad am Nordufer nach Ciudad Bolívar. Die Hauptstadt des gleichnamigen Staates blieb deren Verwaltungszentrum, gab ihre wirtschaftliche Vorrangstellung aber an die 100 km flußabwärts gelegene Ciudad Guayana ab. Der Orinoco bietet bei Ciudad Bolívar je nach Pegelstand ein extrem unterschiedliches Bild. Im März, am Ende der Trockenperiode, ist der Wasserstand meist so niedrig, daß der Piedra del Medio, ein Felsen im Flußbett, die Wasseroberfläche um rund 15 m überragt. Im August steigt der Pegel so stark, daß der Felsen verschwindet und das Wasser fast die Ebene der Uferpromenade erreicht. Vom Ufer aus kann man dann zusehen, wie der

Bei der Restaurierung eines Kolonialhauses in Ciudad Bolívar

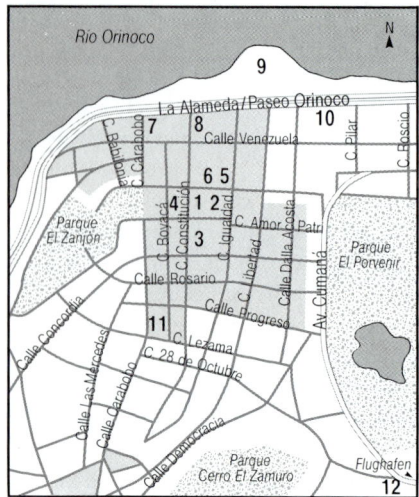

Ciudad Bolívar 1 Plaza Bolívar 2 Kathedrale 3 Casa de Gobernadores 4 Casa del Congreso 5 Casa de la Cultura 6 Haus des Erzbischofs 7 Museum Correo del Orinoco 8 Altes Gefängnis 9 Mirador Angostura 10 Gran Hotel Bolívar 11 Plaza Miranda 12 Casa-Museo San Isidro

zapoara von Booten aus mit runden, roten und gelben Netzen gefangen wird. Der Fisch, der zu dieser Zeit aus den stillen Lagunengewässern zum Laichen in den Fluß kommt, gilt als Delikatesse.

Sehenswürdigkeiten

Eindrucksvoll ist ein Spaziergang über den **Paseo Orinoco,** von dem man auf den Fluß blickt. Besonders attraktiv ist die schattige Alameda, die sich erst in den etwas kühleren Abendstunden richtig belebt.

Vom **Mirador Angostura** bietet sich eine Panorama-Aussicht auf Fluß und Uferbereich. Das Restaurant Mirador serviert gutes Fleisch und frischen Fisch, darunter im August den leckeren *zapoara,* den man auch scherzhaft ›Guayana-Hühnchen‹ nennt.

Gemütlich, mit Blick auf den Paseo, sitzt man auf dem Balkon des traditionellen Gran Hotel Bolívar, einst die beste Unterkunft am Ort, jetzt etwas heruntergekommen.

Kühler als am Ufer ist es oben an der **Plaza Bolívar.** Die fünf allegorischen Statuen auf dem Platz repräsentieren die Staaten, die Bolívar befreit hat, dessen Standbild ebenfalls den Platz schmückt.

Die **Casa del Congreso,** ein Kolonialgebäude von 1766, war Schauplatz des Kongresses von Angostura. In der Sala Histórica hielt Bolívar am 15. Februar 1819 seine berühmte Rede, in der er statt einer Föderation die Vereinigung von Kolumbien, Venezuela und Ecuador zur Republik Großkolumbien vorschlug (Di geschlossen, sonst 9–11.30 und 15–17.30 Uhr). Man sollte um Erlaubnis fragen, auf die obere Terrasse steigen zu dürfen.

Gegenüber, an der Ostseite des Platzes, steht die **Kathedrale** mit dem ›kühlen‹ Namen Nuestra Señora de las Nieves (Jungfrau des Schnees). Erbaut wurde sie 1765–1840 unter zeitweiliger Leitung von Moreno de Mendoza. Die Restaurierung im Jahre 1979 erfolgte nach den Originalplänen, die in den Archiven von Sevilla aufbewahrt waren.

Die **Casa de Gobernadores** an der Südseite des Platzes war der Sitz der spanischen Gouverneure. Hier wohnte von 1766–1777 Manuel Centurión, mit dem die Stadt ihren Aufschwung nahm. Von einem der Balkone verfolgte Simón Bolívar 1817 die Erschießung des Generals Piar. Im heutigen Regierungsgebäude des Staates Bolívar arbeitete in der Kolonialzeit die Real Intendencia (königliche Finanzverwaltung).

Im ehemaligen Gefängnis (Cárcel Vieja) am Paseo Orinoco sind heute das Historische Institut und das Archiv von Guayana untergebracht.

Ciudad Bolívar besitzt zwei sehenswerte Museen. Das **Museo Correo del Orinoco** an der Uferstraße ist in einem kolonialen Haus untergebracht, das einst der mit Bolívar befreundeten Familie Cornieles gehörte. Der Name rührt von der ersten Zeitung her, die hier 1818–1821 von den Befreiern gedruckt wurde. Sie erschien in Spanisch und Englisch als ›Correo del Orinoco‹ und ›Orinoco Mail‹, um auch die englischen Hilfstruppen Bolívars bei der Stange zu halten – getreu seiner Auffassung von der Presse als ›Gedankenartillerie‹. Das Museum dokumentiert die Geschichte der Stadt. Es besitzt sozusagen von allem etwas, auch präkolumbische Keramik.

Einen Einblick in das Leben der ausgehenden Kolonialzeit gestattet das Museum in der **Quinta de San Isidro,** dem ehemaligen Landhaus der Familie Cornieles, wo Bolívar oft verkehrte. Sogar der Tamarindenbaum, an dem der Befreier sein Pferd festmachte, steht noch. In diesem Landhaus, von dem aus eine große Kaffeeplantage verwaltet wurde, schrieb Bolívar seine berühmte Rede vor dem Kongreß von Angostura. Die Quinta ist nach dem Heiligen San Isidro Labrador benannt, den man in der Familienkapelle verehrte. Interessant sind neben den Details aus dem kolonialen Leben auch die großen alten Bäume auf dem Grundstück (8.30–11.30 und 15–17 Uhr, Mi geschlossen).

Einen großen Sprung in die Gegenwart macht man bei der Besichtigung des **Museo de Arte Moderno Jesús Soto** an der Av. Germania, weit außerhalb des kolonialen Zentrums. Neben den kinetischen Kunstwerken des international bekannten Künstlers (sich bewegende Objekte, Licht- und Geräuschspiele) werden temporäre Ausstellungen gezeigt (9–12 und 16–19 Uhr, So nur vormittags, Mo geschlossen).

Lohnend ist auch ein Ausflug zur **Angostura-Brücke,** in Verbindung mit einem Besuch des Ortes Soledad am anderen Ufer des Orinoco. Von der 1,6 km (Mittelteil rund 500 m) langen und 57 m hohen Brücke hat man einen guten Ausblick auf die Stadt und den mächtigen Orinoco.

Information: Touristenstand im Flughafen.

Unterkunft: Bestes Hotel ist La Laja Real gegenüber dem Flughafen, Av. Jesús Soto.
Mittelklassehotels: Andrea, Av. Raúl Leoni; Don Salo, Av. Bolívar/Av. Táchira; Da Gino, Av. Jesús Soto (am Flughafen); Jardín, Av. Bolívar 14; Valentina, Av. Maracay 55.
Einfache Unterkünfte: Die recht einfachen Hotels am Paseo Orinoco oder in den Seitenstraßen haben nur wenige Räume mit einer Klimaanlage, die allerdings erforderlich ist; am besten ist noch das Gran Hotel Bolívar (vgl. Stadtplan); weitere einfache Hotels am

Obstverkäufer in Ciudad Bolívar

Paseo Orinoco: Del Sur, Caracas, Río, Bolívar, Italia; Hotel Sicilia, C. Dalla Acosta (ein Block vom Paseo, sehr einfach, der Eigentümer spricht etwas Deutsch).

Restaurants am Paseo Orinoco: Mirador (im Aussichtsturm); Gran Hotel Bolívar (1. Stock, Cafetería auf dem Balkon); Trattoría; Gran Tostada de Guayana; La Playa; El Parador (am Hotel Del Sur). Außerhalb des Zentrums: Alfonso's, Av. Maracay (gegenüber Hotel Valentina, gute Steaks und Paellas); Gran Paella, Av. Vidal 12/República; Rancho de Doña Carmen, C. Pichincha; La Peña Criolla, Av. República.

An- und Weiterreise: *Flüge* vom Flughafen, ca. 2 km südlich der Altstadt; wichtige Verbindungen: nach Caracas (Maiquetía, täglich 2× nonstop), Maturín (3× täglich), Tucupita am Orinoco-Delta (1× täglich Turbo), San Fernando de Apure (3× wöchentlich Turbo). Aeropostal (LAV) fliegt nach Santa Elena in der Gran Sabana, nahe der brasilianischen Grenze (u. a. mit fünf Zwischenstopps in Urwaldsied-lungen, vgl. auch S. 78; Auskunft über Einzelheiten am Flughafen); Flüge in den National-park Canaima vgl. S. 78 ff. Bei Interesse erkundige man sich ebenfalls über die Möglichkeiten eines Fluges zu den Diamantenminen im Guaniamo-Gebiet, wo immerhin 20 000 Schürfer arbeiten sollen. Für Ausländer wird ein Paseo de Turismo verlangt, ausgestellt von der Guardia Nacional. Am Touristenstand im Flughafengebäude oder in der Cafetería erhalten Sie Informationen über die Firmen, die zu den Diamantenfeldern fliegen: Transmandu (auch *por puesto*), Asguaca, Comeravia und Rataca.

Busse: vom Busterminal, Av. República/Av. Sucre, nach Caracas (ca. 9 Std.), Puerto La Cruz (ca. 4 Std.), El Callao (ca. 5 Std.), El Dorado (ca. 6 Std.), Santa Elena (ca. 13 Std.), Puerto Ordaz (ca. 2 Std.).

Feste: 5.–8. August Fiesta de Nuestra Señora de las Nieves.

Ciudad Guayana

1961 wurden die beiden Orte östlich und westlich der Mündung des Río Caroní, San Félix und Puerto Ordaz, zusammengelegt und hießen zunächst Santo Tomás de Guayana, heute kurz Ciudad Guayana (ca. 300 000 Einwohner).

San Félix gründeten die Jesuiten Ignacio Llauri und Julian Vergara schon 1576. Es diente lange als Exporthafen für die Rinder der reichen Caroní-Missionen. Nach der Entdeckung der großen Goldvorkommen von Callao in der Mitte des vorigen Jahrhunderts kamen die Goldsucher, die sich von hier auf Maultieren zu den Minen begaben. Später begann die Bethlehem Steel Company, bei El Pao Eisenerz zu fördern und über San Félix zu verschiffen. Hier wohnen heute die meisten Arbeiter und Angestellten der stark expandierenden Industriebetriebe. Aufgrund der Wohnungsnot leben diese Volksschichten oft in Elendsquartieren.

Brücke über den Río Orinoco

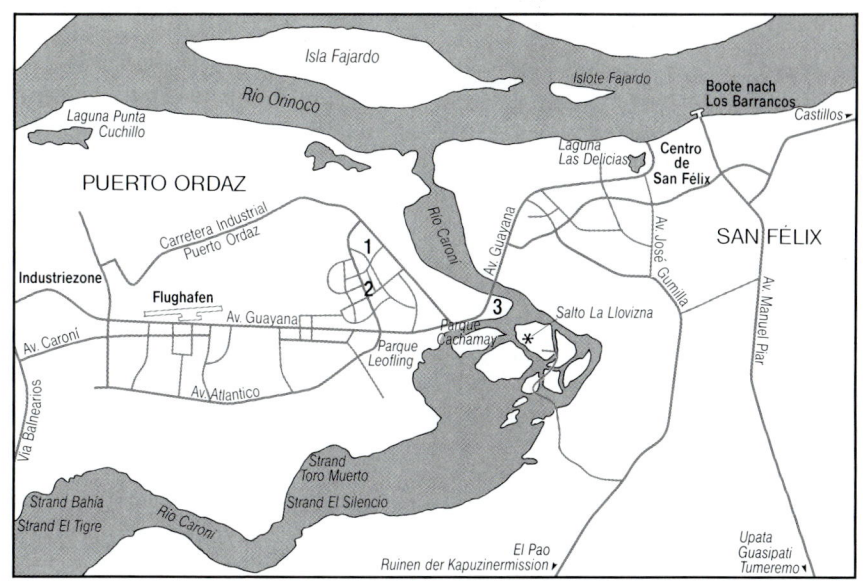

Ciudad Guayana 1 Hotel Rasil 2 Hotel Dos Ríos 3 Hotel Intercontinental

Puerto Ordaz ist das Wohngebiet der leitenden Angestellten und der Manager, in dem sich auch die Verwaltungsgebäude, bessere Hotels und die Einkaufszentren des Stadtteils Alta Vista befinden. Von dem erst seit 1952 bestehenden Ort blickt man auf die Mündung des Caroní und auf San Félix. Puerto Ordaz erhielt den Namen des spanischen Entdeckers Diego de Ordaz, der Córtez in Mexiko begleitete und dann 1531 den Orinoco bis zur Einmündung des Meta erkundete. Verantwortlich für die Gesamtplanung von Stadt und Industrieansiedlungen ist die Corporación Venezolana de Guayana (CVG). Das Hauptindustriegebiet Matanzas – westlich von Puerto Ordaz – produziert hauptsächlich Eisen, Stahl und Aluminium. Der Gigant unter den Betrieben ist die staatliche Sidor (Siderúrgica del Orinoco). Venezuela möchte zu einem der führenden Aluminiumhersteller der Welt avancieren. Die Standortbedingungen sind ideal: Die notwendigen riesigen Energiemengen liefert der Gurí-Staudamm des Río Caroní, und das Bauxit stammt aus den jüngst entdeckten großen Vorkommen von Pijiguaos.

Das Eisenerz des Cerro Bolívar wird im Hafen von Puerto Ordaz verladen: rund 6000 t in der Stunde, wobei die Arbeitsvorgänge weitgehend automatisiert sind. Eine hochmoderne Anlage, die erste ihrer Art weltweit, konzentriert und preßt das ergiebige Erz vom Cerro Bolívar zu Briketts mit 86prozentigem Eisengehalt. Die mächtigsten Bagger der Welt (namens Icoa und Zulia) halten Tag und Nacht eine Fahrrinne durch den Río Grande, den südlichen Delta-Arm des Orinoco, bis zum Atlantik frei.

Unterkunft: *Luxushotel* Intercontinental Guayana, Parque Punta Vista, Av. Guayana.
Gut bis mittelmäßig: Rasil, Centro Cívico (guter Ausgangspunkt für Bus- und Taxi-

73

fahrten); Dos Ríos, nahe Av. Las Américas/ C. México; Tepuy, Cra. Upata, Edificio Arichuna; Embajador, C. La Urbina; La Guayana, Av. Las Américas.

Restaurants: El Sótano Key Club, Vía Caracas, nahe Av. Las Américas (teuer und elegant); Don Quijote, Cra. Upata; Rincón de Bavaria, Av. Las Américas/Vía Caracas (viele Deutsche als Gäste, die in Ciudad Guayana arbeiten); gute Restaurants in den Hotels Rasil und Guayana.

An- und Weiterreise: *Flüge* vom internationalen Flughafen an der Av. Guayana, zwischen Puerto Ordaz und dem Industriegebiet Matanzas; wichtige Verbindungen: Caracas (Maiquetía, 8× täglich); Canaima (1× täglich); Maturín (2× täglich); Porlamar, Isla de Margarita (2× täglich).

Busse: Busterminal im Stadtteil San Félix auf der anderen Seite des Flusses, Av. José Gumilla, südlich der Verlängerung der Av. Guayana; Verbindungen mit El Dorado (ca. 5 Std.); Kilómetro 88 (ca. 6 Std.); Santa Elena (ca. 12 Std.); Ciudad Bolívar (ca. 2 Std.). Busse nach Ciudad Bolívar durchqueren Puerto Ordaz auf der Av. Las Américas.

Ausflüge in die Umgebung von Ciudad Guayana

Zu den **Castillos de Guayana La Vieja,** zwei spanischen Befestigungen östlich von San Félix am Orinoco, führt eine Asphaltstraße. Nachdem Engländer, Franzosen und Holländer ihre Schiffe wiederholt den Orinoco hinaufgeschickt hatten, beschlossen die Spanier 1678 den Bau eines Forts am Südufer, nahe dem Delta. Es hieß Castillo de San Francisco, da es die Stelle eines Franziskanerklosters auf der Spitze eines der Felsen am Ufer einnahm. Unterstützt durch die Kanonen auf einer kleinen Plattform am Nordufer, konnte man von hier feindliche Schiffe ins Kreuzfeuer nehmen. Angesichts der Breite des Stromes, insbesondere während der Regen-

zeit, erwies sich die Verteidigungsanlage als unzureichend. 1747 errichteten die Spanier daher das Castillo San Diego de Alcalá, das einen höheren Hügel in der Nähe beherrscht. Die Siedler, die zu Füßen der Kastelle lebten, zogen wegen der Malariagefahr, die von den nahen Lagunen und Sümpfen ausging, weiter flußaufwärts und gründeten 1764 Angostura, das heutige Ciudad Bolívar. In den Freiheitskriegen flohen die königlich-spanischen Truppen in die Forts, wurden dort aber ausgehungert.

Erst 1884 besserte man die verlassenen Befestigungen aus, um sie für militärische Zwecke nutzen zu können. Bis in die 40er Jahre dieses Jahrhunderts inspizierte das Militär hier die Schiffe. 1976 wurden die Forts dem ursprünglichen Kolonialstil

Castillo de San Francisco am Orinoco

Salto La Llovizna bei Ciudad Guayana

getreu restauriert. Die Festung ist malerisch um den Felsen herumgebaut, dessen Spitze die mit alten Kanonen bestandene Hofplattform durchbricht.

Eintrittskarten zum Castillo de San Francisco löst man unten an der Straße und geht dann den kurzen Pfad hoch zum Fort. Der Führer (er spricht nur Spanisch) erwartet ein Trinkgeld. Jeder Besucher trägt sich ins Gästebuch ein. Vom Castillo San Diego (zehnminütiger Anstieg) hat man einen weiten Ausblick. Ein kleines Museum wurde hier eingerichtet.

Die Stromschnellen des Rio Caroní, der sogenannte **Salto La Llovizna,** sind in der Regenzeit ganz besonders eindrucksvoll. Ursprünglich führten mehrere Holzbrücken auf die andere Seite. Doch nachdem 1964 eine davon zusammenbrach und 64 Menschen starben, ersetzte man sie durch eine Betonbrücke. Der Park, in dem die Stromschnellen liegen, ist auch unter botanischen Aspekten interessant. Viele der Bäume und Pflanzen sind mit Namensschildern versehen. (Der Park wird relativ früh geschlossen.)

Von der ersten Mission der Kapuziner (Misiones del Caroní, Richtung El Pao) sind nur noch die Ruinen von einer der großen Kirchen erhalten, der **Iglesia de la Purísima Concepción** (unbefleckte Empfängnis), in der sich einige verblaßte Fresken finden. Angeblich haben Schatzsucher die Gemäuer der Kirche weiter zerstört, weil sie das Gold finden wollten, das die Mönche vor den republikanischen Truppen versteckt haben sollten. Die Kapuziner gründeten nach 1724 rund 30 zum Teil florierende Missionen. Hunderttausende von Rindern und Pferden wurden von ihnen gezüchtet und exportiert.

Die Entdeckung der Eisenerzvorkommen im 60 km entfernten **El Pao** geht angeblich auf Don Tiburcio de Vera zurück. Der Farmer beobachtete, daß Blitze von einem 20 km entfernten kahlen Berg angezogen wurden und beim Auftreffen ein Feuerwerk erzeugten. Nachforschungen ergaben, daß der Berg aus hochprozentigem Eisenerz bestand. Die Bethlehem Steel Company übergab die Minen 1975 an die venezolanische Ferrominera (Besichtigung nach Anmeldung im Verwaltungsgebäude; Essen im Clubgebäude).

Von Ciudad Guayana in die Gran Sabana

Die Fahrt über die Gran Sabana bis Santa Elena de Uairén nahe der brasilianischen Grenze kann inzwischen mit einem normalen Pkw unternommen werden. Wer die Tour in der Regenzeit plant oder Abstecher von der meist passablen Straße in Erwägung zieht, sollte einen Jeep benutzen. Entlang der Strecke entstehen immer mehr Unterkünfte – Zeichen ihrer zunehmenden Beliebtheit auch bei Venezolanern.

Der Ort **Upata** hat ein angenehmes Klima und ist Zentrum der Viehwirtschaft der Region. Er wurde 1762 von Kapuzinermissionaren gegründet und ist heute Hauptstadt des Distrikts Piar. Hinter Upata verläßt man das Einzugsgebiet des Orinoco. **Guasipati** war um die Jahrhundertwende Zentrum der Gummigewinnung, doch Raubbau führte zum Niedergang dieses Wirtschaftszweiges. In der gesamten Region wird immer noch Gold gewonnen, und ambulante Händler sprechen Reisende an, um es zu verkaufen, so auch in **Callao,** wo noch ehemalige Minen zu besichtigen sind. Callao feiert einen im ganzen Land berühmten Karneval. Nach weiteren 100 km erreicht man **El Dorado,** dessen Name die Geschichte der Region thematisiert. (Man erfrage den Weg zu dem Gefängnis, das Henri Charrière in seinem Buch ›Papillon‹ berühmt gemacht hat.) El Dorado ist der letzte größere Ort vor der Gran Sabana, wenn auch nicht die letzte Möglichkeit zu übernachten (in den Hotels El Dorado, Campamento Turístico, Cervino). Weitere einfache Unterkünfte finden sich bei **Kilómetro 88** (auch: San Isidro), einer Häusergruppe mit Restaurants und Läden. Der Name kam dadurch zustande, daß hier, 88 km von der Cuyuní-Brücke bei El Dorado entfernt, einst die gute Straße endete und der Anstieg zur Gran Sabana beginnt.

Das letzte Stück ist sehr steil und wird daher auch ›La Escalera‹ (Treppe) genannt. Von Kilómetro 88 bis zum großen Felsen ›Piedra de la Virgen‹ sind es 10 km. Nach weiteren 23 km ist die Stelle erreicht, wo

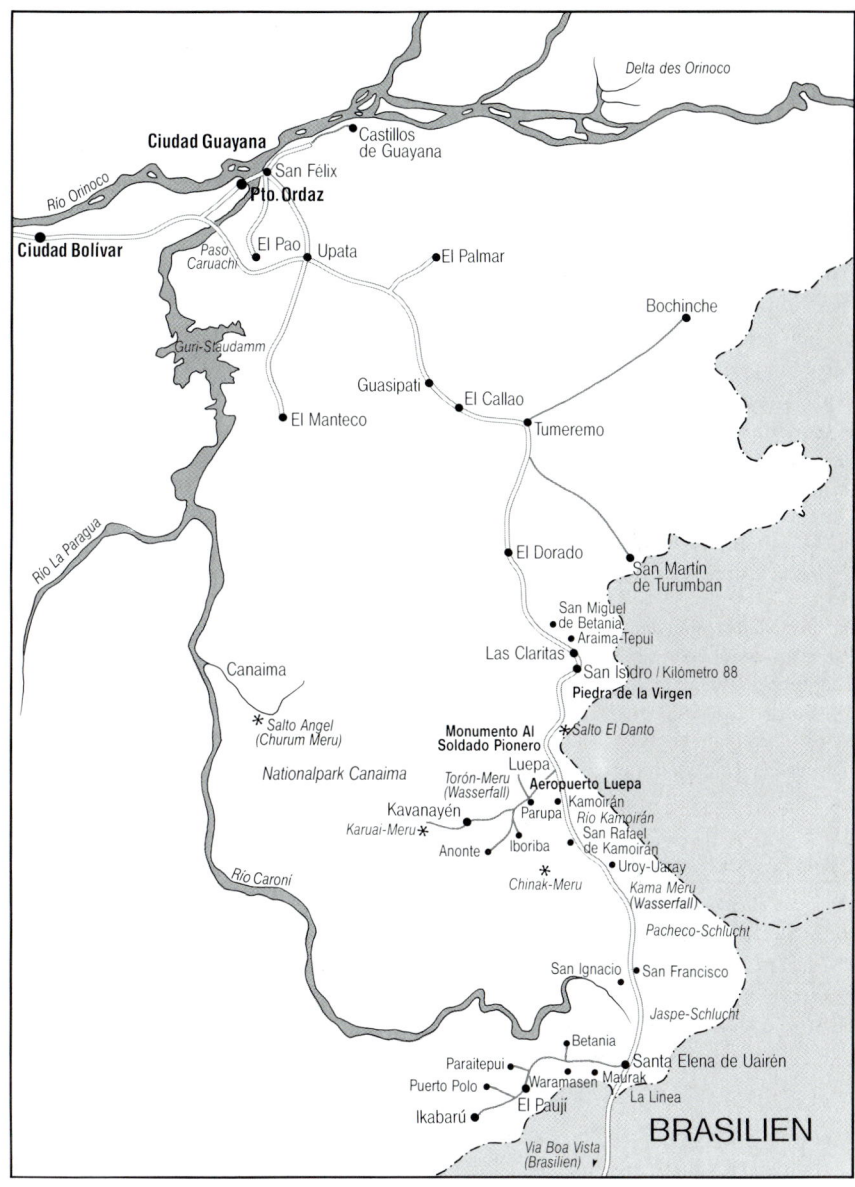

Von Ciudad Guayana in die Gran Sabana

ein kurzer Pfad zu dem nahen Wasserfall **Salto El Danto** führt. 18 km weiter erinnert das Denkmal des ›Soldado Pionero‹ an das Militär als Erbauer der Straße. Nach wenigen Kilometern ist der Kontrollpunkt ›La Ciudadela‹ erreicht, wo Soldaten des ›Waldbataillons General Mariano Montilla‹ Dienst tun. Nach 5 km zweigt eine Piste zur Missionsstation Kavanayén ab, dorthin sind es ca. 60 km/90 Min.

Von km 210 aus kann man zu den **Kamá-Fällen** wandern. Am weiteren Weg liegen einige Siedlungen der Pemón-Indios, wie San Francisco de Yuruaní.

Santa Elena de Uairén ist der Hauptort der Gran Sabana. Er entstand 1931 aus einer Kapuzinermission und bildete ein Zentrum der Gold- und Diamantensuche, die sich heute nach Ikabarú, 100 km westlich, verlagert hat. Die Stadt lebt in erster Linie von der Landwirtschaft und vom Handel über die 15 km entfernte Grenze nach Brasilien.

Unterkunft in Santa Elena: Einige einfache Hotels; Fronteras ist das beste, außerdem Turístico, Uairén, MacKing.

An- und Weiterreise: Am angenehmsten ist die Fahrt mit einem Leihwagen. Flüge: Mo–Sa mit LAV-Propellermaschinen von und nach Ciudad Bolívar (2,5 Std.), auch ein Flug von ca. 5 Std. über Ikabarú, Won-kén, Urimán und Kamarata (vgl. S. 72). Busse und *por puestos* fahren täglich nach El Dorado und Tumeremo (ca. 6–7 Std., von dort viele Anschlüsse); Busse der Lineas Orinoco auch direkt von und nach San Félix, Ciudad Guayana (ca. 12 Std., rechtzeitig buchen).

Canaima

Zu den Höhepunkten einer Venezuelareise gehört der Flug nach Canaima, das in der unberührten Dschungellandschaft des gleichnamigen Nationalparks im Guayana-Bergland liegt.

Das nur auf dem Luftweg zu erreichende Canaima ist ganz auf Tourismus ausgerichtet. Die Unterkünfte in rustikalen Bungalows *(cabañas)* sind komfortabel, Getränke und Souvenirs sind teuer. Der Ort liegt an den Wasserfällen (Saltos El Sapo und Hacha) des Río Carrao, zu deren Füßen der Fluß die Weite eines Sees erreicht.

Eine Reihe von Ausflügen wird hier angeboten: Rundfahrten auf dem See, Wan-

Nationalpark Canaima   Wasserfall im Canaima-Nationalpark ▷

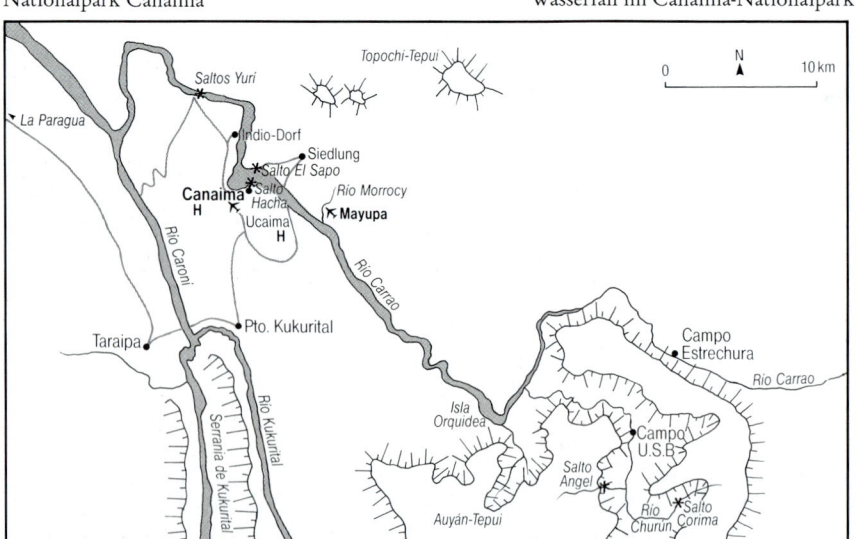

derungen zu Indio-Siedlungen, Flußfahrten oder Exkursionen zum Salto Angel (mindestens vier Tage). Dieser in der Regenzeit spektakuläre Wasserfall wurde 1936 von Jimmy Angel, einem Buschpiloten aus Missouri, entdeckt. Als er ein Jahr später zurückkehrte, mußte er auf dem Plateau des Auyán-Tepui (2400 m), von dem der Angel-Fall knapp 1000 m in die Tiefe stürzt, notlanden. Doch gelang es ihm und seinen Begleitern, sich zu retten. Das Flugzeugwrack wurde 1980 nach Ciudad Bolívar gebracht. Auf dem Berg ist heute eine nachgebaute Attrappe ausgestellt.

Für die mehrtägigen Ausflüge, v. a. zum Salto Angel, sollte man über eine gute Kondition verfügen und einen guten Schlafsack, Regenschutz und warme Kleidung mitnehmen, da die Nächte kalt sein können. Wichtig sind auch etliche Plastiktüten, u. a. zum Schutz der Kamera.

Praktische Hinweise: Die venezolanische Fluggesellschaft Avensa fliegt von Caracas über Ciudad Bolívar, wo man zusteigen kann. Man bucht am besten direkt bei Avensa gleich bei der Ankunft auf dem Maiquetía-Flughafen von Caracas. Ein Pauschal-Trip beinhaltet mindestens zwei Übernachtungen, wird aber auch für mehrere Tage angeboten. Die Unterkunftsmöglichkeiten in Canaima sind begrenzt, daher ist mit Wartezeiten zu rechnen. Die beste Zeit ist generell Juli bis Dezember, die Regenzeit. Dann sind die Wasserfälle am eindrucksvollsten, und es werden mehr Ausflüge von Canaima aus unternommen.

Die Küstenregion westlich von Caracas

Maracay

Die 1697 gegründete Stadt hat heute ca. 450 000 Einwohner und ist Hauptstadt des Staates Aragua. Wegen der landwirtschaftlich intensiv kultivierten Umgebung und der vielen kleinen Stadtparks nennt sie sich gern ›Gartenstadt Venezuelas‹, ist gleichzeitig eine der wichtigsten Geschäfts- und Industriestädte des Landes, verfügt aber über keinerlei lohnende koloniale Sehenswürdigkeiten. Von Interesse sind zwei Museen: das Museo de Antropología e Historia (Plaza Girardot) und das Museo Aeronáutico mit rund 30 Flugzeug-Exponaten, speziell aus den 30er und 40er Jahren (Avenidas Las Delicias / 19 de Abril). Die Stierkampfarena (Nähe Plaza Bolívar) ist eine Replik der Arena im spanischen Sevilla und heißt auch so: Maestranza.

Unterkunft: Gute Hotels sind Maracay, Av. Las Delicias; Pipo Internacional, Av. Principal, El Castano. Preiswertere Hotels im Zentrum.

Verkehr: Neuer Busterminal an der Av. Constitución/Av. Fuerzas Aéreas. Ab Flughafen Boca del Río Flüge u. a. nach Caracas (Maiquetía), Barcelona, Barquisimeto, Maracaibo, Anaco.

Ausflüge: An den Lago de Valencia gelangt man über die Halbinsel Cabrera (an Wochenenden stark frequentiert, Bootsverleih, Gewässer des Sees stark verschmutzt). Sehr attraktiv ist ein Ausflug zu den Stränden der Nordküste (Anfahrt ca. 2 Std.) durch die Regen- und Nebelwälder des Nationalparks Henri Pittier (Schweizer Botaniker 1857–1952). Eine Route nach Osten führt über Choroni (schönes Kolonialstädtchen) zum Fischerort Puerto Colombia (Hotel Alemania), von dort zum beliebten Strand Playa Grande (Zelten, Aufspannen von Hängematten). Bootsfahrt von Puerto Colombia nach Chuao (alte Siedlung, berühmt für ihre Kakaosorte). Die Route nach Westen geht von Maracay hinab nach Ocumare de la Costa (Hotels Montemar und Playa Azul an der Bucht El Playón), dann weiter nach Cata, dessen 5 km entfernte palmengesäumte Bucht (Balneario Cata mit Playa Carmil) einen der schönsten Strände Venezuelas hat.

Bootstransport an der Küste bei Puerto Cabello

Puerto Cabello

Die Mitte des 16. Jhs. gegründete Stadt lebte lange Zeit vom Schmuggel mit den niederländischen Antillen. Im 18. Jh. ließ sich hier die spanische Compañía Guipuzcoa nieder und exportierte hauptsächlich Kakao und Kaffee. Heute hat die Stadt (ca. 100 000 Einwohner) nach La Guaira den zweitwichtigsten Hafen. Im kleinen kolonialen Zentrum nördlich der Plaza Bolívar und um den Paseo Malecón ist die Calle de los Lanceros (Fußgängerzone) von allen Straßenzügen am besten im alten Stil erhalten. Die Kirche El Rosario hat den einzigen hölzernen Glockenstuhl in Venezuela. Das nie eingenommene Fort San Felipe (auch Castillo Libertador genannt, erbaut 1732, unter dem Diktator Gómez ein berüchtigtes Gefängnis) liegt auf dem Terrain des modernen Marinestützpunktes Agustín Amario; Besichtigung möglich, Anfahrt per Boot oder Auto. Von den Ruinen des Fort Solano (erbaut um 1770, auch El Mirador genannt) oberhalb der Stadt hat man einen wunderbaren Rundblick über den Ort und die Bucht.

Unterkunft: Gut sind die Hotels Caribe, im Stadtteil La Sorpresa, und Cumboto, Av. La Paz, Stadtteil Cumboto.

Verkehr: Flughafen an der Küste westlich der Stadt; Flüge u. a. nach Caracas (Maiquetía), Coro, Maracaibo. Zentraler Busterminal in Planung, Sammeltaxis entlang Av. La Paz. Vom Bahnhof Personenzug 2× täglich über Morón nach Barquisimeto.

Valencia

Die 1555 gegründete Stadt spielte eine bedeutende Rolle in der Geschichte des Landes. Auf dem nahen Schlachtfeld von Carabobo wurden die Spanier 1821 endgültig besiegt, und 1830 erklärte der Nationalkongreß in Valencia die Unabhängigkeit Venezuelas.

Heute ist Valencia (ca. 700 000 Einwohner) der wichtigste Industriestandort des Landes. Eine moderne Autobahn verbindet die Stadt mit Maracay und Caracas. Die wenigen Sehenswürdigkeiten befinden sich im alten Zentrum, etwa zwischen den Calles 98 bis 101 und den Avenidas 97 bis 104. Die mehrfach umgebaute Kathedrale an der Plaza Bolívar beherbergt die Statue der Virgen del Socorro, Patronin von Valencia. Die Casa Páez (Ecke Calle 99 und Avenida 98) ist dem Andenken an General Páez gewidmet, der die gefürchteten wilden Lanzenreiter der Befreiungskriege anführte und erster gewählter Präsident Venezuelas wurde. Die Kirche San Francisco (Plaza Sucre, Calle 100) war Schauplatz der ersten Unabhängigkeitserklärung des Landes. Am sehenswertesten ist die Casa de los Célis, ein koloniales Haus aus dem Jahre 1765, heute Museo de Arte e Historia (Ecke Calle 98 und Avenida 104).

Unterkunft: Die besten Hotels am Ort liegen weit außerhalb des Zentrums: Inter-Continental Valencia, Stadtteil El Viñedo, Av. Juan Uslar; Aparthotel Ucaime, Av. Boyacá, El Viñedo. Zentraler gelegene, aber einfache Hotels: Le Paris, Av. Bolívar 125–92; Don Pelayo, Av. Díaz Moreno/Rondón; Excelsior, Av. Bolívar 129–33; Caracas, C. 98, 100–84; weitere einfache Hotels im alten Zentrum.

Restaurants: El Coche, Av. Bolívar, Centro Comercial Lozano; El Galeón, Av. Miranda/ C. 120; El Regio, Av. Bolívar, Centro Comercial Sacla; Marchicha (bestes Fischrestaurant), Av. Bolívar 152–10.

Verkehr: Busterminal an der C. 73, zwischen Av. 93 und Boca del Río; gute Verbindungen per Bus und Sammeltaxis.

Nationalpark Morrocoy

Der westlich von Puerto Cabello gelegene Nationalpark mit seinen herrlichen Stränden, besonders auf den vielen vorgelagerten Koralleninseln, ist ein beliebtes Urlaubs- und Wochenendziel (über eine gute Autobahn in nur 2 Std. von Valencia und in 4 Std. von Caracas zu erreichen). Von Tucacas (einfache Hotels Turístico Manaure, Palma, Said) und Chichiriviche (gute Hotels Mario, Garza und El Náutico) ständiger Bootsverkehr zu den Inseln; der Preis wird vorher ausgehandelt und richtet sich danach, inwieweit die acht bis zehn Plätze auf den normalen Booten belegt sind. Ausrüstung für diverse Wassersportarten kann gemietet werden.

Coro

Juan de Ampués, der am 26. Juni 1527 die ersten Holzhütten von Coro errichten ließ, unterhielt freundschaftliche Beziehungen zu den Caquetío-Indios und ihrem Häuptling Manaure. Carlos I., spanischer König und deutscher Kaiser (Karl V.), verlieh die neugegründete Provinz Venezuela an das Handelshaus der Welser, bei dem er hoch verschuldet war. Daraufhin landete hier am 24. Januar 1529 der erste deutsche Statthalter, Ambrosius Alfinger. Den Welsern wurde 1546 die königliche Lizenz aberkannt, und bald darauf zog die Provinzregierung aus dem heißen und armen Coro in die Berge, ins weit entfernte Tocuyo, später nach Caracas.

Erst der intensive Schmuggel mit den seit 1634 holländischen Inseln Curaçao und Bonaire brachte Coro wieder eine wirtschaftliche Blüte. Auch jüdische Kaufleute, aus Spanien und Portugal durch die Inquisition auf die holländischen Inseln vertrieben, belebten den Handel mit Coro. Nach der Unabhängigkeit bildete sich sogar eine starke jüdische Gemeinde in Coro, das den ältesten jüdischen Friedhof Südamerikas besitzt.

Heute ist Coro mit seinen ca. 100 000 Einwohnern Hauptstadt des Staates Falcón. Der einst blühende Handel, der über die Hafenstadt Vela de Coro abgewickelt wurde, ist seit dem Bau modernerer Hafenanlagen in Punto Fijo (Halbinsel Paraguaná), wo sich Ölraffinerien ansiedelten, zurückgegangen. Dafür entwickelte sich der Tourismus, denn Coro besitzt die besten Zeugnisse kolonialer Architektur in Venezuela. Die Altstadt wurde zum Monumento Nacional erklärt.

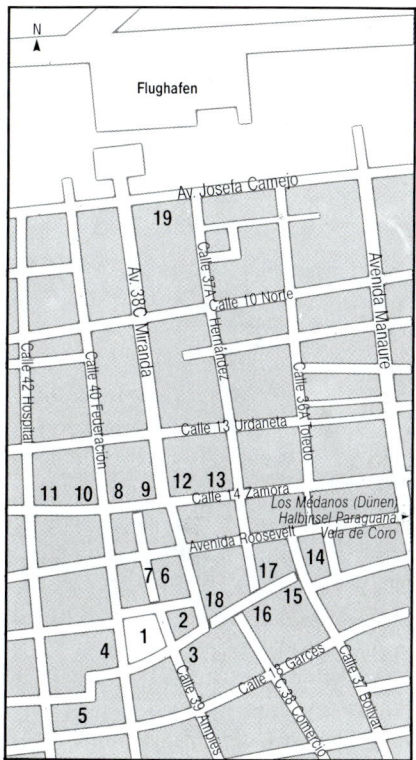

Coro 1 Plaza Bolívar 2 Kathedrale 3 CantV-Telefonzentrale 4 Ateneo de Coro 5 Regierungssitz 6 Touristenbüro 7 Paseo Alameda 8 Capilla de San Clemente 9 San Clemente-Platz 10 Casa del Balcón de los Araya 11 Casa de las Ventanas de Hierro 12 Kirche San Francisco 13 Diözesanmuseum 14 Plaza Falcón 15 Post 16 Hostería Colonial 17 Balcón de los Senior 18 Tasca Marisquería Española 19 Hotel Miranda

Sehenswürdigkeiten

Die **Kathedrale** ist neben der Kirche in Asunción auf der Insel Margarita die älteste Venezuelas. Das damals noch arme Coro baute ab 1583 rund 50 Jahre an seinem Gotteshaus. 1957 wurde die 30 Jahre vorher restaurierte Kirche originalgetreu wiederhergestellt.

Die Architektur ist typisch für fast alle venezolanischen Kirchen bis ins 18. Jh.: die rechteckige und schmucklose Kastenform, deren starke Stützpfeiler und Schießscharten den Festungscharakter des Baus noch betonen (ständige Piratengefahr); drei Kirchenschiffe ohne Seitenkapellen, getrennt durch einfache toskanische Säulenreihen; Decken aus Holz, dem reichlich vorhandenen Baustoff; hinzu kommen nur zaghaft benutzte individuelle Komponenten, wie in der Kirche

von Coro das achteckige Presbyterium und das abgesetzte Portal.

Auch die Architektur der **Capilla de San Clemente** am gleichnamigen Platz ist schlicht. Die hier verwendete Kreuzform, die in Mexiko und Hoch-Peru häufig anzutreffen ist, wurde in Venezuela nur noch an zwei weiteren Orten benutzt. Außergewöhnlich an dieser Kapelle aus der zweiten Hälfte des 18. Jhs. ist, daß ein Turm fehlt und ein in die gelbe Fassade

San Clemente-Kirche in Coro

Loza Popular) mit Tonwaren aus dem gesamten Staat Falcón. Im Patio ein kleiner Kaktusgarten mit typischen Exemplaren der Region.

Die **Casa de las Ventanas de Hierro** erhielt ihren Namen nach den eisernen Fenstergittern, die heute unscheinbar wirken, aber in der zweiten Hälfte des 18. Jhs. als Zeichen von Reichtum galten, da sie aus Sevilla importiert wurden. Erst im Laufe des 19. Jhs. ersetzten sie die in den Kolonien bis dahin üblichen und preiswerteren Gitter aus Holz. Das barocke Tor des Hauses gilt als eines der schönsten Beispiele kolonialer Architektur in Venezuela. Die dickbäuchigen Säulen am Tor sollen auf holländischen Einfluß zurückgehen. Die besonders ausladende Säule in einer Ecke des Innenhofes sammelte in ihrem Innern das Regenwasser der Dächer. Ein Gemälde unter dem Dach des Schlafzimmers verdeckt den geheimen Zugang zu einer Kammer, die als Versteck bei Piratenüberfällen diente.

Die gegenüberliegende **Casa del Obispo** ist der ehemalige Sitz des Bischofs Talavera. Lange Zeit suchte man hartnäckig, aber vergebens nach einem unterirdischen Fluchttunnel zur Kathedrale und zum Kloster San Francisco – und nach einem verborgenen Schatz (daher auch der Name Casa del Tesoro). Tatsächlich fand sich tief unter dem Haus ein Gang. Die Fluchttunnel dienten auch während der Unabhängigkeitskämpfe reichen königstreuen Bewohnern als Versteck.

Das **Museo Diocesano,** auch Museo del Monseigneur oder Museo de Lucas Guillermo Castillo genannt, ist überraschend modern eingerichtet. Glanzstücke sind eine Monstranz (16. Jh., ein Geschenk Johannas der Wahnsinnigen, Königin von Kastilien), ein großer Silberaltar, eine 800 Jahre alte Statue des heiligen Petrus aus Spanien und Heiligenfiguren mit beweg-

eingelassener Balkon den dahinter liegenden Raum für den Stadtrat markiert. Das Kreuz des San Clemente in einem Glaskasten auf der Plaza gleich neben der Kapelle soll an die erste Messe im Jahre 1527 erinnern. Es soll aus dem Holz des *cují* (Akazienart) geschnitzt sein, unter dem sich Ampiés und Manaure trafen. Es wäre damit das älteste koloniale Relikt Venezuelas.

Die **Casa del Balcón de los Araya** links neben der Kapelle wurde erst im 18. Jh. auf zwei Stockwerke erhöht, was sich nur reiche Familien leisten konnten. Das heute originalgetreu restaurierte Gebäude war bis ins 20. Jh. im Besitz der Arayas. Den Namen erhielt es von dem überdachten, umlaufenden Balkon, der es zu einem der attraktivsten Kolonialbauten in Coro macht. Es beherbergt heute ein interessantes Keramikmuseum (Museo del Hombre bzw. de Cerámica y

lichen Gliedern. Daneben wird auch vor-koloniale Keramik gezeigt (Di/So 9–12, Mi–Fr 16–19 Uhr).

Unterkunft: Die besten *Mittelklassehotels* sind Miranda (attraktiver Innenhof mit Palmen und Pool; die Lage gegenüber dem Flughafen verursacht kaum Belästigungen; nahe kolonialem Zentrum); Hostería Los Médanos (mit Bungalows), ca. 5 km vom Zentrum an der Straße nach Vela, am Zugang zu den Dünen.
Preiswertere Hotels: Capri, C. Zamora; Caracas, C. Toledo; Venezia, Av. Manaure/C. Zamora.

Restaurants: Im Kolonialviertel liegen die Tasca Marisquería Española (hinter der Kathedrale, gut und teuer) und die Hostería Colonial (um die Ecke am Paseo Talavera, preiswert und typisch). Gut ißt man auch im Hotel Miranda und bei Don Camilo's gegenüber.

Verkehr: *Flüge* (Flughafen vgl. Stadtplan) nach Caracas (Maiquetía, 1× täglich, nonstop) und Barquisimeto (1× täglich).

Busse ab dem Busterminal nahe der Prolongación Av. Los Médanos, am neuen Mercado Libre; gute Verbindungen nach Caracas (ca. 6 Std.), Maracaibo (ca. 4 Std.), Barquisimeto (ca. 5 Std.).

In der Umgebung von Coro

Als größte touristische Attraktion von Coro gilt der 90 000 ha große **Parque de los Médanos** mit seinen bis zu 25 m hohen Sanddünen im Nordosten der Stadt. Man erreicht ihn auf der Straße zur Halbinsel Paraguaná oder über den öffentlichen Zugang an der Plaza de la Madre an der Straße nach Vela. Hier, am Hotel Los Médanos, kann man auch Dromedare mieten. Bei einer Wanderung durch die Dünen sollten Sie eine Kopfbedeckung und einen Schutz für die Kamera gegen den extrem feinen Sand nicht vergessen.

Landschaft bei Coro

Ein Ausflug auf die Halbinsel **Paraguaná** ist sehr lohnend. Im Westen der neuen Autobahntrasse über den Isthmus schimmern weiße Salinenhügel im flachen Golfete de Coro. Die Straße führt entlang einer Pipeline, die Wasser vom Isidro-Staudamm südlich von Coro auf die chronisch unter Trockenheit leidende Halbinsel leitet.

Die Straße nach Adícora führt durch interessante Trockenvegetation mit Kakteen und windgebückten Büschen. Die Strände nahe dem Ort sind in der Osterwoche überfüllt. Adícora selbst hat immer noch das Flair eines Fischerdorfes mit holländischen Architekturmerkmalen, wie den hochgezogenen Kaminanbauten und den kurzen Säulen der Patios.

Mit einem Jeep kann man weiter nach Norden (noch ca. 5 km gute Straße) und um die ganze tischflache nördliche Halbinsel fahren. Interessanter ist die sogenannte ›koloniale‹ Route durch das Waldgebiet an der Nordseite des von überall sichtbaren Cerro Santa Ana: über Pueblo Nuevo – Buena Vista – Moruy zum Dorf **Santa Ana** mit seiner alten Kolonialkirche. Landkarten zeigen hier schon 1546 eine Siedlung der Caquetío-Indios. Die Kirche – in ihrer kompakten Schlichtheit eine der interessantesten Kolonialbauten in Venezuela – diente als Schutz gegen Piraten, die von ihrem Schlupfwinkel an der Paraguaná-Küste auch Plünderungszüge aufs Festland unternahmen. Eine barocke Zutat ist der Turm aus dem 18. Jh. Die Schnitzereien des Altars verraten mit ihren Pflanzenmotiven die Hand örtlicher Künstler. Den großen Eisenschlüssel für die meist verriegelte Tür erhält man im grünen Haus an der Nordseite des Platzes. Dort frage man auch nach dem kleinen ›Museo Indígena‹ an der von der Kirche bergwärts verlaufenden Straße.

Punto Fijo (fast 80 000 Einwohner) entstand 1924 als Umladehafen für Ozeantanker, die als Ballast dringend benötigtes Trinkwasser aus Boston für die aride Halbinsel zurückbrachten. Ein Boom begann in den 50er Jahren mit dem Bau der Ölraffinerien bei Amuay (Creole Petroleum, heute Lagoven) und Punta Cardon (Shell Oil, heute Maraven). An den nördlichen Stränden der kaum berührten Fischerdörfer Amuay, Los Teques und Villa Marina ist das Wasser im Gegensatz zur Ostküste sehr ruhig.

Maracaibo

Am 24. August 1499 entdeckte der Spanier Alonso de Ojeda in Begleitung von Amerigo Vespucci diese Region, deren Pfahlbauten die Männer zur Bezeichnung ›Venezuela‹ (Klein-Venedig) inspirierten. Die Siedlungsinitiativen des deutschen Gouverneurs Ambrosius Alfinger vom Bankhaus der Welser und des Spaniers

Plan Maracaibo 1 Plaza Bolívar 2 Kathedrale 3 Regierungspalast 4 Kirche Santa Bárbara 5 Kirche Nuestra Señora de Chiquinquirá 6 Marktgebäude 7 Mercado de las Pulgas 8 Busterminal 9 Kirche Cristo de Aranza 10 Hotel Broadway 11 Fähre nach Altagracia

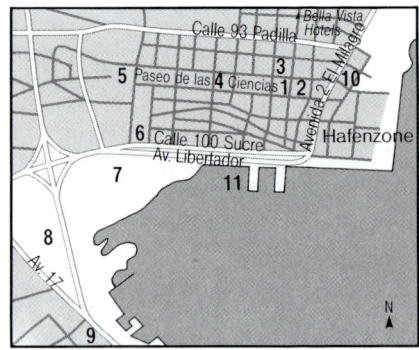

Straßenszene in Maracaibo

Alonso Pacheco (1529 bzw. 1569) scheiterten an Epidemien und Angriffen der Indios. Erst die 1574 unter dem Namen Nueva Zamora de la Laguna de Maracaibo durch Pedro Maldonado neu gegründete Siedlung war von Bestand – trotz der unerträglichen Hitze und der Piratenangriffe.

1682 vollendete der Baumeister Francisco Ficardo nach fast 80jähriger Bauzeit die Festung San Carlos auf der gleichnamigen Insel, am damals einzigen Zugangskanal zur sonst versandeten Lagunenöffnung. Auf der gegenüberliegenden Insel Zapara entstand ein Beobachtungsturm, von dem heute nur noch Reste zu sehen sind. San Carlos wurde nicht – wie viele andere Forts – durch Piraten, sondern durch die Brandung und dann 1903 im Zuge eines Bürgerkrieges weitgehend zerstört.

Während der Kolonialzeit hielt sich Maracaibo ähnlich wie Coro durch Schmuggel und Handel mit den holländischen Inseln über Wasser. Am 24. Juli 1823 fand hier eine der letzten Seeschlachten für die Unabhängigkeit statt.

Rund 100 Jahre später begann der Ölboom und veränderte das Leben in Maracaibo drastisch und nachhaltig, während die nördlich auf der Halbinsel Guajira lebenden Indios ihre Kleidung und ihr Brauchtum noch teilweise bewahrt haben.

Heute ist Maracaibo die zweitgrößte Stadt des Landes. Die ›Manhattan Skyline‹, die man während der 15minütigen Fahrt über die Urdaneta-Brücke vor Augen hat, täuscht nicht: Maracaibo ist ein Ort der Bankiers, Kaufleute und internationaler Unternehmen und hat einen modernen Zuschnitt mit nur wenigen erhaltenen alten Gebäuden, die restaurationsbedürftig sind, deren Verfall aber aus kommerziellen Gründen oft nicht aufgehalten wird.

Sehenswürdigkeiten

Der zentrale **Paseo de las Ciencias** mit seinen Parkanlagen entstand 1973 auf Kosten des Abbruchs eines Teils von El Saladillo, des kolonialen Herzstücks der Stadt. Die die Straße flankierenden Häuserzeilen (besonders an der Südseite) vermitteln mit ihren farbigen Fassaden zum Teil noch Kolonialatmosphäre. In hartem und fast bedrohlich wirkendem Kontrast dazu stehen auf den Parkflächen moderne Kunstwerke, u. a. von Jesús Soto und Victor Valera.

Die heutige **Plaza Bolívar,** vormals Plaza San Sebastián, war das einstige Zentrum der Stadt. Die restaurierte **Kathedrale** aus dem vorigen Jahrhundert beherbergt den schwarzen Christus von Maracaibo bzw. von Gibraltar, einem Dorf am Südufer des Maracaibo-Sees. Der Legende nach überlebte der Gekreuzigte geschwärzt, aber unversehrt ein von auf-

ständischen Indios gelegtes Feuer, indem er vor dem verbrannten Kreuz schwebte.

Das **Regierungsgebäude** (Casa de Gobierno) schräg gegenüber wird wegen des Emblems am Dach auch ›Adlerpalast‹ genannt.

In der angrenzenden **Casa Morales,** Sitz des letzten spanischen Generalkapitäns der Stadt, Tomás Morales, kapitulierten die Königstreuen nach der Seeschlacht bei Maracaibo von 1823. Das Haus aus dem späten 18. Jh. diente zeitweilig als Deutsche Schule. Heute ist es Sitz der Historischen Akademie.

Vom Abriß des alten Viertels verschont blieb die Kirche **Santa Bárbara** in der Mitte des Paseo, Avenida 8. Die palmengesäumte verspielte Fassade strahlt karibischen Charme aus.

Die **Basílica de la Chiquinquirá,** ein moderner Kirchenbau, der vor 20 Jahren an die Stelle des Kolonialkirchleins San Juan de Dios trat, beherbergt die legendäre und weithin verehrte La Chinita, Patronin des Staates Zulia. Am 18. November feiert man hier den Tag des Jahres 1942, an dem die Heilige von allen Gläubigen eine Krone aus Gold und Edelsteinen erhielt. Der Legende nach fand eine arme Frau am Strand ein unscheinbares Brett, das sich als wundertätiges Marienbildnis entpuppte. Die heutige Avenida 2 (Straße entlang der Hafenzone), an der ihr Haus stand, wurde daher ›El Milagro‹ (das Wunder) genannt.

Der neue **Mercado de las Pulgas** (wörtlich: Flohmarkt) liegt südlich der Basílica an der Calle 100. Um die Hauptgebäude herrscht ein mittelalterlich anmutendes Wirrwarr von Buden und Verkaufsständen, auch entlang der Calle 100 und der Avenida 10. Vorsicht ist angebracht bei der lohnenden, aber anstrengenden Erkundung dieses abenteuerlichen Marktes.

Kinder im Slumviertel von Maracaibo

Von der **Plaza de Alonso de Ojeda,** auf einer Erhebung in Ufernähe, hat man einen prächtigen Ausblick auf den See und die Urdaneta-Brücke. Vor dem Grabmal (eine Reproduktion seines Grabes in Santo Domingo) steht die Statue seiner treuen Mätresse Isabel vom Stamme der Coquivacoa-Indios, mit denen sich der Entdecker auf der ersten seiner vier Reisen anfreundete.

Der schönste Blick auf Stadt und See bietet sich vom Aussichtsturm (Mirador) am **Parque la Marina,** dessen Monument an die Seeschlacht erinnert, die 1823 die Unabhängigkeit brachte.

Der Stadtteil **Santa Rosa de Agua** besitzt einige durch Holzstege verbundene Pfahlbauten; am Seeufer steht die Büste von Amerigo Vespucci auf der gleichnamigen kleinen Plaza.

Unterkunft: Die meisten Hotels liegen in einer Art Hotelzone nahe der Av. Bella Vista.

Luxushotels: Del Lago, am Ufer, Av. 2 El Milagro; Kristof, Av. 8/C. 68; Maruma, Circunvalación 2, Zona Industrial; El Paseo, Av. 1 B/C. 74; Cantaclaro, C. 86/Nähe Av. 4.

Gut bis mittelmäßig, alle Nähe Av. Bella Vista, geordnet nach zunehmender Entfernung zum alten Zentrum: Mara; Roma; México; Marazul; Unión; Mirador; San José; Condal; Venecia; Astor; Ritz. Hotel Broadway, vgl. Stadtplan. (Die genannten Häuser verfügen über Klimaanlagen, was im extrem heißen Maracaibo unbedingt nötig ist.)

Restaurants: Typische Gerichte, die meist auch in den Restaurants der besseren Hotels erhältlich sind, bieten: Mi Vaquita, Av. 3 A/C. 76; Delfín, Av. 3 H/C. 75; Pepe, Av. 3 H/C. 72; El Guacamayo, Av. 15 B/C. 67. Im Hotel Del Lago: El Girasol (Drehrestaurant im obersten Stockwerk). Viele Restaurants haben sonntags geschlossen, nicht jedoch in den Hotels.

Verkehr: *Flüge* vom internationalen Flughafen Caujarito (meist ›La Chinita‹ genannt nach der Regionalheiligen), 20 km südwestlich der Stadt, nach Caracas (Maiquetía, täglich 9× direkt), Coro (3× wöchentlich), Las Piedras, Halbinsel Paraguaná (1× täglich). Weitere Verbindungen nach Puerto Cabello, San Antonio, Santa Bárbara, Barquisimeto und Mérida.

Busse: Busterminal südlich des Zentrums an der Avenida 15; Verbindungen nach Caracas (Inlandstraße über Barquisimeto ca. 9 Std., Küstenstraße ca. 12 Std.), Coro (ca. 3 Std.), Mérida (ca. 7 Std.), Barquisimeto (ca. 3 Std.).

Folkloreartikel: Typisch sind die weiten bunten Kleider der Guajiro-Frauen, Hängematten, *soles* (feine Bordstickereien), *chinelas* (Schuhe der Guajiro-Frauen mit großen Bommeln), *furrucos* (und andere Instrumente, mit denen die *gaita* gespielt wird) sowie Schnitzereien aus *animé*-Holz. Geschäfte: Casa de las Artesanías (staatlicher Laden), C. 70/Av. 22, Gebäude Arichuna; Turismo del Trópica, Av. 2, C. 93; Mali Mai, Centro de Bellas Artes, Av. 3 F/C. 68A; Verkaufsstände der Guajiro-Indios: C. 96/Av. 2 El Milagro.

Feste: Fiesta de Nuestra Señora de la Chiquinquirá (›La Chinita‹) um dem 18. November; an diesem Tag Krönung der Virgen in der Basilika, am Nachmittag Prozession; außerdem Volkstänze, Stierkampf mit berühmten spanischen Matadoren und *toros coleados* (der Stier wird zu Fall gebracht, indem man an seinem Schwanz zieht). Die Volksmusik dieser Region ist die *gaita,* die sich über ganz Venezuela verbreitet hat und besonders zu Weihnachten gesungen wird.

Ausflug nach Sinamaica

Der Aufenthalt in Maracaibo lohnt sich schon allein wegen der Pfahlbauten von **Sinamaica,** deren Besichtigung ein unbestreitbarer Höhepunkt jeder Venezuelareise ist. Die Fahrt (ca. 1 Std.) führt besonders jenseits von Puerto Mara (Brücke über die Mündung des Río Limón seit 1973) durch eine abwechslungsreiche

Küstenlandschaft: links Galerien von Palmenhainen, rechts flache Lagunen mit
armseligen Hütten.

An einem Montagmorgen sollte man
zuerst über Paraguaipoa nach **Los Filudos**
fahren, um den farbigen Guajiro-Markt zu
besuchen (das Terrain ist in der Regenzeit
matschig, in der Trockenzeit staubig;
beengte Parkmöglichkeiten). Die meist
schnurgerade, schmale, leicht erhöhte
Landstraße hat brüchige Ränder und tiefe
Schlaglöcher im Asphalt. Mit mehrmali-
gen intensiven Kontrollen ist zu rechnen
(besonders vor der Corpozulia-Brücke bei
Puerto Mara), wegen Schmuggelverdachts
über die nahe kolumbianische Grenze
(Reisepaß nicht vergessen).

Vom Straßendorf Sinamaica sind es
noch rund 2 km auf guter Straße west-
wärts bis zur Lagunensiedlung Puerto
Cuervito. Die meist eineinhalbstündige
Fahrt (eine Verlängerung lohnt sich) in

Die Pfahlbauten von Sinamaica

Bei Sinamaica

Die Anden

Barquisimeto

Die nach zwei früheren Siedlungsversuchen 1563 am jetzigen Ort gegründete, heute viertgrößte Stadt Venezuelas (ca. 650 000 Einwohner), Verkehrs- und Geschäftszentrum des nordwestlichen Berglandes, erlebte in den letzten Jahren eine rasante demographische und industrielle Entwicklung. Mehrere Erdbeben haben die kolonialen Gebäude restlos vernichtet. Die ultramoderne Kathedrale (Av. Venezuela, zwischen den Calles 29 und 30) gilt als Sehenswürdigkeit, ebenso der Obelisco, ein 1952 errichteter, 70 m hoher Glockenturm im Westen der Stadt. Barquisimeto gilt als ›Musikstadt Venezuelas‹, da man hier die besten *cuatros* (viersaitige Gitarren) und Harfen kaufen kann (etwa bei Pedro María Querales, Cra. 27 No. 38–88).

Unterkunft: Empfehlenswert sind die Hotels Hilton, Cra. 5/Nueva Segovia, und Motel Parador, an der Straße nach Quibor. Im Zentrum u. a. Hotel Curumato, C. 34 und Av. 20.

Verkehr: Busterminal, Cra. 24, zwischen Gallegos und C. 46. Flughafen westlich der Stadt: Flüge u. a. nach Caracas (Maiquetía), Coro, Maracaibo, Maracay, Mérida. Vom Bahnhof (Industriezone nördlich der Plaza Obelisco) fahren i. d. R. 1× täglich Züge nach Morón und Puerto Cabello; Fahrzeit auf dieser einzigen Passagierstrecke des Landes: 5 Std. mit ca. sieben Stopps.

lanchas (Booten mit Außenbordmotor) führt durch die Pfahlsiedlung El Barro zu einem Parador (bescheidenes Restaurant) mitten in der Lagune.

In Heimindustrie stellen die rund 5000 Paraujano-Mestizen in den Dörfern La Boquita, Boca del Chano, Nuevo Mundo und El Barro Kokosnußöl und extrem dichte Matten aus hartem Schilfgras her, die sie auch für den eigenen Hausbau verwenden. *Bateas* (ausgehöhlte Baumstämme oder ausgediente Boote) bilden eine Art Gartenersatz und werden zum Ziehen von Gemüsen benutzt. Die Netze, mit denen man die Männer fischen sieht, heißen *chinchorros*. Die Pfahlsiedlungen verfügen über eine Schule, ein Lagerhaus und eine Polizeistation mit Gefängnis.

Mérida

Die erste Stadtgründung erfolgte am 9. 10. 1558 westlich des heutigen Mérida, benannt nach einer Stadt der spanischen

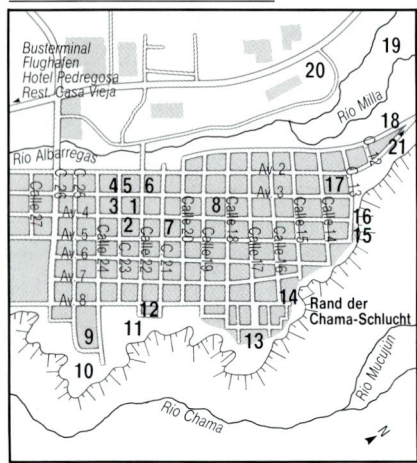

Mérida 1 Plaza Bolívar 2 Kathedrale/Erz-
bischöfliches Museum 3 Regierungspalast
4 Universidad de los Andes, Rektorat und
archäologisches Museum 5 Casa de la Cultura 6 Zentrales Marktgebäude 7 Plazoleta Colón 8 Kolonialmuseum 9 Parque de
las Heroínas 10 Seilbahnstation (Teleférico)
11 Alter Friedhof 12 Plaza El Espejo 13 Parque de los Poetas 14 Plaza Rivas Dávila (Belén)
15 Denkmal Simón Bolívars 16 Parque de
las Cinco Repúblicas 17 Plaza José de Sucre
18 Touristenbüro 19 Parque Metropolitano,
La Isla 20 Stierkampfarena 21 Parque Chorros de Milla

Extremadura. Doch der auf der Suche
nach Gold von Kolumbien kommende
Capitán Juan Rodríguez Suárez besaß
dazu nicht die notwendige königliche
Order. Erst Juan de Maldonado vollzog
einige Jahre später die legale Gründung des
Ortes, für den er eine 1600 m hoch gelegene Schotterterrasse wählte – eine Lage,
die einen gewissen Schutz gegen feindliche
Indios bieten sollte. Der Namensvorspann
›Santiago de los Caballeros‹ brachte
Mérida die Bezeichnung ›Stadt der Edel-
leute‹ ein. Sie gehörte lange zu Nueva Granada (heute Kolumbien) und wurde erst
1777 dem Generalkapitanat Venezuela
zugeordnet. Der Ort profitierte vom Han-

del entlang der Trans-Anden-Straße ins
kolumbianische Hochland.

Als erste Stadt begrüßte Mérida Simón
Bolívar im Jahre 1813 als ›Libertador‹
(Befreier), und 40 Jahre später errichtete
sie ihm das erste Denkmal (seine Büste
steht im Parque de las Cinco Repúblicas).
Das 1785 gegründete königliche Priester-
kolleg, dessen Stolz ein Laboratorium für
experimentelle Physik war, wurde 1810
königliche Universität und ist seit 1832
Universidad de Los Andes (ULA), die
zweite Universitätsgründung des Landes.
Sie genießt einen hervorragenden Ruf und
prägt mit ihren Studenten das städtische
Leben. Mérida hat heute ca. 100 000 Einwohner. Das angenehm frühlinghafte
Klima in der venezolanischen Andenregion macht die Stadt zu einem der beliebtesten Urlaubsziele des Landes. Als
eine ihrer größten Attraktionen gilt die
Seilbahn hinauf zum Pico Espejo (vgl.
Ausflüge, S. 96).

Sehenswürdigkeiten

Mérida ist heute eine Großstadt, doch das
Zentrum um die **Plaza Bolívar** strahlt
kleinstädtischen Charme aus, und südlich
und östlich davon ist bis zur Chama-
Schlucht ein fast kolonialer Charakter
erhalten geblieben. Plaketten weisen viele
Häuser als koloniale und historische
Monumente aus. Herausragende Sehenswürdigkeiten gibt es nicht. Die Plaza Bolívar ist ein sehr angenehmer Aufenthaltsort. Das Reiterstandbild des Befreiers steht
hier inmitten eines kleinen, aber sehr
schönen Parks mit hohen Palmen – dahinter erhebt sich eine eindrucksvolle Kulisse
aus Kathedrale und Bergen.

Die **Kathedrale** an der Südseite des
Platzes wurde zwar schon 1803 begonnen, doch ihr erster Turm war erst
100 Jahre später vollendet. Erst nach wei-

Plaza Bolívar in Mérida

teren 60 Jahren wurde die Kirche geweiht. Viele schwere Erdbeben führten zu Bauverzögerungen und einer damit einhergehenden Stilmischung. Hervorzuheben sind die Wasserspeier an der Ostfassade. In der Krypta befinden sich eine Statue der Jungfrau ›vom Apfel‹ und die von einem Bischof aus Europa mitgebrachten Gebeine des San Clemente.

Der **Palast des Erzbischofs** (Palacio Arzobispal) neben der Kirche, erst 1951 im Stil der Neorenaissance vollendet, enthält ein kleines Museum, u. a. mit religiösen Gemälden der Kolonialzeit.

Der **Regierungspalast** (Palacio del Gobierno) an der Westseite der Plaza ist ein modernes Gebäude von 1958. Unweit der Plaza Bolívar findet ein kleiner Markt statt (Avenida 2, Calle 21/22).

Ein Spaziergang durch das Stadtgebiet südlich und östlich der Plaza lohnt sich. Verschiedene Ziele können kombiniert werden. Am Park **Las Heroinas** (Calle 24, Talstation der Seilbahn) gibt es viele Souvenirläden, am Ende der Straße bietet sich links von der Station ein großartiger Blick in die Chama-Schlucht, in die ein steiler Fußweg hinunterführt. Drei Blocks nach Osten, an der Plaza El Espejo, liegt am Rande der Schlucht der alte **Friedhof** der Stadt.

Vom Park **Mirador de Las Aguilas** am Paseo Domingo Pena hat man bei gutem Wetter einen weiten Blick auf die ›Fünf weißen Adler‹ (Aguilas), wie die Schneekappen der nahen Anden von Mérida genannt werden.

Im Park **Las Cinco Repúblicas,** neun Blocks östlich der Plaza Bolívar am Rande der Schlucht gelegen, erinnern Erde aus den fünf von Bolívar befreiten Republiken und seine Büste an den Unabhängigkeitskampf. Drei weitere interessante Parks liegen weiter östlich vom Zentrum. Am

Marktstand in Mérida

besten nimmt man ab der Nordseite der Plaza Bolívar ein Taxi. Der **Parque La Isla** besitzt ein Orchideenhaus, der **Parque Beethoven** eine ›Blumenuhr‹ und eine Uhr mit Melodien des Komponisten. Am ergiebigsten ist der **Parque Chorros de Milla:** Am Eingang steht die Statue der Indianerin Tibisay, deren legendärer Tränenfluß nach dem Tode ihres geliebten Kaziken die Kaskaden des Río Milla geschaffen haben soll. Zu ihnen führt ein Weg durch einen kleinen Zoo, in dem tropische Vögel, Jaguare und Pumas in enge Käfige gezwängt sind. Vor dem Zooeingang bieten Händler die gängigen Souvenirs feil. Hier und an der Straße ins Zentrum befinden sich viele Restaurants.

Information: Touristenbüro Intersección, Av. 1 und 2, Plazoleta Cruz Verde. Weitere Informationsstellen (Módulos de Información), erkennbar an den Farben Rot, Weiß, Blau, gibt es am Flughafen, im Busterminal, an der Kreuzung Av. Los Proceres/Universidad sowie Av.

Andrés Bello, gegenüber Centro Comercial Las Tapias. Der Service ist meist sehr gut.

Unterkunft: Ausgesprochene Luxushotels gibt es nicht. Die beiden teuersten sind La Pedregosa, Carretera El Valle (Westteil, schön in einem Park gelegen), und Park Hotel, Parque Glorias Prietas. Weitere akzeptable Hotels: Prado Río, Av. 1 Hoyanda de Milla (an der Chama-Schlucht); Belensate, Stadtteil La Hacienda, La Punta; Caribay, Prolongación Av. 2; Valle Grande, Straße nach El Valle; Chama, Av. 4/C. 29; La Terraza, Chorros de Milla; Teleférico (an Seilbahnstation); Nevada Palace, C. 24, zwischen Av. 6 und 7.

Restaurants: Casa Vieja, Av. Los Proceres (Weststadt, nahe Hotel Pedregosa, in einem alten Kolonialhaus); Acuario, Av. Andrés Bello; El Pabellón Criollo, C. 18/Av. 8 Paredes; La Viña, Av. Los Proceres. Viele Restaurants an der Straße zu Chorros de Milla, u. a.: Los Tejados de Chachopo, La Fonda de Tía Mila, Mesón de las Mercedes, Casita de las Rosas.

Verkehr: *Flüge* vom mitten im Stadtgebiet gelegenen Flughafen (ca. 1 km westlich vom Zentrum, Zugang von der Av. Urdaneta) nach Caracas (Maiquetía, täglich 3×) sowie täglich nach Barquisimeto, Maracaibo und San Antonio. Wegen der kurzen Landebahn und der ungünstigen Windverhältnisse können hier keine großen Jets starten und landen; daher soll bei El Vigía ein neuer Flughafen gebaut werden.

Busse vom Busterminal an der Av. Las Américas, ca. 2 km westlich vom Zentrum, nach Caracas (ca. 12 Std.), Maracaibo (ca. 7 Std.), San Cristóbal (ca. 5 Std.), Barinas (ca. 5 Std.).

Por puesto-Service entlang des Chama-Tales.

Folkloreartikel: Eine Fülle von Souvenirständen findet man an den Straßen nach Mucuchíes/Apartaderos und nach Jají und Bailadores. In Mérida: Paseo la Glorieta, C. 19/Av. 4, und Centro Turístico de Artesanía (an der Seilbahnstation).

Feste: Paradura del Niño am 1./2. Januar; Los Vasallos de la Candelaria am 2. Januar in La

Blick auf den Pico Espejo bei Mérida ▷

Punta, gleich südwestlich von Mérida; Feria del Sol (Karneval in Mérida, mit Stierkämpfen); Semana Santa (Karwoche).

In der Umgebung von Mérida

Zu den Hauptattraktionen Méridas zählt die Fahrt hinauf zum **Pico Espejo**. Die Seilbahn (El Teleférico) wird als die längste (12,5 km) und höchste (bis 4770 m) der Welt gerühmt. An der Talstation Barinitas am Parque Las Heroinas (letzte Kabinen um 12 Uhr hinauf und zurück um 14 Uhr) bilden sich lange Schlangen, in der Hauptsaison ist mit einer mehrstündigen Wartezeit zu rechnen; daher am besten gleich bei Ankunft in Mérida vorbuchen. Haltepunkte sind die Stationen La Montaña (2442 m), La Aguada (2454 m), Loma Redonda (4045 m) und Pico Espejo (4765 m). Bei klarem Wetter bieten sich atemberaubende Ausblicke. Die schnelle Höhenfahrt ist mit gesundheitlichen Risiken verbunden; eventuell nur bis La Aguada fahren, die landschaftlich schönste Strecke.

In den Fest- und Ferienzeiten sowie an Wochenenden ist Mérida wegen seines angenehmen Klimas ebenso von einheimischen Touristen überlaufen wie die umliegenden Ausflugsorte. In der Regenzeit sollte man sehr früh aufbrechen, da sich der Himmel schnell bewölkt. An den Straßen gibt es viele Souvenirläden.

Jají (ca. 1800 m, 35 km) ist ein kleines Andendorf, das 1968/71 im Umkreis seiner Plaza vom Staat originalgetreu restauriert wurde. Es leuchtet seitdem in andalusischem Weiß. Die Bewohner blieben, denn sie profitieren von der neuen Infrastruktur und besonders vom Tourismus an den Wochenenden und in den Ferien. Ebenso attraktiv wie das Dorf ist die Anfahrt über die meist enge Straße, von der sich weite

Ausblicke über die Landschaft mit einigen eindrucksvollen Wasserfällen (*chorreras*) und dichter Vegetation bieten.

Die Fahrt nach Norden zum Paß des **Pico El Aguila** (4000 m, gute Straße, Cafetería) sollte früh beginnen, da in der oberen Talregion oft schon am späten Vormittag Nebel und Nieselregen auftreten. Das Denkmal mit Bronzeadler erinnert an Bolívars Befreiungszug vom kolumbianischen Cúcuta nach Caracas im Jahre 1813. Bei klarem Wetter (leider selten) kann man hinunter auf das Hotel Los Frailes sehen. Die rötliche Pflanze, die die Hügel überzieht, heißt ›Alazán de la oveja‹ (Rotfuchsbraun der Schafe), da sie für Schafe verdaulich, doch für Rinder giftig ist. Hier findet man auch Gruppen von *frailejones* mit kolben- und rosettenartigen Blütenständen. Auf einem Hügel nahe der Abzweigung nach Barinas steht das Denkmal der Loca Luz Caraballo, einer Frau, die durch den Verlust ihrer Kinder den Verstand verlor und jahrelang umherirrte.

Die Llanos

Wer von Caracas nach Mérida oder nach San Cristóbal nahe der kolumbianischen Grenze fährt, lernt einen Teil der oberen Llanos (Llanos altos) kennen. Allerdings fahren die meisten Busse nachts nach San Cristóbal. Man kann die Fahrt aufteilen und zuerst San Carlos, Acarigua, Guanare oder Barinas ansteuern. In Acarigua und Barinas finden sich die besseren Hotels, da hier viele Geschäftsleute absteigen.

San Carlos besitzt einige gut erhaltene Kolonialkirchen, von denen Santo Domingo die sehenswerteste ist, da sie seit dem 18. Jh. kaum verändert wurde.

Acarigua ist eine rasch wachsende Geschäftsstadt in einer prosperierenden landwirtschaftlichen Region. (Motels: Miraflores und Rancho Grande an der Straße nach San Carlos; Payara und New York an der Straße nach Guanare).

Guanare ist in Venezuela berühmt wegen der Jungfrau von Coromoto, seit 1942 Nationalheilige des Landes, die am 2. Januar und am 8. September (Erscheinungstag) gefeiert wird. Tausende von Pilgern kommen zur Basílica de La Virgen de Coromoto (Plaza de Bolívar) aus dem 18. Jh., restauriert im Jahre 1950; daneben ein kleines Museum (Motels Internacional Los Cortijos und Portuguesa).

Barinas ist die Hauptstadt des gleichnamigen Staates und war in der Kolonialzeit nach Caracas lange die größte Stadt. An der Plaza Bolívar sind noch eine ganze Reihe kolonialer Häuser gut erhalten (Hotel Internacional in der Altstadt; in den Vororten: Motel Los Caciques, Motel Varyna, Hotel Bristol). Von der Stadt führt eine landschaftlich sehr schöne Straße ins Andental von Mérida.

Eine sehr lohnende Rundfahrt durch die westlichen Llanos führt über Calabozo, San Fernando de Apure und Puerto de Nutrias nach Barinas. Obgleich die Straße relativ gut ist, muß davon abgeraten werden, sie in der Regenzeit zu befahren, da die Region um den Río Apure Überschwemmungsgebiet ist. Aber gerade in diesem Teil sieht man die meisten Vögel und Krokodile von der Straße aus. Wer sie beobachten möchte, sollte unbedingt ein Fernglas dabeihaben.

Calabozo entstand aus einer Mission der Kapuzinermönche. Während der Kolonialzeit schickte man viele Gefangene hierher, die sich nach ihrer Freilassung oft in der Umgebung ansiedelten. Nördlich der Stadt wird der Río Guárico in einem riesigen See gestaut. Er dient der Bewässerung der weiten Reisfelder im Süden des Ortes. (Hotel Mencé an der Carrera 12, Ecke Calle 13; Aparthotel La Vega an der Ausfahrtsstraße nach San Fernando).

San Fernando de Apure (40 000 Einwohner) ist mit seinen großen Haciendas und Rinderherden das Zentrum der südlichen Llanos. Täglich werden Tonnen von Fleisch in die größeren Städte Venezuelas geflogen. Es ist hier so heiß, daß die *llaneros* meist schon um 5 Uhr morgens mit der Arbeit beginnen und die Stadt in der Mittagszeit wie ausgestorben wirkt (Hotel Trinacria an der Av. Miranda, dort weitere Hotels).

Straße in den venezolanischen Llanos

Kolumbien

Allgemeine Landeskunde

Kolumbien im Überblick

Strukturdaten Kolumbien

Staatsname	República de Colombia
Flagge	gelb-blau-rot waagerecht gestreift
Staatssprache	Spanisch; daneben indianische Idiome, u. a. Chibcha und Quechua
Staatsform	Präsidiale Republik; Staatsoberhaupt und Regierungschef seit 1990: César Gaviria
Staatliche Gliederung	23 Provinzen (Departamentos), Distrikt Bogotá (Distrito Especial), fünf Comisarías, vier Intendencias
Gesamtfläche	1 142 000 qkm, fast 5mal so groß wie Westdeutschland
Hauptstadt	Bogotá (ca. 5,3 Mio. Einwohner)
Bevölkerung	30 Mio. (1985): 48% Mestizen; 20% Weiße; 22% Mulatten und Zambos; 6% Schwarze; 3% Indios
Bevölkerungswachstum	ca. 2%
Lebenserwartung	65 Jahre
Religion	über 90% Katholiken
Analphabetenrate	20% (aller über 15-Jährigen)
Einwohner pro Arzt	ca. 1300
Arbeitslosenquote	15% offiziell, 30% laut Schätzungen
Pro-Kopf-Einkommen	1300 Dollar jährlich
Währung	Peso
Auslandsschulden	ca. 13 Mrd. Dollar (1986)

Klima

Im Tropenland Kolumbien wandelt sich das Klima hauptsächlich mit der Höhenlage. Trotz Äquatornähe erlebt man beim Aufstieg in die Anden ein heißes, gemäßigtes, kühles und schließlich eisiges Wetter, das durch örtliche Winde und Niederschläge vielfach modifiziert wird.

Zur *tierra caliente,* der heißen Zone mit Durchschnittstemperaturen von 24–30° C, zählen alle Gebiete bis ca. 1000 m ü. M. Heiß und feucht sind die weiten Regionen mit den Orinoco- und Amazonasnebenflüssen östlich der Anden, besonders im südlichen Teil, und die Pazifikzone mit den Flüssen Atrato, San Juan und Patía westlich der Kordilleren. Die nördliche Pazifikküste gehört mit über 4000 mm durchschnittlicher Niederschlagsmenge und Spitzen um 10 000 mm zu den regenreichsten Gebieten der Erde. Heiß, aber durch den Nordost-Passat relativ trocken ist die karibische Küstenregion, mit wüstenhaften Zonen auf der nördlichen Guajira-Halbinsel.

Zur insgesamt angenehmeren *tierra templada,* der gemäßigten Zone mit 16–24° C im Durchschnitt, gehören die Hänge der Kordilleren zwischen ca. 1000 und 2000 m Höhe. Warm und oft feuchter als in den Niederungen ist es an den Ost- und Westhängen der Anden (Stauregen). Die interandinen Täler der Flüsse, wie die des Cauca und des Magdalena, sind durch die wolkenabweisenden Bergriegel meist trocken und warm.

Die *tierra fría,* die kalte Zone mit 13–17° C, reicht bis zur 3000-m-Grenze und umfaßt viele Hochebenen, besonders der Ostkordillere. In den gemäßigten und kalten Höhenlagen leben die meisten Kolumbianer.

In der anschließenden *tierra helada,* der eisigen Zone, liegt die Schneegrenze bei etwa 4500 m. Den Übergang bilden die feuchten und sehr kalten *páramos* (ab ca. 3000 m) mit weiten Grasflächen, niedriger Vegetation und vielen Bergseen.

Innerhalb der jeweiligen Klimazonen ändern sich die Temperaturen während des Jahres nur minimal, die Schwankungen zwischen Tag und Nacht können allerdings in größeren Höhen beträchtlich sein. Will man überhaupt von Jahreszeiten sprechen, so werden sie durch Regen- und Trockenzeiten geprägt. Im Norden des Landes regnet es von Mai bis November häufiger. Die Trockenzeit von Dezember bis April heißt hier *verano* (Sommer), die Regenzeit *invierno* (Winter). Im Süden und Südwesten gibt es mitunter zwei Regenperioden mit den Kernzeiten März bis Mai und Oktober/November. Die Trockenzeiten sind wenig ausgeprägt. Die Niederschläge fallen meist als Zenitregen, d. h. nachdem die Feuchtigkeit durch die hochstehende mittägliche Sonne verdunstet ist. Häufig gewittert es am Nachmittag und am Abend.

Geographische Gliederung

Die Anden

Im Süden des Landes bilden die Anden bei Pasto und Popayán mächtige Gebirgsknoten (Macizos Colombianos), die sich nach Norden in drei Andenstränge auffächern. An den Hängen dreier Vulkane bei Popayán entspringen vier der größten Flüsse des Landes: Der Río Patía ergießt sich in den Pazifik; der Río Caquetá, der mit 2200 km längste Strom Kolumbiens, mündet in den Río Amazonas (6600 km), an dem Kolumbien nur mit 116 km Länge beteiligt ist; der Río Cauca (1350 km) und der Río Magdalena (1550 km), die wichtigsten Wasseradern des Landes, fließen nach Nor-

den zum Karibischen Meer. Ihre Flußtäler teilen die Anden in drei Gebirgsketten.

Die Westanden (Cordillera Occidental) sind niedriger als die Zentralanden, von denen sie durch das Tal des Río Cauca getrennt sind. Die flachere westliche Abdachung ist niederschlagsreich und dicht bewaldet. Sie ist nur dünn besiedelt – im Gegensatz zur abrupter abfallenden Ostflanke entlang des Río Cauca. Die Westanden sind reich an Bodenschätzen wie Gold, Platin und Kohle.

Vulkanische Aktivität ist fast ausschließlich auf die Zentralanden (Cordillera Central) konzentriert. Von den rund 30 Vulkanen sind noch sieben aktiv. Zeigen die Kuppen ewigen Schnee, werden sie *nevados* genannt. Vulkangruppen finden sich bei Pasto (Vulkane Chiles, Cumbal, Galeras), bei Popayán, (Puracé, Azúcar, Sotará) und im Städtedreieck Ibagüe – Manizales – Pereira, der Region mit den höchsten Vulkanen (Ruíz, Quindío, Tolima) und dem größten Erdbebenrisiko. Trotzdem sind die zum Río Cauca abfallenden Hänge der Zentralkordillere dicht besiedelt, da die vulkanischen Ascheböden sehr fruchtbar sind, ideal auch für die milden kolumbianischen Kaffeesorten. Aus geologischer Sicht ist das mächtige Massiv der Sierra Nevada de Santa Marta nahe der Karibikküste eine Fortsetzung der Zentralanden. Hier erhebt sich der höchste Berg des Landes, der Pico Bolívar (5775 m).

Die Ostanden (Cordillera Oriental) mit dem Nevado del Cocuy als höchster Erhebung sind durch Auffaltung entstanden und haben keine Vulkane. Sie sind besonders breit und bilden weite Hochtäler aus, wie die Sabana von Bogotá. Der Páramo de Sumapaz südlich von Bogotá gilt als der größte *páramo* der Anden.

◁ Viehherde in den Anden

Der Río Magdalena

Am Oberlauf des Río Magdalena fallen genügend Niederschläge, weil die Regenwolken die hier niedrigeren Ostanden überwinden können. Etwa ab Neiva aber wird das Tal trockener. Wärmebedürftige Bogotaner fahren nach Girardot am Magdalena, das für seine angenehmen Temperaturen bekannt ist. Hier wird das Flußtal besonders eng. Von Honda bis La Dorada machen Stromschnellen den Magdalena für die Schiffahrt unpassierbar. Ab Barrancabermeja nordwärts erstreckt sich eine Zone weiter Überschwemmungsgebiete, vor allem während der Regenzeit. Bei El Banco teilt sich der Strom in zwei Arme, den Brazo Mompós und den Brazo de Loba, die sich bei Pinto wieder vereinen. In den Brazo de Loba mündet der Río Cauca. Dieses riesige Überschwemmungsgebiet bietet auch in der Trockenzeit ein Bild weitflächiger, sumpfiger Lagunen, der *ciénagas*. Im Unterlauf, bis zu seiner Mündung ins Karibische Meer bei Barranquilla, durchfließt der bis zu 1500 m breite Magdalena weite Savannengebiete.

Die karibische Küstenzone

Vom tief ins Land einschneidenden Golfo de Urabá im Westen, mit sumpfigen Regenwäldern um die Mündung des Río Atrato, bis zur Sierra Nevada de Santa Marta im Osten erstreckt sich eine hügelige Landschaft, unterbrochen von weiten, fruchtbaren Ebenen (Llanos del Caribe) um die Unterläufe der Ríos Sinú und Magdalena. Das Klima ist trocken-heiß. Nördlich der Sierra Nevada nimmt die Trockenheit zu, so daß große Teile der Halbinsel Guajira wüstenhaften Charakter haben. Bananen gedeihen gut um den Golf von Urabá und westlich der Sierra Nevada, in der Umgebung der großen Sumpflagune der Ciénaga de Santa Marta. Zentren der Baumwollkulturen sind die Departamentos Atlántico, Bolívar und Magdalena.

Die östlichen Tiefländer

Südlich des Grenzflusses Arauca setzen sich die venezolanischen Savannen in den kolumbianischen Llanos fort (Llanos orientales). Sie reichen nach Süden über den Río Vichada hinweg und gehen bis zum Río Vaupés langsam in die Regenwälder der Amazonasregion (Selva amazónica) über. Charakteristisch für den Einzugsbereich des Orinoco (auch Orinoquía genannt) sind periodische Trockenzeiten, während im Einzugsbereich des Amazonas (Amazonía) der Niederschlag ganzjährig sehr hoch ist. Die östlichen Tiefländer sind extrem dünn besiedelt. Kleine Dörfer säumen in großen Abständen die Flüsse, der lokale Verkehr wird per Boot abgewickelt, bei größeren Entfernungen kommen kleine Propellermaschinen zum Einsatz. Nur die höher gelegenen und klimatisch günstigeren Randgebiete zu Füßen der Anden sind dichter besiedelt, insbesondere das Gebiet von Villavicencio, das Tor zu den mittleren Llanos.

Die westlichen Tiefländer

Das Gebiet nördlich der Hafenstadt Buenaventura, von der Pazifikküste bis zu den Westanden, wird El Chocó genannt. Wegen seiner heißen und unerträglich feuchten Witterung hat es den Beinamen ›Grab des weißen Mannes‹. Es handelt sich um eine der regenreichsten Regionen der Welt (doppelt so feucht wie Leticia am Amazonas). In höheren Lagen der Andenabflachung erzeugt der *paramito,* ein permanenter feiner Nieselregen, eine ständige Feuchtigkeit. Die nördliche Küste gilt als besonders ungesund. Zu den wasserreichsten Flüssen des Kontinents gehört der Atrato, der in das Karibische Meer mündet. Der ca. 30 km breite Istmo (Isthmus) de San Pablo trennt sein Quellgebiet von dem des Río San Juan, der die Region nach Süden entwässert. In diesem Bereich liegen auch die wenigen nennenswerten Siedlungsgebiete zwischen Quibdó und Condoto.

Die einzige gute Verbindungsstraße zum Caucatal besteht zwischen Cali und Buenaventura. Die Küstenregion südlich dieser Hafenstadt am Pazifik ist völlig unerschlossen. Nur der kleine Hafenort Tumaco nahe der ecuadorianischen Grenze ist durch eine Schotterstraße mit dem Hochland verbunden. Der größte Strom ist hier der Río Patía, der die Westanden als einziger Fluß in einem tiefen Canyon durchbricht.

Flora und Fauna

Die feucht-heißen Küstenzonen und Flußmündungen, insbesondere am Pazifik, sind von Mangrovenwäldern bedeckt. Das dichte Wurzelwerk der roten, schwarzen und weißen Mangrovenarten stabilisiert die sumpfigen Böden und begünstigt die Verlandung. In den noch weitgehend unerschlossenen Sumpf- und Regenwäldern der Pazifikregion um den Río Atrato, den Überschwemmungsgebieten des unteren Río Magdalena mit seinen Sumpflagunen und den Urwäldern im Einzugsbereich des Río Amazonas finden sich begehrte Harthölzer, aber auch etwa das Balsaholz, das leichter als Kork ist. Von den Kulturpflanzen gedeihen in den heißen Tiefländern Bananen, Kakao, Tabak und Zuckerrohr besonders gut.

Mangrovendickicht an der Pazifikküste ▷

In den Trockengebieten der nordöstlichen Karibikküste, vor allem auf der Halbinsel Guajira, findet man Dornstrauch- und Kakteenvegetation. In den kolumbianischen Llanos östlich der Anden unterbrechen Galeriewälder entlang der Flußläufe die weiten Savannengebiete.

Ebenso dicht wie der Urwald der Tiefländer ist der Nebelwald der Kordillerenhänge und -täler. Viele Farn- und Bambussorten sind hier anzutreffen. Hunderte von Orchideenarten wachsen wild in diesem gemäßigt-feuchten Klima. Als Kulturpflanzen zieht man in den gemäßigten Höhenlagen Kaffee, Zitrusfrüchte, Papaya, Mais und den Kokastrauch.

Auf den Hochebenen der kalten Zone werden Getreide, Mais, Gemüse, Obst und Kartoffeln angebaut. Große Flächen werden als Weideland genutzt. Lange Reihen von Eukalyptusbäumen und Agaven wachsen entlang der Bachläufe oder dienen als Feldbegrenzungen.

Die sehr kalten, feucht-nebligen *páramos* sind die Heimat der Büschelgräser, Flechten und Moose. Charakteristisch ist hier aber auch der *frailejón*, ein bis zu 10 m hoher Korbblütler.

Auch die Fauna Kolumbiens ist enorm artenreich, besonders in den feucht-heißen Regenwäldern des Ostens. Hier leben Jaguar und Puma, Tapir und Bär, Faultier und Opossum. Die Wasserschweine *(capybaras)* sind die zweitgrößten Nagetiere der Erde und können ein Gewicht von 10 kg erreichen. Verbreitete Affenarten sind Brüllaffen, Wollaffen und Kapuziner. Zu den sehr giftigen Schlangen in sumpfigen Gebieten oder in der Nähe von Gewässern gehören die braune, bis über 3 m lange *guayascán*, die *mapanare*, die Korallen- und die Klapperschlange. Zu den ungiftigen Arten zählen die bis zu 12 m lange Anakonda und die bis zu 6 m lange Boa.

Die Urwaldflüsse sind besonders reich an Fischen. Neben Welsen, Barschen, Salmlern und einer Fülle von ›Aquariumsfischen‹ leben hier die Zitteraale, die sich mit hohen Voltschlägen verteidigen, die großen und schweren *arapaimas,* deren Fleisch eine der ergiebigsten Nahrungsquellen der Fischer darstellt, aber auch Schwärme von Piranhas, die ihr Opfer in Sekundenschnelle bis auf das Skelett abnagen.

Schmetterlingsfänger durchstreifen die Wälder nach den besonders großen und prächtig gefärbten Exemplaren, die an Touristen und auch nach Übersee verkauft werden.

Kolumbien rühmt sich seiner überaus vielfältigen Vogelwelt. Am Urwaldrand wird man am ehesten die großschnabeligen Tukane und die lauten und bunten Ara-Papageien sehen. An den Flußläufen der Llanos und an der Karibikküste trifft man auf große Kolonien von Störchen, Kormoranen, Reihern und Ibissen. Kuhreiher umlagern die Rinder auf den Weiden und picken ihnen die Insekten aus den Hautfalten. Kleine, schwarze Geier sind die Gesundheitspolizei der ländlichen Gebiete. Bis hoch in die kälteren Zonen der Anden umschwirren Kolibris die Blüten der Pflanzen. Viele sind so klein, daß man sie mit Insekten verwechselt.

Bevölkerung

Von den rund 30 Mio. Kolumbianern sind 48% Mestizen, 20% Weiße, 22% Mulatten, 6% Schwarze und 3% Indios des Hochlandes und der Regenwälder. Diese Zahlen beruhen auf Schätzungen, denn aufgrund der vielfältigen ethnischen Vermischung sind die Zuordnungen oft nicht eindeutig möglich.

Die Bevölkerung ist sehr ungleichmäßig über das Land verteilt. Am dichtesten besiedelt ist Mittelkolumbien, etwa im Dreieck Bogotá – Medellín – Cali, wo die meisten Mestizen und Weißen wohnen. Hinzu kommt die mittlere Karibikküste mit dem höchsten Anteil an Mulatten. Die größte Bevölkerungsdichte ganz Kolumbiens findet sich im Hochland von Bogotá mit seinem relativ angenehmen Klima. Extrem dünn besiedelt sind dagegen die östlichen Tiefländer und die Pazifikregion. Im südlichen Andenbereich um Pasto leben die meisten Indios.

Die Verstädterung schreitet schnell voran. Heute konzentrieren sich rund 70% der Bewohner in städtischen Einzugsbereichen, während noch vor rund 50 Jahren ein vergleichbarer Prozentsatz in ländlichen Gebieten lebte. Kolumbien besitzt schon 20 Großstädte mit jeweils über 100 000 Einwohnern. Nach Bogotá (ca. 5,3 Mio.) sind Medellín (2 Mio.), Cali (1,5 Mio.) und Barranquilla (1,2 Mio.) die bedeutendsten Metropolen. Für ihre

Indio-Mädchen aus den Anden

jeweiligen Großräume gelten weit höhere Zahlen.

Entscheidender Grund für die Landflucht ist die Hoffnung auf Arbeitsplätze, die aber meist enttäuscht wird. Der unkontrollierte Zuzug hat zur Bildung breiter Elendsgürtel am Rande der größeren Städte geführt. Oft entstehen ganze Viertel heimlich und ohne Genehmigung *(barrios clandestinos)*. Elend und damit verbundene Armutskriminalität wachsen ständig. Die Wohlhabenderen verbarrikadieren sich geradezu in stark gesicherten Quartieren und lassen Banken und Geschäfte rund um die Uhr bewachen.

Regierungssystem

Kolumbien ist eine präsidiale Republik mit einem Präsidenten als Staatsoberhaupt, der mit relativer Mehrheit direkt gewählt wird, aber nur vier Jahre ununterbrochen im Amt bleiben darf. Seine starke Stellung

Schwarze Frau an der Karibikküste

107

resultiert daraus, daß er Staatsoberhaupt, Regierungschef und Oberbefehlshaber der Streitkräfte ist, entscheidende Mitspracherechte in Wirtschafts- und Entwicklungsfragen hat und in Krisenfällen den Ausnahmezustand verhängen kann, um dann mittels Dekreten am Nationalkongreß vorbeizuregieren.

Der Congreso Nacional, das Parlament Kolumbiens, besteht aus zwei Kammern. In den Senat werden von den direkt und auf zwei Jahre gewählten Volksvertretern jeder Provinz *(departamento)* alle vier Jahre mindestens drei als Senatoren nach Bogotá geschickt. Über die Zusammensetzung der Abgeordnetenkammer entscheiden landesweite direkte Wahlen. Sie beschließt den Etat (Kontrollbefugnisse 1968 stark eingeschränkt) und spricht den Ministern das Mißtrauen aus. Der Nationalkongreß beruft Untersuchungsausschüsse ein und verabschiedet mit absoluter Mehrheit Gesetze, die der Gegenzeichnung von Präsident und Ministern bedürfen. Vor 1982 war der Kongreß lange Jahre aufgrund des Ausnahmezustandes entmachtet.

Wahlberechtigt ist jeder ab 18 Jahren, ausgenommen Polizei und Streitkräfte. Parteiabsprachen, Ausnahmezustände und die mangelnde Verläßlichkeit korrupter Politiker haben die Wahlbeteiligung extrem sinken lassen.

Wirtschaft

Landwirtschaft

Der Kaffee-Export ist Kolumbiens beste Devisenquelle, die allerdings durch internationale Konkurrenz (Brasilien) und schwankende Weltmarktpreise auf ca. 50% zurückging. Das Land versucht, die Ab-

hängigkeit vom Weltmarkt durch die Aktivierung anderer Exportzweige zu reduzieren. 1986 erlebte Kolumbien den jüngsten Kaffeeboom: Eine Verknappung des Angebots durch eine Dürrekatastrophe in Brasilien ließ den Preis für das Pfund an der New Yorker Rohstoffbörse auf über zwei Dollar schnellen. 1987 sackte er wieder ab. Nach Brasilien ist Kolumbien weltweit zweitgrößter Kaffee-Exporteur, der den größten Abnehmer in der Bundesrepublik hat, gefolgt von den USA und Kanada. Von ihrer Gesamternte konsumieren die Kolumbianer selbst nur ein Viertel. Rund 10% von ihnen leben vom Kaffeeanbau, hauptsächlich in den Departamentos Antioquia und Caldas. Kleine und mittlere Plantagen herrschen vor, große Haciendas sind eher die Ausnahme (vgl. auch S. 210).

Bauer in den Anden

Bananen, landwirtschaftliches Export-gut Nummer zwei, werden am Golf von Urabá (Ausfuhrhafen Turbo) und im unteren Magdalena-Tal (Hafen Santa Marta) angebaut. Soweit die notwendige Infra-struktur vorhanden ist, führt Kolumbien tropische Früchte aus. Zwei Tage nach der Ernte gelangen sie per Luftfracht nach Frankfurt und einen Tag später auf den Markt. Ähnliches geschieht mit Schnittblu-men – nach Holland ist Kolumbien welt-weit zweitgrößter Lieferant. Beim Anflug auf Bogotá sieht man die Folienbespannun-gen, die Nelken und Rosen schützen.

Bodenschätze

Nach dem Kaffee sind Erdöl und Kohle die wichtigsten Exportartikel. Ihre Förder-

Kaffee-Trockenplatz

mengen stiegen in den letzten Jahren stark an, sie sind aber ebenfalls schwankenden Weltmarktpreisen unterworfen. Die Öl-vorkommen von Caño Limón, 1983 vom US-Konzern Occidental erschlossen und seit April 1986 durch eine 765 km lange Pipeline (Mannesmann AG) über die Ostanden und Barranca am Río Magda-lena mit dem Exporthafen Coveñas ver-bunden, decken den Inlandsbedarf und erlauben darüber hinaus, 14 Mio. Barrels auszuführen (1986). Caño Limón verfügt über 1,6 Mrd. Barrels Reserven. Ihre Aus-beute bringt im Gebiet der Llanos von Arauca große Probleme für Natur und Ureinwohner mit sich. Das bedeutendste Kohlevorkommen des Landes in El Cerre-jón auf der Halbinsel Guajira (Steinkohle-Tagebau) wird von der kolumbianischen Carbocol und dem Exxon-Unternehmen Intercor gemeinsam ausgebeutet. Riesige Investitionen verschlang die Schaffung der notwendigen Infrastruktur; u. a. entstan-

Smaragde

Bei einigen präkolumbischen Indio-Stämmen galten Smaragde als Machtsymbole: Der Stamm überreichte einem Kaziken, der weiterregieren sollte, einen ansehnlichen Stein. Die seltenen, druckempfindlichen Edelsteine, die ihr Grün einer Beimischung von Chromoxyd verdanken, werden im Tagebau oder im Stollenbetrieb abgebaut. Man findet sie in Kalkspat-Adern der frühen Kreideformationen. Wenn die staatliche Minengesellschaft Ecominas einen Stollen aufgegeben hat, rücken Smaragdsucher ohne Lizenz nach, um bei oft 50°C nach weiteren Adern zu suchen.

Aus Muzo, ca. 150 km nördlich von Bogotá, kommen dunkelgrüne Steine und aus Buena Vista, Gachala, besonders aber Chivor, die hellen und klaren Smaragde. Über den Preis entscheiden Größe, Gewicht, Reinheit, Farbe und Brillanz. Muzo-Steine sind am teuersten. Der größte jemals bearbeitete Smaragd mit 2680 Karat je 0,2 gr (Kunsthistorisches Museum Wien), aufgrund seiner Form ›Salbentopf‹ genannt, ist als Stein minderwertig. Das größte wertvolle Stück, der Stein der Herzogin von Devonshire (Museum of Natural History, London) besitzt 1350 Karat und stammt aus den Muzo-Minen.

Der offizelle Ausfuhrwert der meist ungeschliffenen, nach Japan, den USA und Europa exportierten Smaragde beläuft sich mit steigender Tendenz auf fast 100 Mio. Dollar jährlich. Der tatsächliche Wert soll dreimal so hoch sein, denn beim verbreiteten illegalen Handel wird die Ablieferungspflicht bei der Zentralbank umgangen.

den der größte und modernste Hafen des Landes, Puerto Bolívar, und eine Eisenbahnlinie von 150 km Länge. Stündlich werden 10 000 t verladen. Trotzdem wird man erst 1994 aus den roten Zahlen kommen – wegen der hohen Abbaukosten und der niedrigen Weltmarktpreise.

Geschichte

Präkolumbische Kulturen

Am Oberlauf des Río Magdalena beginnt die Kultur von San Agustín vor ca. 2500 Jahren mit dem Bau von künstlichen Grabhügeln und Gräbern aus großen Steinplatten. Nachfolgende Generationen schaffen mächtige Steinskulpturen mit menschlichen und tierischen Motiven sowie kleine Steintempel mit monolithischen Sarkophagen (vgl. S. 212 ff.). Es wurden nur Spuren von Siedlungen gefunden, deren Häuser aus kurzlebigem Material bestanden. Das gleiche gilt für andere wichtige archäologische Stätten des Landes, wie Buritaca oder Ciudad Perdida, ein Zentrum der Tairona-Kultur in der Sierra Nevada de Santa Marta. Hier legten die Archäologen ein großflächiges System von Terrassen, Treppen und Kanälen aus Bruchstein frei (vgl. S. 158).

Die altindianischen Kulturen Kolumbiens erreichen nicht den hohen Stand gesellschaftlicher Organisation und kultureller Blüte, durch den sich die Inkas, Azteken oder Mayas auszeichnen. Doch tun sich zahlreiche Stämme als Meister der

Goldbearbeitung hervor. Das Metall wird in Bergwerken gewonnen oder aus den Flüssen gewaschen und in Tongefäßen, die man mit Holzkohle füllt, geschmolzen. Mit Schilfrohren blasen die Indios durch Löcher in den Gefäßwänden Luft hinein, um eine größere Hitze zu erreichen. Die Goldgegenstände werden oft nach dem Verfahren der ›verlorenen Form‹ hergestellt: Zunächst aus Wachs gefertigte Figuren erhalten einen Mantel aus Ton; das Wachs wird dann ausgeschmolzen und das Gold in die Form gegossen. Für hohle Objekte stellt man zuerst eine Tonfigur her, überzieht sie mit einer Wachsschicht und umkleidet das ganze noch einmal mit weichem Ton. Die dünne Wachsschicht kann wiederum durch Erhitzen entfernt und durch Gold ersetzt werden. Natürlich gibt es auch andere Techniken: Man bearbeitet das Metall mit einem Hämmer-chen auf einer Steinunterlage oder lötet Goldkügelchen und -fäden auf. Häufig wird eine Gold-Kupfer-Legierung (Anteile: 30 zu 70) verwendet. Die bekanntesten ›Goldprovinzen‹ sind nach den hier lebenden Indio-Völkern benannt: Tairona, Sinú, Quimbaya, Muisca, Tolima, Calima und Nariño. Die Kunst der Quimbaya erreicht von allen den höchsten Stand.

Eroberung

Auf kolumbianischem Boden entstehen die frühesten Siedlungen der Spanier in Südamerika, und zwar im Nordwesten um den Golf von Urabá. Heute läßt sich nicht einmal mehr die genaue Lage der 1509/10 entstandenen Niederlassungen bestimmen. Vasco Núñez de Balboa, der

Darstellung der Goldbearbeitung durch die Muisca, Stich

Goldfigur der Quimbaya

Indianische Hohlfigur

sich bei der Überfahrt der Konquistadoren von Hispaniola als blinder Passagier versteckt und bald zum Führer der spanischen Expedition gewählt wird, entdeckt 1513 nach einem Gewaltmarsch durch die Landenge von Dairién den Pazifischen Ozean.

Durch ihr grausames Vorgehen machen sich die Spanier die Indios zu Feinden und müssen sich in befestigte Siedlungen zurückziehen: 1524 entsteht Santa Marta und 1533 Cartagena. Das durch ungleichen Tausch oder Grabraub ergatterte Gold ist den Konquistadoren nicht genug. Indios erzählen vom Königreich Dabeiba, von seinen goldenen Tempeln und Götzenbildern, die weiter im Inland liegen sollen. Alle Expeditionen den Río Atrato aufwärts scheitern am Widerstand der Indios, die den Spaniern in großen Booten entgegenziehen.

Doch auf dem Landweg gelingt Francisco César die Entdeckung eines großen Goldgrabes im Bergland von Guaca. Die Kunde darüber spornt Juan Vadillo zu einer weiteren Expedition an, und er findet 1538 die Goldminen von Buritaca, die die Indios mit Hilfe von kriegsgefangenen Sklaven ausbeuten. Die goldenen Tempel des sagenhaften Dabeiba bleiben jedoch ein Geheimnis.

Die hohe Kultur der Goldverarbeitung steht in krassem Gegensatz zu den rohen Sitten der Indio-Völker. Der Geschichtsschreiber Pedro Cieza, der den Zug Vadillos begleitet hat, erzählt von einer Begegnung mit Nabonuco, dem König von Nore, der zwei Frauen als Liegematte und eine dritte als Kopfkissen benutzte. Eine vierte, die er an der Hand hielt, beabsichtigte er zu verzehren. Vielen Berichten zufolge sind die Indios des westlichen Kolumbien Kannibalen. Kriegsgefangene werden regelrecht ausgeschlachtet und ihr Körperfett für Fackeln benutzt. Man verzehrt ihr Fleisch und trinkt ihr Blut, wobei die bevorzugten Teile, wie Herz und Leber, den Standespersonen zustehen. Gefangene mästet man in Käfigen zum späteren Verzehr. Diesen grausigen Sitten liegt der Glaube zugrunde, sich auf diese Weise fremde Lebenskräfte einzuverleiben. Die Zurschaustellung von möglichst vielen Trophäenköpfen gilt als Machtbeweis. Die Opfer sind durchweg Stammesfremde. Auch sonst zählt ein Leben nicht viel. Im Cauca-Tal begehen die Einwohner ganzer Dörfer Selbstmord, um nicht in die Hände der Spanier zu fallen, die schließlich nicht weniger grausam wüten als die Indios und in den Verdacht geraten, deshalb mit ihren Greuelnachrichten zu übertreiben.

Von allen Seiten stoßen die Spanier Ende der 30er Jahre des 16. Jhs. ins kolumbianische Bergland vor. Die erwähnte Expedition Vadillos trifft Weihnachten 1538 überraschend auf Landsleute in Cali, die von Peru aus hierher gekommen sind. Im April 1536 dringt Jiménez de Quesada mit 750 Mann von Santa Marta aus, teils zu Land, teils den Río Magdalena aufwärts, ins Hochland vor. Die Strapazen sind unmenschlich. Aus Not essen die Männer das Fleisch und die Häute ihrer Hunde und Pferde, schließlich Schuhsohlen und Lederzeug, ja sogar die Leichen Verstorbener. Die Kunde von einem Smaragdland lockt, und ein Zurück wäre so gut wie aussichtslos. Mit nur noch 166 Männern erreicht Quesada endlich das Hochland des Stammes der Muisca, indem er vom Lauf des Magdalena abweicht und dem Río Opón folgt. Die Spanier profitieren von dem Schrecken, den Pferd und Reiter verbreiten, und vom Bruderkrieg, den die Muisca-Herrscher untereinander führen (vgl. S. 124 f.). In wenigen Monaten ist die Muisca-Kultur vernichtet. Kaum hat Quesada Santa Fé (de Bogotá) gegründet, trifft er auf eigene Landsleute, die unter Benal-cázar von Peru nach Norden gezogen sind und den Grundstein der Siedlungen Popayán und Cali gelegt haben, sowie auf den Deutschen Nikolaus Federmann, der von Venezuela aus die Ostanden überwunden hat. Um die jeweiligen Ansprüche zu klären, brechen alle drei nach Spanien auf. Zurück bleiben einige hundert Spanier unter Hernán Pérez de Quesada. Weite Teile des eroberten Landes sind schon in 57 sogenannte *encomiendas* aufgeteilt, denen die unterworfenen Indios als Arbeitskräfte zugeteilt werden.

Die Kolonialzeit

1550 wird Santa Fé de Bogotá ›Real Audiencia‹, d. h. Sitz der königlichen Verwaltungsbehörde und des Appellationsgerichtes. Die Audiencia setzt sich aus spanischen Juristen zusammen, die die Interessen des Königs vertreten sollen. Sie untersteht dem Vizekönig in Lima bis 1740, als das Königreich Neu-Granada mit der Hauptstadt Bogotá eingerichtet wird. *Cabildos* (Stadträte), *alcaldes* (Stadtrichter) und *regidores* (Ratsmänner), meist Männer aus den reichen Familien der Großgrundbesitzer, regieren die Städte. Es entstehen Riesen-Haciendas, wie die des Francisco Maldonado de Mendoza, die Ende des 16. Jhs. ein Drittel der weiten Hochebene von Bogotá einnimmt. Die Ländereien der Spanier dehnen sich auf Kosten der Indios hemmungslos aus, man drängt die Ureinwohner schließlich in geschlossene Wohnbereiche *(resguardos)* zurück; sie müssen Tribut zahlen, dürfen aber nicht mehr zur Arbeit gezwungen werden. Diese verspätete Maßnahme der Krone erfolgt erst, als die Zahl der Indios durch den Mangel an bebaubarem Land und durch die ungewohnt harte Arbeit, besonders in den Bergwerken, schon stark dezimiert ist. In

Indio als Träger eines Konquistadors, Stich

ser als die Indios behandelt. Doch auch sie rebellieren häufig. Flüchtige Sklaven *(cimarrones)* gründen in unzugänglichen Bergregionen eigene Dörfer, die *palenques*, von wo aus sie spanische Städte angreifen. Das *palenque*-Dorf San Basileo bei Cartagena wählt sich 1600 einen eigenen König namens Benkos, besiegt die Spanier zweimal und ertrotzt sich die Selbstverwaltung. Benkos, der fortan einen goldenen Degen tragen darf, wird während einer späteren Sklavenrebellion an der Küste erhängt.

1739 richtet die Krone das Vizekönigreich Nueva Granada ein, das außer dem heutigen Kolumbien noch Panama, Ecuador und Venezuela umfaßt. Die Wirtschaft Neu-Granadas beruht auf Bergbau, Landwirtschaft, Viehzucht, Handwerk und Handel. Großen Reichtum bringen die Sektoren, in denen Sklavenarbeit eingesetzt wird: Gold- und Silberminen, Zuckermühlen und Vieh-Haciendas. Die Goldproduktion erbringt noch Ende des 18. Jhs. 80% der Gesamtexporte Neu-Granadas, ein Viertel der damaligen Weltproduktion. Anfangs liefern die Bergwerke Antioquiens das meiste Gold, nach ihrer Erschöpfung kommt es hauptsächlich von den *mazamorreos,* den Goldwäschern dieser Region. Anfang des 18. Jhs. übernimmt der Chocó die Führung in der Produktion. Dort setzen die reichen *hacenderos* aus Popayán und Cali auf ihren riesigen Gütern Sklaven zur Goldgewinnung ein.

Die spanische Krone erhebt während der Kolonialzeit ständig höhere Steuern, um die kostspieligen Kriege bezahlen zu können. Leidtragende sind speziell die kleinen Handwerker und Händler. Als in Socorro, einer Bogotá damals ebenbürtigen Stadt, an einem Markttag im März 1781 eine neue Steuer bekannt wird, formieren sich 2000 Menschen zum Protest-

den Minengebieten des Cauca-Tals und Antioquiens hat von ca. 300 000 indianischen Familien nach 40 Jahren nur ein Zehntel überlebt. Es kommt zum kollektivem Selbstmord ganzer Dorfgemeinschaften und zu Rebellionen, die blutig niedergeschlagen werden.

Ende des 16. Jhs. beginnt daher die massenhafte Einfuhr von Negersklaven über Cartagena (vgl. S. 187), das als Zentrum des bis nach Ecuador reichenden Sklavenhandels zur wichtigsten Stadt aufsteigt. Als Arbeitskräfte werden die Schwarzen besonders in die Minengebiete Westkolumbiens und Ecuadors verkauft. In vielen Orten verweist noch heute das Überwiegen der schwarzen Bevölkerung auf die Nähe einstiger Bergwerke. Da ihre Besitzer sie als Kapitalanlage betrachten, werden die schwarzen Sklaven meist bes-

marsch. Die Revolution der *comuneros* beginnt und erfaßt bald andere Städte. Ein schnell zusammengestelltes Heer von 20 000 Mann marschiert auf Bogotá zu und erzwingt in den ›Capitulaciones‹ u. a. Steuersenkungen. Die reichen Kreolen haben sich jedoch schon vorher von der Erhebung distanziert, da sie ihr Umschlagen in eine soziale Revolution und die Sklavenbefreiung fürchten. Als die Spanier wieder die Oberhand gewinnen, annullieren sie alle Verträge ohne Widerstand. Der Anführer Galán wird gehenkt und geviertelt, Hände und Füße stellt man in verschiedenen Städten als Abschreckung zur Schau.

Die Unabhängigkeit

Der Aufstand ist ein Zeichen des zunehmenden Strebens der Kolonien nach Unabhängigkeit. Die Nachricht vom Bruch der nordamerikanischen Kolonien mit dem englischen Mutterland dringt in die spanischen Gebiete vor, und die Französische Revolution beweist die Macht des Volkes gegenüber den Königen. Als dann 1808 der spanische König Ferdinand VII. durch Napoleon entmachtet und durch des Kaisers Bruder Joseph Bonaparte ersetzt wird, kann die kreolische Oligarchie der Kolonien zwei Fliegen mit einer Klappe schlagen. Sie stellt sich auf die Seite des spanischen Königs, nutzt aber seine Schwäche zu Zugeständnissen. Andererseits verweigert sie der neuen faktischen Regierung den Gehorsam. Sie fürchtet ein Überschwappen der für sie gefährlichen Ideen der Französischen Revolution, etwa der Sklavenbefreiung, die auf der ehemals französischen Insel Haiti schon Wirklichkeit geworden ist.

Am 20. Juli 1810 setzt eine Junta in Bogotá die königlichen Beamten ab.

Andere Städte folgen dem Beispiel, nur in Santa Marta und Pasto halten sich die Royalisten. Nach der Wiedereinsetzung des spanischen Königs Ferdinand VII. kommt es jedoch zum Gegenschlag. 1815 landet der spanische General Morillo bei Santa Marta, hungert Cartagena aus und zieht im Mai 1816 triumphierend in Bogotá ein. Er profitiert von der Zerstrittenheit der Kreolen, die keine Zentralmacht zustande bringen. Morillo, der ›Schlächter‹ genannt, wütet nicht nur unter den kreolischen Freiheitskämpfern, sondern schürt auch den Haß im Volk.

Der nach Jamaica geflüchtete Simón Bolívar (vgl. S. 25 f.) landet 1817 wieder in Venezuela und schlägt im Juni 1819 das spanische Heer vernichtend an der Brücke von Boyacá nahe Tunja (Kolumbien). Das neugegründete Großkolumbien kann sich allerdings nur bis 1830 halten. Die regionalen kreolischen Oligarchien sind gegen eine Zentralregierung. Bolívar stirbt 1830 bei Santa Marta, verbittert darüber, sein Lebensziel nicht erreicht zu haben.

Die Zeit der Republik

1832 wird der Mitkämpfer und spätere Widersacher Bolívars, Francisco de Paula Santander, erster Präsident des neugegründeten Neu-Granada. Im Interesse der herrschenden Kreolen finden soziale Reformen nicht statt, die kolonialen Strukturen bestehen lange Zeit weiter, und auch die Steuerbelastung bleibt. Für diese Beibehaltung des Status quo sorgt die entstehende konservative Partei, die zusammen mit den Großgrundbesitzern zur Verteidigung von Kirche und Sklavenhaltung entschlossen ist. Während des gesamten 19. Jhs. kommt es mehrfach zu bürgerkriegsähnlichen Auseinandersetzungen mit den

Szene aus dem ›Krieg der 1000 Tage‹, Zeichnung

Liberalen, die entgegengesetzte Positionen vertreten und eine starke Zentralregierung ablehnen.

Die Liberalen, die ab 1849 herrschen, führen das Land durch ihre extremen Bestrebungen zur Dezentralisation weitgehend in einen Zustand politischer Anarchie, den erst 1886 der konservative Präsident Rafael Núñez durch eine erneute Zentralisierung der staatlichen Gewalt mildert. Die Amtszeit der Präsidenten wird nun von zwei auf sechs Jahre erhöht, sie können in Sondersituationen den Ausnahmezustand verhängen. Die starke Unterdrückung der Liberalen löst 1899 einen Aufstand unter General Rafael Uribe aus. Sie verlieren jedoch diesen ›Krieg der 1000 Tage‹, der die Republik rund 100 000 Menschenleben kostet (bei damals 4 Mio. Einwohnern). Der Staat ist so geschwächt, daß er der Abspaltung der Provinz Panama, die 1903 unter Mithilfe der USA erfolgt, im Grunde hilflos gegenübersteht und sich mit ›lächerlichen‹

26 Mio. Dollar für den 1914 eröffneten Kanal abspeisen läßt.

Die Regierung der Konservativen bringt in der Zeit bis 1930 eine relative Stabilität, doch die Spaltung der Nation in zwei Lager hält an. Am Ende der liberalen Periode von 1930–1946 kommt es dann zum blutigsten Bürgerkrieg in der kolumbianischen Geschichte. Als bei den Präsidentschaftswahlen von 1946 der Konservative Mario Ospina gewinnt, die gespaltene liberale Partei für ihre zwei Kandidaten aber insgesamt die Mehrheit der Stimmen erhält, fühlt sie sich geprellt. Die Ermordung des linksliberalen Jorge Eliécer Gaitán am 9. April 1948 im sogenannten ›Bogotazo‹ bildet den Startschuß für die *violencia*, eine Zeit grausamster Kämpfe, die in der Hauptsache auf dem Land stattfinden. Anfangs ist es noch eine Auseinandersetzung zwischen den Parteigängern der Konservativen und Liberalen, den ›Roten‹ und ›Blauen‹, die sich jeweils um einen Patron scharen. Sehr bald jedoch kommt es zu unkontrolliertem Terror und zum gezielten Einsatz von Banden bezahlter Berufsverbrecher, den sogenannten *pájaros,* die die Bauern im Auftrag der Mächtigen von ihrem Landbesitz vertreiben und Massaker unter der Landbevölkerung anrichten.

Unter der Herrschaft des Diktators Rojas Pinilla ab 1953 gelingt es zwar, die Gewalt im Land etwas einzudämmen, doch scheitert er an Korruption, Inflation und hoher Auslandsverschuldung. Die Jahre der Gewalt, enttäuschte Hoffnungen auf Änderung der sozialen Ungerechtigkeit und das Fehlen einer effektiven Opposition führen zur Bildung von Guerillagruppen. Auch Geistliche, wie der Priester Camillo Torres Restrepo, schließen sich ihnen an. Er wird 1966 von Regierungstruppen erschossen. Obgleich die Regierung 1984 Waffenstillstandsverträge mit den beiden wichtigsten Guerillabewegungen, der FARC und der M-19, abschloß, kommt es immer wieder zu Gefechten. Nach seinem Sturz 1987 einigen sich die beiden großen Parteien in der Nationalen Front auf eine Art Burgfrieden, demzufolge sich die Parteien alle vier Jahre in der Regierung abwechseln wollen.

Weltweite Schlagzeilen lieferte in den letzten Jahren die kolumbianische Drogenmafia, der die Regierung unter dem Druck der USA den Krieg erklärt hat. Die Drogenmafia ist durch Korruption und Gewalt so mächtig geworden, und Polizei, Militär und Verwaltung sind so stark von ihr unterwandert, daß ein Kampf gegen sie aussichtslos erscheint. Ihre finanziellen Mittel sind derart gewaltig, daß eine Parallelwirtschaft entstanden ist, die weite Bereiche der legalen Wirtschaft entscheidend stimuliert hat. 1986 boten 40 prominente Mafiabosse der Regierung an, die gesamte Auslandsschuld von 13 Mrd. Dollar zu begleichen und ihr Auslandsvermögen

von 60 Mrd. Dollar in Kolumbien zu investieren. Mitte 1989 ermorden sie den liberalen Präsidentschaftskandidaten Luis Carlos Galán (vgl. auch S. 208 f.).

Kunst, Kultur, Folklore

Malerei

Die Malerei der Kolonialzeit war religiös geprägt und im Stil von Renaissance und Barock beeinflußt. Der bedeutendste Maler dieser Epoche, Gregorio Vásquez Arce y Ceballos (1638–1711), der oft mit dem Spanier Murillo verglichen wird, malte überraschend realistisch und benutzte sogar indianische Maltechniken.

Mit den Freiheitskriegen begann die Besinnung auf die eigene Identität, die in Porträts der Präsidenten und Freiheitskämpfer zum Ausdruck kam, aber auch in der Darstellung von Szenen aus dem All-

›Die Sammlerin‹ von Fernando Botero

›Der General‹ von Fernando Botero

mizar (geb. 1923), der Wegbereiter der abstrakten Kunst in Kolumbien.

Der heute international bekannteste Maler Kolumbiens ist Fernando Botero (geb. 1932), der 19 Jahre lang in Madrid studierte, bevor er 1958 Professor an der Nationaluniversität in Bogotá wurde. 1966 stellte er auch in Baden-Baden und München aus. Die Leibesfülle seiner Figuren mit ›kleinen Details neben großen Formen‹ steht für Sinnlichkeit, doch kann man ihre Deformationen auch als kritischen Ausdruck werten. Der Maler dieser auch als ›Blasebalgbilder‹ abqualifizierten Werke pendelt ständig zwischen seinen Wohnsitzen in Bogotá, New York, Paris und Pietrasanta in Italien. Seit 1883 widmet er sich thematisch besonders dem Stierkampf.

Kolonialarchitektur

In den Häusern aus der Kolonialzeit finden sich Merkmale der spanischen Bauweise wieder. Innenhöfe (Patios) mit Säulengängen, hohe Fenster mit Holz- oder Eisengittern, große und schwere genagelte Holztore, Dächer mit Rundziegeln sind in vielen kolumbianischen Städten und Dörfern erhalten. Erdbeben haben die kolonialen Viertel jedoch mitunter stark in Mitleidenschaft gezogen, so in Popayán, wo die Folgen des starken Bebens von 1983 allerdings schon weitgehend beseitigt sind. Der vollständige Wiederaufbau der vielen sehenswerten Klöster und Kirchen dauert aber noch an. Sehenswert ist die Altstadt von Bogotá mit ihren Kirchen und ehemaligen Adelsresidenzen, die heute zum Teil Museen beherbergen. Unter den kolonialen Sehenswürdigkeiten von Tunja, nördlich von Bogotá, ist der Innenraum der Kirche von Santo Domingo mit seiner überschwenglichen

tagsleben: Ramón Torres Méndez (1809–1885) malte das Landvolk und Arbeiter. Ende des 19. Jhs. war der starke Einfluß des französischen Impressionismus und Realismus zu spüren. Einer der Hauptvertreter ist Andrés de Santa María (1860–1945), Direktor der Schule der Schönen Künste in Bogotá. Inspiriert durch die Entwicklung in Mexiko nach der Revolution von 1910, wurden die monumentalen *murales* (Wandgemälde) à la Diego Rivera eingeführt. Die mexikanische Volkserhebung inspirierte die *indigenistas* (Verfechter einer volksnahen, nationalen Kunst), wie Luis Alberto Acuña, zu neuen Experimenten und zu Darstellungen von Arbeitern und Indios. Pioniere der modernen Malerei Kolumbiens sind Alejandro Obregón (geb. 1920) und Ramírez Villa-

Dekoration hervorzuheben. Das nahe Villa de Leyva ist ein typisches koloniales Dorf. Ähnliche Beispiele sind Santa Fé de Antioquia nahe Medellín oder Girón nahe Bucaramanga. Cartagena an der Karibikküste nimmt wegen seiner Befestigungsanlagen eine Sonderstellung ein. Die fast vollständig erhaltene Stadtmauer ist einzigartig in Lateinamerika. Das Fort San Felipe gehört zu den größten, die die Spanier in den Kolonien errichteten.

Literatur

Die Literatur Kolumbiens beginnt mit den Chronisten. In der ersten Reihe steht Juan Rodríguez Freile (ca. 1566–1640), der in seiner Chronik ›El Carnero‹ die Eroberung Neu-Granadas schildert. Juan de Castellanos (1522–1609) schrieb 1589 eines der wichtigsten lateinamerikanischen

Prosawerke: ›Elegien über berühmte Männer der Kolonien‹.

Die Zeit der Unabhängigkeitskämpfe und die darauffolgenden Jahre waren von romantischen, meist lyrischen Literaturerzeugnissen begleitet, die patriotische und religiöse Gefühle, Liebe und Natur thematisieren. Die *costumbristas* beschrieben lokale Sitten und Bräuche. Der beste der wenigen Romane dieser Richtung ist ›María‹ (1867) von Jorge Isaacs (1837–95). Mit größter Sentimentalität werden die Liebe Ephraims zu seiner epilepsiekranken Kusine María und sein Leiden angesichts ihres Todes geschildert. Der sogenannte *modernismo* der Jahrhundertwende verhalf der kolumbianischen Literatur zu einem stärkeren Selbstbewußtsein und zu größerer Eigenständigkeit, während sie sich vorher an französischen und spanischen Vorbildern orientiert hatte. José Asunción Silvas (1865–96)

Balkone im Kolonialstil in Cartagena

Gabriel García Márquez

Für viele europäische Leser begann das Interesse an lateinamerikanischer Literatur erst mit dem 1982 preisgekrönten Welterfolg ›Hundert Jahre Einsamkeit‹ des kolumbianischen Autors Márquez.

Der 1928 geborene Gabriel García Márquez verbrachte die ersten acht Jahre seiner Kindheit in Aracataca, einem unscheinbaren Dorf im Norden Kolumbiens, etwa 80 km südlich von Santa Marta. Dann besuchte er die Schule in Barranquilla und machte 1946 in Zipaquirá nahe Bogotá das Abitur. Ein Jurastudium brach er bereits im dritten Semester ab: Er fiel durch die Prüfung. Sein Interesse galt der Literatur und dem Journalismus. Er las und verehrte Faulkner, Virginia Woolf, Graham Greene und anfänglich auch Hemingway. Seit 1954 arbeitete er für die Zeitung ›El Espectador‹, die Erzählungen von ihm veröffentlichte, aber 1956 von der Militärregierung verboten wurde. Der engagierte Sozialist bereiste 1957 Osteuropa und die Sowjetunion. Nach der kubanischen Revolution von 1959 besuchte er Havanna, und 1960 ging er von dort als Korrespondent der ›Prensa latina‹ nach New York. 1961 zog Márquez nach Mexiko um, wo er begann, Drehbücher zu schreiben. Wenig befriedigt von dieser Arbeit, verfaßte er in nur 18 Monaten den Roman ›Hundert Jahre Einsamkeit‹, ein Werk, das er nach eigenem Bekunden 16 Jahre im Geiste mit sich herumgetragen hatte. Es erschien 1967 in Buenos Aires und wurde stürmisch gefeiert. Vorher hatte er bereits eine Reihe von Erzählungen und kurzen Romanen zu Papier gebracht, wie ›Laubsturm‹, ›Der Oberst hat niemand, der ihm schreibt‹, ›Die böse Stunde‹. Von 1968 bis 1975, dem Jahr, in dem ›Der Herbst des Patriarchen‹ erschien, lebte Márquez in Barcelona. 1981 veröffentlichte er die ›Chronik eines angekündigten Todes‹. Es folgte ›Die Liebe in den Zeiten der Cholera‹. Sein bisher letzter Erfolgsroman ist ›Der General in seinem Labyrinth‹, ein dem Leben und Werk Bolívars gewidmetes Buch.

›Hundert Jahre Einsamkeit‹ ist ein typisches Beispiel für den Magischen Realismus als spezifisch lateinamerikanische Literaturrichtung, und gerade diese Tatsache mag dem Buch zu einem durchschlagenden Erfolg verholfen haben. Wesentliches Kennzeichen des Magischen Realismus ist das Verwischen der Grenzen zwischen Mythos und Wirklichkeit. ›Hundert Jahre Einsamkeit‹ schildert über mehrere Generationen die Familiengeschichte der Buendías im Dorf Macondo, das zwar abgeschnitten von der Außenwelt lebt, aber dennoch von allen Ereignissen der kolumbianischen Geschichte eingeholt wird. Das Erzählte wirkt ›dahinfabuliert‹, Phantastisches, Mythisches und Anekdotisches mischen sich mit Realem zu dichten, aussagekräftigen Bildern, deren Thematik letztendlich um den Titel kreist: die Einsamkeit der Menschen vor dem Hintergrund eines spezifischen sozial-historischen Kontextes, die Einsamkeit Lateinamerikas.

Gedicht ›Nocturno III‹ zählt zu den berühmtesten der lateinamerikanischen Lyrik. Zu den Modernisten gehören auch Guillermo Valencia (1873–1943) aus Popayán und Tomás Carrasquilla (1858–1940), der in seinem Roman ›La Marquesa de Yolombó‹ das Leben von Kreolen in Antioquia darstellt. Der eindrucksvollste Roman der regionalspezifischen Literatur nach dem Ersten Weltkrieg ist ›La Vorágine‹ von José Eustacio Rivera (1888–1928). Aus eigenem Erleben zeichnet der

Autor ein Bild der Gummisucher in den Regenwäldern.

Die bekanntesten Romanciers der kolumbianischen Gegenwartsliteratur sind Eduardo Calderón (geb. 1910) und Gabriel García Márquez (geb. 1928). Zu den besten Werken von Calderón zählen ›El buen Salvaje‹ (Der gute Wilde), 1965 mit dem Premio Nadal ausgezeichnet, und ›Cristo de Espaldas‹ (Im Rücken von Christus), eine Schilderung der Zeit des blutigen Bürgerkrieges auf dem Lande. Der Literatur-Nobelpreis von 1982 machte García Márquez zur weltweit bekanntesten Persönlichkeit Kolumbiens. Er erhielt ihn für seinen Roman ›Cién Años de Soledad‹ (Hundert Jahre Einsamkeit). Außerdem wurden bei uns vor allem ›Chronik eines angekündigten Todes‹ (verfilmt vom italienischen Regisseur Francesco Rosi), ›Die Liebe in den Zeiten der Cholera‹ und ›Der General in seinem Labyrinth‹ bekannt.

Volksmusik

Afrikanische Tanzlieder wurden wohl zuerst von entlaufenen Sklaven an der Karibikküste gesungen und gespielt und gelangten von dort auf die Plantagen im Landesinnern. Die Trommeln mußten später indianischen Flöten und dem spanischen Akkordeon weichen. So entstand der Nationaltanz Kolumbiens, die *cumbia,* von der zahlreiche Variationen wie *currulao, bullerengue* und *mapalé* an der Karibikküste existieren. Beim Tanz der *cumbia* stellt der Mann das afrikanische Element dar, und er wirbt um die Frau, die das indianische Element repräsentiert. Wenn sie die vom Tänzer angebotene Kerze

Folkloristischer Tanz an der Karibikküste

akzeptiert, reihen sich beide in die Polonaise der anderen Paare ein. Sie drehen sich abwechselnd um eine gedachte Sonne – er als Erde und sie als Mond –, oder sie umkreisen sich gegenseitig.

Für die *currulaos* werden häufig urtümliche Instrumente benutzt: *marimbas, bombos* und *conunos,* konische Langtrommeln, kommen zum Einsatz. Auch diese Paartänze haben die Eroberung der Frau durch den Mann zum Inhalt. Beide schwingen bunte Taschentücher. Auf eine Vorsängerin *(glosadora)* antwortet der Chor im Refrain (die Texte enthalten meist lokale Anspielungen).

Bei der *bullerengue* tanzen die Frauen, begleitet vom Händeklatschen der Männer, oder die Männer bewegen beim erotischen Paartanz symbolträchtig ihre Becken, wie etwa beim *abozao*-Tanz der Chocó-Region.

Auch der *bambuco* der kolumbianischen Andenregion ist ein Werbetanz, bei dem der Mann ein Taschentuch schwingt und der Partnerin mit schnellen Schritten folgt. Der Tanz steht in der spanischmestizischen Tradition. Ein *bambuquero* singt die Strophen. Die Melodie ist oft schwermütig, Begleitinstrumente sind *bandola* (Lautenart), *tiple* (kleine Gitarre, eine Art Nationalinstrument), Gitarren und Perkussion.

Der temperamentvolle *joropó*, der Nationaltanz Venezuelas, ist auch typisch für die östlichen Llanos Kolumbiens. Er wird von *cuatro, requinto* (Gitarrenarten) und *carraca* (Schnarre), neuerdings unter venezolanischem Einfluß von Harfe und *maracas* (Rasseln) begleitet und verrät in seinen Tanzformen Flamenco-Einfluß. Varianten dieses Tanzes sind der *zumbaque-zumba* und der *pasaje.*

Tanzende Kinder am Strand von Cartagena

Hahnenkampf

In Kolumbien ist der Hahnenkampf ein beliebter ›Sport‹. Selbst kleinste Dörfer haben oft mehrere unscheinbare *galleras,* runde, überdachte Verschläge, die als Arenen für Hahnenkämpfe dienen. In größeren Orten findet man sie mitunter nur in Vierteln, in die man sich als Tourist nicht so recht traut. In den besseren *galleras* sitzt das Publikum dichtgedrängt in aufsteigenden Reihen wie in der Miniaturausgabe einer Stierkampfarena. Alle Gesellschaftsschichten sind vertreten, und selbst Frauen nehmen teil. Wetten werden lautstark abgeschlossen und die Einsätze in Kartons oder *sombreros* eingesammelt.

Bevor sie ihre Hähne aufeinander loslassen, versehen die Besitzer sie mit *espuelas,* künstlichen Sporen aus Schildpatt oder Stahl, lang wie kleine Dolche, die an den Füßen befestigt werden. Dann packen sie das Tier und halten es dem Gegner vor die Nase, um es zu höchster Aggressivität aufzustacheln. Der Kampf ist zu Ende, wenn einer der Hähne so zerhackt und verletzt ist, daß er aufgeben muß. Das Publikum feuert sie hektisch an. Der Hahnenkampf ist ein Wettgeschäft, und viele Familien stecken all ihr Bares in die Aufzucht von Kampfhähnen. Manch kleines Vermögen wechselt nach der Show seinen Besitzer . . .

Orte und Landschaften in Kolumbien

Bogotá

Kolumbiens Hauptstadt liegt in 2600 m Höhe am äußersten Rand der Hochebene Sabana de Bogotá, zu Füßen der in Nord-Südrichtung verlaufenden Ostkordillere der Anden. Weil die Berge im Osten die Ausbreitung der Metropole blockieren und im Westen die meisten Industriebetriebe angesiedelt sind, dehnte sich die Stadt in Nord-Südrichtung aus, und zwar auf mittlerweile etwa 30 km Länge. Das Stadt- und Straßenbild von Bogotá erscheint wie eine Meßlatte für Reichtum und Armut, auf der die Nummern der Calles die Maßeinheiten für den von Norden nach Süden abnehmenden Wohlstand sind. Wer nördlich der Calle 90 wohnt, signalisiert allein durch die Adresse Geld und Einfluß. Südlich an das Wohngebiet der Reichen schließt sich das des Mittelstandes an, dann folgen (ganz im Süden und Südwesten) die Slums der Ärmsten.

Die nördlichen zonas residenciales werden durch Straßensperren mit bewaffneten Wächtern und bissigen Hunden geschützt, und die Prachtvillen und besseren Wohnblocks verbergen sich mitunter hinter hohen Mauern. Während sich die Reichen im Laufe der Zeit immer weiter nach Norden zurückzogen (nach El Chico, Poloclub, Santa Bárbara), besetzte der Mittelstand die ehemals eleganten Viertel, wie Chapinero. Das Zentrum der Stadt gehört dem Kleinbürgertum. Vergitterte Fenster und riegelbewehrte Türen zeugen auch hier von der Angst vor Einbrüchen. Ein Büroangestellter könnte sich jedoch niemals ein kleines Haus im Norden leisten, für das er etwa zehn Monatsgehälter als Miete zahlen müßte.

Die Innenstadt Bogotás (centro) umfaßt den Bereich zwischen dem Centro Internacional und dem Centro Colonial oder der Altstadt, die durch die Hauptgeschäftsstraße Carrera Séptima (Cra. 7) miteinander verbunden sind. Das Centro Internacional liegt inmitten einer Landschaft aus Wolkenkratzern mit hypermodernen Geschäften, Hotels (Hilton, Tequendama), Banken und Büros der Fluggesellschaften.

Von touristischem Interesse ist die Altstadt von Bogotá (Candelaria) nördlich der Plaza Bolívar und der Avenida 7, etwa zwischen den Calles 16 und 8, insbesondere entlang der Calles 10 und 11. In diesem schachbrettartig angelegten Viertel hat die moderne Stadtentwicklung einige Kolonialgebäude aus dem 17./18. Jh. verschont. Ihre hölzernen Balkone, verglasten Erker, prunkvollen Fassaden und weiten Patios lassen noch koloniales Ambiente erspüren.

Geschichte

Der von der Karibikküste kommende Gonzalo Jiménez de Quesada stieß 1537 bis in das von den Muiscas dicht besiedelte Hochland von Bogotá vor. Bei der Ankunft der Spanier regierten drei mächtige Kaziken mit eiserner Faust über die rund eine Million Indios: Tisquesusa in Bacatá, Quemuenchatocha in Hunsá (heute Tunja) und Sugamuxi in Iracá. Tisquesusa befand sich gerade auf einem Rachefeldzug gegen den Herrscher von Hunsá, als die Konquistadoren die Hochebene erreichten.

Moderne Kulisse der Stadt Bogotá

Die Indios hielten die Ankömmlinge für rächende Himmelsboten, Söhne der Sonne und des Mondes, die gekommen waren, um sie für ihre Sünden zu strafen. Sie flüchteten in die Berge und sollen den Spaniern als Opfergabe ihre Kinder angeboten haben. Erst allmählich verflog ihre Angst, und sie setzten sich zur Wehr. Doch in den Kämpfen waren sie den Reitern nicht gewachsen.

Tisquesusa flüchtete mit seinem Hof an einen Ort mit mächtigen Findlingen nahe Facatativá, der noch heute ›Cercado del Zipa‹ (Platz des Herrschers) heißt. Dort überraschten ihn die Spanier, und der Soldat Alonso Domínguez verwundete den Kaziken tödlich.

Sein Neffe Saquesaxigua usurpierte den Thron, unterwarf sich schließlich dem König von Spanien und zahlte Tribute in Form von Gold und Smaragden. Als der Kazike den unersättlichen Eindringlingen statt des versprochenen Goldschatzes in Decken versteckte, wertlose Gegenstände andrehen wollte, wurde er zu Tode gefoltert.

1538, nach fast eineinhalb Jahren Kampf, gründete Quesada Bogotá, indem er mit seinen Männern die neue Siedlung feierlich dreimal umritt. Zwölf Häuser zu Ehren der zwölf Apostel und eine Kirche wurden errichtet, angeblich auf den Ruinen der Sommerresidenz des Kaziken Theusa nahe der gleichnamigen Muisca-Hauptstadt. Der ursprüngliche Name ›Villa de Santa Fé‹ wie auch die Bezeichnung ›Nuevo Reino de Granada‹ für das neu eroberte Territorium sollten an Quesadas spanische Heimatstadt mit ihrer vergleichbaren Lage am Rande einer fruchtbaren Hochebene erinnern.

Mehr als zwei Jahrhunderte galt der Name ›Santa Fé‹. Der Zusatz ›de Bogotá‹ entstand wohl aus dem Chibcha-Wort *bagatá*, mit dem die Muisca-Indios die Lage des Ortes kennzeichneten: ›Rand des be-

Armut in Bogotá

Besonders um den Süden der Metropole legt sich ein ständig wachsender Gürtel aus Slums. Von den jährlich ca. 300 000 Zuwanderern vom Lande lassen sich viele in den sogenannten ›Invasions-*barrios*‹ nieder: Sie besetzen offenes Gelände illegal, meist in Nacht- und Nebelaktionen. Hütten aus Brettern und Pappe werden errichtet. Kanalisation, Elektrizität und fließendes Wasser gibt es nicht, Leitungen werden aus Not oft illegal angezapft. Auseinandersetzungen mit der Polizei sind die Folge.

Im Falle der ›Piraten-*barrios*‹ kaufen private Unternehmer (sogenannte *piratas*) billiges Land auf, um es dann parzellenweise zu überhöhten Preisen (bis 800% Gewinn) an Zuwanderer weiterzugeben. Bogotá hat über 200 dieser ›Invasions‹- und ›Piraten‹-Viertel. Die Behörden stehen der Entwicklung hilflos gegenüber.

Der Tourist spürt die sozialen Spannungen anhand der ständig wachsenden Zahl von Bettlern und ambulanten Kleinhändlern in den Straßen des Zentrums. Er wird auch auf die *gamines* treffen, die Kinderbanden Bogotás. Häufig handelt es sich um verwaiste oder ausgestoßene Kinder, die unter Kartons und Zeitungen an den Straßen und in Geschäftseingängen schlafen. Sie suchen sich ihr Essen in Abfällen und ziehen bettelnd und stehlend durch die Stadt, um zu überleben. In der Altstadt Bogotás und auch entlang der Carrera 7 patrouilliert ständig die Touristenpolizei. Weiter westlich, etwa entlang der Avenidas 10 und Caracas, muß man allerdings vorsichtig sein. Wer sich hier bewegt, sollte auf jeglichen Schmuck verzichten und Papiere und Wertsachen versteckt tragen.

bauten Landes‹. Erst mit der Unabhängigkeit gebrauchte man den neuen Namen, um den Bruch mit der Kolonialzeit zu symbolisieren. Schon 1540 erhielt die Siedlung vom spanischen König Karl V. ein eigenes Wappen: einen schwarzen Adler auf goldenem Grund.

Die Gründung der Universität Santo Tomás durch die Dominikaner und des Jesuitenkollegs San Francisco Javier begründeten den Ruf Bogotás als ›Athen der Neuen Welt‹. 1717 avancierte es zur Hauptstadt des neuen Vizekönigreiches Nueva Granada. Am 20. Juli 1810 wurde hier die Unabhängigkeit Kolumbiens erklärt, doch erst nach der Schlacht von Boyacá (1819) zogen die Freiheitskämpfer endgültig siegreich in die Stadt ein.

Ende des 19. Jhs. verfügte Bogotá bereits über eine Straßenbahn und Zugverbindungen nach Zipaquirá und La Dorada. Die Stadt war elektrifiziert, und die ersten Industriebetriebe siedelten sich an. 1940 hatte Bogotá schon 350 000 Einwohner. In der Zeit der *violencia* flohen Tausende von *campesinos* vor der Unsicherheit auf dem Lande in die Metropole. In den letzten 40 Jahren wuchs die Einwohnerzahl in rasantem Tempo auf über 5 Mio.

Sehenswürdigkeiten

Die **Plaza de Bolívar** ist zwar auch heute noch ein politisch-religiöses Zentrum, denn hier stehen das Kapitol, das Rathaus, die Kathedrale und der Justizpalast (der allerdings bei einem Guerillaangriff zer-

Straße in Bogotá ▷

stört wurde), doch ist der Platz nicht mehr der Lebensmittelpunkt der Stadt wie in Kolonialzeiten, als die einflußreichsten Familien in seiner Umgebung residierten. Auf der einstigen Plaza de Armas zeigt ein Denkmal Simón Bolívar in staatsmännischer und kämpferischer Pose.

Der Mann, der die spanische Macht in Bogotá begründete, Jiménez de Quesada, liegt nahebei in der **Kathedrale** begraben. Die Sakristei verwahrt auch die Fahne mit dem ›Cristo de la Conquista‹, Erinnerungsstücke an die erste Messe, die der Mönch (und Anwalt der Indios) Domingo de las Casas an dieser Stelle zelebrierte, und Porträts von Erzbischöfen. Die ursprüngliche kleine Kolonialkirche aus Lehmziegeln, ab 1565 angeblich an der Stelle eines Muisca-Tempels erbaut und 1785 durch ein Erdbeben stark beschädigt, mußte 1803 dem heutigen neoklassischen Bau weichen. Sein Architekt war der Kapuzinermönch Domingo de Petres.

In der **Capilla del Sagrario** rechts von der Kathedrale befindet sich das Grab von Gregorio Vásquez de Arce y Ceballos (1638–1711), dem berühmtesten kolumbianischen Maler der Kolonialzeit. Seine Bilder in der Kapelle stellen Szenen des Alten und Neuen Testaments dar. Die Decke im Mudéjarstil zeigt vergoldetes Schnitzwerk auf rotem Grund. Die Kapelle, die 1660–1700 erbaut wurde und damit das älteste Gebäude am Platz ist, hat eine manieristisch-barocke Fassade mit zwei kleinen Glockenwänden. Über dem Torbogen prangt das spanische Wappen, flankiert von den Reliefs der Jungfrau Maria und des Heiligen Gabriel.

Das zweitälteste Gebäude am Platz (17. Jh.) beherbergt heute das **Museo del 20 de Julio.** Es zeigt Objekte aus der Zeit der Befreiungskämpfe: eine Kopie der Unabhängigkeitserklärung (das Original verbrannte), die Presse, mit der man die Proklamation der Menschenrechte druckte und Porträts der ersten Präsidenten sowie die Blumenvase, die bei der Auslösung des Befreiungskampfes eine Rolle gespielt haben soll und dem Haus den Namen ›Casa del Florero‹ einbrachte. Als nämlich die reichen, selbstbewußten und nach Unabhängigkeit strebenden Kreolen der Stadt einen Gesandten aus Spanien mit politischen Zugeständnissen erwarteten, forderten sie vom spanischen Kaufmann

---

Orientierung

Parallel zur Andenkordillere verlaufen die Carreras (Cra.), rechtwinklig dazu die Calles (C.). Innerhalb dieses Schachbrettmusters werden die Carreras von Osten nach Westen gezählt, die Calles ab einer Calle 0 nach Norden und nach Süden. Die Av. Jiménez de Quesada, benannt nach dem Stadtgründer, durchbricht das regelmäßige Straßenmuster, weil sie dem einstigen Tal des Río San Francisco folgt. Wichtige Verkehrsadern werden auch Avenidas (Av.) genannt und mit Namen versehen: z. B. Av. 13 oder Av. Jiménez de Quesada, Cra. 14 oder Av. Caracas. Die Adresse des Goldmuseums lautet beispielsweise C. 16, 5–41, das bedeutet: Calle 16, Nähe Carrera 5, Entfernung 41 m. Die weiter vom Zentrum gelegenen größeren Verkehrswege heißen auch Diagonales und Transversales. Hauptstraße im Zentrum ist die Cra. 7, die das Banken- und Geschäftsviertel mit der kolonialen Altstadt verbindet.

José Gonzales Llorente als Gastgeschenk eine Vase. Da dieser ablehnte, möglicherweise weil er provoziert wurde, kam es zu Handgreiflichkeiten und Unruhen, die in der Unabhängigkeitserklärung vom 20. Juli 1810 gipfelten (Di–Sa 9.30–18, So 11–17 Uhr).

Das **Capitolio Nacional,** Sitz des Kongresses, entstand in Anlehnung an das Kapitol in Washington. Den Grundstein legte der General und Präsident Tomás Cipriano de Mosquera 1847. Seine Statue schmückt den Zentral-Patio. Zuerst errichtete man den Nordteil (Architekt: Thomas Reed). Weil politische Unruhen den Weiterbau verzögerten, wurde der Südteil erst 1925 vom Bogotaner Architekten Manrique Martín beendet. Im Süd-Patio steht das Denkmal von Rafael Núñez, der die Verse der Nationalhymne schrieb.

Capilla del Sagrario, Bogotá

Die Kathedrale von Bogotá an der belebten Plaza Bolívar

Das Kapitol bildet mit dem **Palacio de Nariño,** dem Präsidentensitz, und den dazwischen liegenden Plazas de Nariño und de Armas eine abgesperrte und stark bewachte Einheit. Schon Anfang des Jahrhunderts zog hier der Präsident Rafael Reyes ein, doch 1954 verließ die Regierung das alte Gebäude, das 1972 abgerissen wurde. Nur den Teil an der Carrera 7 mit dem ›Salón Amarillo‹ (Empfangsraum mit Louis-quinze-Möbeln) ließ man stehen. Der neoklassische Neubau ist seit 1979 wieder Sitz der Zentralregierung.

Der in den Komplex einbezogene Turm des **Observatorio Astronómico** wurde 1803 vom berühmten Gelehrten José Celestino Mutis erbaut (Zugang von der Carrera 8).

Die Kirche **Santa Clara** aus dem frühen 17. Jh. dient heute als Museum religiöser Kunst und als Konzertsaal. Sehr eindrucksvoll sind die Decke mit ihren Holz-

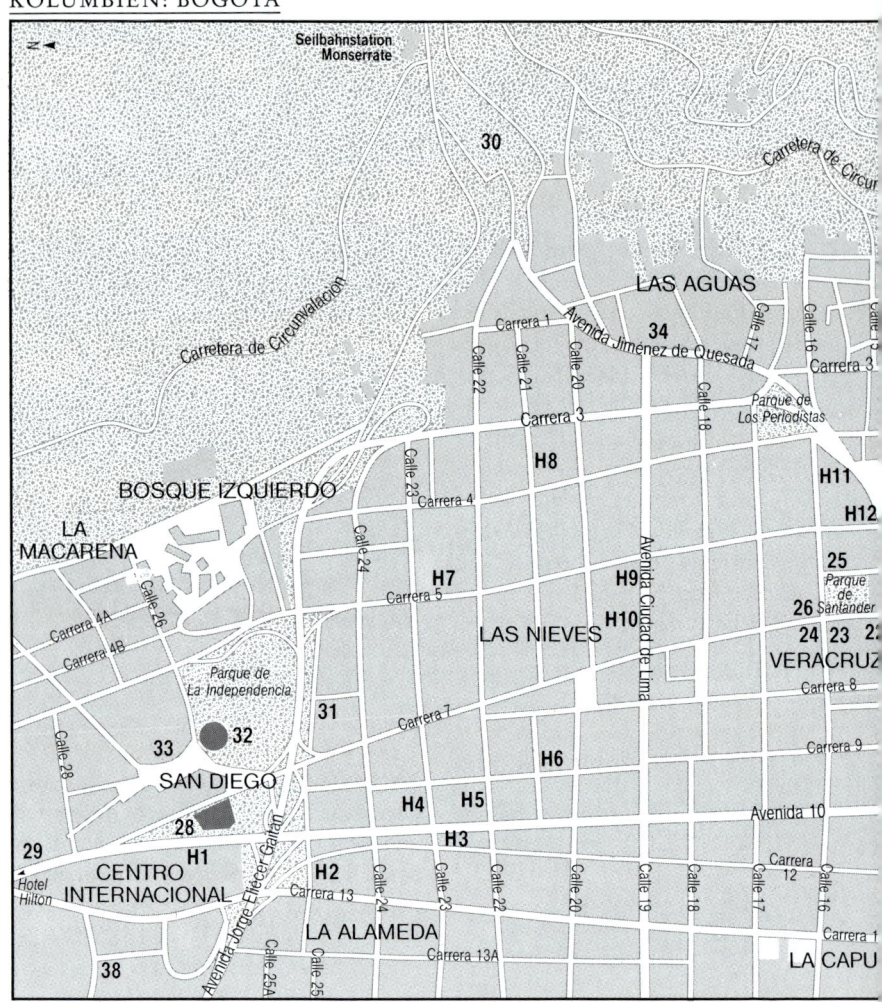

Bogotá 1 Plaza Bolívar 2 Kathedrale, Capilla del Sagrario 3 Museo 20 de Julio 4 Capitolio Nacional 5 Rathaus 6 Präsidentenpalast (Palacio de Nariño) 7 Observatorio 8 Kirche Santa Clara (Museum religiöser Kunst) 9 Museum der Volkskunst 10 Kirche San Agustín 11 Archäologisches Museum 12 Plazoleta de Ayacucho 13 ehemaliges Kloster San Bartolomé 14 Kirche San Ignacio 15 Plazuela de Cuervo 16 Museum Kolonialer Kunst 17 Palacio de San Carlos 18 Theater Colón 19 Casa de la Moneda 20 Museum der Stadtgeschichte 21 Museo Militar 22 Kirche San Francisco 23 Kirche La Veracruz 24 Kirche La Tercera 25 Goldmuseum 26 Avianca-Hochhaus 27 Plaza del Rosario, Denkmal Quesadas 28 Kirche San Diego 29 Nationalmuseum 30 Quinta de Bolívar 31 Museum für Moderne Kunst 32 Planetarium, Naturkundemuseum 33 Stierkampfarena 34 Kirche Las Aguas (Kunsthandwerk) 35 Kirche La Concepción 36 Kirche La Candelaria 37 Salesianerkirche 38 Touristenbüro

Hotels: H1 Tequendama H2 San Diego H3 Bogotá H4 Americano, Duc H5 Presidente H6 Tundama H7 Parque H8 Inter Bogotá H9 Bacatá H10 Dann H11 Continental H12 Zaratoga H13 Nueva Granada H14 Santa Fé H15 Dann Colonial

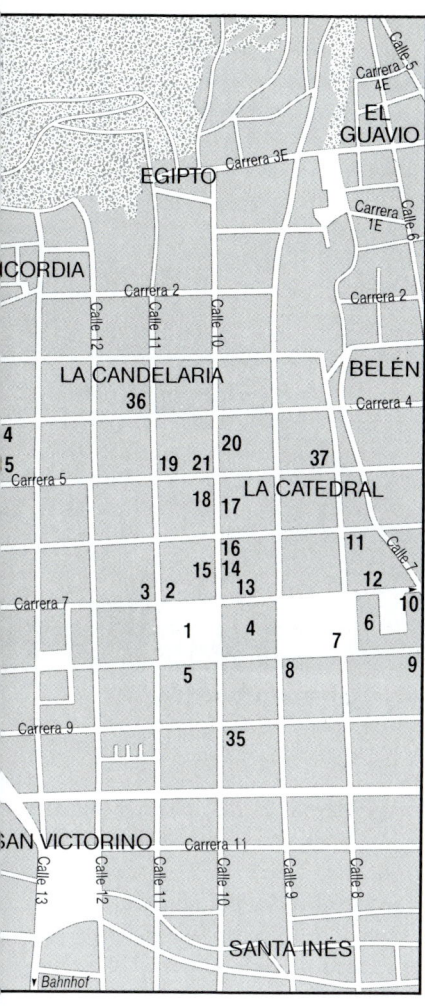

Carrera 5
4E
EL GUAVIO
Carrera 3E
EGIPTO
Carrera 1E
Calle 6
CORDIA
Carrera 2
Carrera 2
Calle 12
Calle 11
Calle 10
LA CANDELARIA
BELÉN
36
Carrera 4
4
5
20
37
Carrera 5
19 21
18 17
LA CATEDRAL
16
11
Calle 7
15 14
13
3 2
12
10
Carrera 7
1
4
6
7
5
8
9
Carrera 9
35
SAN VICTORINO
Carrera 11
Calle 13
Calle 12
Calle 11
Calle 10
Calle 9
Calle 8
SANTA INÉS
Bahnhof

ordens entstand. Nachdem einige Frauen das Haus (unentgeltlich) im Kolonialstil restauriert haben, ist es seit 1971 ein Museum, das auch Kunsthandwerksprodukte zum Verkauf anbietet (Di–Sa 9–17.30 Uhr). Das Restaurant Claustro de San Agustín serviert typische Gerichte (Sa/So geschlossen).

Die Kirche **San Agustín** wurde 1989 restauriert. Sie bewahrt die Statue des ›Jesus de Nazareno‹ auf, der 1812 im Zuge der Befreiung von der Kolonialherrschaft zum ›Generalísimo‹ des Heeres ernannt wurde.

Das **Museo Arqueológico** (Archäologisches Museum) ist im Haus des Marqués de San Jorge aus dem 18. Jh. untergebracht, einem sehenswerten kolonialen Gebäude, das von der Banco de la República restauriert wurde. Es zeigt die wohl beste Sammlung präkolumbischer Keramik im Land (Di–Sa 9.30–17 Uhr; So 10.30–15 Uhr). Das kleine Restaurant im Gebäude ist nur von der Calle 8 zu erreichen.

Vorbei am Kongreßgebäude gelangt man zurück zur Plaza Bolívar und von hier in die Calle 10. Die Kirche **San Ignacio** wurde gleich nach der Ankunft der Jesuiten im Jahre 1604 von Pater Juan Bautista Coluccini nach dem Vorbild der Jesuitenkirche Il Gesù in Rom konzipiert und traditionsgemäß nach dem Ordensgründer Ignacio de Loyola benannt. Die Kirche ist mit großartigen Barockaltären und Gemälden ausgestattet.

Gegenüber liegt die attraktive **Plazuela de Don Rufino José Cuervo** mit dessen Denkmal unter imposanten Palmen. In eine Wand ist die Deklaration der Menschenrechte eingemeißelt. Das von der Universidad de las Américas eingerichtete Museo de Trajes Regionales an der Nordseite des Platzes zeigt präkolumbische und koloniale Trachten. In diesem restaurierten Kolonialhaus lebte Manuelita Sáenz,

schnitzereien im Mudéjarstil, die Retabeln sowie über 100 Gemälde des 17. und 18. Jhs. Die Kirche gehörte einst zu einem großen Klarissinnenkloster. Sie symbolisiert in ihrer äußeren Schlichtheit die einfache Lebensweise des Bettelordens. Bei der Restaurierung von 1983 wurden Wandfresken aus dem 17. Jh. freigelegt.

Das **Museo de Artes y Tradiciones Populares** (Museum der Volkskunst) ist in einem Gebäude untergebracht, das 1583 als Hauptseminar des Augustiner-

Eisverkäufer

Auf dem Blumenmarkt von Bogotá

die Geliebte Bolívars, nachdem dieser nach Santa Marta gegangen war.

Manuelita soll Simón Bolívar bei seiner Flucht aus dem **Palacio de San Carlos** geholfen haben, wo der ›Befreier Südamerikas‹ einige Zeit als Präsident von Großkolumbien residierte. Manuelita hatte von einer Verschwörung gegen ihn munkeln hören, und als die Attentäter ins Zimmer Bolívars eindrangen, stieß sie den schmächtigen Mann kurzerhand aus dem Fenster – so hält es jedenfalls in feierlichem Latein die Gedenktafel unter dem Fenster an der Calle 10 fest. Simón versteckte sich unter einer Brücke und stellte schließlich fröstelnd, aber zufrieden fest, daß seine Anhänger Oberwasser behalten hatten. 14 Verschwörer wurden hingerichtet, der Drahtzieher, Vizepräsident Santander, kam mit der Verbannung nach

Europa davon. Der Palast ist heute Sitz des Außenministers. Das Theater Colón (gegenüber) wurde 1892 eingeweiht und ist Sitz des Landes-Sinfonieorchesters.

Das um 1640 entstandene Hauptgebäude des **Museo de Arte Colonial** (Kolonialmuseum) gehörte ursprünglich – wie auch der spätere Palacio de San Carlos – zum ausgedehnten Besitz des Jesuitenklosters. Im Salón de Actos, einst Kapelle, proklamierte man 1812 Antonio Nariño zum ersten Präsidenten nach der Unabhängigkeit. 1828 ließ Bolívar hier seinen Gegenspieler General Santander einsperren. Das Museum, das einen schönen Patio einschließt, besitzt eine umfangreiche Sammlung von Kolonialgegenständen aus der Zeit von 1550 bis 1820, zahlreiche Gemälde von Vásquez de Arce y Ceballos (separater Raum), Joaquín Gutiérrez,

Marktfrau mit Flechtwaren

Acero de la Cruz sowie Gaspar und Baltasar de Figueroa – und über 200 Möbelstücke aus der Kolonialzeit (Di–Sa 10–15 und 14–17.30, So 11–17 Uhr).

Ein weiteres der Kolonialzeit gewidmetes Museum ist die **Casa de la Moneda,** ein imponierendes Kolonialhaus aus dem Jahre 1753, mit einer Münzprägemaschine aus Sevilla und Münzsammlungen.

Das **Museo de Desarrollo Urbano** (Museum für Stadtgeschichte) dokumentiert mit zahlreichen Objekten und Hunderten von alten Fotos die Entwicklung der Stadt, insbesondere im 20. Jh. (Mo–Fr 9–17.30, Sa 10–17 Uhr).

Das **Museo Militar** ist im Haus eines Wegbereiters der Befreiung (Antonio Ricaurte) untergebracht, das später als erste Ingenieursschule der Stadt diente. Waffen, Uniformen und Dokumente geben Aufschluß über die Geschichte der kolumbianischen Armee; in der Sala de Independencia finden zeitweise Lichtbildvorträge über die Befreiungskampagne von 1819 und historische Kurzfilme statt (Di–Sa 9–11.30 und 14–17 Uhr).

Geht man von der Plaza Bolívar entlang der Carrera 7 nach Norden, so gelangt man zum **Parque de Santander,** einem kleinen, vom Hochhaus der Avianca-Fluggesellschaft überragten Platz. Hier geht es mit Schaustellern und Verkäufern von Luftballons und Andenken an religiösen Festtagen, besonders zu Ostern, weitaus lebendiger zu als auf der Plaza Bolívar. Am Palmsonntag werden Palmzweige vor den Eingängen der Kirchen San Francisco, La Tercera und La Veracruz verkauft.

San Francisco wurde 1569 bis 1640 erbaut. Der Turm stammt aus dem späten

18. Jh. Das Äußere ist schlicht, das Innere jedoch reich dekoriert. Der vergoldete Hauptaltar gilt als eines der ausdrucksvollsten Werke des 17. Jhs., der Altar der Sakristei ist im platteresken Stil ausgeführt, und die Decke der Kirche stellt ein klassisches Beispiel des Mudéjarstils dar (Schnitzwerk mit Einlegearbeiten in geometrischen Mustern). Einige der Ölgemälde stammen von den Meistern Vásquez de Arce y Ceballos und Gaspar de Figueroa.

Die Kirche **La Tercera** (Die Dritte) hat ihren Namen vom Dritten Orden der Franziskanermönche, die sie im 18. Jh. erbauten. Das Braun der nichtvergoldeten großen Altäre aus Zedern- und Nußbaumholz steht in eindrucksvollem Kontrast zu den weißgetünchten Wänden. Das Schnitzwerk gehört zu den großartigsten seiner Art in den Kirchen Bogotás.

Die Kirche **La Santa Veracruz** wurde 1904 anstelle eines Gotteshauses aus dem 18. Jh. erbaut und dient seit 1910 als Panteón Nacional, Begräbnisstätte berühmter Persönlichkeiten Kolumbiens. Unter dem Boden des Mittelschiffes sind viele Wegbereiter und Märtyrer des Unabhängigkeitskampfes begraben.

An der Ostseite des Parque de Santander befindet sich das berühmteste Museum der Stadt, das Goldmuseum (Museo de Oro, vgl. Museen).

Beachtenswert ist die Kirche **San Diego** (Recoleta de San Diego). Sie liegt mitten im Centro Internacional gegenüber dem Hotel Tequendama. Das Sanktuarium wurde am Anfang des 17. Jhs. von den Franziskanern errichtet, weit außerhalb der damaligen Stadt, auf dem Land der Hacienda Burburata. An die ehemals ländliche Idylle erinnert noch die steinerne Statue der ›Virgen del Campo‹ (Jungfrau vom Lande) in einer Kapelle gleich rechts am Eingang.

Museen

Einige der Museen im Bereich der Altstadt, Nähe Plaza Bolívar, sind unter dem Stichwort ›Sehenswürdigkeiten‹ beschrieben. Weitere wichtige Museen:

Das weltweit einmalige **Goldmuseum** (Museo de Oro) gilt als Hauptattraktion von Bogotá. Seine Einrichtung ist der Banco de República zu verdanken. Es dokumentiert das Goldhandwerk der wichtigsten präkolumbischen Indio-Kul-

Markt im Barrio Egipto, Bogotá

turen. Seit 1938 hat die Zentralbank im ganzen Land zu großzügigen Preisen viele Goldobjekte präkolumbischer Kulturen aufgekauft. Dadurch wurde wenigstens teilweise verhindert, daß die von Grabräubern gefundenen Gegenstände illegal an inländische oder ausländische Privatsammler gelangten.

Auf mehreren Stockwerken können sich die Besucher über die präkolumbische indianische Goldschmiedekunst informieren. Im obersten Stock befindet sich der ›Salón Dorado‹, eine Art großer Goldsafe. Der Zugang in den dunklen Raum erfolgt gruppenweise. Er wird plötzlich erhellt, und man steht geblendet vor den lückenlos mit Gold behängten Wänden. Im Foyer des modernen Museumsgebäudes am Parque de Santander kann man Bücher und Nachbildungen von Ausstellungsobjekten erwerben (Di–Sa 9–16, So 9–12 Uhr; es ist sinnvoll, sich einer englischsprachig geführten Gruppe anzuschließen, was etwa ab 10 Uhr möglich ist).

Sehr sehenswert ist auch das **Museo Nacional** (Nationalmuseum) an der Carrera 7, gegenüber dem Centro Internacional. In einem ehemaligen Gefängnisbau werden nicht nur Objekte aus der Geschichte der Republik seit der Unabhängigkeit gezeigt, sondern auch aus den vorkolumbischen Kulturen, darunter eine Stele aus San Agustín und der Mantel der Frau Atahualpas; außerdem Gegenstände aus der Kolonialzeit und Gemälde (Di–Sa 10–18; So 11–17 Uhr).

Die **Quinta de Bolívar** nahe der Talstation der Monserrate-Seilbahn ist ein typisches Landhaus aus der späten Kolonialzeit. Hier lebte Simón Bolívar zwischen 1821 und 1830 insgesamt 412 Tage lang (Di–So 9–17 Uhr).

Ausflug

Nur bei gutem Wetter lohnt sich die Fahrt hoch auf den Stadtberg **Monserrate**, um den weiten Blick über Bogotá zu genießen. In der modernen Wallfahrtskirche verehrt man den ›Cristo de Monserrate‹, eine Heiligenfigur aus dem 17. Jh. In den Souvenirläden, Restaurants und Cafeterías herrscht an Wochenenden Hochbetrieb, und es bilden sich lange Schlangen vor den Stationen der Seilbahn (Teleférico: 6–18 Uhr) und der alten Zahnradbahn (Funicular: nur sonntags). Der weitere Umkreis der Stationen gilt als gefährlich (Diebstähle, Überfälle).

Information: Touristenbüro CNT (Corporación Nacional de Turismo), C. 28 No. 13A–15, Centro Internacional, im Edificio de Comercio, Parterre (man muß eventuell seinen Paß am Eingang abgeben), sowie im Flughafen; Reiseagentur TMA (Tierra Mar Aire, zugleich Agent von American Express) im Centro Internacional Tequendama (man fragt am besten einen der Polizisten, die das Centro bewachen). Im Centro Internacional findet man eine Reihe weiterer Reisebüros und die meisten Fluggesellschaften.

Unterkunft: *Luxushotels* außerhalb des Centro: Bogotá Royal, Av. 100 No. 8A–01; Bogotá Plaza, C. 100 No. 18A–30; Casa Medina, Cra. 7 No. 69A–22; La Fontana, Av. 127 No. 21–10, Charleston, Cra. 13 No. 84–46. Günstiger liegen Hilton, Cra. 7A No. 32–16, und Tequendama, im Centro Internacional.

Gut bis mittelmäßig mit günstiger Lage (vgl. Stadtplan): San Diego; Bogotá; Americano; Hotel del Duc; Presidente; Tundama; Parque; Inter Bogotá; Bacatá; Dann; Continental; Zaratoga; Nueva Granada; Santa Fé; Dann Colonial.

Restaurants: *Sehr gute Restaurants:* Preisgekrönt sind die drei Restaurants der Kette Casa Vieja (Altes Haus): Av. Jiménez No. 3–73, Cra. 3 No. 18–60 und Cra. 10A No. 26–50; außerdem: El Zaguán de Las Aguas, C. 19 (nahe Hotel Dann, mit Volksmusik); Tierra Colombiana, Centro Internacional, Interior 12 (sehr gut, mit Volksmusik-Darbietungen); Claustro de San Agustín, im Museo de Arte y Tradiciones Populares; Colombia Antigua, C. 18 No. 4–97; Parrilla de Oro, Cra. 4 No. 17; Los Sauces, Cra. 11 No. 69; Las Acacias, Cra. 11 No. 65; Noches de Colombia, Cra. 15 No. 97–65 (Volksmusik-Darbietungen); La Pila, Av. Jiménez No. 3–87; La Caspiroleta, C. 33 No. 6–28; Mesón de Indias, C. 13 No. 5–33.

Fisch: La Fragata, C. 15 No. 9–30, Interior 3, und im Centro El Lago, Interior 1; La Posada del Mar, C. 95 No. 11A–75; La Red, Cra. 15 No. 34.

Regionale Küche Kolumbiens: La Fonda Antioqueña, C. 19, nahe Hotel Dann; El Portal del Marinillo, C. 23 No. 6–47; El Carriel, Cra. 15 No. 93 B–28. Küche der Llanos: Los Centauros, C. 19 No. 16–74. Küche der Karibikküste: El Palacio de la Ostra, Cra. 9 No. 19–91.

Spanische Küche: Las Ramblas, Av. 13 No. 79–90 (Shows und spanische Musik).

Sehr gute *Pizza* bei Jeno's, u. a. C. 19, nahe Hotel Bacatá (sehr große Portionen).

Deutsche Gerichte: Resi Berlín, Centro Internacional, Interior 143; Doña Herta, C. 19 No. 8–61; Chalet Suizo, Av. 22 No. 39A–48.

Flüge: Der internationale Flughafen El Dorado, 20 Min. westlich vom Zentrum, ist auch Drehscheibe für nationale Flüge. Flugzeuge nach Cali und Medellín starten aber meist vom 1 km entfernten Flughafen Puente Aéreo. Stadtadressen der nationalen Fluglinien, etwa in der Reihenfolge ihrer Bedeutung: Avianca, Cra. 7 No. 16-36 (Avianca-Hochhaus); Aces, Cra. 10 No. 26-53; Sam, Av. Jiménez No. 5-14; Intercontinental de Aviación, Cra. 10 No. 28-31; Aires, Cra. 13 No. 35-39 (nach Neiva, Villavicencio, Florencia, Ibagüe); Satena, Cra. 10 No. 27-13 (in Militärbesitz, fliegt hauptsächlich mit Propellermaschinen in den Grenzbezirken und im Chocó/Amazonía, Leticia). Alle wichtigen Städte werden mehrmals täglich angeflogen. Engpässe kann es um Weihnachten und Ostern geben, wenn die betuchteren Bogotaner aus der kühlen Stadt an die Karibikküste flüchten. Busse (u. a. Nr. 230) und *colectivos* mit der Aufschrift Aeropuerto fahren entlang der C. 19, Nähe Cra. 10. Besser nimmt man ein Taxi von und zum Flughafen (ca. 4 Dollar). Zwischen den Flughäfen El Dorado und Puente Aéreo besteht ein ständiger Kleinbusservice. Ein Touristenbüro des CNT befindet sich im Obergeschoß des Flughafengebäudes.

Fernverkehr mit Bussen und Sammeltaxis: Der große und moderne Busterminal (Terminal de Transportes) im Westen der Stadt, Transversal 66 No. 35, ist ca. 15 Taximinuten vom Zentrum entfernt. Die Busunternehmen sind überwiegend auf Regionen/Richtungen spezialisiert. Im Terminal sind sie bestimmten Abteilungen *(módulos)* zugeordnet. Richtung Tunja/Sogamoso (Boyacá): Rápido Duitama, Linea Gacela de Lujo, auch Transportes Autoboy (Kleinbusse); zur Karibikküste: Transportes Bolívar S.A. und (besser) Expreso Brasilia; nach Cúcuta und Venezuela: Berlinas del Fonce; nach Westen und Süden: Flota Magdalena und Expreso Bolivariano (bis Ecuador); nach Florencia und San Agustín: Coomotor; nach Cali/Pereira u. a.: Velotax; in die westlichen Llanos: Flota La Macarena. Busse Richtung Norden

◁ Ein Clown auf Stelzen wirbt für Sonderangebote, Bogotá

137

(Chía, Zipaquirá mit Aufschrift ›Zipa‹) ab Plaza de los Mártires, entlang Av. Caracas; nach Neu-Guatavita ab Busterminal mit Flota Aguila. *Colectivos* (Sammeltaxis) verkehren vor allem entlang der Cra. 10 und können ebenfalls für Fahrten gemietet werden.

Züge: Der Bahnhof Estación de la Sabana liegt in der Av. Jiménez Quesada (zwischen C. 18 und 19, fünf Häuserblocks westlich der Av. Caracas). Der ›Expreso del Sol‹ fährt am Dienstag und Freitag um 8 Uhr Richtung Pazifikküste. Komfortabler ist der ›Tayrona‹ nach Santa Marta, montags um 8 Uhr (kein ganzjähriger Betrieb, Auskunft am Schalter). Es besteht auch die Möglichkeit, mit dem Zug oder Bus bis La Dorada zu fahren und von dort nach Santa Marta und Medellín. Längere und unerwartete Aufenthalte entlang der Strecke durch das Tal des Magdalena sind möglich. Das Hauptgepäck kann man in Gepäckfächern verwahren lassen, das Handgepäck muß man gut bewachen. Nähere Auskünfte über den aktuellen Fahrplan erhält man im Bahnhof. An Wochenenden fahren dampflokbetriebene Touristen-Züge von Bogotá nach Zipaquirá und Nemocón (9 Uhr) sowie zum Vergnügungspark Jaime Duque (10 Uhr), Rückfahrt ca. 18 Uhr. Die Bahn ist in Kolumbien ein vom Staat vernachlässigtes und von der Bevölkerung geringgeschätztes Verkehrsmittel. In und um den Bahnhof Achtung vor Dieben!

Stadtverkehr: *Busse* und Minibusse privater Unternehmer bedienen jeden Winkel von Bogotá. Das System scheint chaotisch, ist aber offensichtlich effektiv. Entlang der Av. 10 verkehren viele Linien. Man stellt sich am besten hinter eine Kreuzung und winkt.

Taxis: Die normalen Straßentaxis haben keine speziellen Sammelstellen. Die zahlreichen, oft sehr betagten Wagen fahren die Straßen ab auf der Suche nach Fahrgästen. Ein Taxameter ist gesetzlich vorgeschrieben. Ist keins vorhanden, sollte man zu Beginn der Fahrt den Preis festsetzen. Im Stadtbereich beträgt er ca. 1 Dollar, Aufschläge nach 20 Uhr, an Sonn- und Feiertagen und für Fahrten zum Flughafen. Touristentaxis (grün-elfenbeinfarben) stehen häufig vor den besseren Hotels und sind auf die Wünsche von Touristen spezialisiert (eventuelle Beschwerden über sie kann man an der Rezeption der Hotels anmelden). Die Preise für Ausflüge in die Umgebung von Bogotá sind festgesetzt. Die normalen Taxis bieten diese Touren aber oft für weniger Geld an. Funktaxis *(taxis con radioteléfono)* sind rund um die Uhr über die Zentralen abrufbar. Diese Taxis gelten als besonders gut und zuverlässig, sind aber auch etwas teurer. Auch mit ihnen sind Halbtages- oder Tagesausflüge möglich. Billigere Sammeltaxis *(minibus-colectivos)* in fast alle Teile der Stadt fahren entlang der Cra. 10 und der Av. Jiménez.

Leihwagen: Die internationalen Firmen sind im Flughafen von Bogotá vertreten.

Einkauf: Die wohl beste Auswahl an Folkloreartikeln und original kolumbianischer Handwerkskunst zu moderaten Preisen bietet die staatliche Einrichtung Artesanías de Colombia S.A. in den ehemaligen Klosterräumen der Iglesia de las Aguas, Cra. 3 A No. 18–60. Hier werden auch dreisemestrige Handwerkskurse angeboten. Eine Filiale der Institution, die dem Ministerium für Wirtschaftsentwicklung untersteht, befindet sich in der Recoleta de San Diego, gegenüber dem Hotel Tequendama. Auch das Museo de Artes y Tradiciones Populares hat einen Laden. Repliken präkolumbischer und kolonialer Kunstobjekte (auch anderer südamerikanischer Länder) werden in diversen, meist teuren Geschäften des Centro Internacional Tequendama und im riesigen Unicentro, dem größten Einkaufszentrum von Bogotá, angeboten. Natürlich haben auch die besseren Hotels eine meist gute Auswahl. Seltener findet man etwas auf dem Flohmarkt, feiertags Ecke C. 19 entlang Cra. 3, oder auf dem Straßenmarkt entlang C. 19 ab Cra. 7.

Leder ist in Kolumbien preiswert. Gute und elegante Ledergeschäfte finden sich an der C. 19, Nähe Cra. 7, in den oben genannten Centros Comerciales und im Stadtteil Chapinero, C. 60 (Cra. 13/14). Zu niedrigen Preisen erhält man Lederwaren im Barrio Restrepo (ab C. 15/Cra. 24) direkt beim Hersteller.

Smaragde sollte man nie auf der Straße, sondern nur in guten Geschäften mit Zertifikat *(cer-*

tificado) kaufen. Am teuersten sind die dunkelgrünen aus den Minen von Muzo. Man kann sie lose oder mit meist 19-karätigen Goldfassungen kaufen. Häufig werden 10% Nachlaß gewährt. Die Auswahl in den einzelnen Geschäften ist nicht sehr groß; man findet einige entlang der Cra. 7 und C. 19, im Centro Internacional, im Unicentro und u. a. in El Lago entlang Cra. 15, zwischen C. 72 und 100. In der Altstadt (Cra. 6, etwa zwischen C. 13/14) gibt es eine Menge einfacher Juwelierläden.

Sie ist der Virgen del Rosario (Jungfrau vom Rosenkranz) geweiht, die als Schutzpatronin der Bergleute auch zärtlich ›La Morenita‹, die ›kleine Dunkle‹, genannt wird (Besichtigung Di–Sa 10–12 und 13–16.15, So 10–16 Uhr).

Anreise: Ab Bogotá fahren Busse mit der Aufschrift ›Zipa‹ ab Plaza de los Mártires, entlang der Av. Caracas.

Zipaquirá

Lohnend ist von Bogotá aus ein Ausflug nach Zipaquirá (42 km nördlich). Die Stadt mit ca. 40 000 Einwohnern ist ein Zentrum der Rinderzucht. Sehenswert sind die Kolonialhäuser mit malerischen Balkonen an der zentralen Plaza. Die eigentliche Attraktion des Ortes ist die **Salzkathedrale,** die in das Innere eines großen Salzberges gehauen wurde. Schon vor der Ankunft der Spanier bildete das Salz die Machtgrundlage des hiesigen Muisca-Fürsten, des ›Zipa‹. Mit dem zu runden Fladen gepreßten Salz wurde ein florierender Handel über weite Entfernungen getrieben. Die Muisca-Indios tauschten es gegen das Gold des Cauca-Tals. Die Spanier, die über die indianischen Bergwerke staunten, beuteten diese bald selbst aus, indem sie die Indios als Sklaven arbeiten ließen. Alexander von Humboldt besuchte die Minen 1802. Auf seinen Ratschlag ging man vom Tage- zum Untertagebau über.

Durch einen langen Tunnel gelangt man zum 23 m hohen Kathedralenraum, dessen Wände aus purem Salz im Laufe der Zeit eindunkelten und heute ganz schwarz sind. Die mit Salpeterdunst durchsetzte Luft ist schwül und drückend. Ein 18 t schwerer Salzquader dient als Altarblock. 1954 wurde die Kathedrale fertiggestellt.

Laguna de Guatavita

Der kleine See von Guatavita liegt nördlich von Bogotá in der Nähe des Stausees Tominé. Er ist aufgrund der Legende des El Dorado (Goldener Mann) berühmt geworden (vgl. S. 140). Von den Versuchen, die vermuteten Schätze auf dem Grunde der Lagune zu bergen, zeugt noch die Einbuchtung am Rande.

Auf dem Weg zum See kommt man durch das im Kolonialstil gehaltene Guata-

Lago de Tominé, nahe Guatavita

El Dorado

Der Mythos vom ›Goldenen Mann‹ beflügelte die nach Reichtum gierenden Konquistadoren. Etliche von ihnen glaubten gar der Kunde von Städten aus purem Gold. Die Indios benutzten solche Erzählungen möglicherweise als Täuschungsmanöver, um die unersättlichen Spanier auf die falsche Fährte zu lenken. Die Mär von El Dorado scheint indes einen geschichtlich-kultischen Kern zu besitzen.

Die Muisca-Indios verehrten Lagunen als Orte von Dämonen. Die kreisrunde Laguna de Guatavita, wohl ein ehemaliger Krater, soll besondere Verehrung genossen haben. Der Legende nach ließ sich der dortige Fürst aus festlichem Anlaß am ganzen Körper mit wohlriechendem, harzigem Öl einreiben und mit Goldstaub bedecken, bevor er – glänzend wie eine Statue aus purem Gold – auf einem mit Opfergaben beladenen Floß in die Mitte der Lagune gerudert wurde, dort ins Wasser stieg und den Goldstaub abstreifte. Den Spaniern erzählte man, daß er dies aus Liebe zur schönsten seiner Frauen tat, die ihn mit einem Adligen betrogen und sich dann aus Verzweiflung in die Lagune gestürzt hatte. Die Zauberer konnten sie nicht zurückholen, der Schlangendämon der Tiefe hielt sie gefangen. Dieser erschien von Zeit zu Zeit in ihrer Gestalt und prophezeite Seuchen und Katastrophen.

An Versuchen, die vermeintlichen Schätze zu heben, hat es bis heute nicht gefehlt. 1581 soll der spanische Kaufmann Sepúlveda, der mit Hilfe von 8000 Indios den Wasserspiegel durch einen Abflußkanal senkte, viele Goldgegenstände und einen riesigen Smaragd gefunden haben. 1870 legte der Schatzsucher Urdaneta einen 187 m langen Abflußtunnel an, der sein Grab wurde. 1912 pumpten Engländer den See fast leer, doch der freigelegte Schlamm erstarrte zu einer zementartigen Masse. Die Kosten überstiegen den Fundwert um das Zehnfache.

Ein andernorts entdecktes Objekt untermauert den Wahrheitsgehalt der Legende von El Dorado: ein rund 18 cm langes Floß, bestückt mit Opfergaben, Ruderern und einer größeren Figur in ihrer Mitte, alles aus hochwertigem Golddraht gefertigt (vgl. Abbildung).

vita, das neu erbaut werden mußte (daher ›La Nueva‹), da das alte Guatavita im Stausee Tominé versunken ist, der die Stromversorgung Bogotás sicherstellt.

Anreise: Mit einem Jeep ist der See einfach zu erreichen. Auf der Strecke zwischen dem Ort Guatavita la Nueva und Sesquilé führt ca. 6 km vor Sesquilé an einem Kiosk eine Abzweigung hoch zum See. Zu Fuß muß man bei trockenem Weg ca. eine Stunde Gehzeit rechnen. An Wochenenden werden von Guatavita la Nueva Wandertouren und Ausflüge per Pferd zum See angeboten.

Über Fusagasugá und Girardot zum Salto de Tequendama

Bei dieser Rundreise, die zunächst von Bogotá in südwestlicher Richtung hinunter zum Río Magdalena führt, lernt man die verschiedenen Klimazonen von der kalten Hochebene bis zum heißen Tal dieses Flusses kennen. Die drei Orte Fusagasugá, Melgar und Girardot, die dabei passiert werden, sind beliebte Urlaubs- und Wochenendziele der Bogotaner; reichere

Familien haben sich hier Ferienhäuser erbaut.

Fusagasugá (1600 m, gemäßigtes Klima) ist bekannt für seine Orchideen, deren Blütenpracht von Dezember bis Februar am schönsten ist. Der außerhalb des Ortes gelegene Jardín Luxemburgo enthält eine besonders reichhaltige Sammlung.

Im Winter zieht es viele Bogotaner ins heiße **Girardot**. Viele der besseren Hotels am Ort besitzen Swimming-Pools. Bei hohem Wasserstand verkehren Boote auf dem Río Magdalena; für Touristen werden verschiedene Ausflüge angeboten. In den Hausboot-Restaurants am Ufer kann man gut essen, besonders Steaks, da Girardot Zentrum eines Rinderzuchtgebietes ist.

Die Rückfahrt erfolgt über die nördlicher verlaufende Straße, das Tal des Río Bogotá aufwärts. In Tocaima nimmt man die Abzweigung nach El Colegio, von wo man zum Tequendama-Wasserfall gelangt. Der **Salto de Tequendama,** 31 km von Bogotá, bot früher nach starken Regenfällen ein eindrucksvolles Schauspiel. Der Río Bogotá (Río Funzá) stürzt hier 140 m tief über eine hufeisenförmige Felsstufe

Blick auf den Río Magdalena, bei Girardot

am Rande der Hochebene. Einem Mythos der Ureinwohner zufolge kam einst der Kulturbringer Bochica aus dem östlichen Tiefland zu den Indios auf die Hochebene von Bogotá und lehrte sie Ackerbau und Weberei. Nachdem er wieder gegangen war, verbündeten sich der Teufel Huitaca und der entmachtete Gott Chibchacúm: Sie stauten den Río Funzá auf und überfluteten das Hochland. Da erschien Bochica erneut auf einem Regenbogen und schlug mit einem goldenen Stab eine Bresche in die Berge, so daß das Wasser über den Tequendama-Fall abfloß.

Durch die chemischen Abwässer der vielen kleinen Gerbereien, die flußaufwärts liegen, ist das Wasser heutzutage stark verunreinigt, und die hydroelektrische Nutzung hat die zu Tal stürzenden Wassermengen reduziert, so daß ein Besuch eigentlich nur im Rahmen der vorgeschlagenen Rundfahrt lohnt.

Praktische Hinweise: Am einfachsten ist es, für die Rundfahrt ein Taxi oder einen Leihwagen zu mieten; Busverbindung zwischen Bogotá und Girardot (stündlich); in Girardot eine große Anzahl von Hotels.

Villavicencio

Die weiten Savannen (Llanos) Venezuelas setzen sich diesseits des Grenzflusses Arauca auf kolumbianischem Gebiet fort. Im Süden reichen sie etwa bis zum Río Guaviare, der in den Orinoco mündet. Daher nennt man die Llanos Orientales offiziell auch ›La Orinoquía‹ im Gegensatz zur ›Amazonía‹ weiter südlich, deren Flüsse in den Amazonas münden.

Die 1840 gegründete Stadt Villavicencio (ca. 110 km südöstlich von Bogotá, 150 000 Einwohner) ist das Tor zu den Llanos Kolumbiens und deren wirtschaftliches Zentrum. Neben der traditionellen Vieh-

wirtschaft hat der Reisanbau zunehmend an Bedeutung gewonnen. Im Zentrum um den Parque Santander (mit Touristenbüro, Kathedrale, Gobernación) und entlang der Carrera 31 und den Calles 37 und 38 findet man die meisten Restaurants und Geschäfte.

Information: Das Touristenbüro am Zentralpark Santander in Villavicencio erteilt Auskünfte über Ausflugsmöglichkeiten in die Llanos; ein weiteres Büro: Proturismo, C. 39 No. 31–42.

Unterkunft in Villavicencio: Del Llano, Cra. 30 No. 49–77, an der Ortsausfahrt nach Restrepo (bestes Hotel am Ort). Weitere Hotels: Villavicencio, Cra. 30 No. 35A–22; Centauros, C. 38 No. 31–05; Inambú, C. 37A No. 29–49; Central, Cra. 30A No. 37–06; Don Lolo, Cra. 41/Ecke C. 21; Galerón, C. 38 No. 31–45.

Restaurants: León Dorado, Cra. 32 No. 45–04; Cazuelas y Parrillas, C. 41 No. 31–32; gute Restaurants auch in den Hotels Del Llano (Restaurante Canaguaro) und Villavicencio (Restaurante La Hacienda).

Verkehr: Mehrmals wöchentlich Flüge von und nach Bogotá ab Flughafen Vanguardia in Villavicencio. Über Flüge in die Llanos erkundige man sich im Touristenbüro in Bogotá. Moderne Busse der Flota La Macarena fahren vom Busterminal in Bogotá stündlich nach Villavicencio und zurück (auf guter Straße, ca. 3 Std.) bzw. weiter über Acacias und San Martín bis Granada (s. u.).

Feste: Im Dezember Festival de la Canción Colombiana; im Juni Torneo International del Joropó (Villavicencio); im Januar Festival de Música Llanera (in Acacias); im November Festival Folclórico del Llano (San Martín); die Daten können sich verschieben.

Ausflug: Von Villavicencio aus ließe sich der rund 150 km südlich gelegene Nationalpark Serranía de la Macarena besuchen (beschränkte Zugangsmöglichkeiten im Touristenbüro in Villavicencio erkundigen). Die geologisch alte

Berglandschaft ist noch wild und ursprünglich, in mancher Hinsicht mit den *tepuis* im venezolanischen Guayana zu vergleichen (vgl. S. 15), und hier leben zahlreiche Wildtierarten. Eine Besuchserlaubnis muß man spätestens in Vistahermosa bei der Inderena (Parkverwaltung) einholen. Dorthin gelangt man lediglich mit geländegängigen Wagen, da die Straße nur bis etwa San Juan de Arama gut ist (von Villavicencio über Acacias, San Martín und Granada nach Süden).

Die Ostkordillere nördlich von Bogotá

Tunja

Die Hauptstadt des Departamento Boyacá liegt in den Ostanden, rund 200 m höher als Bogotá (137 km nordöstlich). Es ist hier windiger und kühler, aber weniger diesig als in Bogotá. Obwohl die Einwohnerzahl auf rund 100 000 angewachsen ist, hat Tunja den Charakter einer kolonialen Kleinstadt behalten.

Der Konquistador Gonzalo Suárez Rendón gründete den Ort am 6. August 1539 auf den Ruinen einer bedeutenden Siedlung der Muisca-Indios und gab ihm den Namen Hunzá. Der Zaque Quemuenchatocha, zweithöchster Muisca-Fürst und Rivale des Zipa von Bacatá (Bogotá), mußte den spanischen Siedlern weichen. Die Konkurrenz zu Bogotá blieb auch unter den neuen Herren bestehen. Tunja wurde von Karl V. mit den gleichen umfangreichen Privilegien wie Bogotá ausgestattet. Silber- und Goldminen brachten genug Geld ein, um die Kirchen, die zu den vielen reichen Ordensklöstern gehörten, überschwenglich dekorieren zu können. Simón Bolívar besiegte die Spanier wenige Kilometer südlich von Tunja an der Brücke von Boyacá.

Plaza Bolívar in Tunja

Mönche vor der Kathedrale in Tunja

Sehenswürdigkeiten

An der weiten **Plaza Bolívar** mit dem Denkmal des ›Libertador‹ in der Mitte liegen die ältesten Gebäude. Gegenüber der Kathedrale kann man noch eines der langen Kolonialhäuser mit einer durchgehenden Galerie von Holzbalkonen sehen.

Die **Casa del Fundador,** die 1540 erbaute Residenz des Stadtgründers Suárez Rendón, hat einen sehr schönen Patio und einen Garten mit mächtigen Palmen. In den Wohn- und Repräsentationsräumen des Oberstocks zeigen naive Deckengemälde (frühes 17. Jh.) eine interessante Mischung aus einheimischer und mythologischer Flora und Fauna (Sala Grande, auch mit den Wappen der beiden Söhne Rendóns, Miguel und Gonzalo, und ihres Stiefvaters Juan Núñez de la Cerda, der die Witwe des Stadtgründers heiratete); im Speisezimmer Sevillaner Mosaiken und Geschirr mit den Initialen des Gründers.

Die meisten Möbel sind originalgetreue Reproduktionen.

Die **Kathedrale** aus der zweiten Hälfte des 16. Jhs. mit einem Hauptportal im kolonial-plateresken Renaissance-Stil nimmt nahezu einen halben Häuserblock ein. Die Capilla de los Mancipes mit maurischer Dekoration und die Kapelle des Stadtgründers liegen am linken Seitenschiff.

Von den Casa-Museos ist die **Casa del Escríbano** (auch Casa del Escríbano Real Don Juan de Vargas genannt) wegen ihrer Deckengemälde, Fresken, der kolonialen Architektur und der Möbel sehenswert (12.30–14.30 und ab 17.30 Uhr; falls geschlossen, Klingel betätigen).

Die Statue **Pila del Mono** auf einem schattenlosen Platz ist dem Gott des Schweigens geweiht, wohl eine ironische Anspielung auf das Laster der Schwatzsucht.

Sehenswert ist das Kloster **Santa Clara La Real,** das erste Nonnenkloster von Neu-Granada, heute Museum religiöser Kunst. Nach der Enteignung im Jahre 1861 und der Vertreibung der Nonnen nahm das Gebäude staatliche Institutionen auf. Kirche und Kloster wurden 1571–1574 mit Spenden reicher Grundbesitzer erbaut. Die im maurischen Stil gehaltene Decke des einschiffigen Gotteshauses schmückt eine Sonne mit Mund und Augen, die indianischen Einfluß verrät. Ein Teil des Klosters ist Francisca Josefa del Castillo gewidmet, die einer reichen Familie Tunjas entstammte, dem Konvent mit 18 Jahren beitrat, zur Äbtissin aufstieg und hier 1742 nach 53 Jahren Klosterleben starb. Ihre Zelle und eine kleinere Büßerzelle, von der man in den Kirchenraum blickt, liegen im Obergeschoß. Aufgrund ihrer religiös-mystischen Poesie hat man die Nonne mit Juana Inés de la Cruz (Mexiko) und der Heiligen Teresa von Spanien verglichen.

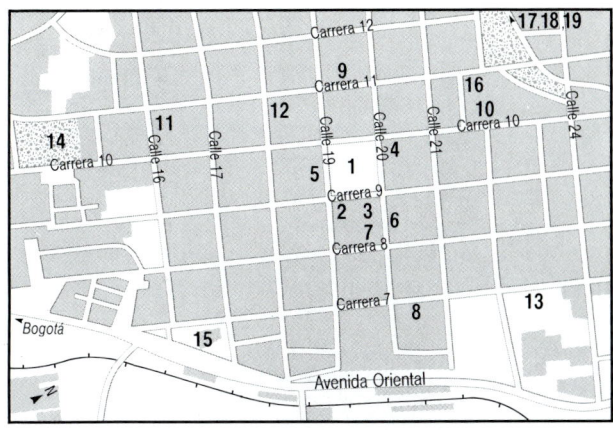

Tunja 1 Plaza Bolívar 2 Kathedrale 3 Casa del Fundador 4 Regierungssitz 5 Telecom
6 Casa-Museo Juan de Vargas 7 Pila del Mono 8 Kloster-Museum Santa Clara La Real 9 Kirche
Santo Domingo 10 Kirche und Kloster San Francisco 11 Kirche Santa Bárbara 12 Kirche San
Ignacio, Bodegón de los Frailes 13 Kloster San Agustín 14 Bosque de la República 15 Busterminal 16 Hotel Hunzá 17 San Lázaro 18 Cojines del Diablo 19 Villa de Leyva

Das koloniale Schmuckstück Tunjas ist die prächtige Kirche **Santo Domingo** mit der Capilla del Rosario. Sie ist das Werk von José de Sandoval und Lorenzo de Lugo. Maurischen Stileinfluß zeigt die Artesonado-Decke mit den geometrischen Mustern der vergoldeten Holzkassetten auf rotem Grund. In der barocken Ornamentierung finden sich Motive aus der Flora und Fauna des Landes, darunter viele tropische Früchte, wie Ananas, Bananen, Avocados (die hier auf der Hochebene nicht heimisch sind). Diesen ›Mestizenbarock‹ gibt es in einer solchen Fülle nur in wenigen Kirchen.

Drei weitere Kirchen sind sehenswert. **San Francisco** (Kirche und Kloster, 1550 gegründet) mit schönen Zedernholzaltären und einem Sonnenemblem an der Kanzel, das zugleich christliches und indianisches Gottessymbol ist, enthält ein Museum für religiöse Kunst. Auf dem weiten Platz vor der Kirche werden in der Osterwoche die vielfältigsten Waren feilgeboten: von Räucherwaren über *ruanas* (Ponchos) bis zu bunt gefärbten Küken. Die Kirche **Santa Bárbara** besitzt eine Kapelle mit Mudéjardecke. In einem kleinen Museumsraum sind silberbestickte Prachtornate zu sehen. In der Jesuitenkirche **San Ignacio** (frühes 17. Jh., unlängst restauriert) finden Konzerte und Feierlichkeiten statt, insbesondere während der internationalen Kulturwochen.

Vom **Santuario de San Lázaro** (um 1600) hat man einen guten Ausblick auf die Stadt. Auf dem Weg dorthin kann man die **Cojines del Diablo** (wörtlich: Kissen des Teufels) besuchen: in den Fels gehauene, allerdings wenig sehenswerte Überreste eines angeblichen Throns des Zaque von Tunja, nach einer anderen Version eine Kultstätte der Muisca-Indios.

Wenig sehenswert, doch von lokalhistorischem Interesse ist der **Bosque de la República,** ein Park mit in Stein gehauenen Erinnerungen an die Befreiungskriege. Am Eingang erinnert eine glasgeschützte *adobe*-Mauer mit Einschußlöchern an hingerichtete Märtyrer.

Pila del Mono, Tunja

Information: Touristenbüro in der Casa del Fundador Suárez Rendón an der Plaza Bolívar (vgl. Stadtplan).

Unterkunft: Hunzá, vgl. Stadtplan; San Francisco, Cra. 9 No. 18–90; Americano, Cra. 11 No. 18–70; Hostal El Cid, Cra. 10 No. 20–78; Hostería San Carlos, Cra. 11 No. 20–12; Residencias Lord, C. 19 No. 10–64; Tunja, Cra. 9 No. 18–64.

Restaurants: An der Plaza Bolívar und in den von ihr abzweigenden Seitenstraßen viele einfache Cafeterías. Gut: Hotel-Restaurant Hunzá; Bodegón de los Frailes (neben Kirche San Ignacio, langgestreckter ehemaliger Klosterraum, rustikal).

Verkehr: Busterminal (vgl. Stadtplan); zahlreiche Busse von und nach Bogotá (ca. 3 Std.; Rápido Duitama, Linea Gacela); nach Villa de Leyva (ca. 30 Min.; u. a. Flota Boyacá, Coflonorte; außerdem *colectivos* und Taxis); Richtung Sogamoso, Paipa, Duitama (Rapido Duitama). Für Reservierungen Kartenschalter auf der Ebene über den Haltestellen benutzen, Zielorte werden meist unten ausgerufen, man zahlt im Bus. Vom Terminal verkehren auch Taxis zur Plaza Bolívar.

Feste: Festival Internacional de la Cultura mit Ausstellungen und Konzerten im Mai/Juni (variabel); Aguinaldo Boyacense vom 16.–24. Dezember: Veranstaltungen, regionale Tänze, Trachtenumzüge.

Villa de Leyva

Das typisch andine Dorf, eine gute halbe Stunde nordwestlich von Tunja, liegt in 2100 m Höhe, hat aber durch seine geschützte Lage dennoch ein angenehm warmes Klima. Villa de Leyva wurde gefühlvoll restauriert und vermittelt an Wochentagen, wenn sich hier nur wenige Touristen aufhalten und sich die Anzahl der parkenden Autos in Grenzen hält, einen guten Eindruck von der Kolonialzeit. Ein- und zweistöckige weißgetünchte Häuser mit roten Ziegeldächern säumen die Straßen und Plätze mit Kopfsteinpflaster.

Der Ort wurde am 12. Juni 1572, 35 Jahre nach dem Durchzug der ausgezehrten Soldaten Quesadas, von Suárez de Villalobos gegründet. Er benannte die Siedlung nach seinem Auftraggeber Andrés Díaz Venero de Leyva, Gouverneur von Neu-Granada.

Die Plaza Mayor mit einem Brunnen auf der Platzmitte wird von der **Iglesia Parroquial** (Pfarrkirche, erbaut um 1600) beherrscht. Sie besitzt einen typischen niedrigen Glockenturm und wirkt gedrungen und nüchtern. Am Eingang steht die Büste von Venero de Leyva.

Von der Kirche aus blickt man rechter Hand auf den **Los Portales** genannten Arkadengang mit Handwerksläden, linker Hand auf die **Casa del Cabildo** (Rathaus) und am unteren Ende der Plaza auf das **Museo Luis Alberto Acuña** (berühmter kolumbianischer Maler). Vom Obergeschoß der **Casa del Congreso,** Versammlungsort des ersten kolumbianischen Kongresses im Jahr 1812, richtete Camillo Torres seine Ansprachen ans Volk. Eine Büste im Garten erinnert an ihn.

Gegenüber der Kirche El Carmen (innen wenig interessant, das angegliederte Karmeliterkloster ist nicht zu besichtigen) befindet sich ein sehr sehenswertes **Museum religiöser Kunst.**

Das **Casa-Museo de Antonio Ricaurte** erinnert an den Freiheitskämpfer, der hier geboren wurde und 1814 in der Schlacht von San Mateo fiel. Am gleichnamigen Platz vor dem Haus kann man Kutschen für eine gemütliche Rundfahrt mieten.

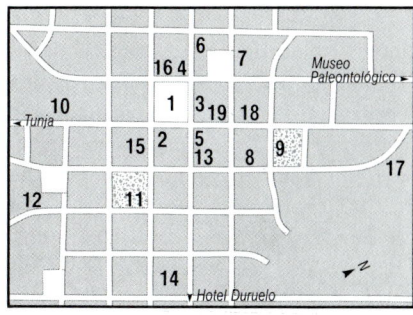

Villa de Leyva 1 Plaza Mayor 2 Pfarrkirche 3 Los Portales 4 Museum Luis Alberto Acuña 5 Casa del Congreso 6 Museum religiöser Kunst 7 Kirche und Kloster Del Carmen 8 Casa-Museo de Antonio Ricaurte 9 Parque Ricaurte 10 Casa-Museo de Nariño 11 Parque Nariño 12 Kirche San Francisco 13 Kolonialmuseum 14 Marktplatz 15 Bank und Rathaus 16 Restaurant Pueblito Viejo 17 Hotel Molino de la Mesopotamia 18 El Mesón de los Virreyes 19 Hospedería El Marqués

Kirche an der Plaza Mayor von Villa de Leyva

Das **Casa-Museo de Nariño** ist in einem Kolonialgebäude untergebracht. Nariño, geboren 1765, gehörte zu den Wegbereitern der Unabhängigkeit und übersetzte die Menschenrechte ins Spanische. Für ihre Veröffentlichung bestrafte man ihn mit zehn Jahren Gefängnis und der Beschlagnahmung seines Eigentums. Seine letzten Tage verbrachte er in diesem Haus, wo er 1823 starb.

Information: Touristenbüro, Cra. 9 No. 13.

Unterkunft: Die besten Hotels sind Molino de la Mesopotamia (Fundamente der einstigen Mühle von 1568, romantisch-rustikal, durch das kleine Restaurant fließt ein Quellbach) und Hospedaría Duruelo, ca. 1 km östlich des Ortes (mit Blick aufs Tal); in Zentralplatznähe: Hospedaría El Marqués de San Jorge; El Mesón de los Virreyes; Mesón de la Plaza Mayor. Außerdem: Los Llanitos; El Zaguán de los Heroes; Hostería Los Aceitunos. Einfache

Indianische Frau in Villa de Leyva

Unterkünfte nahe der Plaza und in Familien (Auskunft erteilt das Touristenbüro). Alle genannten Hotels können von Bogotá aus gebucht werden, Telefonnummern im ›Guía Hotelera Colombiana‹, im grünen Teil des Telefonbuches unter Villa de Leyva. Um Weihnachten, Ostern und im Juli/August sowie an Wochenenden ist eine Reservierung anzuraten.

Restaurants: Pueblito Viejo, an der Plaza (beim Museum) und im Hotel Mesón de la Plaza; gut, aber klein: Restaurant des Hotels Mesopotamia.

Verkehr: Anfahrt ab Bogotá bzw. Tunja mit Bussen oder *colectivos,* vgl. S. 137 und 146. Viele Busse und Sammeltaxis halten an der C. Venero, ca. vier Häuserblocks südlich des Hauptplatzes Richtung Tunja.

Ausflüge: Das kleine Museo Paleontológico (1 km außerhalb) zeigt in einer ehemaligen Mühle Fossilien, von denen es viele in der Umgebung gibt. In der Nähe fand man auch ein fast vollständiges Dinosaurierskelett, das man mit einer Hülle aus Beton überzog und ausstellte (El Fosil; ca. 5 km, nahe der Straße nach Chiquinquirá). 6 km weiter liegt das einsame Kloster Santo Ecce Homo, 1620 von Dominikanermönchen erbaut. Es verfügt über einen schönen Arkadenkreuzgang, eine Sammlung kolonialer Kunst und ein kleines Restaurant.

Südlich von Villa de Leyva gelangt man über Sachica (bekannt für seine Osterfeierlichkeiten) auf der Piste nach Rachira zum Desierto de la Candelaria, dessen wüstenhafte Erosionslandschaft schon kurz hinter Sachica beginnt. Ca. 6 km hinter dem Dorf Rachira liegt das von Augustinermönchen gegründete Kloster La Candelaria mit einem Kolonialmuseum, einem Parador Turístico und einem Restaurant.

Bucaramanga

Die 1622 im Herrschaftsgebiet des Kaziken Bucarica gegründete Stadt mit heute 700 000 Einwohnern ist landwirtschaftliches Zentrum (besonders Tabak und Kaffee) und wichtigste Industriestadt des

Nordostens. Wegen der vielen Parks hat sie den Beinamen ›Ciudad de los Parques‹. Um den Parque García Rovira (Calle 37/Carrera 12) im Westteil der Stadt liegen einige sehenswerte koloniale Gebäude: Die Casa de la Cultura, die Casa de Bolívar (Simón Bolívar residierte hier 1828) und die Casa de Luis Perú de la Croix (Luis Perú schrieb hier das ›Tagebuch von Bucaramanga‹ über das Leben Bolívars).

Information: Touristenbüro, Cra. 19/C. 35.

Hotels: Bucarica, C. 35/Cra. 19; Zulima, Cra. 19/C. 30; Colonial, C. 33/Cra. 20; Andino, C. 34/Cra. 18, alle zentral in der Nähe des Parque Santander, ca. acht Häuserblocks vom Parque Rovira entfernt.

Verkehr: Flughafen Palonegro im Süden der Stadt; vom Busterminal an der Straße nach Girón Verbindungen nach Bogotá (ca. 10 Std.), Tunja (ca. 9 Std.), Santa Marta (ca. 9 Std.), Cúcuta (ca. 7 Std.) und Barrancabermeja (ca. 3 Std.).

Ausflüge: Der Ort San Juan de Girón (10 km) hat seinen kolonialen Charakter noch weitgehend erhalten. Besonders sehenswert sind das Museum für religiöse Kunst, die Capilla de las Nieves und die beiden typischen Kolonialhäuser La Casona und La Mansión del Fraile. Die Hotels am Ort (u. a. Río de Oro und Mansión del Fraile) sind an Wochenenden meist belegt (Information: Junta de Turismo, Cra. 26 No. 29).

Die ca. 100 km lange Strecke über Girón nach Barrancabermeja, 900 m tiefer am Río Magdalena gelegen, ist landschaftlich sehr interessant, der Ort allerdings unerträglich heiß (durchschnittlich 28 °C). Hier hat die größte kolumbianische Ölraffinerie Ecopetrol ihren Standort (Museo Nacional del Petróleo an der Straße Richtung El Centro). Es ist möglich, Motorboote auf dem Río Magdalena und zu den Lagunen Silvestre und Tigre zu mieten. Der Zug nach Santa Marta passiert den Ort (Information in der Cámara de Comercio, C. 9 No. 12–70, 2. Stock).

Cúcuta

Die 1733 gegründete Stadt wurde 1875 durch ein schweres Erdbeben weitgehend zerstört. Sehenswerte koloniale Bauwerke fehlen. Der Ort mit ca. 600 000 Einwohnern ist Hauptstadt des Departemento Norte de Santander, lebt vom Grenzverkehr mit Venezuela und vom Handel mit den Agrarprodukten der Umgebung (Kaffee, Tabak, Rinderzucht). Von touristischem Interesse ist Villa del Rosario (von der Autobahn zur venezolanischen Grenze hinter der Brücke Abzweigung nach rechts, ca. 9 km). Hier steht die Ruine der Kirche, in der 1821 der erste Kongreß von Groß-Kolumbien tagte und Bolívar zum Präsidenten gewählt wurde. Unweit davon steht das Landhaus (La Quinta), in dem der Vize-Präsident und spätere Rivale Bolívars, Francisco de Paula Santander, geboren wurde. In den Räumen ist u. a. ein archäologisches Museum eingerichtet.

Information: Staatliches Touristenbüro CNT, C. 10 No. 0–30; örtliches Touristenbüro, C. 10 No. 0 E–100.

Hotels: Tonchalá, C. 10/Av. 0; Tundaya, C. 10 No. 6–21; Vasconia, C. 10 No. 3–51.

Verkehr: Flughafen Camilo Daza, 5 km nördlich von Cúcuta; vom Busterminal, Av. 7/8, C. 2 A, Busse nach Bogotá (ca. 18 Std.), Bucaramanga (ca. 7 Std., von dort weiter an die Karibikküste); Busse (am besten Berlinas del Fonce), Sammeltaxis und Taxis nach San Antonio und San Cristóbal in Venezuela.

Grenzformalitäten: Wer nach Venezuela weiterreisen will, muß sich beim DAS in Cúcuta (Av. 1/C. 28, an Wochenenden im Flughafen) den Ausreisestempel geben lassen. Einreise- und Aufenthaltsformalitäten für Venezuela werden im venezolanischen Konsulat (Av. 0/C. 8, nachmittags und am Wochenende geschlossen) abgewickelt. Nach den Kontrollen an der Grenze läßt man sich in der Extranjería in San Antonio (C. 7/Cra. 9) den Einreisestempel geben. In der Gegenrichtung gibt es hier den Ausreisestempel und beim DAS in Cúcuta den kolumbianischen Einreisestempel.

Die Karibikküste

Santa Marta

Santa Marta führte seit seiner Gründung durch Rodrigo de Bastidas im Jahre 1525 ständig einen Zwei-Fronten-Krieg gegen Piraten und Indios. Der Indio-Häuptling Coropomeima vereinte 1576 mehrere Stämme zu einem Vorstoß gegen die Stadt und setzte sie in Brand. Im Umland unterhielten die unermüdlichen Jesuiten ihre Missionen. Der Priester Luis Beltrán, der im Kloster Santo Domingo wohnte, bekehrte 15 000 Indios und wurde dafür 1671 heiliggesprochen.

Um die Jahrhundertwende, mit dem Beginn des Bananenbooms, entwickelte sich Santa Marta zum wichtigen Ausfuhrhafen. Bis heute werden hier Bananen auf Schiffe verladen, doch die bedeutendere Einnahmequelle ist inzwischen der Tourismus geworden. Santa Marta gilt als der beliebteste Badeort Kolumbiens. Die 200 000-Einwohner-Stadt liegt an einer tiefen Bucht, die im Osten durch die mit tropischer Trockenvegetation bewachsenen Ausläufer der Sierra Nevada de Santa Marta begrenzt wird. Das Hinterland ist gebirgig. Die bis 5775 m hohen schneebedeckten Gipfel der Sierra sind von der Küste aus nur bei klarstem Wetter zu sehen.

Die wenigen Sehenswürdigkeiten Santa Martas liegen im ältesten Stadtteil zwischen der Hauptgeschäftsstraße Campo

Serrano und dem Strandboulevard Paseo de Bastidas. Hier finden sich zahlreiche Hotels, Restaurants und Cafeterías. Eine im Südteil von Palmen überschattete Promenade säumt den Stadtstrand (sauber, Umkleidemöglichkeiten) bis zu den Hafengebäuden. Badebetrieb herrscht hier nur in der Hochsaison, wenn die einfachen Hotels belegt sind. Der Badetourismus konzentriert sich in der 6 km südlich gelegenen Hotel-Stadt El Rodadero.

Der Inselberg El Morro und der Felsen Punta Betín geben der Bucht von Santa Marta ein unverwechselbares Gepräge. Ständig lassen sich Überseefrachter beobachten, die den Hafen im Norden der Stadt anlaufen. Auf der Halbinsel Betín arbeitet ein kolumbianisch-deutsches Institut für Meeresforschung, dessen Besichtigung mit Erlaubnis möglich ist (Auskunft im Touristenbüro).

Sehenswürdigkeiten

Im ehemaligen Kloster Santo Domingo aus dem 17. Jh. sind heute die Stadtakademie für Geschichte, das Kulturinstitut und das Tourismusbüro CNT untergebracht, das hier ein kleines ethnologisches Museum unterhält.

Die **Kathedrale** (Basílica Menor), ein schlichter weißer Bau (Renaissance-Barock) des Architekten Diego de Rueda, wurde um 1617 vollendet. Im Innern fällt die Verwendung von Carrara-Marmor auf, aus dem auch das Grabmal des Stadtgründers Rodrigo de Bastidas, gleich links vom Haupteingang, besteht. 12 Jahre lang beherbergte die Kathedrale auch den Leichnam Simón Bolívars (jetzt in Caracas, vgl. S. 42), der in der Quinta de San Pedro Alejandrino starb (s. u.).

Schwarze an der Karibikküste

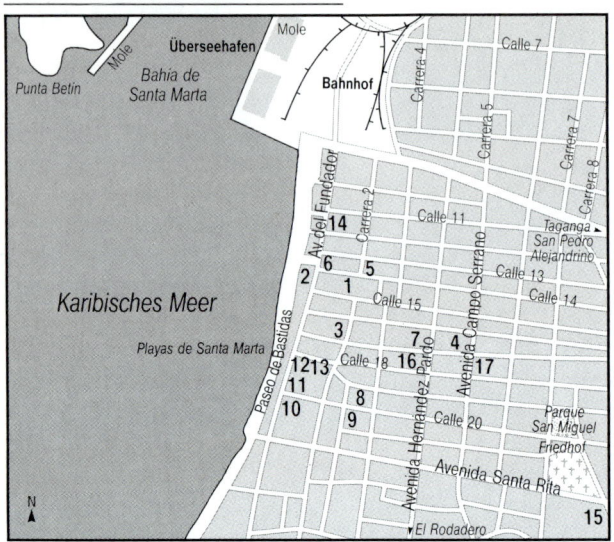

Santa Marta 1 Plaza Bolívar 2 Denkmal Bastidas, Uferpromenade 3 Kloster Santo Domingo: Touristenbüro, Museum 4 Kathedrale 5 Casa de la Aduana, Museo Tairona 6 Banco de la República 7 Erzbischöflicher Palast 8 Plaza Santander 9 Justizpalast 10 Hotel Sol Inn, Restaurant Zulia 11 Hotels Miramar und Plaza 12 Restaurant Panamericana 13 Hotels Andrea Doria 1 und 2 14 Hotel Tairona 15 Busterminal 16 Telecom 17 Avianca

In der ehemaligen **Casa de la Aduana** (Zollhaus) hat die Banco de la República das Museo Tairona eingerichtet, das der präkolumbischen Zeit gewidmet ist (zahlreiche Goldexponate).

Außerhalb der Stadt liegt die **Quinta de San Pedro Alejandrino.** Auf dieser ehemaligen Zuckerrohr-Hacienda starb Simón Bolívar, ›El Libertador y Padre de la Patria‹ (Befreier und Vater des Vaterlandes), am 17. Dezember 1830 um 13.03 Uhr mit 47 Jahren an Schwindsucht. Die Uhr im Sterbezimmer wurde um diese Zeit angehalten. Die Leiche überführte man um 8 Uhr abends in die Casa de la Aduana und balsamierte sie ein. Zur Beisetzung am 20. Dezember in der Kathedrale von Santa Marta ließ sich der Bischof entschuldigen.

In den Räumen der Hacienda, die ab 1608 im Auftrag des Kanonikers Francisco de Godoy Cortesía weit außerhalb

des damaligen Santa Marta entstand, verbrachte Bolívar seine letzten Tage. Zu besichtigen sind u. a. die Kapelle mit dem Heiligen Petrus von Alexandrien (daher der Name der Hacienda), die Bibliothek mit Raucherzimmer, die Küche, der Speisesalon, das Sterbezimmer mit dem kurzen Bett Bolívars (er war nur 1,60 m groß), eine Kutsche (deutsches Modell). Der Garten lohnt einen Besuch: Bis zu 400 Jahre alte Baumriesen stehen hier (Ceiba, Samán, Tamarindo). Auf dem Grundstück befindet sich auch eine Gedenkstätte mit dem Denkmal Bolívars, flankiert von den Göttinnen des Friedens, der Freiheit und des Fortschritts.

In anderen Gebäudeteilen sieht man noch Mauerspuren der einstigen Zuckerfabrik *(ingenio)* mit der Zuckerrohrmühle *(trapiche).* Außerdem gibt es ein Kunstmuseum mit Ausstellungsstücken aus den

›bolivarianischen‹ Ländern Kolumbien, Venezuela, Ecuador (und Panama). Eine Cafetería auf dem Gelände der Hacienda und ein Restaurant gegenüber der Zufahrt auf der anderen Straßenseite sorgen für das leibliche Wohl der Besucher.

Zur Hacienda gelangt man per Taxi oder Bus (Aufschrift ›Mamatoco‹, bei der Rückfahrt ›Playa‹).

Information: Touristenbüro CNT in Santa Marta: im ehemaligen Kloster Santo Domingo, Claustro de Seminario, Cra. 2 No. 16–44; Touristenbüro CNT in El Rodadero: C. 10 No. 22–79; Reiseagentur TMA (Tierra Mar Aire): C. 15 No. 2–60, Santa Marta.

Unterkunft: *Luxushotels* Irotama, km 14, und Santamar, km 8, beide Richtung Flughafen; in Rodadero: Tamacá Inn, Cra. 2 No. 11, und La Sierra, Cra. 1 No. 9–47. *Gut bis mittelmäßig* in Rodadero u. a. (vgl. Lageplan S. 154): Bariloche; Cañaveral; El Rodadero; Parador del Mestre (Hostal); Betoma; Liriam; La Riviera; Valla-dolid; Taybo. Billiger sind die Hotels in Santa Marta; genannt werden hier nur solche, die auch mit Klimaanlage ausgestattete Zimmer besitzen: Miramar, Cra. 1 No. 18–23; Sol Inn, Cra. 1 No. 20–23; Andrea Doria No. 2, Cra. 2 No. 19–61; die meisten Zimmer hat das Hotel Park, allerdings überwiegend ohne Klimaanlage, Cra. 1 No. 18–63. Hotel Balena Azul vgl. Taganga, S. 156.

Restaurants in Rodadero: Pez Caribe, Cra. 4 No. 11–59 (Fisch); Pincho, Cra. 2 No. 6–30 (Fisch); La Barraca, C. 24 No. 4–18 (internationale Küche); El Pilón de Gaira, C. 9 No. 3–69 (kolumbianische und kreolische Küche); Karey, C. 9 No. 1–19 (kreolische und internationale Küche am Strand); Juanillo, Cra. 1A No. 8–59 (spanische und internationale Küche, letztere beide an der Strandpromenade). In Santa Marta: Panamericana, nahe Hotel Miramar; Terraza Marina, Cra. 1A No. 26–38; El Virrey, C. 17 No. 3–96.

Verkehr: *Flüge* vom nationalen Flughafen Simón Bolívar, ca. 16 km von Santa Marta

Blick auf Strand und Hafen von Santa Marta

KOLUMBIEN: SANTA MARTA

Richtung Ciénaga. Tägliche Verbindung nach Bogotá (Mo, Fr, So mehrmals) und nach Medellín, Pereira, Cali; keine Flüge nach Barranquilla, San Andrés, Cartagena (Stand Ende 1989).

Busse: Busterminal an der Av. Bavaria/ C. 24; Expreso Brasilia (am besten), Copetrán und Costeño nach Barranquilla – Cartagena – Medellín, Riohacha – Maicao – Maracaibo (Venezuela), Valledupar, Bogotá. Colibertador nach Aracataca und Ciénaga.

Taxis verkehren zwischen Santa Marta und El Rodadero über die Av. Hernández Pardo sowie zwischen Santa Marta und Taganga.

Bahn: Vom Bahnhof (Estación de Ferrocarriles, mit Lokomotiven-Denkmal) nahe am Hafen führt eine Schmalspurstrecke via Ciénaga – Fundación – Chiriguana – Gamarra – Barranca(bermeja) über Puerto Berrío nach Medellín oder nach La Dorada, von dort nach Bogotá. Es gibt *expresos de lujo* (nach Bogotá, je nach Saison), *trenes ordinarios* (2. Klasse, nach Dorada) und *autoferros* (Schienenbusse). Die Fahrtdauer nach Bogotá beträgt mindestens 24 Std. Zugeinsatz und Abfahrtszeiten unterliegen Schwankungen, Auskünfte am Bahnhof.

Die Küste bei Santa Marta

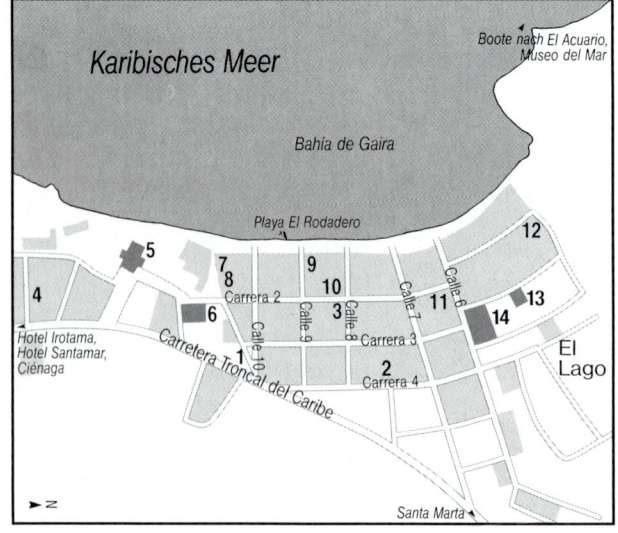

El Rodadero (Santa Marta)

1 Touristenbüro
2 Polizei
3 Telecom
4 Hotel Bariloche
5 Hotel Tamaca Inn
6 Hotel Cañaveral
7 Hotel El Rodadero
8 Hostal Parador del Mestre
9 Hotel La Sierra
10 Hotel Betoma
11 Hotel Liriam
12 Hotel La Riviera
13 Hotel Valladolid
14 Hotel Taybo

Ausflüge ab Santa Marta

Interessanter als die Stadt Santa Marta selbst sind Exkursionen in die nähere und weitere Umgebung, die auch als organisierte Touren angeboten werden (mit Ausnahme des Besuches von Aracataca, dem Geburtsort des Romanciers García Márquez).

Taganga ist ein kleines, malerisches Fischerdorf nördlich von Santa Marta. Besonders vormittags bekommt man hier in den Strandrestaurants frischen Fisch serviert. Hübsch sind die rot-gelben *bongos,* hochwandige kompakte Fischerboote, die in der kleinen Buch ankern.

Praktische Hinweise: Taxis (ca. 2 Dollar) legen die kurvenreichen 5 km ab Santa Marta in 15 Min. zurück, Busse (ab Uferpromenade, Aufschrift ›Taganga‹, zurück ›Playa‹) brauchen länger. Ab Taganga besteht auch die Möglichkeit, in kleinen Booten mit Außenbordmotor nach El Rodadero und Santa Marta zurückzukehren

Im Fischerdorf Taganga

Am Strand von Taganga

Zur Bahía Neguange (über Mamatoco Richtung Ríohacha; CarreteraTroncal) sind es 15 km. Hier zweigt eine asphaltierte Straße nach Palangana ab, von wo es weitere 15 km bis zum Strand sind. Von dort gelangt man auf einem unbefestigten Weg zur Bahía Gayraca und zur Bahía Cinto.

Zur nördlichen Playa Cañaveral (mit den besten Strandeinrichtungen in dieser Region) sind es ca. 35 km Richtung Ríohacha; in El Zaino befindet sich der Parkzugang (Gebühr), dann 4 km asphaltierte Straße bis zum Strand. Der Bus fährt nur bis zum Parkeingang (dann ca. 30 Min. Fußweg). Von der Playa Cañaveral erreicht man mit einem Pferd oder zu Fuß den Strand von Arrecife in ca. 30 Min.

Nach Pueblito mit Siedlungsresten der Tairona-Indios (Treppen, Wege, Stütz-

oder Boote für eine Küstenfahrt zu mieten. Das ruhige weiß-blaue Hotel La Balena Azul am Südstrand ist oft ausgebucht (nur 25 Zimmer, gutes Restaurant).

Nordöstlich von Taganga liegt der **Nationalpark Tairona**. In den tiefen Buchten seines 90 km langen Küstenabschnitts bis zum Río Piedras finden sich karibische Traumstrände. Nur während der Regenzeit (besonders im September/Oktober) trübt sich durch die reißender werdenden Flüsse das sonst glasklare Wasser. Ausgesprochen malerisch sind die östlichen Strände von Cañaveral und Arrecife. An diesem durch den Nordostpassat stürmischen Küstenteil bilden die riesigen abgeschliffenen Felsbrocken natürliche Wellenbrecher.

Ab Taganga führt eine 10 km lange Piste zur Villa Concha, die an einem der westlichen Strände mit kleinen einfachen Restaurants und *cabañas* (Hütten) liegt.

Landschaft im Nationalpark Tairona

mauern, kleine Brücken aus Bruchstein, Häuserreste) sind es hin und zurück gut 6 Std. Fußmarsch, zunächst am Strand von Arrecife entlang, dann das kleine Tal des Baches La Boquita hinauf (teils über Steintreppen der Tairona). Alternativ kann man von Calabazo an der Carretera Troncal zu Fuß oder per Pferd hinauf nach Pueblito gelangen (ebenfalls Tagesausflug).

Praktische Hinweise: Der Besuch des Nationalparks Tairona wird von Reiseagenturen in Santa Marta angeboten, vgl. S. 153. Wer die beschriebenen Orte individuell besuchen möchte, nimmt am besten einen Leihwagen (Auskunft im Touristenbüro oder den Hotels in Santa Marta).

Die ca. 500 qkm große Lagune **Ciénaga Grande,** die durch einen schmalen Land-

streifen (über den die Straße nach Barranquilla verläuft) vom Meer getrennt ist, gehörte einst zum Deltasystem des Río Magdalena, der weiter westlich in das Karibische Meer mündet. Am Nordufer, westlich des schmalen Lagunenausflusses (Straßenbrücke), reihen sich einige armselige Fischerdörfer: Puebloviejo, Rosario, Palmira und Tasajera. Zu fast jeder Hütte gehört ein eigener Landungssteg; gefischt wird in langen flachen Booten, von denen man manchmal Hunderte von der Brücke aus sieht. Auf der Landzunge befinden sich kleine Salinen (Salzgewinnung für den örtlichen Gebrauch). Die Lagunenfischer liefern Austern nach ganz Kolumbien. Ein touristischer Anziehungspunkt sind die Pfahlbausiedlungen Nueva Venecia und besonders Trojas de Cataca. Die Hütten auf Pfählen oder künstlich angelegten Inselchen haben Palm-, manchmal auch Wellblechdächer. Kleine Gärten und Trockenplätze für Mais dienen der Selbstversorgung.

Praktische Hinweise: Die Hotels in Santa Marta bieten organisierte Touren in die Ciénaga Grande an, für die Besichtigung der Pfahldörfer bleibt dabei oft zu wenig Zeit. Wer sie auf eigene Faust besuchen will, fährt bis zur Stadt Ciénaga, dann weiter Richtung Barranquilla bis zur Brücke, wo man sich nach Booten in die Ciénaga erkundigen kann.

Aracataca: Der Geburtsort des Romanciers Gabriel García Márquez, Literaturnobelpreisträger des Jahres 1982, ist durch sein erfolgreichstes Werk ›Hundert Jahre Einsamkeit‹ weltweit als ›Macondo‹ berühmt geworden. Vom einstigen Bananenimperium der United Fruit Company ist von der Straße aus nicht viel zu sehen. Die immer noch ca. 8000 ha großen Bananenpflanzungen liegen weiter westlich an der Eisenbahnlinie, deren schmale Gleisspur bei Aracataca die Straße durchschnei-

det. Der kleine Ort selbst hat nur Staubstraßen, die sich in der Regenzeit in schlammige Wege verwandeln.

Am Ortseingang von Aracataca steht linker Hand eine große Erinnerungstafel an García Márquez. Dem weltberühmten Sohn, hier liebevoll ›Gabito‹ genannt, hat man an der Stelle des inzwischen abgerissenen Geburtshauses zwei Räume in einem kleinen Gebäude gewidmet, die sich allerdings bisher durch gähnende Leere auszeichnen (Ende 1989). Der CNT plant, einen würdigeren Bau im großen Garten zu errichten. Márquez' Adresse kennt jeder in Aracataca, ebenso das kleine Haus hinter der Kirche, in dem der Vater als Telegrafist arbeitete (Casa del Telegrafista) und das noch heute als Post dient. Zwar lohnt das Museum bislang keinen Besuch, aber mit Aracataca lernt man einen typischen Ort der Gegend kennen: Er ist sehr heiß, sehr staubig und arm.

Praktische Hinweise: Busse der Firma Colibertador fahren mehrmals täglich vom Busterminal in Santa Marta über Aracataca (2–3 Std.) Richtung Fundación. Kurz hinter der Gedenktafel am Ortseingang steigt man vor der Brücke bzw. an den Bahngleisen aus, die die Straße kreuzen. Wenn man Glück hat, kommt gerade einer der kleinen offenen Busse *(chivas)* vorbei, die in den Ort hineinfahren. Für die Rückfahrt einen Bus an der Hauptstraße anhalten. Man kann auch bis Ciénaga fahren, von der dortigen Zentralplaza hat man Anschluß nach Aracataca bzw. zurück nach Santa Marta. Auch ein Schienenbus fährt um ca. 7 Uhr vom Bahnhof von Santa Marta ab.

Ciudad Perdida, ›verlorene Stadt‹, heißt eine Ruinenstätte der Tairona-Indios, die in 1200 m Höhe im Regenwald der Sierra Nevada liegt. Archäologen entdeckten sie 1975 zufällig und legten sie teilweise frei. Sie gaben ihr den Namen ›Buritaca 200‹ – nach dem Bergbach unterhalb der Fundstelle und nach dem Fundort Nr. 200. Steintreppen und -wege verbinden die meterhohen mauergestützten Terrassen, durch die die Indios ihre Siedlungsstruktur an das steile Gelände anpaßten. Die hölzernen Rundhütten standen auf diesen Plattformen. Ein kunstvolles Entwässerungssystem verhinderte die Erosion der regenreichen Zone. 400 Jahre lang lebten hier Indios, ehe die spanischen Kolonialherren den Ort entdeckten. Eine Holzkohleschicht beweist, daß die Hütten niederbrannten. Die Bewohner zogen sich wahrscheinlich in entlegenere Bergregionen zurück. Modelle der ursprünglichen Anlage sind in den Goldmuseen von Santa Marta und Bogotá zu sehen.

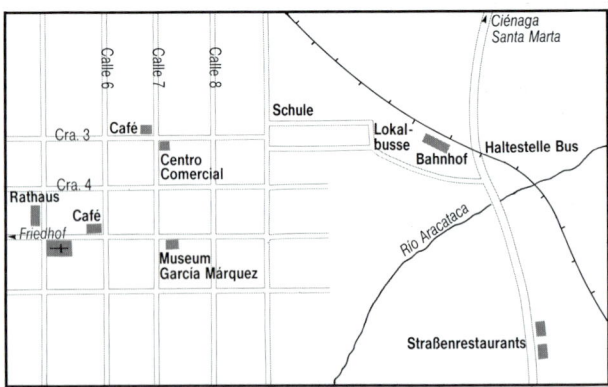

Aracataca

Tairona-Indios

Praktische Hinweise: Je nach Wetter fliegen Hubschrauber von Santa Marta (Flughafen) in ca. 25 Min. nach Ciudad Perdida (bis zu 3 × täglich, vormittags); Auskunft beim Touristenbüro CNT oder bei Reiseagenturen. Die Aufenthaltsdauer beträgt 1–2 Std. Nur mit sehr guter Kondition und Ausrüstung kann ein mehrtägiger Fußmarsch mit autorisiertem Führer gewagt werden. Sie müssen sich in diesem Fall auf ein feucht-heißes Klima, Moskitos, beschwerliche Flußüberquerungen und Polizeikontrollen (Drogensuche, militärisches Sperrgebiet) einstellen. Nur bis Minca gibt es eine passable Straße. Minca hat ein sehr gutes Klima und ist daher am Wochenende und in Ferienzeiten stark frequentiert (Hotels Torcoroma und La Casona, auch Privathäuser).

Guajira: Die extrem heiße und wüstenhafte Halbinsel mit spärlicher Dornstrauch- und Kakteenvegetation liegt im äußersten Nordosten des Landes. Nur im Süden und Südwesten gibt es Savannengebiete, die nach kurzen und heftigen Regengüssen von September bis November etwas Grün zeigen. Hauptstadt des Departamento Guajira und sein wirtschaftliches Zentrum ist Riohacha, 1545 vom Deutschen Nikolaus Federmann gegründet. Bis ins 18. Jh. lebte der Ort von der ergiebigen Perlenfischerei vor der Küste. Der Gewinn aus dem illegalen Anbau von Marihuana (in der Sierra Nevada de Santa Marta) und dem heimlichen Export der Droge brachte besonders in den 60er und 70er Jahren viel Geld ein. Heute profitiert die Stadt von El Cerrejón (ca. 50 km südlich), dem größten südamerikanischen Kohlebergwerk (Tagebau), dessen Erze über den modernen Hafen Puerto Bolívar am Golf von Portete, ca. 100 km nordöstlich von Riohacha, verschifft werden. Mit einem geländegängigen Fahrzeug (oder per Bus oder Sammeltaxis vom Markt-

Legenden zu den Farbabbildungen

1	Playa Colorada bei Puerto La Cruz, Venezuela
2	Blick auf den Vulkan Cotopaxi, Ecuador
3	Der Strand von Playas, Ecuador
4	Isla de Margarita, Venezuela
5	Melonentransport auf dem Orinoco, Venezuela
6	Strand bei Santa Fé, Venezuela
7	Indio-Kinder spielen Müllmänner in Quito, Ecuador
8	Markt in Saquisilí, Ecuador
9	Schuhputzer in Cartagena, Kolumbien
10	Markthalle in Quito, Ecuador
11	In der Altstadt von Bogotá, Kolumbien
12	Kirchturm von La Concepción in Cuenca, Ecuador
13, 14	Fenster im Kolonialstil mit typischen Fenstergittern
15	Fenster der San Clemente-Kirche in Coro, Venezuela
16	Tor der Casa de las Ventanas de Hierro in Coro, Venezuela
17	Detail eines Hauses in Cartagena, Kolumbien
18	Markt in Gualaceo, Ecuador
19	Klosterhof von San Francisco in Quito, Ecuador
20	Blick auf die La Compañía-Kirche in Quito, Ecuador
21	In der Altstadt von Cartagena, Kolumbien
22	Plaza Bolívar in Bogotá, Kolumbien
23	Kirche Santa Inés in Cumaná, Venezuela
24	Uhrenturm von Cartagena, Kolumbien
25	Wasserfälle im Canaima-Nationalpark, Venezuela
26	Pfahldorf bei Sinamaica, Venezuela
27	Bei San Luis auf der Insel San Andrés, Kolumbien
28	Strand nahe San Andrés auf der gleichnamigen Insel, Kolumbien
29	Ara (Papagei), Galápagos-Inseln
30	Krebse, Galápagos-Inseln
31	Blaufußtölpel, Galápagos-Inseln
32	Echse, Galápagos-Inseln
33	Fregattvogel, Galápagos-Inseln
34	Krebs, Galápagos-Inseln
35	Tukan, Venezuela
36	Riesenschildkröte, Galápagos-Inseln
37	Strand auf der Isla de Margarita, Venezuela

3

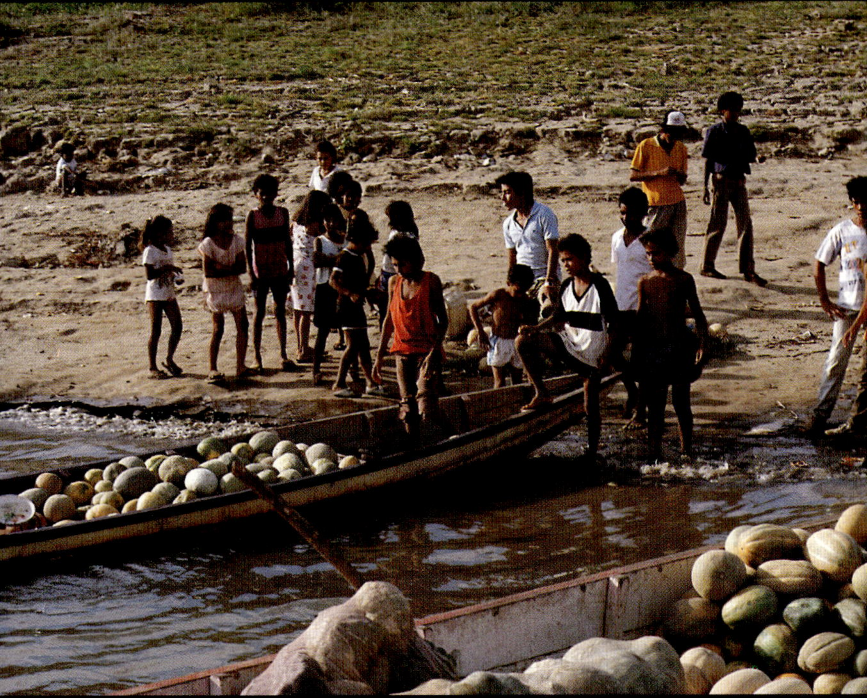
5

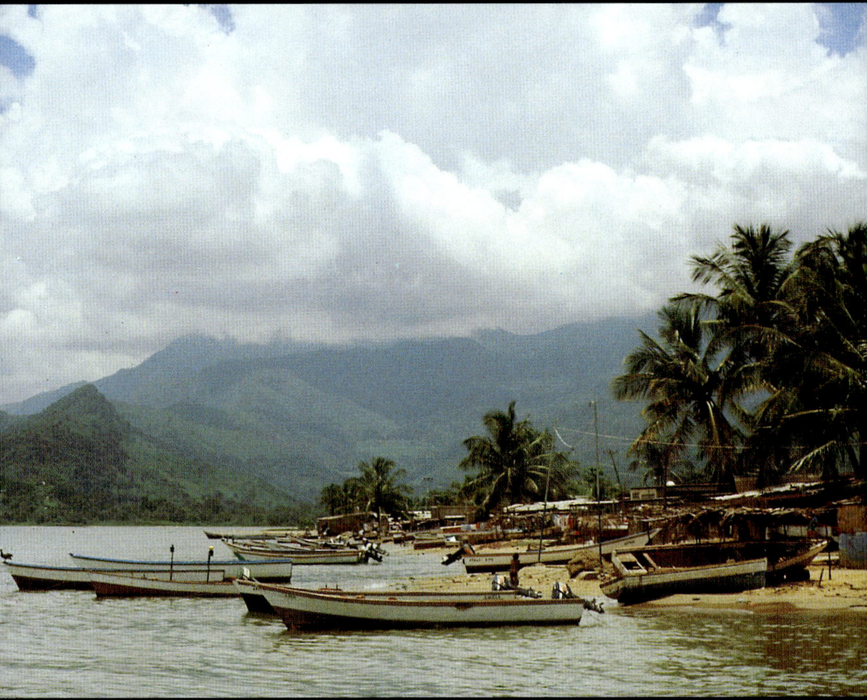
6

13

14

15

17

16

18 ▷

22

23

24 ▷

26

27

28 ▷

Die Guajiros

Die Indios der Halbinsel Guajira bezeichnen sich selbst als Wayuú. Ihre heimliche Hauptstadt ist das 15 km von Manaure entfernte Uribia. Die in unwirtlichen Wüstengebieten lebenden Guajiros wurden von den goldsuchenden Spaniern kaum beachtet und entgingen so der Ausrottung. Die einstigen Sammler und Fischer entwickelten sich erst während der Kolonialzeit zu nomadisierenden Viehzüchtern. Sie leben in rund 30 Familiengruppen *(castas)*, bei denen die Verwandtschaftslinie der Frauen bestimmend ist. Jede *casta* hat ihr eigenes Territorium. Der Brautpreis wird in Form von Rindern bezahlt. Viehdiebstahl unterliegt daher den härtesten Strafen. Durch die Viehzucht brachten es einige Familien zu Wohlstand, doch viele der heute rund 50 000 Guajiros haben sich andere Einkommensquellen suchen müssen. Sie fördern Gips an der Bahía de Portete, Salz in den Salinen bei Manaure, Kohle im Bergwerk von Cerrejón oder gehen über die Grenze nach Venezuela und arbeiten im Erdölgebiet von Maracaibo. Das typische Kleidungsstück der Guajiros ist die *manta,* ein langes und weites Baumwollgewand. Gegen die glühende Sonne bedecken sie ihr Gesicht oft mit einer dunklen Paste aus Ziegenfett und Holzkohle. Ihre reich verzierten Hängematten sind in ganz Kolumbien begehrt.

platz) gelangt man entlang der Küste nach Manaure mit seinen berühmten Salinen und anschließend zu den langen, aber schattenlosen und heißen Stränden der Bucht am Cabo de la Vela.

Eine gute Straße führt nach Maicao an der Grenze zu Venezuela. Maicao hat einen sehr schlechten Ruf (Schmuggel und Drogenhandel), Touristen sollten es lieber meiden. Häufig berichtet die kolumbianische Presse von Überfällen auf Busse, die die Strecke Santa Marta – Riohacha – Maicao befahren. Polizei- und Militärkontrollen tragen ebenfalls wenig zu einem entspannten Urlaub bei.

Barranquilla

Die Anfang des 17. Jhs. am linken Ufer des Río Magdalena gegründete Stadt erreichte erst im 19. Jh. größere Bedeutung, nämlich mit dem Beginn der Dampfschiffahrt flußaufwärts (ab 1823) und dem Bau des Seehafens Puerto Colombia (1881). Heute gelangen auch größere Schiffe durch eine ständig ausgebaggerte Fahrrinne zu der 20 km vom Meer entfernten Stadt. Barranquilla (rund 2 Mio. Einwohner) besitzt nach Buenaventura am Pazifik den zweitwichtigsten Hafen Kolumbiens und ist das wirtschaftliche Zentrum der Karibikküste.

Die Stadt hat keine lohnenden historischen Sehenswürdigkeiten. In den ständig belebten, schmutzigen Straßen im Zentrum, um den Paseo und die Plaza Bolívar, finden sich zahlreiche Marktstände. Das Markttreiben (Industriewaren) bestimmt auch die *zona negra* zwischen Paseo Bolívar und dem Caño Auyama, einem kanalartigen Nebenarm des Río Magdalena. Die besseren Wohnbezirke liegen nordwestlich des Zentrums, wo es im Stadtteil El Prado einen sehenswerten Zoo gibt (Calle 77/Carrera 68), der als bester des Landes gilt.

Information: Touristenbüro CNT, Cra. 54 No. 75–45.

Hotels: Empfehlenswert sind Prado, Cra. 54 No. 70–10; Cadebia, C. 75 No. 41D–79; El Golf, Cra. 59B No. 81–158. Preiswertere Hotels im Bereich zwischen Cra. 40 und C. 45 im älteren Teil der Stadt.

Verkehr: Moderner internationaler Flughafen Ernesto Cortizos, 11 km südlich der Stadt Richtung Malambo. Busterminal der Firma Brasilia, Cra. 35 No. 44–63, guter Service, Verbindungen in alle wichtigeren Städte.

Ausflüge: Die Sumpflagunen und Mangroven des National- und Naturparks Isla de Salamanca (an der Ostseite der Mündung des Río Magdalena) sind von Kolonien von Zugvögeln bevölkert. Der Park ist über die Station Los Cocos (kleines Museum und Restaurant) an der Straße nach Santa Marta zugänglich (Auskünfte über Exkursionen im Touristenbüro oder in Reisebüros).

Das Kolonialstädtchen Mompós liegt – weitgehend unberührt vom Tourismus – ca. 200 km Luftlinie entfernt am Río Magdalena. Koloniale Gebäude an den Calles Real del Medio, Atras und Albarrada; besonders interessant ist die Kirche Santa Bárbara. Berühmt sind die noch unverfälschten Osterfeierlichkeiten des Ortes. Die wenigen einfachen Hotels (u. a. Residencias Manuela, Solmar, Unión) sind dann ausgebucht. Anfahrt mit dem Bus (auch ab Cartagena) bis Magangué, Fähre über den Brazo de Loba, anschließend (in der Trockenzeit) Sammeltaxis bis Mompós. Flüge ab Barranquilla und Cartagena (genauere Auskünfte erhält man in Reisebüros).

Cartagena

Die 1533 gegründete karibische Hafenstadt mit ca. 500 000 Einwohnern liegt rund 140 km südwestlich von Barranquilla. Ihre einstige Funktion als Sklavenumschlagsplatz ist bis heute an dem hohen Anteil der Schwarzen in der Bevölkerung abzulesen. Cartagena zieht immer mehr Besucher aus aller Welt an, da es wegen seines kolonialen Charmes zu den sehenswertesten Städten Lateinamerikas gehört.

Der älteste Teil Cartagenas *(centro)* ist durch seine weitgehend intakte Stadtmauer einzigartig in Südamerika. Zwischen dem alten Wohngebiet Getsemaní und dem eigentlichen Altstadtkern jenseits der Avenida Venezuela wurde die Mauer abgerissen. Die Lagune, die es hier ursprünglich gab, füllte man auf. An ihrer Stelle entstand der Stadtteil Matutín mit moderneren Verwaltungs- und Geschäftshäusern. Vier Brücken überspannen die dem Ort vorgelagerten Lagunen.

Der auf einer Landzunge gelegene Stadtteil Bocagrande mit dem Südzipfel Laguito, der dem Meer abgerungen wurde, besitzt die meisten und besten Hotels und ist vollständig vom Tourismus geprägt. Das stilvolle Caribe als elegantestes und ältestes Haus ist heute von Hotelhochbauten flankiert, die nur durch die Avenida 1 vom Strand getrennt sind. In Bocagrande sind nationale wie internationale Badegäste unter sich, während die Einheimischen die nördlich der Altstadt gelegenen Strände von Marbella bevorzugen. Die Stadt bemüht sich hier besonders stark, die Abtragung des Sandes durch Stürme und Gezeiten zu verhindern.

Die Calles verlaufen in Cartagena von Westen nach Osten, beginnend in Laguito; die Carreras von Norden nach Süden. In der Altstadt gelten statt der numerierten Straßen noch die ursprünglichen individuellen Namen, jeweils für einen Häuserblock.

Geschichte

Pedro de Heredia gründete Cartagena am 21. Januar 1533, das zur Unterscheidung von der gleichnamigen Stadt der spanischen Levante den Zusatz ›de las Indias‹ erhielt.

Blick auf Hafen und Altstadt von Cartagena

Die Stadt entwickelte sich bald zum wichtigen Umschlaghafen für den Handel mit den südamerikanischen Kolonien. Eine der beiden Flotten, die jedes Jahr vom spanischen Sevilla aus die Karibik ansteuerten, legte in Cartagena an, löschte hier ihre Waren und nahm begehrte Rohstoffe an Bord.

Der Handel blühte aber nicht nur während der wenigen Wochen, in denen die Flotte im Hafen lag. Cartagena erhielt nämlich das Monopol als Sklavenmarkt für den südamerikanischen Kontinent. Meist waren es portugiesische Sklavenhändler, die die Schwarzen aus Afrika heranbrachten. Wegen der hohen Sterberate während des Transports nannte man die Schiffe *tumberos*, ›schwimmende Särge‹. Auf der ›Feria de Negros‹, dem Sklavenmarkt auf der Plaza de los Coches am Hafen, wurden monatlich bis zu 1000 Menschen verkauft. Als wären sie Vieh, ließen ihre Besitzer den Sklaven einen Stempel in die Haut einbrennen.

Die Händler bereicherten sich schnell, denn ihre Ware war begehrt: Sie verkauften die Sklaven als Arbeiter für die Bergwerke und Plantagen an Río Magdalena und Río Cauca und sogar bis hinunter nach Lima in Peru.

Der Jesuitenpater Pedro Claver aus Katalonien nahm sich der Schwarzen an, indem er sie mit erbettelten Lebensmitteln und Medikamenten versorgte. Von 1612 bis 1654 soll dieser ›Sklave der Sklaven‹ Tausenden das Leben gerettet haben. Für sein Wirken wurde er erst 1888 von Papst Leo heiliggesprochen.

Die *cimarrones,* entlaufene Sklaven, versteckten sich in den Bergen, überfielen spanische Transporte und gründeten Palisadendörfer *(palenques),* die den Spaniern zeitweise sogar den Krieg erklärten und einen eigenen König wählten. Rund 70 km vom heutigen Cartagena entfernt liegt das Dorf San Basileo, dessen 2500 schwarze Einwohner von *cimarrones* abstammen.

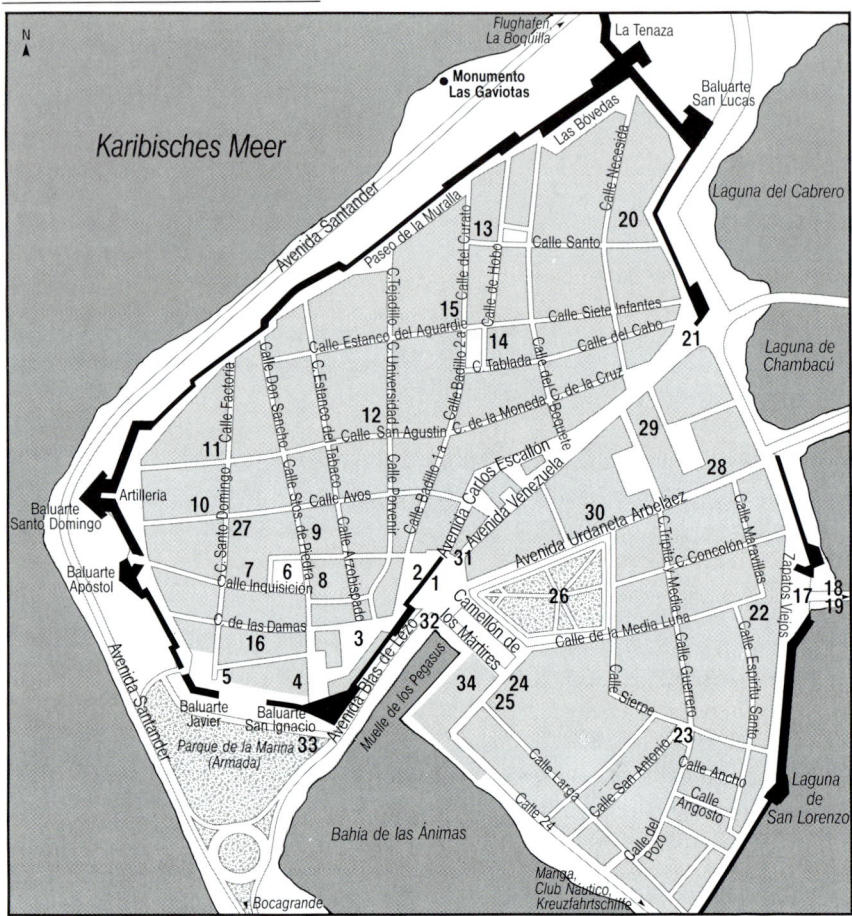

Cartagena (Altstadt) 1 Uhrenturm 2 Plaza de las Coches 3 Rathaus, Plaza de la Aduana 4 Kirche und Kloster San Pedro Claver 5 Marinemuseum 6 Plaza Bolívar 7 Inquisitionspalast 8 Goldmuseum 9 Kathedrale 10 Kirche Santo Domingo 11 Casa del Marqués de Valdehoyos, Touristenbüro 12 Universität (ehemaliges Kloster San Agustín) 13 Hospital (ehemaliges Kloster Santa Clara) 14 Casa de Don Benito 15 Kirche Santo Toribio 16 Parque Centenario 17 Denkmal der alten Schuhe 18 Castillo de San Felipe 19 Kloster La Popa 20 Alte Stierkampfarena 21 Denkmal La India Catalina 22 Kirche San Roque 23 Kirche Santísima Trinidad 24 Theater 25 Kirche San Francisco 26 Bodegón de la Candelaria 27 Taberna Paco's 28 Telecom 29 Post 30 Avianca 31 Taxis 32 Boote nach Bocachica und den Islas Rosario 33 Busse nach Bocagrande 34 Kongreßzentrum

Die Spanier sahen sich bald gezwungen, das wohlhabende Cartagena gegen die Piraten der Karibik, meist Engländer, Franzosen und Holländer, durch Befestigungen zu schützen. 1544 griff der Seeräuber Robert Baal die Siedlung an, als man dort gerade ein Fest feierte. Er brannte alles nieder und erpreßte ein Lösegeld. Nach dieser Erfahrung errichtete man schleunigst die kleine Festung Pastelillo.

Sie hielt jedoch dem englischen Freibeuter Francis Drake, der 1585 mit 23 Schiffen und 2500 Mann Besatzung vor Cartagena auftauchte, nicht stand. Die Zahlung von 100 000 Golddukaten bewahrte die Stadt vor der Vernichtung. Erst dieser Schock veranlaßte den spanischen König, umfassende Verteidigungsanlagen bauen zu lassen und den damals berühmtesten Festungsbauer, den Italiener Bautista Antonelli, damit zu beauftragen.

Im 17. Jh. entstanden allmählich die Stadtmauer und das Kastell San Felipe. Die stadtnahe Laguneneinfahrt Boca Grande wurde durch Unterwasserpfähle unpassierbar gemacht und die weiter entfernte Boca Chica zeitweise durch eine Kette gesperrt, die zwischen zwei starken Forts gespannt war. Doch das nützte wenig gegen den Angriff der Franzosen Ducasse und Pointis, die die Stadt 1697 drei Wochen lang belagerten, sie dann einnahmen und aus Kirchen und Privathäusern Schätze im Werte von 1 Mio. Pesos raubten. Die verstärkten Wehranlagen ermöglichten jedoch die erfolgreiche Verteidigung gegen den englischen Admiral Edward Vernon, der 1741 mit einer großen Flotte anrückte und Cartagena zwei Monate lang belagerte. Man feierte in London schon den Sieg, und der Admiral hatte bereits Siegesmünzen prägen lassen mit der Aufschrift ›Das hochmütige Spanien gedemütigt‹. Doch verheerende Tropenkrankheiten dezimierten seine Truppen, und die Cartagener verteidigten sich todesmutig unter ihrem Anführer Blas de Lezo, der bei den Kämpfen ein Auge, ein Bein und eine Hand verloren haben soll. Vernon mußte aufgeben und zog sich nach Jamaika zurück.

Am 11. November 1811 erklärte die Stadt ihre Unabhängigkeit von Spanien, wurde aber 1815 vom spanischen General Pablo Morillo belagert und nach fünf Monaten völlig ausgehungert eingenommen, geplündert und gebrandschatzt. Simón Bolívar eroberte Cartagena sechs Jahre später zurück und taufte es ›Ciudad Heróica‹ (heldenhafte Stadt).

Von den Unabhängigkeitskämpfen erholte sich Cartagena nur langsam. Als Hafenstadt wurde es bald vom weiter östlich gelegenen Barranquilla und von Buenaventura an der Pazifikküste überrundet. Erst Anfang dieses Jahrhunderts wuchs Cartagena über seine alten Stadtmauern hinaus. Das Erdöl aus der Region Barrancabermeja brachte neuen Wohlstand. Man wiedereröffnete den 1650 von den Spaniern gebauten Canal del Dique, um die Verbindung zum Río Magdalena herzustellen.

Heute basiert die Wirtschaft der Stadt auf der petrochemischen Industrie, auf den modernisierten Hafenanlagen und nicht zuletzt auf dem nationalen und internationalen Tourismus.

Schwarze Frauen in Cartagena

Sehenswürdigkeiten

Die **Altstadtmauern** sind an den einst strategisch empfindlichen Stellen mit Bollwerken *(baluartes)* versehen, denen man die Namen von Heiligen gab, wohl damit diese ihnen ihren besonderen Schutz gewährten. In einzelnen von Straßen unterbrochenen Abschnitten ist die Mauerkrone begehbar, besonders an der Westseite. Zum Meer hin ist die Befestigung eher niedrig, besonders hoch ist sie an der Ostseite zwischen den Bollwerken San Lucas (La Tenaza, mit Kanonen) und Santa Catalina. Dieser letzte Teil, den auch Liebespärchen bevorzugen, ist von Palmen gesäumt und bietet eindrucksvolle Ausblicke auf das Meer und die Holzhäuser.

Die interessante hölzerne Stierkampfarena wird nicht mehr genutzt und zum Stierkampfmuseum umgestaltet. In den *bóvedas,* ehemaligen Munitionsgewölben, haben sich Souvenirläden, die Handwerkskunst anbieten, installiert.

In der Regel beginnt ein Rundgang durch die Altstadt am **Uhrenturm** (Torre del Reloj), einem Wahrzeichen Cartagenas. Die beiden Tore, je eines für Autos und für Fußgänger, führen auf die **Plaza de las Coches** (Kutschenplatz) mit dem Portal de los Dulces, einem Arkadengang mit vielen Verkaufsständen und Geschäften, die nicht nur Süßigkeiten *(dulces)* anbieten. Einst wurde hier der Sklavenmarkt abgehalten.

Das **Rathaus** *(alcaldía)* der Stadt, ehemals Sitz der kolonialen Zollverwaltung, dominiert die sich anschließende **Plaza de la Aduana** (Zollplatz). Das 1620 errichtete Gebäude hat schöne Balkone und sehenswerte Innenhöfe. Eine Statue erinnert an Kolumbus, den Namensvater des Landes, das er nie betrat. Gegenüber vom Rathaus befindet sich ein Museum für moderne

Straßenszene in der Altstadt von Cartagena

Kunst. Im Tor in der Mauer (Puerta de la Mar Contaduría) saßen einst die Zolleinnehmer.

Die Kirche **San Pedro Claver** wurde 1603 von Jesuiten erbaut. Im Kloster (Eingang links neben der Kirchenfassade) wohnte von 1612 bis zu seinem Tode im Jahre 1654 Pater Claver, der sich besonders um die Sklaven kümmerte. Seine sterblichen Reste sind in einem Glassarg am Hauptaltar zu sehen. Im Kloster wird auch die Zelle des Paters gezeigt.

Falls das Gittertor offen ist, kann man vom nahen Bollwerk San Ignacio einen Blick auf das Hafengeschehen an der Muelle de los Pegasus werfen. Hinter dem Kloster, an der Innenseite der Mauer entlang, gelangt man zu den Bollwerken San Francisco Javier und Santiago Apóstol und schließlich zum imposantesten dieses Befestigungsabschnitts, Santo Domingo.

Innenhof von La Popa, Cartagena

Wer vom Kloster direkt zur Plaza Bolívar geht, sollte einen Blick in die Calle de las Damas werfen. Einer wenig glaubhaften Legende zufolge wohnte hier zeitweise der spanische König Carlos IV. als Frau verkleidet, um sich unerkannt über den Fortgang der teuren Befestigungsarbeiten zu informieren. Tatsächlich setzte kein spanischer König je einen Fuß in seine Kolonien.

Das interessanteste Gebäude an der **Plaza Bolívar,** in dessen Mitte sich das Standbild des Generals erhebt, ist der **Palacio de la Inquisición.** Der Barockpalast mit seinem schönen Portal und den Holzbalkonen wurde 1770 vollendet und ersetzte ein älteres Kolonialgebäude, in dem die Inquisition qua königlicher Erlaubnis schon seit 1610 tagen durfte. Obgleich das Ketzergericht in den Kolonien nie die Strenge erreichte, die es im Mutterland praktizierte und relativ wenige Todesurteile verhängte, war es doch so verhaßt, daß man am 11. November 1811, dem Tag

der Befreiung Cartagenas, die Archive verbrannte und die Geistlichen vertrieb. Das kleine Kolonialmuseum des Palastes dokumentiert in der Folterkammer (Cámara de los Tormentos), der Hexenkammer (Pabellón de la Brujería) und den Räumen des Inquisitors die damalige Zeit in sehr anschaulicher Weise.

Den Kolonialbau an der gegenüberliegenden Seite des Platzes ließ die Banco de la República restaurieren, die hier ein sehenswertes **Gold- und Archäologiemuseum** einrichtete. Die ebenfalls an der Plaza Bolívar gelegene **Kathedrale** hat wie die anderen Kirchen der Stadt Festungscharakter und ist aus diesem Grund auch relativ schmucklos geblieben. Der erste Bau, der ab 1575 entstand, wurde 1585 durch den Angriff des Freibeuters Drake weitgehend zerstört. Zu den ältesten Teilen der Kirche gehören die Säulen im Innern. Der Hauptaltar mit seinen vergoldeten Holzarbeiten stammt aus der Schule

von Quito. Im Mittelgang ist vorne eine
sehr alte Bodenplatte mit dem Doppel-
adler-Wappen Karls V. (Carlos I.) eingelas-
sen. Rechts an der Plattform des Hauptaltars liegt der vergitterte Zugang zur
(nicht zugänglichen) Krypta, vor dem
rechten Altar die Grabplatte eines Erzbischofs schottischer Herkunft.

Auch die Kirche **Santo Domingo** an
dem kleinen Platz gleichen Namens ist ein
Festungsbau mit starken seitlichen Stütz-
pfeilern (*estribos,* daher der Name des
engen angrenzenden Gäßchens). Ende des
16. Jhs. erbaut, ist sie das älteste Gotteshaus am Ort. Das angeschlossene Kloster
wurde im 17. Jh. neu errichtet und beherbergt heute ein Seminar. Wie die meisten
Dominikanerkirchen in Lateinamerika
erfreut sich auch diese großer Beliebtheit
bei der Bevölkerung.

Die **Casa del Marqués de Valdehoyos**
zeigt noch viel von ihrer ursprünglichen
Holzkonstruktion. Das Haus gehörte dem
Grafen von Valdehoyos, der durch Skla-
ven- und Mehlhandel großen Reichtum
anhäufte. In dem kürzlich restaurierten
Gebäude hat jetzt das Touristenbüro seinen Sitz, das hier auch das Museo Bolivariano einrichtete.

Mehrere ehemals kirchliche Gebäude
dienen heute profanen Zwecken: Kirche
und Kloster La Merced beherbergen das
Theater Heredia und die Justizbehörden
(Palacio de Justicia). Der ehemalige Klo-
sterkomplex von **San Agustín** (Augusti-
ner- bzw. Barfüßige Mönche) ist seit 1827
Hauptsitz der Universität von Cartagena.
Im ehemaligen Kloster **Santa Clara de
Assís** befindet sich ein Hospital. In der
Casa de Don Benito, einem gut erhaltenen
Kolonialhaus, ist eine Sprachenschule der
französisch-kolumbianischen Gesellschaft
untergebracht.

Entlang des **Paseo de los Mártires** nahe
der Muelle de los Pegasus sind die Büsten

Das Castillo de San Felipe, im Vordergrund
die Statue von Blas de Lezo

von Märtyrern aufgereiht, die für die Befreiung von der Kolonialherrschaft starben. Auch der große **Parque del Centenario** (Park der Hundertjahrfeier) erinnert
an die Unabhängigkeit.

Der Markt von Cartagena nahm einst
die gesamte Fläche an der Südseite des
alten Hafens ein, mußte aber der modernen Kongreßhalle weichen.

Auf dem Wege zur Festung San Felipe,
entlang der Calle de la Media Luna, kommt
man an einem ungewöhnlichen Denkmal
vorbei, das den **Zapatos Viejos** (›Alten
Schuhen‹) gewidmet ist. Taxifahrer werben gern unter Verweis auf die Skulptur
für ihre Dienste. Tatsächlich erinnert sie
an Verse von Luis Carlos López, einem
berühmten Dichter der Stadt. Das **Castillo
de San Felipe** (de Barajas), das wohl mäch-
tigste Fort der Neuen Welt, wurde bis

192

Vom Kloster **La Popa** auf dem gleichnamigen Berg, der einst den Seefahrern als Orientierung diente, hat man einen grandiosen Rundblick über die Stadt und ihre Umgebung. Im frühen 17. Jh. gründeten Augustiner den damals ›Nuestra Señora de la Candelaria‹ genannten Konvent. Später als Festung, Baracke und Warenlager zweckentfremdet und dann fast ein Jahrhundert vernachlässigt, wird er seit 1964 restauriert. Sehenswert sind der sehr schöne Patio, eine kleine Kapelle mit einem vergoldeten Altar und die Sammlung religiöser Kunst. Die Legende berichtete, daß die Indios auf diesem Berg den goldenen Ziegenbock Buziraco verehrten. Alonso de la Cruz, der erste Abt des Klosters, soll ihn den Steilabhang hinabgestoßen haben, der daher heute als ›Salto de Cabrón‹ bezeichnet wird. Die Virgen de la Candelaria, Patronin von Cartagena, steht Ende Januar im Mittelpunkt einer Lichtmeß-Prozession. Sie führt den Berg hinunter zur Kirche San Agustín (vgl. Feste).

Information: Touristenbüro CNT, Calle de la Factoría, in der Casa del Marqués de Valdehoyos; Reiseagentur TMA (Tierra Mar Aire, Agent von American Express), Bocagrande, Cra. 4 No. 7-196; Excursiones Roberto Lemaitre (Reisebüro), Bocagrande, Cra. 2 No. 7-19.

Unterkunft (vgl. auch Bocagrande-Plan, S. 194): alle teuren und sehr guten Hotels liegen in Bocagrande/Laguito. Das einzige ausgesprochene Luxushotel (5 Sterne) ist Cartagena Hilton in El Laguito; am ältesten und stilvollsten ist Caribe (3 Sterne). Vergleichbar in der Qualität (etwa in der Reihenfolge der Güte): Capilla del Mar; Apartahotel Las Velas; Barlovento; El Dorado; Don Blas; Cartagena Real; Playa; Bahía; India Catalina; Flamingo; Succar. Eine Reihe empfehlenswerter Residencias entlang Av. San Martín und Cra. 3, u.a. Residencias Internacionales und Residencias Astoria. Akzeptable Hotels im Altstadtbereich: Hotel Plaza Bolívar, am gleichnamigen Platz; San Felipe, am Parque Centenario; Doral, C. Media Luna; Del Lago, C. 34

1657 ständig ausgebaut. Bevor es vollendet war, fiel es 1627 in die Hände des Piraten De Pointis. Später hielt es allen Attacken stand. Für den Bau nutzten die Architekten den Hügel San Lázaro (so hieß auch die erste Befestigung auf seiner Spitze), den sie weitgehend mit Mauern umgaben. Seit 1741 der Angriff des englischen Admirals Vernon gescheitert war, galt San Felipe als uneinnehmbar, wurde aber weiter verstärkt. Ein Denkmal zu Füßen des Forts zeigt den Verteidiger der Stadt, General Blas de Lezo (vgl. S. 189). Oben auf dem Festungsgelände bieten Händler Souvenirs und Kunsthandwerk feil. Wer die unterirdischen Gänge und Räume erkunden will, findet hier auch englischsprachige Führer. Samstagabends ist die Festung Kulisse für diverse Unterhaltungsangebote (Musik, Filme).

No. 11–15; Montecarlo, C. 34 No. 10–14. Zimmer mit Klimaanlage sind hier rar.

Restaurants in der Altstadt: Bodegón de la Candelaria, C. de las Damas; Casa del Almirante Vernon, gegenüber der Kirche Pedro Claver; Marcel, Edificio Skandia, C. Inquisición; Taberna Paco's, Plaza Santo Domingo; auch viele einfache chinesische Restaurants. In Bocagrande: Gourmet, Hotel Capilla del Mar, 20. Stock; La Olla, Av. San Martín/C. 5; Árabe Internacional, Cra. 3/C. 8; Chef Julián, Av. San Martín/C. 9; Doña Rosa, Hotel Hilton; Costa Verde, Hotel Barlovento; gutes Fischrestaurant am Strand nahe dem Hotel El Dorado. Im Stadtteil Manga: Club de Pesca (in der ehemaligen Festung Pastelillo) mit Restaurant El Galeón auf nachgebauter Galeone.

Verkehr: *Flüge* vom kleinen internationalen Flughafen Crespo im nördlichen Stadtteil Lemaitre (am Rande der Lagune Ciénaga del Virgen) nach Bogotá (täglich ca. 9×) sowie täglich nach Barranquilla, Cali, Medellín, Pereira, San Andrés, Cúcuta; internationale Verbindungen täglich nach San José (Guatemala) und mehrmals wöchentlich nach Miami und New York. Ein CNT-Touristenbüro im Flughafengebäude informiert über Hotels und nimmt Reservierungen vor. Taxis zum Bocagrande-Hotelviertel kosten ca. 3 Dollar: Busse in die Stadt fahren einen Block entfernt ab, entlang der C. 70.

Busse nach verschiedenen Städten des Landes fahren meist von der Av. Pedro de Heredia, östlich des Forts San Felipe ab. Empfehlenswert ist die Gesellschaft Expreso Brasilia S.A. (Av. Pedro de Heredia/C. 20A), nach Barranquilla (ca. 3 Std.; man kann dort sofort in einen Bus von Expreso Brasilia nach Santa Marta umsteigen); Medellín (ca. 14 Std.); Bogotá (ca. 25 Std. über Barranquilla und Bucaramanga, wo man eine Übernachtung einlegen sollte).

Boote nach Bocachica (Fort San Fernando) und zu den Islas del Rosario ab Muelle de los Pegasus. Organisierte Touren (meist Essen

Bocagrande (Hotelviertel) 1 Hotel Cartagena Hilton 2 Ladenzentrum Pierino Gallo 3 Aparta-hotel Las Velas 4 Castillo Grande, Club Naval 5 Deutsches Konsulat 6 Hospital Bocagrande 7 Hotel Caribe 8 Hotel El Dorado 9 Hotel Playa 10 Ladenzentrum San Martín 11 Hotel Flamingo 12 Hotel Barlovento 13 Ladenzentrum Bacarat 14 Hotel Capilla del Mar 15 Hotel Cartagena Real

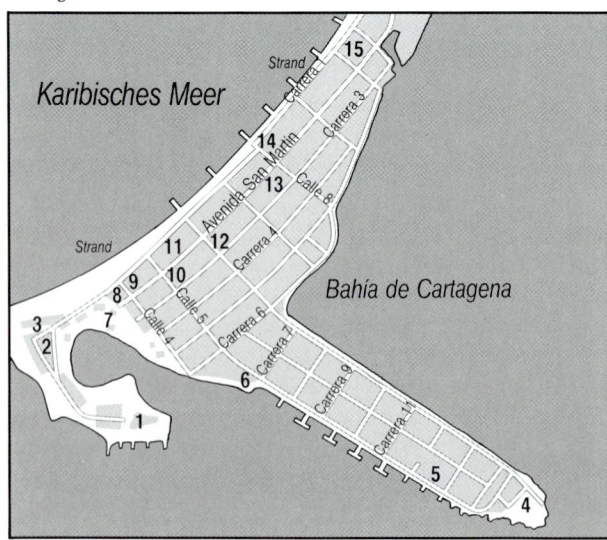

Typisches Haus bei Cartagena

inbegriffen) u. a. mit Tierra Mar Aire (TMA: Cra. 4/C. 7) und Roberto Lemaitre (C. 8/Cra. 4), beide im Bocagrande-Hotelviertel. Mieten von Motorbooten über das Touristenbüro CNT, beim Club de Pesca, Stadtteil Manga, oder beim Club Náutico, El Laguito (Südteil von Bocagrande).

Stadtrundfahrten: Kutschen am Park beim Hotel Caribe; *chivas* (bunte, offene kleine Busse) der Gesellschaft Caliente Tours, Cra. 4/ C. 7.

Feste: Stierkämpfe (Feria taurina) im Januar in der neuen, großen Arena; Ende Januar/Anfang Februar: Fiesta de la Candelaria, religiöses Volksfest zu Ehren der Schutzpatronin der Stadt (vgl. S. 193). März: Festival de Música del Caribe, Schwerpunkt ist karibische Musik, präsentiert von bekannten Gruppen, auch aus den USA und dem übrigen Lateinamerika. Juni: Filmfestival (eine Woche); Ende des Monats in Boquilla, einem Fischerdorf im Norden der Stadt, Fiesta del Pescador (Fischerfest). 9. September: Fiesta de San Pedro Claver. November: Fiestas de Noviembre (der 11. November ist der

Unabhängigkeitstag Cartagenas) mit Kür der Schönheitskönigin (Reinado Nacional de Belleza) und eleganten Bällen, besonders im Hotel Caribe.

Ausflüge in die Umgebung von Cartagena

Das gut erhaltene Castillo de San Fernando auf der Insel **Tierrabomba,** dessen Bau 1753 begann, hat die Form eines Hufeisens. Zur Landseite ist das Fort von einem tiefen Wassergraben umgeben. Angeblich wurden hier früher Verbrecher den Haien zum Fraß vorgeworfen. Vom Castillo de San Fernando und der Zwillingsfestung San José auf dem gegenüberliegenden Festlandsufer nahm man feindliche Schiffe ins Kreuzfeuer. Die Durchfahrt war zeitweilig durch eine Eisenkette versperrt. Im Inneren des Forts befindet sich ein kleines Museum. Eine Kuriosität

Transportboote auf Tierrabomba

ist die Mannschaftstoilette mit ›Meeres-spülung‹. Vom schmalen Landungssteg erhält man den besten Eindruck von der Mächtigkeit der Anlage. Souvenirhändler bieten hier Ketten und andere Schmuck-stücke an. Am malerischen, von Holzhüt-ten gesäumten Strand liegen die Einbäume der Fischer.

Praktische Hinweise: Tagesausflüge zur Festung San Fernando auf der Insel Tierrabomba wer-den von allen besseren Hotels sowie von Reise-agenturen angeboten, auch kombiniert mit einem Besuch der Islas del Rosario (s. u.). Man kann die Fahrt nach Bocachica auf Tierrabomba aber auch problemlos auf eigene Faust unter-nehmen (billiger!). Von der Muelle de los Pega-sus, am Hafen vor der Stadtmauer von Carta-gena, legen die Boote ab. Am besten nimmt man eines der kleinen Schnellboote (*lanchas rápidas;* hin und zurück ca. 4 Dollar; nur eine einfache Fahrt zu lösen hat den Vorteil, für den Rückweg nicht auf ein Boot des gleichen Besitzers warten zu müssen). Die Fahrt dauert rund 20 Min.;

nicht an der Mole des Ortes Bocachica auf der Insel Tierrabomba aussteigen, Boot fährt weiter zur Mole, die direkt an der Festung liegt. Ein kleines, sehr einfaches Restaurant am Lan-dungssteg bietet frischen Fisch an.

In der Umgebung der rund 50 km südlich von Cartagena gelegenen **Islas del Rosario** zeigt sich das karibische Meer in allen Schattierungen der Blau-Grün-Skala. Das Wasser ist sehr klar. Auf den größeren der rund 30 Inseln errichteten sich seit den 70er Jahren viele wohlhabende Kolum-bianer Ferienhäuser.

Praktische Hinweise: Die Islas del Rosario sind ebenfalls im Rahmen organisierter Ausflüge oder auf eigene Faust zu erreichen. Ab der Pegasus-Mole benötigen die kleinen schnellen Motorboote 1–2 Std. Umständlicher ist es, über die Industriezone Mamonal ca. 20 km auf guter Straße bis nach Pasaballos zu fahren und dann jenseits des Canal del Dique auf einer Piste (pas-sierbar in der Trockenzeit von Dezember bis

März) bis zum Dorf Barú, wo Boote zu den Inseln ablegen. Unterkünfte auf der Isla Rosario und der Isla Grande können knapp werden (am besten vorher über ein Hotel oder Reisebüro in Bocagrande buchen).

Als weitere Ausflugsziele empfehlen sich Boquilla, Matute und San Jacinto. Zum Fischerdorf **Boquilla,** 7 km nördlich des Zentrums von Cartagena gelegen, fahren viele Einheimische an den Wochenenden, um dort in den einfachen Restaurants frischen Fisch zu essen (besonders *sábalo frito*). Von hier lassen sich auch Bootsfahrten durch die sumpfige Mangrovenlandschaft in der Nähe unternehmen. In **Matute** bei Turbaco, ca. 20 Autominuten von Cartagena entfernt, befindet sich ein botanischer Garten (montags geschlossen). Hängematten, Textilien, Schnitzarbeiten und Keramik kann man gut in **San Jacinto** kaufen. Dieser Ort an der Straße nach Süden/Sincelejo (ca. 90 Autominuten) ist das wichtigste Zentrum des Folklorehandwerks in der Region.

Umgebungsplan Cartagena

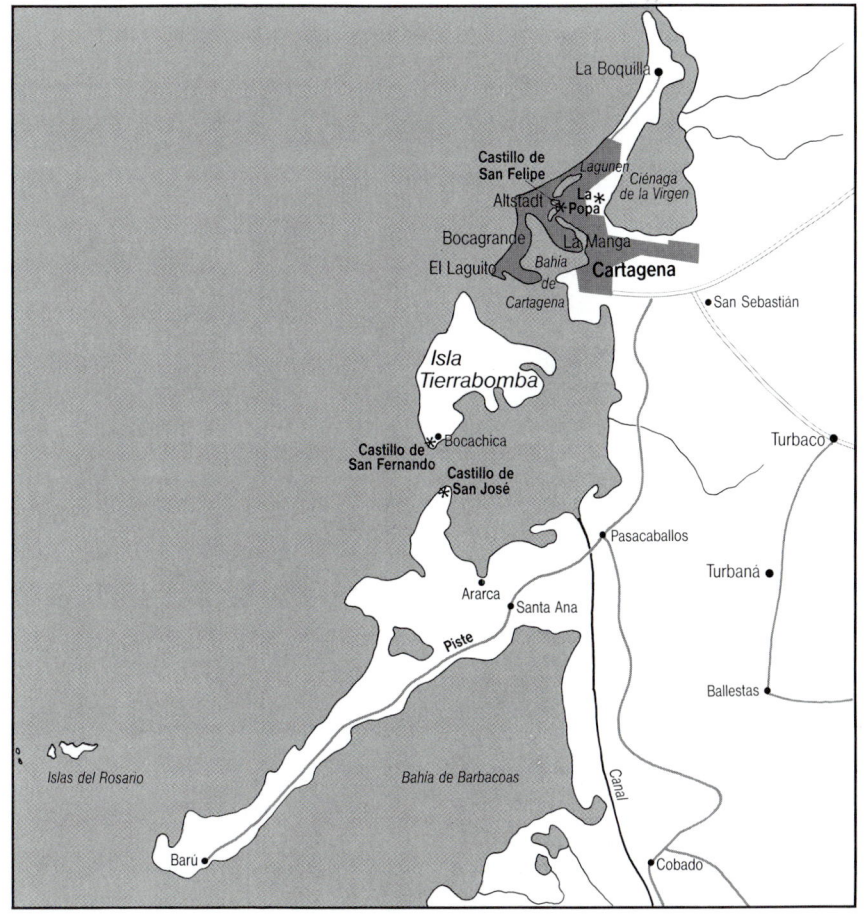

Praktische Hinweise: Den Besuch dieser Orte unternimmt man am besten per Taxi oder Leihwagen.

Andrés, aber die Ernte wird nur noch an die hiesigen Hotels und Restaurants geliefert. Die Sprache der Inselbewohner ist ein Gemisch aus Englisch und Spanisch.

San Andrés und Providencia

Die vor der nicaraguanischen Küste gelegenen Inseln San Andrés und Providencia unterstanden seit 1508 der spanischen Verwaltung. Da sie aber unter ökonomischen Gesichtspunkten uninteressant erschienen, vernachlässigten die Spanier sie. Die ersten Siedler waren religiös verfolgte Puritaner aus England, die sich 1629 auf Providencia niederließen und dort New Westminster gründeten. Weitere kamen von den englischen Bermudas. Sie brachten schwarze Sklaven mit. 1639 sollen 500 Sklaven auf Providencia revoltiert haben. Zwei Jahre später kamen die Spanier mit 1000 Soldaten aus Cartagena, evakuierten die Engländer und ließen nur die Schwarzen zurück, hauptsächlich Jamaikaner.

Lange Zeit dienten die Inseln als Piratenhort. Die Freibeuter Mansfelt und Morgan benutzten sie 1666 bzw. 1670 als strategische Stützpunkte für ihre Beutezüge. 1806 konnte John Blingh für einige Monate Providencia besetzen, das durch seine höheren Berge einen besseren Schutz bot, und nach der Unabhängigkeit herrschte hier der französische Korsar Luis Aury zehn Jahre lang.

Während in der Kolonialzeit die Baumwollproduktion dominierte, wurden Mitte des 19. Jhs. – nach dem Wegfall der Sklavenwirtschaft – weniger arbeitsintensive Kokosplantagen aufgebaut. Schädlingsplagen machten aber auch sie unrentabel. Zwar prägen die Kokoshaine *(cocoteros)* noch heute das Landschaftsbild von San

San Andrés

Die Bevölkerung von San Andrés lebt heute vorwiegend vom Handel mit zollfreier Ware und dem damit verbundenen Tourismus, der neue Arbeitsplätze schuf. Seit 1959 ist San Andrés Freihandelszone, seit 1972 Intendencia Especial (Gebiet mit Sonderverwaltung).

Profitiert haben davon hauptsächlich die neuen Zuwanderer, Geschäftsleute vom kolumbianischen Festland und die sogenannten *turcos,* wie hier die Einwanderer aus Syrien und dem Libanon genannt werden. 90% der touristischen Einrichtungen und Geschäfte konzentrieren sich in New Town, dem nördlichen Teil der Stadt San Andrés. Die ärmeren *isleños* wurden nach Süden zurückgedrängt, nach La Loma und San Luis. Sie leiden unter dem Tourismus, durch den sich die meist importierten Waren des alltäglichen Lebens verteuerten. Zu 60% kommen diese aus den USA. Da die hohen kolumbianischen Zölle wegfallen, lohnt sich für Kolumbianer vom Festland der Einkauf von Alkoholika, Elektroartikeln, Toilettenwaren, Haushaltsgegenständen und Kleidung. Die karibischen Traumstrände ziehen aber auch immer mehr Urlauber aus Übersee an.

Die Stadt San Andrés

Die Stadt San Andrés nimmt die gesamte flache Nordspitze der Insel ein. Im Stadtbereich, etwa zwischen den Avenidas Colombia (Strandpromenade) und Las Américas, 20 de Julio und Providencia,

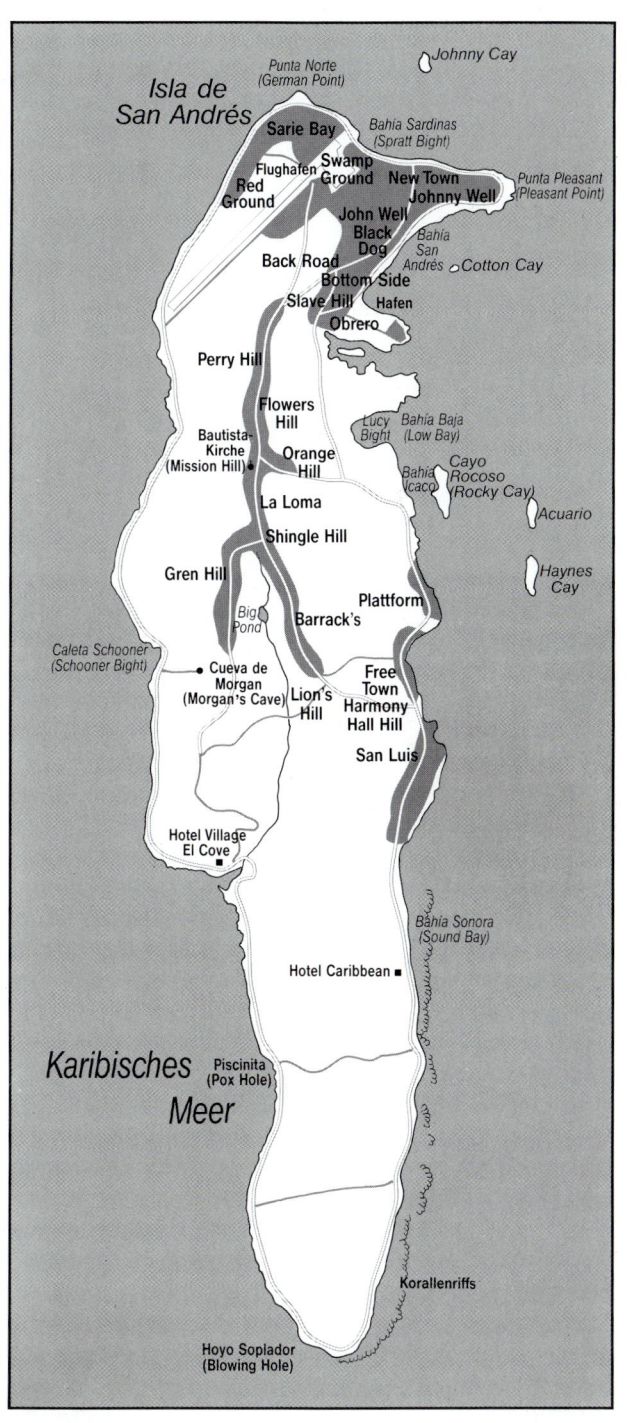

Isla de San Andrés

- Punta Norte (German Point)
- Johnny Cay
- Sarie Bay
- Bahía Sardinas (Spratt Bight)
- Swamp Ground
- Flughafen
- New Town
- Red Ground
- Johnny Well
- Punta Pleasant (Pleasant Point)
- John Well
- Black Dog
- Bahía San Andrés
- Cotton Cay
- Back Road
- Bottom Side
- Slave Hill
- Hafen
- Obrero
- Perry Hill
- Flowers Hill
- Lucy Bight
- Bahía Baja (Low Bay)
- Bautista-Kirche (Mission Hill)
- Orange Hill
- Bahía (cao)
- Cayo Rocoso (Rocky Cay)
- La Loma
- Shingle Hill
- Acuario
- Gren Hill
- Plattform
- Haynes Cay
- Big Pond
- Barrack's
- Caleta Schooner (Schooner Bight)
- Cueva de Morgan (Morgan's Cave)
- Lion's Hill
- Free Town
- Harmony Hall Hill
- San Luis
- Hotel Village El Cove
- Bahía Sonora (Sound Bay)
- Hotel Caribbean
- Karibisches Meer
- Piscinita (Pox Hole)
- Korallenriffs
- Hoyo Soplador (Blowing Hole)

San Andrés

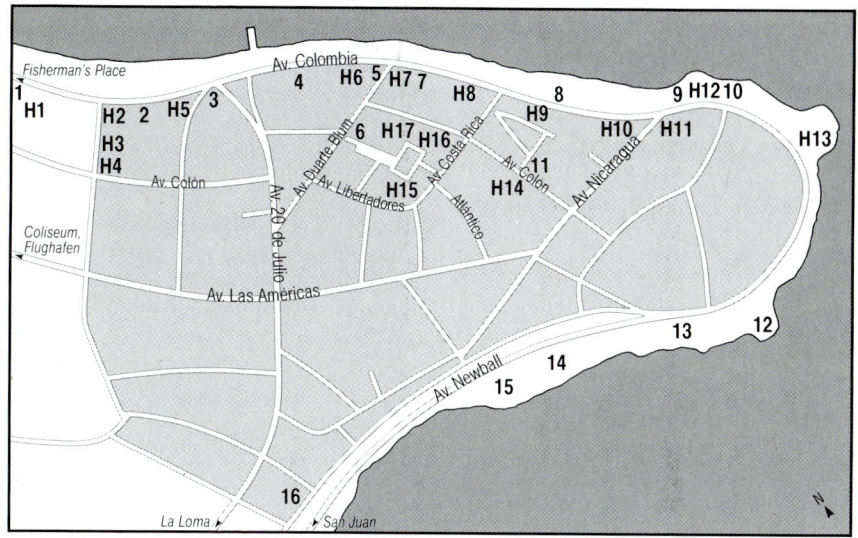

San Andrés – Stadt 1 Touristenbüro 2 Restaurants 3 Autovermietung 4 Restaurant Fonda Antioqueña No. 1 5 Fluggesellschaft SAM 6 Fluggesellschaft Avianca 7 Restaurant La Bahía 8 Boote nach Johnny Cay, Acuario 9 Restaurant Fonda Antioqueña 2 10 Restaurant Malecón und Michael's 11 Banco de la República 12 Casa de la Cultura 13 Club Náutico 14 Geschäftszentrum Dann 15 Vergnügungspark Sunrise 16 Coral Palace
Hotels: H1 Isleño H2 Cacique Toné H3 Malibú H4 Coliseo, Natania H5 Bahía Sardina H6 Tiuna H7 Calypso Beach H8 Casablanca H9 Royal Abacoa H10 Abacoa H11 El Doral H12 Los Delfines H13 Aquarium H14 Gran Internacional H15 Capri H16 Palace H17 Galaxia

wimmelt es von Geschäften, die zollfreie Waren anbieten. Ihre Besitzer wohnen meist jenseits des Flughafens im besseren Stadtteil Sarie Bay. Der attraktive, breite und palmengesäumte Strand an der Bahía Sardinas reicht etwa vom Fisherman's Place im Westen bis zur Av. Providencia im Osten. Hotels, Restaurants und Cafeterías säumen die Strandpromenade Av. Colombia, an deren Ostabschnitt (Stadtteil Johnny Well) zunehmend modernere Tourismuseinrichtungen entstehen. An der Punta Pleasant sind die Häuser direkt ans Wasser gebaut.

Die Av. Colombia geht über in die Av. Newball entlang der Bahía de San Andrés, wo sich die Hafenanlagen und viele öffentliche Gebäude befinden. Die südlichen Stadtteile, mit Namen wie Black Dog, Bottom Side oder Obrero (Arbeiter) sind älter und ärmer. Die Hauptverkehrsader der Stadt ist die belebte Av. 20 de Julio, deren Verlängerung hinauf in die La Loma-Region führt.

Sehenswürdigkeiten auf der Insel

Von der asphaltierten Straße über den Hügelkamm bieten sich stellenweise phantastische Ausblicke hinunter auf die Küste. Die Siedlungen Slave Hill, Flowers Hill, Orange Hill und Shingle Hill bilden im

Kokospflücker

Grunde ein langes Straßendorf. Sie liegen im ältesten Siedlungsgebiet der Insel und zeichnen sich durch ihre ursprünglich-einfache karibische Architektur aus. Heute sind sie arme, ›schwarze‹ Vororte des ›weißen‹ San Andrés.

Die besten Strände finden sich im Norden und im Südosten. An der Westküste dominieren unwegsame und felsig-flache Strände aus Korallengestein.

Inselrundfahrten in einem Taxi, meist alte US-Straßenkreuzer, dauern mit allen Besichtigungen maximal 3 Std. und kosten ca. 12 Dollar, etwas mehr, wenn man die La Loma-Region einbezieht. Viele, aber nicht alle Taxifahrer sprechen Englisch (meist Schwarze).

Es lohnt sich, den Ort **San Luis** nicht nur auf der Hauptstraße zu durchfahren, sondern einen Abstecher zum Strand zu machen und sich dort etwas umzuschauen.

Vor der Morgan's Cave

Beim Abladen von Fischen in San Andrés

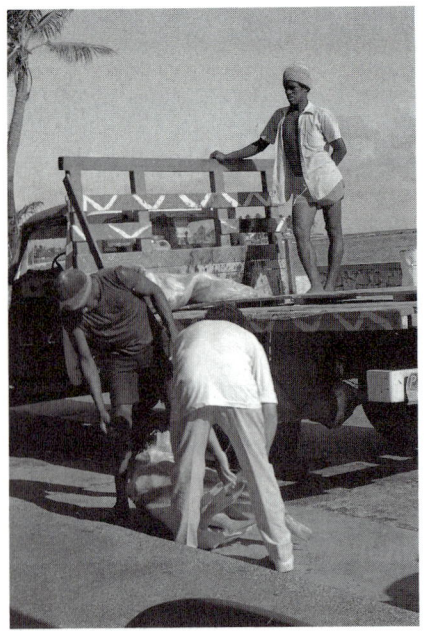

Hier gibt es stellenweise noch alte Holzbauten im karibischen Stil. Gleich südlich des Ortes beginnt ein Küstenabschnitt mit guten Palmenstränden.

Der **Hoyo Soplador** (Blowing Hole) an der Südspitze der Insel produziert nur Fontänen oder Pfeifgeräusche, wenn das Meerwasser bei stärkerer Brandung mit hoher Geschwindigkeit durch das koralline Tunnelsystem gepreßt wird. Ein Kiosk bietet zuckersüße Cocktails in Kokosnüssen an.

Über La Piscinita (Pox Hole), einen natürlichen Pool, erreicht man **El Cove,** den frühesten Hafen der Insel, der heute noch von Booten der Militärs genutzt wird (sie sind in einer ausgedienten Fabrik untergebracht, die Kokosnüsse verarbeitete). Interessant ist das kleine Hotel La Terraza mit Restaurant (Cove Bay International Hotel).

Kurz vor der Bucht Caleta Schooner führt eine kurze Piste zur **Morgan's Cave,** einer kurzen und niedrigen Höhle, die der berühmte Seeräuber Morgan als Versteck genutzt haben soll. Wer sie besichtigen will, muß für den Eintritt zahlen. Nicht gerade billig sind auch die Getränke und der Krebscocktail, die man hier serviert. Kurz vor der Flughafen-Landebahn kommt man an Villen vorbei, die angeblich Bossen der Drogenmafia gehören.

Von der Stadt aus sollte man eine Fahrt hinauf nach La Loma nicht auslassen, vorbei an der höhlendurchsetzten North Cliff (weiter Blick auf die Stadt). Die Kirche **Bautista Emanuel de La Loma,** deren rotes Dach von der Stadt aus sichtbar ist, wurde 1847 mit Pinienholz aus Alabama erbaut (zuletzt 1985 restauriert). An religiösen Feiertagen bieten die Einheimischen entlang der Straße örtliche Leckerbissen

Fischerboote in der Bahía Sardinas vor der Stadt San Andrés, im Hintergrund die Sandbank Johnny Cay

an. Weiter südlich, hinter der Antennenstation Inravisión, gabelt sich die Straße (La Ye) nach San Luis und nach West Cove. Der dazwischen liegende kleine See Big Pond versorgt die Insel zum Teil mit dem hier knappen Trinkwasser, das hauptsächlich in einer Fabrik westlich des Flughafens aus Meerwasser gewonnen wird.

Zu den Hauptattraktionen der Insel gehören die Cays (Sandbänke). Am populärsten ist **Johnny Cay,** wo in der Hochsaison entsprechend viel Betrieb herrscht. Auf diesem Inselchen gibt es kleine Restaurants und Bars unter schattigen Palmen. Überfahrt mit der Cooperativa de Lancheros (vgl. Plan) oder von der Mole weiter westlich. Nach **Haynes Cay** bzw. Acuario (besonders gute Schnorchelmöglichkeiten am Korallenriff) vor der Ostküste fahren ebenfalls Boote der Cooperativa.

Mietboote, Tauchen (Lehrgänge, Ausrüstung), Wassersport, Ausflüge zu Cays (auch weiter entfernte wie Bolívar und Albuquerque) ab Hotel Aquarium bzw. auch Buzos del Caribe im Centro Comercial Dann (vgl. Plan). Besondere Ausflugs-Attraktionen sind Schiffswracks und eine verunglückte Boing 727.

Information: Touristenbüro vor dem Hotel Isleño am Westende der Uferpromenade Av. Colombia; hier liegt auch ein kleines touristisches, spanisch-englisches Magazin ›Guía Turística‹ aus. Die Fluglinie SAM publiziert ebenfalls ein informatives spanisch-englisches Heftchen mit guten Karten von San Andrés und Providencia (Av. Colombia, Ecke Av. Duarte Blum).

Unterkunft: Zur teuren und mittleren Preisklasse gehören die Hotels Aquarium, Casablanca, Royal Abacoa, Cacique Toné, Gran Internacional, Apartahotel Casa Dorada, El Isleño, Tiuna, Calypso Beach, Palace, alle in San Andrés-Stadt; außerhalb: Bahía Marina (Richtung San Luis). Die übrigen Hotels in der Stadt sind preiswerter, aber immer noch teurer als vergleichbare Häuser auf dem Festland. Die meisten Unterkünfte liegen zwischen der Av. Colombia und Av. Las Américas. In San Luis Sea Horse Inn (einfach) und Village El Cove an der Westküste. Während der Hochsaison (Weihnachten, Ostern, Juli/August) sollte man Flug und Unterkunft vom Festland aus buchen.

Restaurants: Einheimische Küche bzw. Meeresfrüchte bieten (vgl. auch Plan): Fonda Antioqueña No. 1 (direkt am Meer, reichhaltige und deftige Küche der Provinz Antioquia); Michael's; El Malecón; Jairo Hansa; La Bruja (Hotel Aquarium, aufs Meer hinaus gebauter Rundbau, Spezialität Langusten, teuer) und Fisherman's Place (Fischer-Kooperative mit einfachem Restaurant, frische Ware aus täglichem Fang, Fischmarkt, preiswert), alle sehr gut und am Meer gelegen. Restaurants an der Uferpromenade: Fonda Antioqueña No. 2; La Bahía; El Oasis (die beiden letzteren gehören zu den ältesten der Insel); Casablanca (im gleichnamigen Hotel). Berühmt für die Küche der Insel ist Los Guacamayos (Miss Bess) im Coral Palace. Außerhalb der Stadt: Mama Rosana; El Paraíso; Luz Mar (alle Sound Bay, San Luis); El Velero (Hotel Bahía Marina vor San Luis).

Verkehr: Vom internationalen Flughafen (vgl. Karte) Flüge von und nach Bogotá, Cartagena, Barranquilla, Cali; internationale Flüge nach Miami, Guatemala-Stadt, Tegucigalpa und San Pedro Sula (Honduras), San José (Costa Rica) sowie Panama-Stadt. Propellermaschinen von SAM und Satena fliegen mehrmals täglich nach Providencia (ca. 30 Min.).

Viele Taxis halten sich in der Nähe der Strandhotels auf bzw. an der Strandpromenade. Man kann sie für eine Fahrt um die Insel mieten. An einigen Stellen entlang der Av. Colombia kann man Mopeds und Autos leihen.

Providencia

20 Flugminuten von San Andrés entfernt liegt Providencia (Old Providence): Die Insel hat einen ländlichen und verschlafenen Charakter, sie ist bergiger und die Natur unberührter als auf San Andrés,

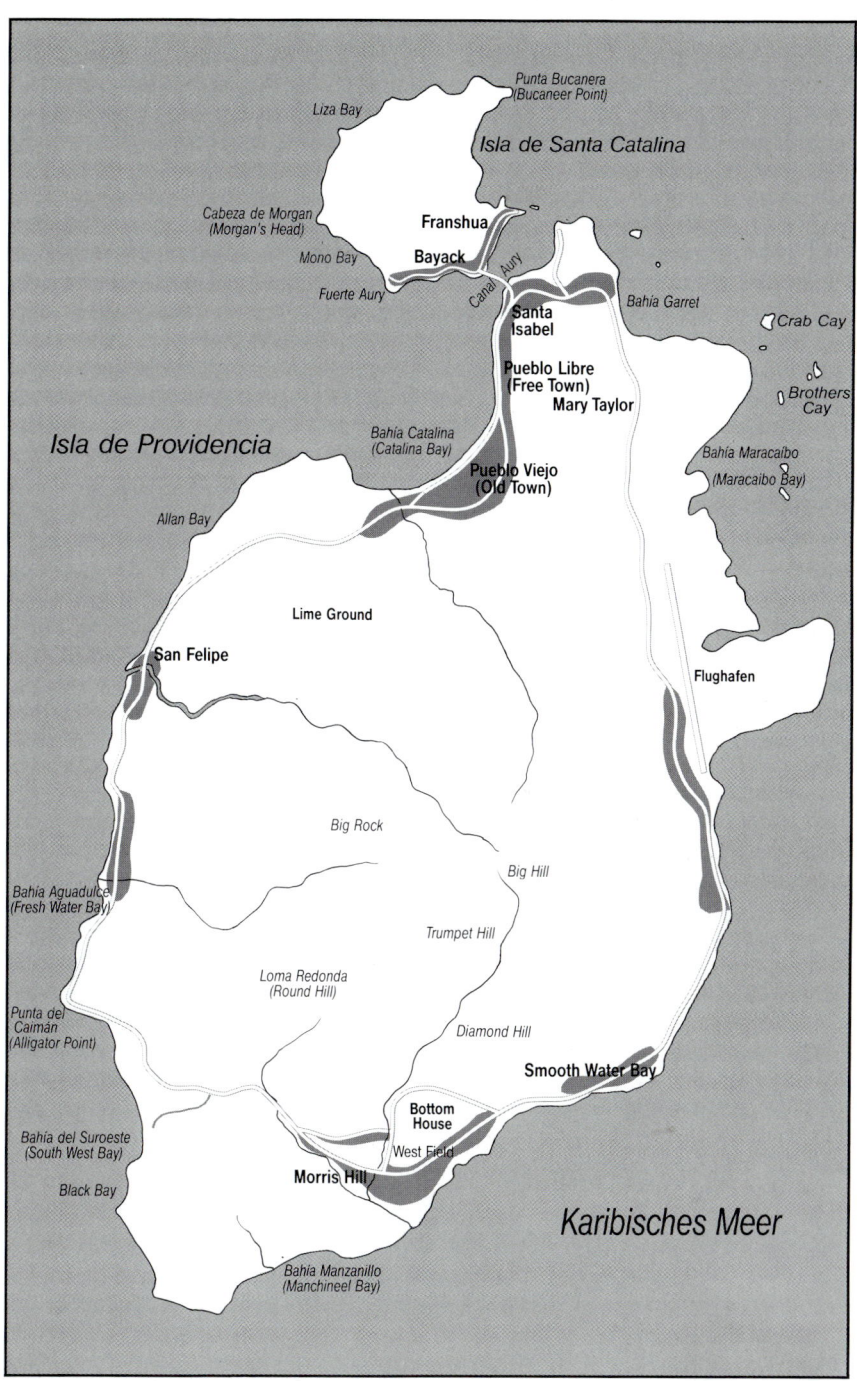

Punta Bucanera
(Bucaneer Point)

Liza Bay

Isla de Santa Catalina

Cabeza de Morgan
(Morgan's Head)

Franshua

Mono Bay

Bayack

Fuerte Aury

Canal Aury

Bahía Garret

☾Crab Cay

**Santa
Isabel**

**Pueblo Libre
(Free Town)**

Mary Taylor

*Brothers
Cay*

Isla de Providencia

Bahía Catalina
(Catalina Bay)

Allan Bay

**Pueblo Viejo
(Old Town)**

Bahía Maracaibo
(Maracaibo Bay)

Lime Ground

San Felipe

Flughafen

Big Rock

Big Hill

Bahía Aguadulce
(Fresh Water Bay)

Trumpet Hill

Punta de
Caimán
(Alligator Point)

Loma Redonda
(Round Hill)

Diamond Hill

Smooth Water Bay

Bahía del Suroeste
(South West Bay)

**Bottom
House**

West Field

Karibisches Meer

Black Bay

Morris Hill

Bahía Manzanillo
(Manchineel Bay)

Providencia

Balsam für den Ruhebedürftigen. Wichtigster Ort ist **Santa Isabel** mit Verwaltungseinrichtungen und einer modernen Mole. Eine Holzbrücke – auch ›Mole der Verliebten‹ genannt – über den Canal Aury verbindet die Hauptinsel mit der kleinen Nachbarinsel **Santa Catalina.** Die malerischen Häuser von Franshua und Bayack säumen den gepflasterten Ufersteg mit seinen vielen, teilweise überschatteten Bänken. Hinter Bayack führt ein Pfad über Steintreppen zum Fort Morgan, das mit viel Phantasie und dank einer hier plazierten Kanone als Rest einer Seeräuberstellung erkennbar ist, vom Boot aus betrachtet aber wenig eindrucksvoll wirkt. Nahebei ist eine Madonnenstatue zu sehen. Der Uferfelsen **Morgan's Head** hat die Form eines Kopfes, der an den des Seeräubers erinnern soll. In der Umgebung vermutet man – wie kann es anders sein – einen noch unentdeckten Schatz.

Lohnender als eine Inselrundfahrt auf der Ladefläche von kleinen Lieferwagen (schon ab Flughafen) ist ein Ausflug im Motorboot ab **Bahía Aguadulce** (›nasse‹ Landung!). Für einige Dollar geht es rund um die Insel, mit Stationen auf einigen Cays und in der schönen **Bahía Manzanillo.** Wer sich für karibische Holzarchitektur (am schönsten in Pueblo Viejo und San Felipe zu sehen) interessiert, sollte eine *camioneta* (kleiner Lieferwagen) nehmen und den Fahrer auf seine Wünsche hinweisen.

Unterkunft: Die Hotels, meist Bungalow-Gruppen *(cabañas),* befinden sich hauptsächlich in der Bahía Aguadulce (Freshwater Bay), die über die beste Wasserversorgung und einen kleinen, guten Strand verfügt: El Paraíso; Royal Queen; Posada del Mar; El Recreo; Providencia; Aguadulce; Talasa. Hotel Flaming Trees in Santa Isabel. In der Hochsaison (um Weihnachten, Ostern) sind die Unterkünfte ausgebucht,

Mädchen mit Lebensmittelstand

aber auch in der Nebensaison empfiehlt es sich, von einem Reisebüro in San Andrés aus zu reservieren; sonst am Flughafen von Providencia, wo man auch Hinweise auf Unterkünfte in Familien erhalten kann.

Verkehr: Flüge von San Andrés täglich mehrmals mit SAM-Helicol und Satena. Tagesausflügler können morgens um 8 Uhr hin- und um ca. 17 Uhr zurückfliegen. Von der Flugpiste El Embrujo (Zauberer) fahren *camionetas* (Pick-Up-Cars) und *colectivos* bis Santa Isabel und Aguadulce. Ein offener Bus *(chiva)*, genannt ›El Barracuda‹, fährt unregelmäßig ab dem Rathaus in Santa Isabel um die Insel und kommt auch am Flughafen vorbei. Die *camionetas* sind jedoch schneller und verläßlicher.

Die nördliche Zentralkordillere

Medellín

Die 1616 von Francisco Herrera gegründete Stadt errang erst Ende des 19. Jhs. als Zentrum des Kaffeeanbaus überregionale Bedeutung. Das Klima ist mit durchschnittlich 22 °C angenehm warm (Höhe: 1500 m). Die Hauptstadt des Departamento Antioquia ist heute nach Bogotá die zweitgrößte Stadt (ca. 2,5 Mio. Einwohner) und das zweitwichtigste Wirtschaftszentrum Kolumbiens. Über 80% der Textilerzeugnisse kommen aus Medellín. Der traditionelle Beiname ›Stadt der Orchideen‹ kontrastiert stark mit dem jüngst erworbenen Schimpfnamen ›Drogen-Hauptstadt Kolumbiens‹. Aufgrund des blutigen Kampfes zwischen der Regierung und den Mafiosi des berüchtigten Medellín-Kartells gilt die Metropole als sehr unsicher.

Von den wenigen erhaltenen kolonialen Bauwerken sind zwei Kirchen erwähnenswert. Sehenswert ist die Ermita de la Veracruz, die 1682 gegründet und Anfang des 19. Jhs. erneuert wurde (Calle 51, Carrera 52). In der Basílica de la Candelaria (Carrera 50/Calle 51; 18./19. Jh., Kathedrale der Stadt bis 1931) verehrt man die Patronin von Medellín. Die moderne Kathedrale (Parque Bolívar) rühmt man als größte Backstein-Kirche der Welt (1,2 Mio. Ziegel). Vom Cerro Nutibara, einem Hügel südwestlich des Zentrums, wo ein koloniales Modelldorf errichtet wurde, bietet sich ein guter Ausblick auf die Stadt. Das Museo de Antioquia (auch Museo Zea, Carrera 53/Calle 52) zeigt moderne Kunst, das Museo Etnográfico Miguel Ángel Builes (Carrera 81/Calle 52B) informiert über die präkolumbischen Kulturen des Landes. Der Botanische Garten (Carrera 52/Calle 73) gewährt u. a. einen Einblick in die Vielfalt der Orchideenarten.

Information: Touristenbüros C. 57/Cra. 45 und Cra. 48/C. 48 (Turantioquia); Reisebüro TMA (Tierra Mar Aire; American Express-Vertreter), C. 52/Cra. 43.

Unterkunft im Zentrum: Luxushotels Amaru, Cra. 50A/C. 53 und Nutibara, C. 52A/Cra. 50. Gut bis mittelmäßig: Gran Hotel, C. 54/Cra. 45; Veracruz, Cra. 50/C. 54; Europa Normandie, C. 53/Cra. 49; Horizontes, Cra. 47/C. 49A; Comercial, C. 48/Cra. 53. Sehr preiswerte Hotels (Residencias) Nähe Cra. 43 und Cra. 54 und 55.

Verkehr: Internationaler Flughafen 40 km außerhalb; Busterminal, Autopista Norte Cra. 64C/C. 78: Busse nach Cali (ca. 10 Std.), Bogotá (ca. 13 Std.), Cartagena (ca. 15 Std.), Popayán (ca. 15 Std.), Pereira, Cartago (ca. 8 Std.).

Feste: Im Januar/Februar Feria de la Candelaria (Stierkämpfe); Juni: Festival del Tango; erste August-Woche: Feria de las Flores (Blumenfest, Höhepunkt ist der 7. August).

Das Rauschgiftkartell

Seit seiner Verhaftung am 4. 2. 1987 bei Medellín und der sofortigen ›Entführung‹ nach Florida sitzt er wegen Schmuggels von 3,3 t Kokain in einer 6 qm großen Zelle des US-Hochsicherheits-Gefängnisses. Das Urteil für Carlos Lehder Rivas lautet lebenslänglich plus 135 Jahre. Lehder, Jahrgang 1949, deutschstämmig, war ein Pate des berüchtigten Medellín-Kartells und wurde wohl nur geschnappt, weil der Polizeichef der Stadt gerade ausgetauscht und der neue noch nicht bestochen worden war. Medellín, die ›Stadt der Orchideen‹, Geburtsort der Befreiungstheologie auf der lateinamerikanischen Bischofskonferenz von 1968, ist seit den 70er Jahren zur Drogenmetropole entartet. Sie hat mit etwa acht Opfern pro Tag die höchste Mordrate des amerikanischen Kontinents. Die *peces gordos,* die großen Fische der rund 20 wichtigsten Familien des Kokainkartells wurden quasi über Nacht Milliardäre.

Die von den östlichen Andenhängen Boliviens und Perus eingeflogene Kokapaste wird in entlegenen Regenwaldregionen Kolumbiens mit Äther und Aceton kristallisiert. Das Land ist in erster Linie Verarbeitungs- und Zwischenhandelszentrum für den Export in die USA (80%) und nach Europa. Marihuana dagegen wurde seit jeher in Kolumbien selbst angebaut. Die Guajira-Halbinsel im Nordosten des Landes erlebte in den 70er Jahren den ersten Drogenboom mit Marihuana, dort auch *marimba* genannt. Anbaugebiet ist die Sierra Nevada de Santa Marta, Schmuggelzentren sind Riohacha und Maicao. Von versteckten illegalen Landepisten starten die kleinen Maschinen vom Typ DC 3, Cessna oder Piper und unterfliegen das Radarnetz Richtung Bahamas, in deren Gewässern die heiße Ware abgeworfen und von modernsten Schnellbooten aufgefischt wird. Das große Geld machen die Händler. Magere 10 Dollar erhalten die kleinen Pflanzer für das Kilo, das schließlich 10 000 Dollar einbringen soll. Noch größer ist die Profitspanne beim Kokain. Allein der Verdienst des Medellín-Kartells (auch Cali hat ein Kartell) wird auf jährlich 10 Mrd. Dollar geschätzt. Die Waschvorgänge funktionieren reibungslos, so daß Kolumbien seit Mitte der 70er Jahre keinen Mangel an Devisen hat. Die schwerreichen Drogenbosse kauften sich Hotels, Restaurants und die besten Fußballclubs Kolumbiens. Pablo Escobar machte sich aber auch durch die Sanierung von Slums bei den Armen Medellíns beliebt. Im Dienstleistungssektor entstanden ganze Armeen von Bodyguards und Privatpolizisten zum Schutz der Neureichen, aber auch der engagierten Politiker und Richter.

Politiker, die die Mafia bekämpfen, haben den Schutz dringend nötig. Bis zur Präsidentenwahl von 1990 wurden ein Justizminister und drei Präsidentschaftskandidaten ermordet. Der anfangs als nachgiebig eingeschätzte Präsident Barco erklärte der Drogenmafia 1989, nach der Ermordung des Kandidaten Luis Carlos Galán und unter dem Druck der USA, den totalen Krieg. Die Antwort war ebenso total. Sprengstoffanschläge und Morde, insbesondere in Bogotá und Medellín, häuften sich. *Sicarios,* gedungene Mörder, oft noch Teenager, töten für wenige Dollar. 3000 dieser Mordbuben soll es allein in Medellín geben. Den Nährboden für die Eskalierung bilden das hoffnungslose Elend breitester Bevölkerungskreise, eine lange Tradition der Gewalttätigkeit *(violencia)* und ein totaler Vertrauensverlust in jegliche Form politisch-sozialer Verbesserungen durch gewählte nationale und lokale Regierungen.

Der Kampf mutiger Politiker und Richter ist fast aussichtslos, auch angesichts der tiefgreifenden Korruption. Allein in Medellín sollen 80% der Polizisten im Sold der Drogenmafia stehen. Teile des Militärs – seit eh und je ein Staat im Staate – nutzen zusammen mit ultrakonservativen Kräften und ihren zu Privatarmeen ausgebauten Todesschwadronen den Drogenkrieg, um gegen sozialkritische Politiker vorzugehen. 70% der Mordopfer entstammen dem ›linken‹ Lager. Auch die kritische Presse schüchtert man ein. Reporter der großen, mutigen Tageszeitung ›El Espectador‹ wurden ermordet, Redaktionsgebäude zerbombt. Die Richter in den Drogenprozessen sind Todeskandidaten. Hunderte von ihnen haben daher ihren Job an den Nagel gehängt oder das Land verlassen.

Aufgrund dieser Situation sind viele Politiker zur stillschweigenden Tolerierung des Drogenhandels bereit. Ihr Hauptargument: Nicht Kolumbien sei schuld, sondern die USA als Hauptabnehmer. Ohne eine Bewältigung des Suchtproblems in den Industriestaaten werde der Drogenhandel nicht abgeschaft werden können.

Ausflüge: Mit dem Bus gelangt man in einer Stunde nach Santa Fé de Antioquia am Río Cauca. Der 1541 in der Nähe der ersten spanischen Goldbergwerke gegründete Ort war bis 1826 Hauptstadt von Antioquia. Er hat viel von seinem kolonialen Charakter bewahrt. Sehenswert sind das Rathaus, die Kathedrale, die Kirche Santa Bárbara und – einige Kilometer nördlich des Ortes – eine Holzbrücke aus dem 19. Jh. über den Río Cauca.

Beliebtes Ausflugsziel im Osten Medellíns ist El Peñol, eine mächtige Felsnadel, die man besteigen kann und von der man einen großartigen Blick auf den Stausee Peñol hat (erreichbar auf guter Straße bis Rionegro und Marinilla, dann Schotterpiste).

Von Medellín nach Manizales

Auf der landschaftlich schönen Strecke durch das warme Caucatal und (über Aguadas und Salamina) durch die Bergwelt der Zentralkordilleren erreicht man Manizales am Fuße des seit 1985 wieder aktiven Vulkans Nevado del Ruiz (5400 m), nach dessen Ausbruch eine Schlammlawine die östlich gelegene Stadt Armero vernichtete. Seitdem ist auch der Skitourismus an den Schneehängen

des Vulkans stark zurückgegangen. Der nationale Naturpark ›Los Nevados‹ (Die Schneeberge) umfaßt außer dem Ruiz auch die nahen Vulkane Santa Isabel, Quindío und Tolima. Auf den durch vulkanische Tätigkeit geschaffenen fruchtbaren Aschenböden um Manizales und Pereira entstand die *zona cafetera,* das beste Kaffee-Anbaugebiet Kolumbiens (ein Drittel der landesweiten Produktion).

Manizales

1848 wurde Manizales von Goldsuchern aus Antioquia gegründet, die bald dazu übergingen, Landwirtschaft und Kaffeeanbau zu betreiben. Wegen der Lage auf einem steilen Bergrücken gestaltete sich der Straßen- und Häuserbau zwar schwierig, doch entstand dadurch ein abwechslungsreiches Stadtbild. Der Ort in 2150 m Höhe hat rund 500 000 Einwohner. Er ist die Hauptstadt des Departamento Caldas und das wichtigste Zentrum der Kaffeezone (Kaffee-Festival im Januar im Rahmen der Feria de Manizales mit Stierkämpfen, Umzügen, Volksmusik). Die

Kolumbianischer Kaffee

Die ersten Kaffeesamen kamen Ende des 18. Jhs. von den französischen Antillen nach Kolumbien. Die milden Arábica-Sorten, bekannt als Colombia Milds, haben sich durchgesetzt, insbesondere die Arten Típica, Bourbón und in erster Linie Caturra, die besonders ertragreich ist. Zur Aussaat in Keimkästen kommen nur die Bohnen, die in den Waschtanks nach unten sinken. Guamos-Bäume und Bananenstauden schützen die als einjährige Pflanzen im Abstand von 30 bis 50 cm gesetzten Kaffeesträucher vor intensiver Sonneneinstrahlung. Neuere Sorten kommen auch ohne Schattenbäume aus. Wildwachsende Kaffeebäume erreichen bis zu 15 m Höhe, die die *cafeteros* durch Züchtung und Beschnitt auf 3 m reduzieren konnten.

Kaffeeplantagenbesitzer

Einst dauerte es fünf Jahre und länger, bei der Sorte Caturra heute nur noch drei Jahre, bis gute Erträge erzielt werden. Geerntet wird je nach Region das ganze Jahr über. Die Haupterntezeiten sind im südlichen Huila April bis Juni, in Antioquia Oktober bis Januar. Da die Kaffeebäume gleichzeitig Blüten, unreife grüne und reife rote Bohnen hervorbringen, muß aber auch im restlichen Jahr wiederholt von Hand gepflückt werden. Ein Kaffeestrauch erbringt bis zu einem Kilo Bohnen pro Jahr.

Die Früchte werden in langen Kanälen gewaschen und dann durch den *despulpador* vom aufgeweichten Fruchtfleisch *(pulpe)* befreit. Nach dem Trocknen auf weitflächigen Terrassen kommen sie in *trilladoras,* um die dünnen Pergamino-Schalen zu entfernen. Schließlich sortieren Frauen und Mädchen die grünlich schimmernden Bohnen von Hand. Das ›Grüne Gold‹ wird in den international standardisierten 70 kg-Exportsäcken über die Häfen Buenaventura, Cartagena und Santa Marta verschifft. Erst in den Zielländern erfolgt das Rösten und Mischen für den Handel.

Kathedrale im Zentrum soll der größte Betonbau dieser Art in Südamerika sein; in ihrer Nähe, an der Plaza Bolívar, befindet sich die sehenswerte koloniale Fassade der Departementsverwaltung. Vom Parque de Chipre an der höchsten Stelle der Stadt hat man einen guten Ausblick. Ein kleines Goldmuseum (Quimbaya-Kultur) befindet sich in der Banco de la República (Carrera 23/Calle 23).

Information: Touristenbüro, Plaza Bolívar, Edificio Licorera, 1. Stock. Hier erhält man Informationen über Touren durch die Kaffeezone und Besuche von Kaffee-Haciendas (Circuito Cafetero: u. a. nach Chinchiná, Santágueda) sowie über die Termales del Ruiz. Reisebüro TMA (Tierra Mar Aire), C. 21 No. 22–39.

Unterkunft: Las Colinas, Cra. 22 No. 20–20 (bestes Hotel); Carretero, Cra. 23/C. 36; Europa, Castellano und Embajador in der Av. Centenario 24 und 25.

Verkehr: Flughafen La Nubia; Flüge nach Medellín, Cali und Bogotá. Ab neuem Busterminal Busse nach Medellín (ca. 8 Std.), Bogotá (ca. 9 Std.), Cali (ca. 6 Std.), Pereira (ca. 90 Min.), Armenia (ca. 3 Std.).

Pereira

Die Fahrt nach Pereira (55 km südlich; eine der schönsten Strecken in Kolumbien) führt durch den Kernbereich der Kaffeezone, vorbei an vielen kleinen, typischen Haciendas. Der 1863 von Siedlern aus Cartagena gegründete Ort in 1420 m Höhe hat heute rund 450 000 Einwohner und ist Hauptstadt des Departamento Risaralda. Ihr Beiname ›Stadt der offenen Türen‹ kennzeichnet die Gastfreundschaft der Bewohner. Sehenswert ist der Zoo (unweit des Flughafens), der als größter Kolumbiens gilt. Lohnend ist ein Aus-

flug zu den Thermalquellen von Santa Rosa de Cabral, 15 km Richtung Manizales.

Information: Auskunft über organisierte Fahrten erteilen die Reisebüros, u. a. Turismo Risaralda, C. 21 No. 7–45.

Unterkunft: Hotel Meliá (Luxus), Av. Circunvalar No. 15–73; Gran Hotel, C. 19 No. 9–19; Soratama, Cra. 7 No. 19–20 (zentral).

Verkehr: Flüge nach Bogotá, Medellín, Cúcuta, Cartagena und San Andrés; Busterminal außerhalb des Zentrums: nach Cali (ca. 5 Std.), Manizales (ca. 90 Min.), Armenia (ca. 2 Std.), Bogotá (ca. 7 Std.).

Die Pazifikküste

Die nördliche Pazifikküste ist sehr dünn besiedelt und bisher nicht für den Tourismus erschlossen. In der gesamten Küstenregion herrscht ein feucht-heißes Klima, und im Zusammenhang damit besteht Malariagefahr. Die einzigen größeren Orte, Buenaventura und Tumaco, liegen im Süden.

Buenaventura

Die 1540 gegründete Stadt hat heute ca. 150 000 Einwohner, überwiegend Schwarze, und besitzt den wichtigsten Hafen Kolumbiens. Über 60% des Exports (u. a. Kaffee, Zucker, Kakao) werden über ihn verschifft. Vor allem die Hafenregion gilt als unsicher, insbesondere für Touristen. Das Klima ist heiß und regnerisch.

Buenaventura hat keine besonders hervorzuhebenden Sehenswürdigkeiten. Während der Osterwoche kommen jährlich etwa 10 000 Besucher, um auf Booten zu den beliebten Stränden von Juanchaco (besonders lohnend ist der Strand von Ladrilleros mit Steilküste) und La Bocana zu fahren. Kleine schnelle Motorboote *(lanchas)* und größere langsamere Passagierboote *(barcos)* legen von der Muelle Turística in Buenaventura ab (in der Osterwoche jeden Tag, frühestens ab 8 Uhr; nach La Bocana 45 Min., nach Juanchaco an der Bahía de Málaga 2–3 Std. Fahrt). Während der Ostertage werden Strände und Boote von der Polizei und der Touristenorganisation Cotuvalle kontrolliert.

Praktische Hinweise: Touristenbüro Cotuvalle, Cra. 1/C. 1, in Buenaventura. Wegen des feucht-heißen Klimas sollte man nur in den besten Hotels absteigen: Hotel Felipe II., C. 3/Cra. 3 (Klimaanlage); Estación, Cra. 3/C. 3; Gran Hotel, C. 1A/Cra. 2 A. Buenaventura erreicht man auf guter, landschaftlich schöner Straße von Cali in ca. 3 Std., stündlich Busse und Sammeltaxis.

Tumaco

Die Stadt (ca. 100 000 Einwohner) nahe der Grenze zu Ecuador besitzt den zweitgrößten kolumbianischen Pazifikhafen nach Buenaventura. Das Klima ist hier extrem feucht und heiß. In der Umgebung werden Ölpalmen, Reis und Kakao angebaut. Die besseren Strände finden sich auf den nahen Inseln. Am bekanntesten sind die langen Strände der Insel Bocagrande (Bootsfahrt von Tumaco, einfache Unterkünfte, am besten ist das Hotel Cabañas La Red), die allerdings durch ein Seebeben sehr gelitten haben. Ebenfalls beliebt ist die Isla del Morro. Auf der Isla del Gallo im nördlichen Teil des Golfes von Tumaco soll 1526 Pizarros Kapitän Bartolomé Ruiz gelandet sein.

Praktische Hinweise: Ein passables Hotel in Tumaco ist Villa del Mar, C. Sucre. Gute Restaurants an den Hauptgeschäftsstraßen Comercial und Mosquera. Tumaco ist über eine schlechte Straße (ca. 10 Std.) von Pasto aus zu erreichen oder per Flugzeug von Cali (täglich mit Aces). Vor der Fahrt sollte man genügend Pesos einwechseln.

Das südliche Bergland

San Agustín

Der Besuch von San Agustín (ca. 530 km südwestlich von Bogotá) gehört zweifellos zu den eindrucksvollsten Erlebnissen einer Kolumbienreise. In Ortsnähe liegt im Quellgebiet des Río Magdalena eines der geheimnisvollsten Gräberfelder der Welt. Einzelne Gräbergruppen mit Hunderten von teilweise meterhohen Steinskulpturen, die durch ihre magische Ausstrahlungskraft beeindrucken, sind über ein großes Gebiet verstreut und jeweils nur durch längere Anfahrten von dem kleinen Ort San Agustín zu erreichen, einige nur zu Fuß oder zu Pferd.

Zur San Agustín-Kultur gibt es in Amerika keine Parallele. Die in Stein gehauenen groben Darstellungen von Tieren und Menschen oder von Mischformen gehören zu Megalithgräbern sowie steinernen Sarkophagen, die einst von Erdhügeln bedeckt waren. Über die Herkunft der Kultur von San Agustín ist viel spekuliert worden. Man brachte sie in Verbindung mit den Osterinseln, den riesigen Steinköpfen der Olmeken von der mexikanischen Karibikküste oder dem peruani-

Skulptur im Archäologischen Park von San Agustín ▷

schen Chavin, das ebenfalls am Ostrand der Anden liegt.

Den Spaniern der Kolonialzeit war San Agustín glücklicherweise nicht bekannt. Nur aus den Aufzeichnungen des Mönches Juan de San Gertrudis erfährt man, daß im 17. Jh. in den Gräbern nach Edelmetallen gesucht wurde. Doch erst seit der deutsche Archäologe Konrad T. Preuss 1914 mit den Ausgrabungen begann und seine Erkenntnisse in einem zweibändigen Werk veröffentlichte, traten die Gräber ins Bewußtsein der Öffentlichkeit. In den 30er Jahren setzten der Kolumbianer Pérez de Barradas und ab 1943 sein Landsmann Luis Duque Gómez die Untersuchungen fort. Gómez' Forschungen legen den Beginn der Bestattungen in San Agustín auf ca. 500 v. Chr. fest und datieren den Höhepunkt der Megalithkultur auf die Zeit von etwa 500–1500 n. Chr. Siedlungsspuren lassen erkennen, daß die Indios der San Agustín-Kultur in Rundhütten aus kurzlebigem Material wie Bambus lebten. Die Skulpturen geben auch

Aufschluß über die Kleidung der Menschen. Danach trugen die Männer durchweg Lendenschurze, die Frauen Röcke. Die sehr unterschiedliche Ausstattung der Gräber deutet auf eine stark ausgebildete Hierarchie hin, deren Spitze Priesterfürsten und militärische Führer bildeten. Für den Transport der großen Findlinge und des übrigen Materials aus weit entfernten Steinbrüchen war eine gut funktionierende Organisation nötig.

Die Steinfiguren haben meist gedrungene Körper mit stark betonten Köpfen und sind zum Teil mit Kopf- und Nasenschmuck versehen. Viele Gesichter erinnern an Zeremonialmasken. Charakteristische Züge sind breite Münder, starke Hauer und breite Nasen. An vielen Details ist die mythische Nähe zur Tierwelt zu beobachten. Sie versinnbildlichen die Vorstellung, daß sich die Toten in Tiere verwandeln. Oft tragen die Gesichter die stilisierten Züge des Jaguars, der von den Ureinwohnern ganz Lateinamerikas ver-

Archäologische Zone San Agustín

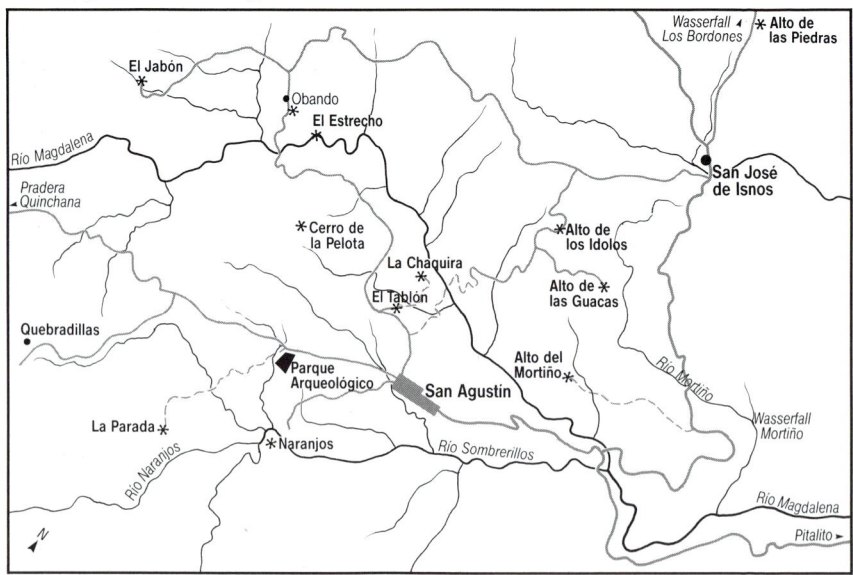

Grabeingang im Archäologischen Park von San Agustín

ehrt wurde. Tierdarstellungen über den Köpfen werden als Alter Ego, als ›Anderes Ich‹ gedeutet. Aus analogen Abbildungen läßt sich den einzelnen Tieren eine spezielle Symbolik zuordnen: Der Jaguar verkörpert Fruchtbarkeit, Kraft und Zerstörung, der Adler eine lichtverbundene Kraft, Schlangen und Frösche gelten als Symbole des fruchtbarkeitsbringenden Regens.

Die größten Gräber, die sich unter bis zu 25 m breiten Erdhügeln *(montículos)* verbargen, bestehen aus zwei Kammern, die aus flachen Steinplatten gebaut sind: Durch eine tempelartige Vorkammer, deren Eingang oder Inneres mit Statuen geschmückt ist, gelangt man in die eigentliche Grabkammer mit dem aus einem Stein gehauenen Sarkophag.

Sehenswürdigkeiten

Rund 3 km vom Dorf San Agustín entfernt liegt der **Parque Arqueológico** mit einem angegliederten Museum, das Keramikgegenstände und andere Ausgrabungsfunde der Zone zeigt. Der weitläufige Park gliedert sich in vier Bereiche: Direkt an das Museumsgebäude schließt sich der Bosque de las Estatuas (Skulpturenwald) an. Ihn durchziehen Fußwege, an denen zahlreiche Steinfiguren aufgestellt wurden. Der offene Park nebenan zeigt auf den drei ›Mesitas‹ A, B und C freigelegte Gräbergruppen, die das Kernstück des archäologischen Parks ausmachen. Am interessantesten ist Mesita B. Dahinter geht es hinab zur Fuente de Lavapatas (Quelle der Fußwaschung): In das felsige Bett eines Baches sind kleine labyrinthische Kanäle, drei Becken mit ›Bädern‹ und Tiere des Wasserkultes, wie Schlangen und Reptilien, eingemeißelt. Jenseits des Baches geht es hoch zum Alto de Lavapatas (Hügel der Fußwaschung).

Nach dem archäologischen Park ist der weiter entfernte, in den Bergen gelegene

Steinfigur in San Agustín

Alto de los Ídolos (Hügel der Götzenbilder) die sehenswerteste Anlage: Hier finden sich riesige Sarkophage, Ganggräber mit skulpturengeschmückten Eingängen und die große Statue ›El Escultor‹ (der ›Steinmetz‹, so genannt wegen der Werkzeuge in seinen Händen). Einige Sarkophagdeckel stellen Alligatoren dar, ein anderer ein menschliches Gesicht. Spuren der alten Grabbemalung sind noch zu erkennen. Den Gräberhügel erreicht man per Auto auf der Landstraße (26 km, über das Dorf San José de Isnos) oder mit dem Pferd über den ›Camino de la Chaquira‹, einen Pfad, der an einigen Wasserstellen vorbeiführt.

Ebenfalls über San José de Isnos geht es zum **Alto de la las Piedras**, 28 km von San Agustín: Bemerkenswert sind die große Statue, die ein ›Doppeltes Ich‹ darstellt, und das Standbild einer ›Göttin der Fruchtbarkeit‹.

Hinweise zu den weiteren Fundstellen (vgl. Karte S. 214):

El Tablón: fünf Statuen, darunter eine große weibliche Figur mit Nasenschmuck.

La Chaquira: fünf in den Fels gemeißelte Figuren am Rande des Canyon des Río Magdalena.

La Pelota: drei Statuen, eine davon ein Adler mit Schlange.

El Jabón: drei Sarkophage und eine sitzende Figur. Der Besuch lohnt auch, weil der Weg über eine Brücke in der Nähe von ›El Estrecho‹, einem tiefen Canyon des Río Magdalena führt. Im Zentrum des Indio-Dorfes Obando stehen zwei kleine Statuen.

La Parada: Eine Statue zeigt die Vereinigung einer Frau mit einem Jaguar. Nach einem Mythos der Páez-Indios entstand auf diese Weise einst der Herrscher über die Menschen. Der Jaguar ist Symbol von Fruchtbarkeit, Schöpfung und Zerstörung.

Über weitere Fundstätten und über die Transportmöglichkeiten informieren das Touristenbüro in San Agustín und die Rezeptionen der bessern Hotels. Alle Stellen lassen sich per Pferd erreichen, die wichtigsten auch per Jeep. Außerdem wer-

Archäologischer Park, San Agustín

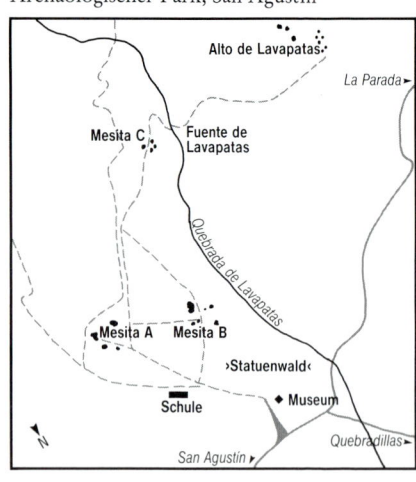

den Ausflüge zu Wasserfällen angeboten: Der **Salto del Mortiño** (130 m Höhe) liegt auf dem Weg nach San José de Isnos und der **Salto de Bordones** (400 m Höhe) ca. 10 km hinter dem Ort. Ausgiebige Wanderungen, z. B. ins Quellgebiet des Magdalena, sind ebenfalls möglich.

Information: Touristenbüro, C. 5 No. 15–47.

Unterkunft: Das beste Hotel ist Yalconia, gefolgt von Osoguaico, beide am Weg zum Archäologischen Park. Im Ort San Agustín ist das Hotel Central akzeptabel, es besitzt allerdings wenige Räume mit Bad. Daneben gibt es eine Reihe einfacherer Unterkünfte, mit denen Individualtouristen ohne Reservierung eventuell vorlieb nehmen müssen. Reservierung und organisierte Fahrten von Bogotá aus sind möglich (vgl. ›Information‹ S. 136). Selbstfahrer können auch über San José de Isnos den Parador Hostal Salto de Bordones am gleichnamigen Wasserfall ansteuern oder den Parador Alto de los Ídolos (sehr wenige Zimmer). Im Notfall muß man nach Pitalito zurückfahren (90 Min.; Hotel de Turismo, Calamo und Timanco) oder nach Garzón (ca. 3 Std.; u. a. Hotels Miami, Damasco und Abeyma).

Verkehr: Busse und *colectivos* verkehren zwischen San Agustín und Bogotá (12 Std.). Busse ab Busterminal in Bogotá: Coomotor, Autobuses Unidos del Sur oder Flota Magdalena. Wer einen Stopp in Neiva einlegt und am nächsten Tag weiterfährt (täglich Busse nach San Agustín, 6 Std.), kommt früher am Tage in San Agustín an und findet eher ein Zimmer. Bequemer ist der Flug nach Neiva, von dort mit *colectivo* oder Bus weiter. Für die Ausflüge zu den beschriebenen Monumenten werden überall im Ort Pferde und Jeeps mit Führern angeboten.

Tierradentro

Während in den Nekropolen von San Agustín Steinplattengräber unter Erdhügeln angelegt wurden, schlug man im

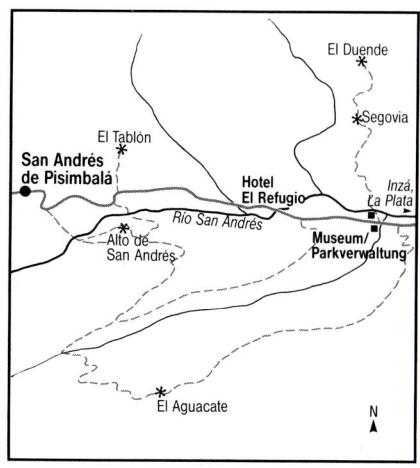

Archäologische Zone Tierradentro

weiter nördlich gelegenen Tierradentro bis zu 8 m tiefe Schacht- und Höhlengräber in das weiche Vulkangestein, um hier die sterblichen Reste in Urnen beizusetzen. In die größeren Hypogäen, meist gruppenweise in Hügeln gelegen, führen gewundene Treppen. Die Wände der Höhlenräume sind vielfach mit roten und schwarzen geometrischen Mustern (vorwiegend Rhomben) auf hellem Untergrund bemalt. Vereinzelt sind auch anthropomorphe Figuren dargestellt. Das entstehende Flechtwerkmuster soll wahrscheinlich an die Hütten der Indios erinnern. Die größten dieser künstlichen Höhlen enthalten zwei oder drei Natursäulen aus Stein und wirken dadurch wie unterirdische Tempel. Sie weisen bis zu sieben Nischen auf, in denen Urnen mit der Asche von Toten standen. Man fand auch flachere Gräber von nur 2,50 m Tiefe, wahrscheinlich Ruhestätten des einfachen Volkes. Es ist möglich, daß die hier verstreut lebenden Páez-Indios Nachkommen der Höhlenbauer sind. Die gefundenen Statuen erinnern durch die Details ihrer Dekoration an noch heute verwendete Gebrauchsgegenstände der Indios. Die Páez-Indios lebten jedenfalls bei der Ankunft der Konquistadoren in dieser Region und lieferten ihnen mit Schleudern und Speeren aus schwarzem, hartem Palmholz lange erbitterten Widerstand. Erst nach rund 70 Jahren gelang den Spaniern die Befriedung der Gegend, die sie ›Tierra adentro‹, Land im Innern, nannten.

Sehenswürdigkeiten

Die archäologische Zone Tierradentro liegt in einer Talregion der Cordillera Central, beim Dorf San Andrés de Pisimbalá. Das Verwaltungsgebäude (Administración) am Weg zum Dorf beherbergt ein kleines Museum mit Keramik- und Steinarbeiten (archäologische Funde) sowie Musikinstrumenten. Man sollte sich hier über den aktuellen Zustand der einzelnen Fundstellen informieren und einen Plan kaufen. **Segovia,** der wichtigste Fundort, ist nur ca. 15 Min. vom Museum entfernt. Von den rund 15 Grabhöhlen sind die bedeutendsten beleuchtet. Dennoch ist eine Taschenlampe bei der Besichtigung hilfreich (das gilt auch für die übrigen Höhlen). Die Gräberstätte **El Duende** erreicht man durch einen weiteren 15minütigen Fußmarsch. Diese beiden Fundorte vermitteln schon einen guten Eindruck von Tierradentro.

Wer am Ort übernachtet, kann sich in San Andrés de Pisimbalá ein Pferd mieten oder Fußwanderungen zu den übrigen Stätten unternehmen. **El Aguacate** ist ca. 2 Std. vom Museum entfernt. Seine sechs Hypogäen zeichnen sich durch genau gearbeitete Dekorationen aus. In weiteren 2 Std. erreicht man von hier die Stätte **Alto de San Andrés** mit acht Gräbern (folgt man ab dem Museum der Straße, braucht man nur 20 Min.). Jenseits des Río San Andrés liegt **El Tablón** mit acht Steinstatuen.

Im Dorf San Andrés de Pisimbalá steht eine interessante kleine Kirche mit Strohdach. Markt ist am Mittwoch in den frühen Morgenstunden. Wer länger in der Region bleibt, kann in Inzá (westlich) und Páez (Benalcázar, nördlich) jeweils am Samstag noch ursprüngliche Indio-Märkte erleben. In der Osterwoche besuchen allerdings viele Kolumbianer Tierradentro und Umgebung.

Information: bei der Parkverwaltung

Unterkunft: Gut sind die Albergue de San Andrés und El Refugio, in der Nähe des Verwaltungsgebäudes Richtung Dorf. Weitere sehr einfache Unterkünfte (Residencias) im Dorf San Andrés. Einfache Unterkünfte im Ort Inzá an der Straße nach Popayán sind Inzá und Ambalá. Einfache Hotels auch in La Plata (südöstlich): Berlín, Tunubalá.

Rekonstruktionszeichnung einer Grabkammer in Tierradento

Verkehr: Wer mit dem Bus von San Agustín oder Popayán kommt, steigt an der Abzweigung nach San Andrés aus (Cruce de San Andrés); von dort zu Fuß oder per *colectivo* zum Museum (2 km). Die Busse von San Agustín oder Popayán treffen frühestens mittags ein, so daß eine Übernachtung nötig ist, wenn man Tierradentro einigermaßen kennenlernen will. Vor der Besichtigung sollte man daher immer erst im Dorf San Andrés ein Zimmer suchen.

Cali

Die Hauptstadt des Departamento Valle ist mit ca. 2 Mio. Einwohnern die drittgrößte Stadt Kolumbiens. Sie ist nicht nur landwirtschaftliches Zentrum des sehr fruchtbaren oberen Cauca-Tals (u. a. Zuckerrohr, Baumwolle, Kaffee, Kakao, Reis, Rinderzucht), sondern auch Industrie- und Handelszentrum Südkolumbiens. Cali machte in den letzten Jahren als zweitwichtigste Drogenhochburg des Landes (nach Medellín) Schlagzeilen.

Die Stadt besitzt nur wenige kolonialhistorische Sehenswürdigkeiten. Kloster und Kirche La Merced (Carrera 4, zwischen Calles 6 und 7) sind originalgetreu restauriert und enthalten ein archäologisches sowie ein Museum mit religiöser und kolonialer Kunst. Der Turm der Klosterkirche San Francisco am gleichnamigen weiten Platz (Carrera 6, zwischen Calles 9 und 10) ist ein gut erhaltenes Beispiel maurischer Ziegelsteinarchitektur (um 1760 im neoklassischen Stil restauriert). Von der Kapelle San Antonio auf einem Hügel westlich des Zentrums überblickt man die Stadt. Noch besser ist der Rundblick vom Cerro de las Tres Cruces, nach den drei großen Kreuzen auf dem Gipfel benannt. Sie sind das Wanderziel Tausender von Pilgern und Ausflüglern am Karfreitag.

Schreiber bieten Analphabeten auf dem Zentralplatz von Cali ihre Dienste an

Information: Staatliches Touristenbüro CNT, C. 12N/Cra. 3N–28; zentraler: regionales Touristenbüro, Cra. 3, zwischen C. 8 und 9.

Unterkunft: Luxushotels Intercontinental, Av. Colombia/C. 2; Hilton, Av. Colombia/Cra. 10. Zentral und gut: Americana, Cra. 4, zwischen C. 7 und 8; Aristi, Cra. 9/C. 10. Zentral und einfach: Menéndez, Av. Colombia/C. 9; Plaza, Cra. 6/C. 10.

Verkehr: Internationaler Flughafen 20 km nördlich der Stadt; Busterminal, C. 30N/Av. 2: Busse und Sammeltaxis u. a. nach Popayán (ca. 3 Std.), Pasto (ca. 9 Std.), Ipiales (ca. 12 Std.), Buenaventura (ca. 4 Std.), Bogotá (ca. 13 Std.).

Popayán

Sebastián de Benalcázar, ein Hauptmann Pizarros, gelangte 1536 auf der Suche nach El Dorado (vgl. S. 140) ins Cauca-Tal. Die von ihm vorausgeschickten Abenteurer, Anasco und Ampudia, brachten die Indios dermaßen gegen die Spanier auf, daß sich

Benalcázar und seine 200 Kastilier täglich ihren Weg mit dem Schwert bahnen mußten. Sie gründeten zuerst das weiter nördlich gelegene Cali und kehrten dann zurück, um Popayán als Verwaltungssitz ins Leben zu rufen. Das genaue Datum ist ungewiß (wahrscheinlich der 13. Januar 1537). Ebenso zweifelhaft ist der Ursprung des Wortes Popayán. Verschiedenen Versionen zufolge stammt es vom Quecha-Wort *pampa-yan* (Flußübergang) oder *pu, pa y ian* (zwei Hütten aus Stroh) oder aber von *pop y payan* (Thron des Kaziken Payan) ab.

Popayán, an der wichtigen Verbindungsstrecke zwischen Cartagena im Norden und Peru im Süden gelegen, wurde zur königlichen Audiencia erhoben. Die Goldminen von Barbacoas und im Chocó und die mit Hilfe von Sklaven bewirtschafteten Plantagen des fruchtbaren Tales brachten Popayán Reichtum. Seine Einwohner engagierten die besten Künstler und Baumeister für ihre Kirchen und Klöster und machten die Stadt zu einem religiösen und kulturellen Zentrum der Neuen Welt. 1827 wurde die Universidad del Cauca gegründet. Die Stadt ist stolz darauf, Geburtsort oder Residenz von 14 Präsidenten Kolumbiens sowie des Dichters Valencia, des Künstlers Martínez und des Wissenschaftlers Caldas zu sein.

Popayán 1 Plaza de Caldas 2 Kathedrale 3 Uhrenturm 4 Regierungssitz 5 Rathaus 6 Kirche San Francisco 7 Kirche San José 8 Kirche San Agustín 9 Kirche La Encarnación 10 Kirche Santo Domingo 11 Paraninfo 12 Kirche El Carmen 13 La Ermita 14 Kirche El Belén 15 Casa-Museo Mosquera 16 Casa-Museo Guillermo Valencia 17 Museum religiöser Kunst 18 Casa-Museo Negret 19 Naturkundemuseum 20 Brücke El Humilladero 21 Tulcán-Hügel, Denkmal Benalcázars 22 Banco de la República 23 Touristenbüro
Hotels: H1 Monasterio H2 La Plazuela H3 Casa Grande H4 Camino Real H5 Santo Domingo H6 Casona del Virrey H7 La Ermita H8 Los Balcones

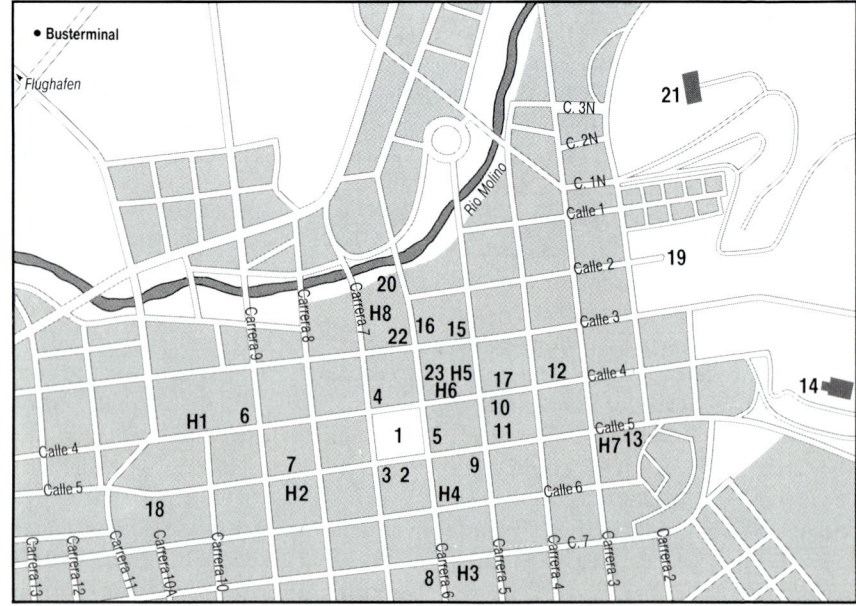

Blick auf die Kirchen La Ermita und El Belén in Popayán

Das schwere Erdbeben von 1983 richtete teils irreparable Schäden an, auch an den Kolonialkirchen. Man hat inzwischen einige von ihnen restauriert. (Am besten lassen Sie sich im Touristenbüro anhand einer Karte zeigen, welche Kirchen zugänglich sind.)

Sehenswürdigkeiten

Das Herz Popayáns ist die **Plaza de Caldas,** benannt nach dem hier gebürtigen Naturwissenschaftler Francisco José de Caldas (1771–1815). Dieser war ein glühender Kämpfer für die Unabhängigkeit und wurde während der Schreckensherrschaft des spanischen Generals Morillo in Cartagena hingerichtet. Auf dem Platz spielen hin und wieder Indio-Musikgruppen. Von hier aus kann man alle Sehenswürdigkeiten leicht zu Fuß erreichen.

Die **Kathedrale** an der Plaza de Caldas wurde erst 1819 während der Unabhängig-

keitskriege begonnen und 1906 vollendet. Nach dem Erdbeben von 1983 baute man sie nach den alten Plänen wieder auf.

Der sich anschließende **Uhrenturm** (Torre de Reloj) entstand um 1680. Der Dichter Valencia bezeichnete ihn als die ›Nase von Popayán‹. Die Bronzeuhr wurde aus London importiert. General Nariño ließ ihre großen Pendel einschmelzen, als ›heilige Nahrung‹ für die Gewehre der Freiheitskämpfer.

Die Kirche **San Francisco** wurde 1765 nach den Plänen des Spaniers Antonio García erbaut. 30 Jahre vorher hatte ein Erdbeben alle Kirchen außer La Ermita (s. u.) zerstört. Das jüngste Erdbeben von 1983 beschädigte San Francisco sowie die Kathedrale und San José am schwersten. Die Kirche galt als die prächtigste der Stadt, ihre Fassade (1788) als eines der besten Beispiele des neugranadischen Barocks und die Kanzel als die schönste Kolumbiens. Die vollständige Restaura-

Straßenszene in Popayán

tion wird wohl noch einige Zeit in Anspruch nehmen, wenn der ursprüngliche Zustand wiederhergestellt werden soll.

Das Hotel **Monasterio** ist in einem ehemaligen Franziskanerkloster hinter der Kirche untergebracht. Es wurde 1570 von Fray Jodoco Ricke errichtet, der auch der Baumeister des Franziskanerkonvents in Quito ist. Die Mönche blieben hier bis 1864, dann diente das Gebäude staatlichen Zwecken. Wer nicht in diesem Hotel absteigt, kann dennoch einen Blick hineinwerfen.

Die Kirche **San José** (auch: La Compañía) wurde durch das Erdbeben von 1983 stark beschädigt, die Wiederherstellung ist noch nicht abgeschlossen. Der ab 1640 errichtete Bau hatte schon durch das schwere Beben von 1736 stark gelitten. Damals erfolgte der Wiederaufbau durch den deutschen Jesuiten und Architekten Simon Schönherr. Man hofft auf eine stilgerechte Erneuerung des barocken Por-

tals, der Sakristei (mit einem berühmten Waschbecken) und der Retabel.

Das Portal der Kirche **San Agustín** mit seinen vier Säulen stammt aus dem Jahre 1858. Wie auch das Klostergebäude, heute Sitz der Mädchenschule San Agustín, wurde die Kirche 1736 und 1827 stark beschädigt. Unter den wertvollen Retabeln ist das des Jesus Nazareno (de las Caídas) hervorzuheben, das einen Stuhl aus getriebenem Silber enthält. Als außergewöhnlich gilt auch die Monstranz mit einem doppelköpfigen Adler aus Gold und Silber, Perlen und Smaragden (1673). Besonders verehrt wird in der Kirche die Virgen de los Dolores (schmerzensreiche Jungfrau).

La Encarnación (Fleischwerdung), auch ›Las Monjas‹ (die Nonnen) genannt, war eine der ersten Kirchen in Popayán. Am jetzigen Bau (1764) wirkte der Architekt Simon Schönherr mit und hinterließ Spuren des deutschen Barocks. Die Kirche enthält sehr schöne barocke Altäre, insbesondere die Retabel ›La Inmaculada‹, ›Sagrado Corazón‹, ›San Francisco‹ und ›La Virgen‹. Im sich anschließenden ehemaligen Nonnenkloster (Monjas Agustinas) ist heute eine Schule untergebracht.

In der Kirche **Santo Domingo** sind einige interessante vergoldete Altäre zu sehen. An diesem Gotteshaus beginnt die Karfreitsgsprozession, die interessanteste in der Osterwoche. Besonders schön sind die Patios des Klosterbaus, der den gesamten übrigen Block einnimmt und Einrichtungen der Universidad del Cauca, besonders der juristischen Fakultät, beherbergt. Im **Paraninfo**, der Aula Maxima der Universität, stellt ein Riesengemälde (ca. 6 × 9 m: ›Apoteosis de Popayán‹) von Efraim Martínez die Geschichte und große Persönlichkeiten der Stadt dar. An der Zentraltreppe, die zum Rektorat hochführt, sind alle in der Stadt geborenen Präsidenten des Landes verewigt, unter der Treppe liegen die Rektoren der Universität begraben.

Die Kirche **El Carmen** besitzt eine Reihe von Goldaltären. Das Santa Ana gewidmete Retabel ist das höchste der Stadt. In den Klosterräumlichkeiten ist ein Mädchenpensionat untergebracht.

Die kleinste Kirche am Ort ist **La Ermita,** die von den Einwohnern der Stadt besonders geliebt wird. Sie hat alle Erdbeben gut überstanden, nur nicht das letzte von 1983. Gerade auch Spenden von deutschen Katholiken kamen ihrer Restauration zugute.

Als letzte Kirche sei **El Belén** erwähnt, die man drei Blocks von der Ermita entfernt auf einem Hügel sieht. Am besten steigt man am Ende der Calle 4 die Vía Crucis hinauf (Passionsdarstellungen am Wegrand). Von oben bietet sich ein guter Ausblick auf die Stadt. Vor dem Kirchentor steht ein Steinkreuz vom Ende des 18. Jhs., in dessen Sockel drei Todfeinde der Stadt eingemeißelt sind: *comején* (Termiten), *rayos* (Blitze) und *terremotos* (Erdbeben). In der Kirche wird der berühmteste Christus der Stadt verehrt, der ›Ecce Homo‹, eine blutüberströmte Figur, die der Inbegriff des Leidens ist.

Die Stadt besitzt einige Casas-Museos (Geburtshäuser bzw. Residenzen berühmter Persönlichkeiten). Das umfangreichste ist die **Casa Mosquera** des Generals Tomás Cipriano de Mosquera, der viermal Präsident der Republik war (auch Kolonialkunst und präkolumbische Keramik werden ausgestellt).

Die **Casa Valencia,** das Haus der Familie des Dichters Guillermo Valencia, zeigt originales Mobiliar aus den ersten Jahren der Republik.

Weitere Museen: Museum für religiöse koloniale Kunst (Museo de Arte Religioso; vorübergehend geschlossen); Casa Museo Negret (Bildhauerarbeiten; Calle 5/Carrera 10); Museo de Historia Natural (Naturgeschichte; Calle 3/Carrera del Liceo).

Information: Touristenbüro Cra. 6, zwischen C. 4 und 3, firmiert auch unter Caucatur (Corporación de Turismo del Cauca), auch Sonntag vormittags geöffnet, hat gutes Material.

Unterkunft: Das beste Hotel am Ort ist Monasterio, stilvoll im ehemaligen Franziskanerkloster untergebracht (vgl. Stadtplan). Mittelklassehotels: La Plazuela, Casa Grande, Camino Real, Santo Domingo, Casona del Virrey, La Ermita, Los Balcones (vgl. jeweils Stadtplan); Achalay, C. 6/Cra. 7; El Castillo,C. 1/Cra. 4; Casa Suiza, Ca. 4/Cra. 7. Außerhalb des Zentrums: Chayaní, Panamericana/C. 17 Norte).

Restaurants: Gute Restaurants besitzen die Hotels Monasterio, Camino Real und Los Balcones. Außerdem empfehlenswert: Punto Aparte, Cra. 9/C. 6N; El Mesón del Arriero, Cra. 6/C. 7; Colaciones Típicas, C. 4/Cra. 13; El Pasaje, Cra. 3/C. 1A.

Verkehr: Täglich Flüge nach Bogotá und Ipiales. Busse: Vom Busterminal an der Autopista Norte nach San Agustín (ca. 11 Std., über Paletara 6 Std.); zum Cruce de San Andrés bzw. Pisimbalá (ca. 5 Std., von dieser Kreuzung rund 2 km bis zum Museum von Tierradentro, vgl. S. 218f.); nach Pasto (ca. 6 Std.); Ipiales (ca. 8 Std.); Cali (ca. 3 Std.).

Feste: Popayáns Osterprozessionen sind die berühmtesten Kolumbiens. Von Dienstag bis Freitag der Semana Santa (Heilige Woche) finden täglich Prozessionen statt, die von einzelnen Kirchen ausgehen: am Dienstag von San Agustín; am Mittwoch von La Ermita; am Gründonnerstag von San Francisco; am Karfreitag von Santo Domingo. Die mitgeführten Heiligenstatuen bzw. Passionsdarstellungen *(pasos)* werden unter feierlicher Trommelbegleitung durch die Straßen getragen. Die meisten *pasos* sieht man am Gründonnerstag und Karfreitag, wenn sich Persönlichkeiten des Klerus und der Politik einreihen. Die Hotels sind lange vorher ausgebucht. Parallel zur Semana Santa findet das Festival de Música Religiosa statt (seit 1964), eines der wichtigsten dieser Art.

Ausflug: In Silvia, ca. 55 km nordöstlich von Popayán, findet dienstags ein bunter Indio-Markt statt (Gemüse, Handwerksprodukte, Vieh). Der Stamm der Guambianos lebt in der Umgebung des Ortes. Die Männer tragen lange blaue *mantas* und schwarze Hüte; die ebenfalls blau gekleideten Frauen stellen den Reichtum ihrer Familie durch eine beachtliche Anzahl an Perlenketten zur Schau. Die Umgebung von Silvia ist landschaftlich reizvoll (Busse und *colectivos* ab Popayán).

Pasto

Als Sebastián de Benalcázar Pasto 1537 im heutigen Yacuanquer-Tal gründete, siedelten in diesem fruchtbaren Gebiet die Quillacinga-Indios, die unter der Herrschaft der Inkas standen. Heftige Kämpfe kennzeichneten die ersten Jahre der spanischen Landnahme. 1539 wurde die Siedlung unter ihrem anfänglichen Namen Villaviciosa an die heutige Stelle, ins Tal von Atriz zu Füßen des Vulkans Galeras (4276 m), verlegt. Nachdem die Goldminen der Umgebung erschöpft waren, begann man die Landwirtschaft aufzubauen. Während der Freiheitskriege war Pasto eine Hochburg der Königstreuen und fiel als eine der letzten Städte in die Hände der kolumbianischen Patrioten, die die Einwohner mit Waffengewalt davon abhalten mußten, sich Ecuador anzuschließen.

Heute ist Pasto mit seinen ca. 250 000 Einwohnern Hauptstadt des Departamento Nariño und Zentrum einer landwirtschaftlich intensiv genutzten Region. Einen Schwerpunkt bildet der Anbau von Kartoffeln, die hier in 2500 m Höhe auf

Pasto 1 Parque Antonio Nariño 2 Kirche San Juan Bautista 3 Kathedrale 4 Kirche Cristo Rey 5 Kirche La Merced 6 Kirche La Panadería 7 Museum Alfonso Zambrano 8 Museo Arqueológico del Banco Popular 9 Banco de la República 10 Avianca 11 Konsulat Ecuador 12 DAS (Sicherheitspolizei) 13 Mercado Bombona 14 Telecom 15 Busse, Sammeltaxis 16 Touristenbüro
Hotels: H1 Agualongo H2 Zorocán H3 Chanchalá H4 Bariloche H5 San Diego H6 Mayasquer H7 Río Mayo

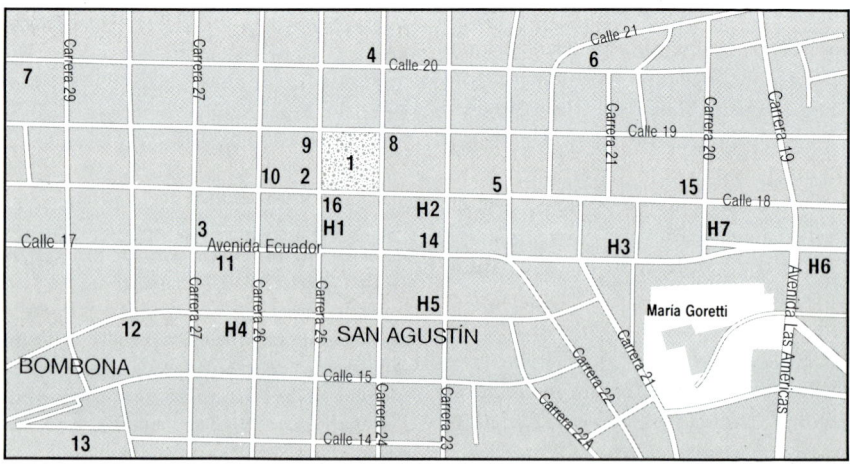

Indio-Frau mit Kind im Tragetuch

den meist kleinen Parzellen der Indios gut gedeihen.

Der Ort hat kleinstädtischen Charakter. Einige Kirchen sind durchaus sehenswert. Die Dekoration der Innenräume und Altäre zeigt deutlich den Einfluß der Kolonialkunst Quitos.

Die Kirche **San Juan Bautista** wurde 1669 nach einem Erdbeben an der Stelle des ursprünglichen Gotteshauses aus dem Jahre 1540 errichtet. Bemerkenswert ist die Kanzel im Mittelschiff, die Kolonialstil zeigt.

Die **Kathedrale,** 1899–1922 erbaut, ersetzte die ältere Iglesia de San Francisco, die von den patriotischen Freiheitskämpfern zerstört worden war. Im Innern finden sich einige Werke von Malern der Region, das Kirchengebäude selbst ist wenig interessant.

Sehenswert sind die Kirchen **Christo Rey, La Merced** und **La Panadería,** deren

Name auf die einstige Bäckerei der Dominikaner zurückgeht.

Einen Besuch lohnen ferner das **Museo Alfonso Zambrano** (präkolumbische und koloniale Kunst; Calle 20 No. 29–78, Mo–Sa 10–12 und 14–17 Uhr) sowie das **Museo Arqueológico** (am Zentralplatz, Mo–Fr 9–12 und 14–17 Uhr).

Information: Touristenbüro Nähe Zentralplatz, an der C. 18. Gute Landkarten erhält man im geographischen Institut Agustín Codazzi, am Zentralplatz, über der Banco Occidente.

Unterkunft: Empfehlenswerte Hotels sind Agualongo, Cra. 25 No. 17–23; Zorocán, C. 18 No. 22–23; Chanchalá, C. 17 No. 20A–38; Bariloche, Cra. 26 No. 15–80; San Diego, C. 16A No. 23–27; Mayasquer, Av. Las Américas No. 16–66; Río Mayo, Cra. 20 No. 17–12.

Restaurants: El Chalet, C. 20 No. 17–80; El Gourmet, C. 19 No. 31C–28; Juanambú, C. 25 No. 17–83; Sausalito, Cra. 32A, C. 19/20; El Arriero, C. 19 No. 26–54. Spezialitäten des Ortes sind: *chara* (Gerstensuppe mit Schweinefleisch), *trucha arco iris* (Forelle, am besten in El Encano an der Laguna de la Cocha), *cuy* (Meerschweinchen); *hervidos* sind heiße Getränke aus Fruchtsäften und Aguardiente-Schnaps.

Verkehr: Flüge vom Flughafen Antonio Nariño, 40 Min. nördlich der Stadt, nach Ipiales, Popayán, Cali, Bogotá. Busse: Die meisten Buslinien starten nahe der Kreuzung C. 18/Cra. 20, u. a. Flota Magdalena nach Popayán, Cali; Busse und Super Taxis del Sur nach Ipiales und Tulcán (Ecuador).

Folkloreartikel: Lederwaren; Barniz de Pasto (mit Pflanzenlack des *mopa-mopa*-Baums bemalte Holz-, Glas- und Keramikarbeiten); Läden in Pasto: Artesanía de Colombia, C. 18 No. 25; Artesanías Típicas en Barniz, Cra. 24 No. 26–214; Artesanías de Nariño, C. 26 No. 18–91; auch Mercado Artesanal Bombona an der Plaza Bombona, C. 14 Cra. 28/29.

Feste: Der Carnaval de Negritos y Blancos ist eines der bekanntesten Volksfeste des Landes.

Das sonst eher ruhige Pasto zeigt am 4., 5. und 6. Januar eine ungeahnte Fröhlichkeit mit Musik, Verkleidung, Umzügen und Märkten. Am 4. Januar, dem Tag der Familia Castañeda, kommen die Indios in ihrer typischen Folklore-Kleidung nach Pasto. Der 5. Januar, ›Día de Negritos‹, ist traditionell der Festtag der Schwarzen, deren Vorfahren einst als Sklaven in den Goldminen arbeiteten. Nach Sklavenaufständen ordnete der spanische König für den 5. Januar einen Feiertag zu Ehren des schwarzen Königs Melchior an. Bald wurde aus diesem Tag der ›Carnaval de Negritos‹, der in allen Gebieten mit einem hohen Anteil an Schwarzen stattfindet. Man schwärzt das eigene Gesicht und das anderer unter dem Ruf ›Vivan los negritos‹. Als Gegenpol entstand der ›Día de los Blancos‹ am 6. Januar mit einem weißen ›Gegenkönig‹. Die Pastusos bewerfen sich symbolisch mit Kalkpulver oder Mehl, und jeder zieht möglichst alte Kleidungsstücke an. Auch als Tourist sollte man sich auf diesen Brauch einstellen.

Das gilt ebenfalls für den 28. Dezember und den 5. Februar, die Fiestas de las Aguas (Wasserfeste), wenn sich die Leute, teils von Balkonen herab, mit Wasser bespritzen. An Silvester veranstaltet man einen Umzug und verbrennt das alte Jahr symbolisch in Form von Puppen.

Ausflüge: Der Volcán Galeras (4276 m) galt jahrzehntelang als inaktiv, zeigte aber 1989 eine so bedrohliche Aktivität, daß die Zeitungen eine Evakuierung der Bevölkrung forderten. Eine passable Straße um den Vulkan verbindet eine Reihe von malerischen Indio-Dörfern. In Sandoná, 50 km von Pasto an der gegenüberliegenden Seite des Vulkans, werden neben anderen Flechtarbeiten Panamahüte gefertigt. Markt ist samstags. Mehrere Busse fahren täglich von Pasto nach Sandoná, sie sind jedoch langsam und lassen keine Zeit für die Besichtigung der Indio-Dörfer; lohnender, wenn auch viel teurer ist der Ausflug per Taxi. Bei gutem Wetter kann man auch über das Dorf Consacá die TV-Station El Barniz erreichen. Direkt von Pasto aus gelangt man über den Flecken Gualmatán zur Laguna Coba Negra, die für ihre großen Forellen bekannt ist.

Über eine relativ gute Straße erreicht man in 45 Min. die attraktiv gelegene Laguna de La

Cocha (bzw. Lago Guamues), den größten See Kolumbiens. Hotel El Chalet Suizo im Ort El Encano, außerdem Hotel Sindamanoy nahe dem Seeufer. Boote zur Insel La Corota. In den Restaurants von El Encano bekommt man frische Forelle.

Ipiales

Die Straße von Pasto nach Ipiales nahe der Grenze zu Ecuador (ca. 90 Min.) durchquert die eindrucksvolle Schlucht des Río Guaítara. Die mehr als 30 000 Bewohner von Ipiales leben hauptsächlich vom Handel im Grenzverkehr. Hauptattraktion für Besucher ist das ca. 8 km entfernte **Santuario de las Lajas,** eine berühmte Wallfahrtskirche, die in einer engen Schlucht liegt. Der neugotische Kirchenbau umschließt das eigentliche Heiligtum, einen glatten Felsen *(laja)*. Auf diesem Altarstein ist das Bildnis der Jungfrau Maria zu sehen, die hier dem taubstummen Indio-Mädchen Rosa erschienen sein soll und es heilte. Am Weg hinab zur Kirche dienen Hunderte von Votivtafeln und Krücken als Beweis für die Wundertätigkeit der ›Virgen Criolla‹. An Sonntagen und bei kirchlichen Festen veranstalten viele Indios Wallfahrten hierher. Zahlreiche *colectivos* und Taxis verkehren ab Ipiales. Am Wallfahrtsort gibt es einige einfache Hotels und Restaurants.

Taxis oder *colectivos* fahren ab dem Zentralplatz in Ipiales zur Grenzstation an der Brücke Rumichaca (2 km; geöffnet 8–18 Uhr). Auf der ecuadorianischen Seite der Brücke erhält man die Touristenkarte für Ecuador; falls geschlossen, muß man sich in Tulcán zur Policía Nacional bemühen (an der Av. Manabí, Ortseinfahrt von Tulcán, nicht an der Panamericana, die die Taxis benutzen). Informationen auch im ecuadorianischen Konsulat, Calle 6, nahe dem Zentralplatz von Ipiales.

Santuario de las Lajas bei Ipiales

Unterkunft: Das beste Hotel ist die Hostería Mayasquer an der Panamericana Richtung Grenze. In der Stadt: Angasmyao, C. 16 No. 6–38; Las Lajas, Plaza 20 de Julio; Central, Cra. 6A No. 14–48; Alcalá, Cra. 4 No. 12A–18.

Restaurants: Im Hotel Mayasquer; daneben Gran Pajar, Cra. 7A No. 16–78; Munich, Cra. 6A No. 10–01; Don Lucho, Cra. 5 No. 14–13.

Verkehr: Busse vom Zentralplatz nach Pasto; auch mit Expreso Bolivariano, Cra. 5 No. 14–53, Cootranar, C. 14 No. 5–08; Supertaxis del Sur (Plaza La Pola) nach Popayán und Cali.

Amazonasgebiet

Leticia

Leticia liegt im äußersten Südostzipfel Kolumbiens, im Grenzgebiet zu Brasilien und Peru, und ist Ausgangspunkt für Ausflüge auf dem Amazonas. Die Stadt wurde 1867 vom Peruaner Benigno Bustamente gegründet und hieß bis 1922 San Antonio, als der Ort zusammen mit einem schmalen Landstreifen südlich des Río Putumayo für immer an Kolumbien fiel. Der neue Name Leticia geht der Legende nach auf eine schöne indianische Frau zurück, die der Amazonas-Entdecker Orellana als Geisel genommen haben soll. Leticia (feucht-heißes Klima mit Durchschnitts-temperaturen von 29°C; ca. 30 000 Einwohner) hat für Kolumbien eine strategisch wichtige Bedeutung als Hafenstadt am Amazonas, der hier bei hohem Wasserstand schon bis zu 3 km breit ist. Leticia geht nahtlos in den brasilianischen Ort Marco-Tabatinga über, nur ein Schild weist auf die Ländergrenze hin. Am gegenüberliegenden Ufer liegt der kleine peruanische Hafenort Ramón Castilla und 36 km südlich die brasilianische Hafenstadt Benjamín Constant (per Boot zu er-

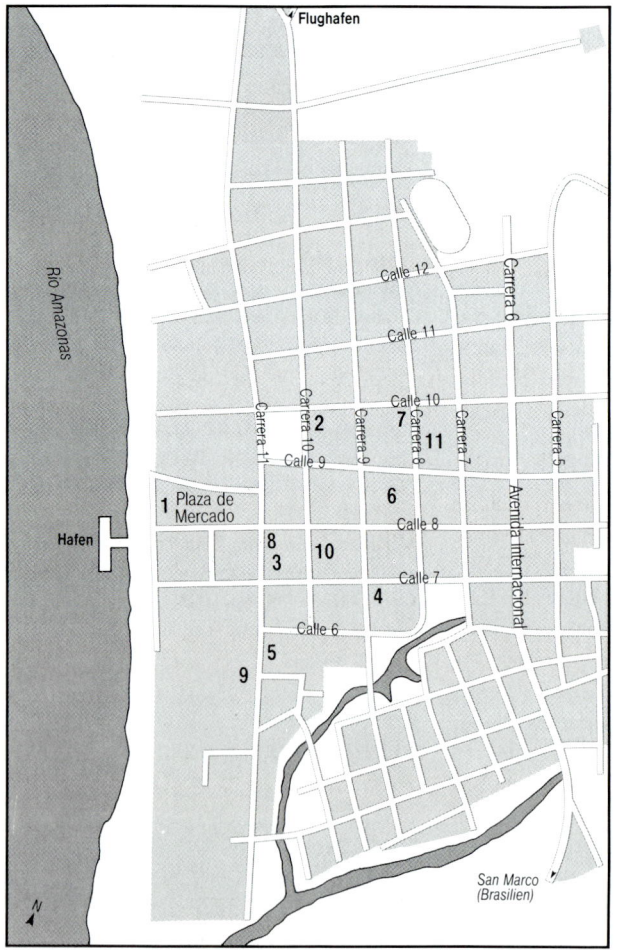

Leticia
1 Marktzone
2 Banco de la
República
3 Avianca
4 Fluggesellschaften
Satena und Inter-
continental
5 Konsulat Peru
6 Konsulat Brasilien
7 Touristenbüro
8 Hotel Anaconda
9 Parador Ticuna
10 Hotel Colonial
11 Residencia
La Manigua

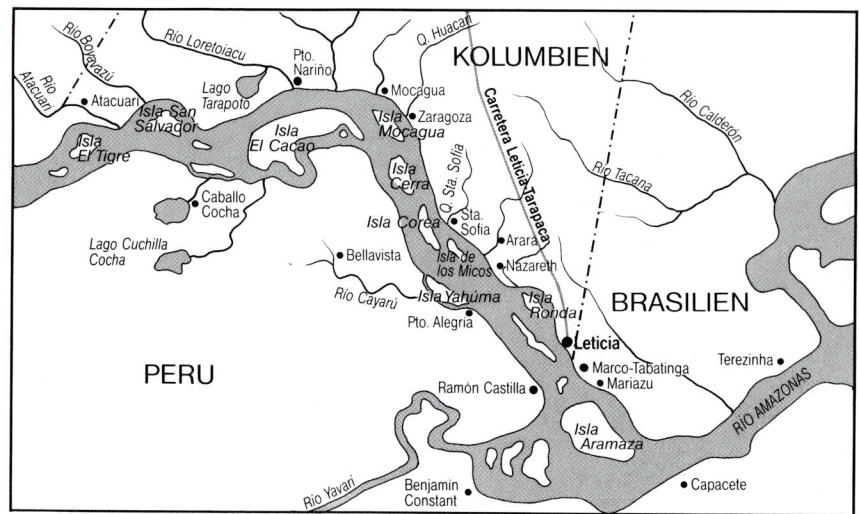

Umgebungsplan von Leticia

reichen). 30% der Bewohner Leticias sind Brasilianer oder Peruaner. Die Währungen aller drei Länder werden akzeptiert.

Information: CNT-Touristenbüro, C. 10 No. 9–86; im Hotel Anaconda und im Parador Ticuna (Turamazonas); Punto Amazónica, Cra. 24 No. 53–18.

Unterkunft: Die teuersten Hotels sind Anaconda, Parador Ticuna und Colonial. Weitere Unterkünfte: Residencias Alemania, C. 8 No. 10–39; Residencias Fernando, Cra. 9 No. 8–80; Residencia La Manigua, C. 8 No. 9–22; Residencias Marina, Cra. 9 No. 9–29.

Restaurants: Tres Fronteras gegenüber dem Hotel Colonial; Colibrí, C. 11 No. 5–05; Restaurant im Hotel Anaconda.

Verkehr: Vom Flughafen Vásquez Cobo mit Avianca (4× wöchentlich) nach Bogotá (2 Std.); vom Flughafen Tabatinga fliegt die brasilianische Linie Cruzeiro nach Manaus (am Amazonas) und nach Iquitos (Peru). Boote entlang des Amazonas fahren von Benjamín Constant, Tabatinga und Ramón Castilla ab. 2× täglich Fähren nach Benjamín Constant.

Ausflüge im Amazonasgebiet

Die oben angegebenen Informationsstellen/Agenturen vermitteln verschiedene Ausflüge in das Amazonasgebiet. Einzelne Führer, die ihre Dienste vor den Hotels oder am Ufer anbieten, sind zwar billiger, in der Regel sind sie aber schlechter ausgerüstet und besitzen langsamere und ältere Boote. Es lohnt sich, die Angebote und Preise der Agenturen zu vergleichen und bei Bedarf nach einem englischsprechenden Führer zu fragen. Informationen, die Sie in den Hotels erhalten, sind meist nicht neutral. Zu den Ausflugsangeboten gehört der Besuch der Ticuna-Indios. Sie leben im Dorf **Arara** sowie auf der **Isla de los Micos.** Auf dieser Insel gibt es auch Menschen vom Stamm der Yaguas. Ein anderes Ziel ist die **Laguna Yaguacaca.** Flußabwärts bietet sich der brasilianische Hafenort **Benjamín Constant** an. Flußaufwärts geht es nach **Puerto Nariño** und zum **Lago Tarapoto.** Sehenswert ist in der gesamten Zone die Pflanzen- und Tierwelt (riesige Wasserpflanzen, Gummibäume, Affen u. ä.).

Ecuador

Allgemeine Landeskunde

Ecuador im Überblick

Strukturdaten Ecuador

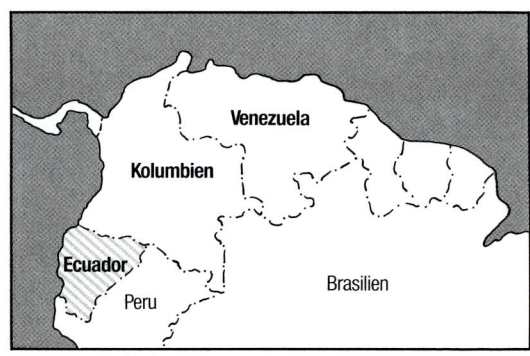

Staatsname	República del Ecuador
Flagge	Gelb-dunkelblau-rot quergestreift
Staatssprache	Spanisch, daneben Quechua als wichtigste Umgangssprache der Indios
Staatsform	Präsidialrepublik; Staatsoberhaupt und Regierungschef seit den Wahlen von 1988: Dr. Rodrigo Borja Cevallos
Staatliche Gliederung	20 Provinzen, 115 Kantone, 715 Gemeinden
Gesamtfläche	283 560 qkm, etwas größer als Westdeutschland
Hauptstadt	Quito (ca. 1,2 Mio. Einwohner)
Bevölkerung	ca. 10 Mio.: 45% Mestizen; 35% Indios; 10% Mulatten und Schwarze; 10% Weiße
Bevölkerungswachstum	ca. 3,1%
Lebenserwartung	63 Jahre (1983)
Religion	90% Katholiken; Naturreligionen der Indios im östlichen Tiefland
Analphabetenrate	15% (der über 15-Jährigen)
Einwohner pro Arzt	ca. 760
Arbeitslosenquote	offizielle Zahlen nicht verfügbar, Schätzung: 30%
Pro-Kopf-Einkommen	1400 Dollar
Währung	Sucre
Auslandsschulden	ca. 8 Mrd. Dollar

Klima

In den Tiefländern westlich und östlich der Anden ist es ständig warm. Der feuchtigkeitsabsorbierende kalte Humboldtstrom, der nahe der peruanischen Grenze nach Westen abbiegt, beschert der Südküste mit der Halbinsel Santa Elena zugleich ein sehr trockenes Klima. Im Bereich des Golfes von Guayaquil regnet es allerdings von Dezember bis Mai häufig (meist am Nachmittag). Während der trockeneren Monate von Juni bis November herrscht im Küstenbereich oft ein so diesiges Wetter, daß die Sonne tagelang nicht zum Vorschein kommt.

Eine warme äquatoriale Meeresströmung bringt der nördlichen Küste durch Verdunstungsvorgänge bis zu 4000 mm Niederschlag jährlich. Da sie sich besonders ab Dezember bemerkbar macht, bezeichnet man sie als ›El Niño‹, das (Christ)Kind. Nahe der kolumbianischen Grenze ist es ebenso feucht-heiß wie in der gesamten Tieflandregion östlich der Anden, wo nachmittags meist starke Tropenregen niedergehen. Ein ganzjährig feuchtes und regenreiches Klima bestimmt die West- und Osthänge der Anden, wo bis zu einer Höhe von 1800 m ein warmes Tropenklima herrscht.

Das Hochland der Sierra zwischen den Kordillensträngen gehört zur temperierten Zone (ca. 1800 bis 3000 m). Die Durchschnittstemperaturen sind hier niedrig, weil die Werte zwischen Tag und Nacht stark schwanken (intensive Sonne am Tage und schnelle Abkühlung am Abend). In Quito beispielsweise, das 2800 m hoch liegt, ist es durchschnittlich 13/14° C warm, die mittlere Tageshöchsttemperatur beträgt aber 22° C (mit Spitzen bis 27° C im Januar), die mittlere Tagestiefsttemperatur immerhin 8° C. Es schneit hier nie, doch kann es zu heftigen Hagelschauern kommen. Am trockensten ist es während der Monate Juni und August, am feuchtesten im März, April und November. Im übrigen verteilt sich der Niederschlag relativ gleichmäßig über das Jahr. Wegen des besonders schönen Wetters in der zweiten Dezemberhälfte spricht man vom *veranillo* (kleiner Sommer).

Ecuador besitzt viele trocken-warme Hochtäler. In etwa 3500 m Höhe beginnt die kalte *páramo*-Zone, die je nach Lage trocken oder feucht ist, und bei ca. 4700 m liegt die Eis- und Schneegrenze.

Geographische Gliederung

Ecuador gliedert sich in drei Großregionen: La Costa oder El Litoral wird die bis zu 200 km breite Zone zwischen der Pazifikküste und den Anden genannt, die Sierra umfaßt die Bergwelt der Andenkordilleren mit ihren Hochtälern, und El Oriente heißt die Region östlich der Anden. Sie umfaßt rund die Hälfte des Staatsgebietes Ecuadors.

La Costa

25% des Landes gehören zur Costa. Zwischen der relativ flachen Küstenkordillere und den Westanden haben die Ríos Daule und Babahoyo mit ihren Nebenflüssen fruchtbare Schwemmtäler geschaffen. Bei Guayaquil vereinigen sich die beiden zum breiten Río Guayas, der ein großes Delta aufgeschwemmt hat. Ihm ist die Insel Puná vorgelagert. Dichtes Mangrovendickicht säumt die vielen Deltakanäle *(esteros)*. Auf den natürlichen Uferdämmen der Flüsse, den *bancos,* lagen früher die berühmten Kakaopflanzungen Ecuadors. Heute werden hauptsächlich Bananen, Baumwolle, Kaffee, Zuckerrohr und Reis angebaut.

Die Überschwemmungsgebiete *(templade-ras)* nördlich von Guayaquil, der zweit-wichtigsten Stadt des Landes, sind meist Weideland. Sie bilden einen starken Kon-trast zur Kakteen- und Dornstrauchvege-tation auf der Halbinsel Santa Elena und am nur 50 km breiten südlichsten Teil der Küste.

Im Norden der Küstenzone gehen die immerfeuchten, noch weitgehend uner-schlossenen Regenwälder in das regen-reichste Gebiet Südamerikas über, den kolumbianischen Chocó.

Die Anden

Die Andenregion oder Sierra unterteilt sich in eine West- und Ostkordillere (Cor-dillera Occidental bzw. Oriental). Dazwi-schen verläuft eine Grabensenke, die maximal 100 km breit ist und 2500 bis 3200 m hoch liegt. Sie ist durch Quer-gebirge *(nudos)* in rund 15 meist dicht besiedelte Hochtäler *(hoyos)* gegliedert. Flüsse und Bäche haben mitunter tiefe Schluchten *(quebradas)* in die weiche Vulkanerde geschnitten.

Von den 30 Vulkanen, die sich in der Ostkordillere konzentrieren, sind noch neun aktiv, darunter Cotopaxi, Reventa-dor, Tungurahua und vor allem Sangay. Der Cotopaxi (5897 m) ist der höchste aktive Vulkan der Erde. Wie viele andere, zeigt er ständig eine Schneekappe. Bei sehr klarem Wetter bietet die ›Allee der Vul-kane‹, wie Alexander von Humboldt die beiden ecuadorianischen Vulkanreihen nannte, einen grandiosen Anblick.

Das Mosaik der Indio-Felder mit allen Grün- und Gelbschattierungen bedeckt die Flanken der Berge bis zu einer Höhe von 3500 m. Vulkanische Ascheschichten sorgen für die große Fertilität der Böden, die aber durch unsachgemäße Behandlung stark von Erosion bedroht sind. Zu den

Blick auf den Vulkan Cotopaxi

Indios mit Eselskarawane in den Anden

fruchtbarsten Gebieten gehören die Täler von Quito und Cuenca. Bis zur Schneegrenze in ca. 4600 m Höhe erstreckt sich der *páramo,* dessen naßkaltes Klima mit fast ständigem Nebelund häufigen Hagelschauern meist nur Büschel- und Hartgräser *(pajonales)* gedeihen läßt.

El Oriente

El Oriente, das östliche Regenwaldgebiet Ecuadors, reichte ursprünglich bis zum Río Marañón, der bis 1942 die Ostgrenze des Landes bildete. Entsprechend dem Protokoll von Río de Janeiro (1942) mußte Ecuador einen großen Teil dieses Gebietes an Peru abtreten. Da hier alle Flußläufe dem Amazonas zustreben, heißt das Gebiet auch ›Amazonía‹. Selva Baja oder Bajo Oriente nennt man die flachen Weiten der Regenwälder an den Ríos Putumayo, Aguarico, Napo, Pastaza, Morona und Santiago. Im Norden dieser Region wird um Lago Agrio (Nueva Loja) Erdöl gefördert. Nur dort und im Andenrandgebiet existieren passable Straßen. Der Verkehr erfolgt im übrigen auf den Wasserstraßen, wobei der Putumayo und der Napo die besten Verbindungen zum Amazonas bilden. Die Böden besitzen nur eine dünne Humusschicht und eignen sich nicht für die Landwirtschaft.

Die höher gelegenen Regionen des östlichen Andenrandes (bis ca. 1500 m) heißen Selva Alta oder Alto Oriente. Weil sich die Wolken vor den Ostkordilleren stauen, fällt hier bis zu 5000 mm Niederschlag, und da die Sierra-Flüsse genügend Mineralien anschwemmen, bieten die Böden der Täler hervorragende Bedingungen für die Landwirtschaft. Deshalb konzentrieren sich hier 90% der Bewohner des Oriente. Von Puyo, der Hauptstadt der Provinz Pastaza, bestehen die besten Verbindungen zur Sierra. Die Zeit der Goldwäscher, die hier die ersten Siedlungen gründeten, und der Gummisucher *(caucheros)* ist vorbei. Heute widmet man sich der Landwirtschaft und der Erdölförderung.

Flora und Fauna

An den südlichen Pazifikküsten dominieren Savannen- und Trockenvegetation. Verbreitet ist hier der Kapok- oder Flaschenbaum, eine Ceiba-Art, die an ihrem bauchigen Stamm zu erkennen ist. Kapok ist die gelbliche Wolle der länglichen Kapseln (daher auch Wollbaum genannt). Sie eignet sich als Polstermaterial, aber nicht ·zum Spinnen. Charakteristisch ist auch der Kandelaberkaktus.

In den Feuchtwäldern der pazifischen Nordküste wächst der Balsa-Baum, der das leichteste Holz der Welt liefert (halb so schwer wie Kork). Ecuador ist weltweit sein Hauptlieferant. Die Ränder der Lagunen werden von den Stelzwurzeln der Mangroven auf natürliche Weise befestigt.

In den Regenwäldern der Nordküste und östlich der Anden sind die Baumriesen von Schmarotzern und Epiphyten (Aufsitzerpflanzen) überwachsen, von Bromelien und Orchideen, von denen es rund 1000 Arten gibt. Zu den mehr als 2000 bekannten Baumarten gehört eine große Zahl von Edelhölzern, die man wirtschaftlich nutzt.

Der typische Baum des Hochlandes ist der Eukalyptus, der Straßenränder und Flußläufe säumt. Insbesondere die schnell wachsenden Arten, wie Globulus, verwendet man auch zur Abgrenzung von Gärten und Grundstücken. Der Eukalyptus wurde Mitte des 19. Jhs. aus Australien

Hirten mit Schafen in den Anden

eingeführt. Der unverwechselbare Geruch des auch zum Heizen verwendeten Holzes erfüllt die Indio-Dörfer der Anden. Weitere verbreitete Pflanzen sind Agaven und Kakteen (sie dienen ebenfalls als Zaunersatz) sowie Zedern und Zypressen. Ecuador besitzt nahezu 2000 Vogelarten. An der Pazifikküste sieht man Kormorane, Pelikane und Reiherarten, die von den reichen Fischgründen, insbesondere in den kälteren Gewässern des Humboldtstromes, profitieren.

Häufig zu beobachten sind die Kolibris, von denen sich einige Arten sogar an die kalten Höhen der Anden angepaßt haben. Der Wappenvogel Ecuadors, der Kondor, ist dagegen äußerst selten geworden und nur noch in entlegenen Regionen des Cayambe und Antizana anzutreffen.

Affen kommen hauptsächlich in den östlichen Regenwäldern vor. Im nördlichen Küstentiefland lebt der *brazo largo* (›Langarm‹) mit extrem langen Armen und vier Fingern, dessen Fleisch man nicht verachtet. Im Osten sind die Greifschwanzaffen (z. B. Kapuzineraffen) und die kleinen roten Springäffchen verbreitet. Hier lebt auch der scheue Tapir oder *danta,* der nachts Blätter und Früchte frißt. Die Indios schätzen das pulverisierte Fleisch seiner Pfoten als Allheilmittel. Der Bergtapir Ecuadors ist vom Aussterben bedroht. Raubtiere, die in den Regenwäldern leben, sind der Jaguar (*tigre* genannt) und der kleinere Ozelot (als *tigrillo* bezeichnet). Der selten gewordene Puma (Silberlöwe, auch als *león* bezeichnet) hat sein Jagdrevier in entlegenen Teilen der Bergwelt. Wildkatzen und Füchse sind in den Andengebieten die Schrecken der Hühnerställe. Lamas sind in Ecuador selten, sie werden hauptsächlich in der Umgebung des Vulkans Chimborazo gezüchtet.

Bevölkerung

Bei einem auch für Lateinamerika hohen durchschnittlichen Zuwachs von 3,1% dürfte Ecuador heute über 10 Mio. Einwohner haben (letzte Zählung 1982: 8,05 Mio.). Die Siedlungsdichte von 33 Menschen pro qkm ist im lateinamerikanischen Vergleich hoch. Die größte Bevölkerungskonzentration findet man im Andenhochland (besonders um Quito, Riobamba und Cuenca) und an der Küste um Guayaquil. Das östliche Tiefland ist dagegen extrem dünn besiedelt.

Binnenwanderung und Landflucht verändern ständig die Verteilung der Bevölkerung. Lebten um 1800 nur rund 7% in der Costa-Zone, so sind es aufgrund der wirtschaftlichen Erstarkung dieser Region heute fast 50%. Der Kakaoboom um 1900 und der Bananenboom nach 1950 setzten eine starke Wanderbewegung von der Sierra zur Costa in Gang. In den 70er Jahren zogen zahlreiche Ecuadorianer in die Erdölregion der Provinz Napo.

Verelendung im Schatten übermächtiger Großgrundbesitzer, völlig unzureichende Reformen und mangelnde staatliche Hilfe treiben die Landbevölkerung in die Slumgürtel der Metropolen, besonders von Quito und Guayaquil (letzteres besteht zur Hälfte aus Elendsvierteln), aber auch der kleineren Großstädte, wie Ambato und Portoviejo. Lebten 1950 70% der Ecuadorianer auf dem Lande, so sind es heute nur noch 50%.

Rund 40% der Ecuadorianer sind unter 15 Jahre alt. Das Schulsystem ist daher überfordert, und trotz Alphabetisierungsbemühungen können offiziell ca. 15% der über 15-Jährigen nicht lesen und schreiben. Inoffiziell dürften es weit mehr sein. Nur 65% der arbeitsfähigen Bevölkerung sind vollbeschäftigt, der Rest leidet unter offener oder versteckter Arbeitslosigkeit

Prozession in Otavalo

und schlägt sich mit ambulantem Straßenhandel und Gelegenheitsarbeiten durch.

Alle Zuweisungen zu ethnischen Gruppen beruhen auf Schätzwerten, da sich Mischlinge bei Zählungen oft als hellhäutiger einstufen, um sozial besser angesehen zu sein. Allgemein gilt, daß Ecuador neben Peru den höchsten Anteil an Indios und den geringsten Anteil an Weißen hat. Letztere, etwa 10% der Bevölkerung, sind fast immer spanischer Abstammung und leben je zur Hälfte im Hochland und an der Costa. Knapp 35% sind Indios, die in der Sierra und an der Costa siedeln; hinzu kommt etwa 1% Indios in den Urwäldern des Ostens und der Nordküste.

Die Mestizen des Hochlands sind überwiegend Mischlinge aus Weißen und Indios, bei der zahlenmäßig größeren Gruppe der Costa ist oft zusätzlich ein negroider Einschlag auszumachen *(montu-*

vios). Der Anteil der Mestizen an der Bevölkerung beträgt rund 45%. Ca. 10% der Ecuadorianer sind Mulatten und Schwarze, die hauptsächlich in Esmeraldas und an der Nordküste beheimatet sind. Darüber hinaus gibt es einige Zambos (Mischlinge aus Schwarzen und Indios), Libanesen und Chinesen.

10% der Ecuadorianer verfügen über ca. 50% des Volkseinkommens. Zur Oberschicht, die sich stark abgeschottet hat, zählen etwa 4%. Diese Elite besteht aus Großgrundbesitzern, Politikern, Militärs und Industriellen, die überwiegend aus den alteingesessenen Familien stammen. Ihr Lebensstil, der von der schmalen Mittelschicht kopiert wird, orientiert sich am American Way of Life. Andererseits entfallen auf 25% der Ecuadorianer nur 4% des Volkseinkommens. Agrarprogramme, Entwicklungshilfe und reiche Ölfunde verhinderten nicht, daß die Reichen immer reicher und die Armen immer ärmer wurden. Die Existenzbedingungen der Unterschicht – rund 60% der Bevölkerung! – haben sich verschlechtert. Besonders ausgeprägt ist der Verelendungsprozeß auf dem Lande, wo eine partielle Agrarreform zwar aus Abhängigkeiten befreite, doch eine effektive staatliche Unterstützung unterblieb. Die Benachteiligung der ländlichen Gebiete zeigt sich darin, daß hier 80% der Haushalte weder mit Strom noch mit Leitungswasser versorgt sind, landesweit ›nur‹ 50%.

Regierungssystem

Die Verfassung Ecuadors verleiht dem Staatspräsidenten eine starke politische Stellung. Er ist zugleich Staatsoberhaupt, Regierungschef und Oberbefehlshaber der Streitkräfte. Das in Lateinamerika übliche Zwiegespann aus Präsident und Vizepräsident steht einem Kabinett von 13 Ministern vor. Falls ein Präsidentschaftskandidat in der direkten Wahl nicht die absolute Stimmenzahl erhält, erfolgt eine Stichwahl. Dieselbe Person kann nicht während zweier unmittelbar aufeinanderfolgender Amtszeiten (je fünf Jahre) den Präsidenten stellen.

Die Legislative besteht seit der Verfassungsänderung von 1978 nur noch aus einer Kammer (Cámara de los Representantes), deren Abgeordnete für fünf Jahre gewählt werden. Erst seit 1978 dürfen auch Analphabeten zu den Urnen gehen, eine besonders für die Indios bedeutungsvolle Regelung. Ohne Wahlbescheinigung ist der öffentliche Dienst nicht zugänglich.

Ecuador ist in 20 Provinzen gegliedert, deren Regierungschefs vom Präsidenten ernannt werden. Die Verwaltung der Galápagos-Inseln (seit 1973 Provinz-status) untersteht dem Verteidigungsministerium. An der Spitze der 115 Kantone, in die sich die Provinzen gliedern, steht je ein *jefe político,* und die über 700 *parroquias* (Gemeinden) haben *tenientes políticos.*

Wirtschaft

Landwirtschaft und Fischerei

Ecuador ist weltweit der viertgrößte Erzeuger von Bananen. Sie werden auf Plantagen im westlichen Küstentiefland und bis in die unteren Andentäler angebaut. Weitere wichtige Ausfuhrprodukte sind Kaffee und Kakao, hauptsächlich aus den Costa-Provinzen Manabí, Los Ríos und Guayas. Hier, aber auch in den warmen Tälern der Südprovinz Loja, werden außerdem Zuckerrohr und Baumwolle geerntet. Kokospalmen, deren Nüsse man zu Ölen und Fetten verarbeitet, gedeihen in den mittleren und nördlichen Küstenniederungen besonders gut.

Für den Inlandsverbrauch produziert man im Hochland Getreide, Kartoffeln und andere Knollenfrüchte sowie Mais, die Grundlage der Küche der Sierra, während der Reis aus dem Guayas-Becken für die Küche der Costa typisch ist.

Rinder, Schweine und Schafe – von den Spaniern eingeführte Nutztiere – werden vorwiegend in den Anden gezüchtet, teilweise auf fruchtbarem Land, das sinnvoller für den Ackerbau genutzt würde.

In den Wäldern der nördlichen Costa und insbesondere des Ostens gewinnt man Edel- und Schnitzhölzer (Tagua, Balsa), Kautschuk und Chinarinde. Eine gezielte Forstwirtschaft betreibt man nicht, und der Raubbau in den Hochtälern hat bereits zu irreparablen Erosionsschäden geführt.

Indio-Frauen mit Bananen auf dem Markt in Gualaceo

Beim Fischfang dominiert die Küstenfischerei mit kleineren Booten. Der Aufbau einer Hochseeflotte für die fischreichen Gewässer steckt erst in den Anfängen.

Industrie und Erdöl

Die wichtigsten Produkte der selbst im lateinamerikanischen Vergleich unbedeutenden Industrie sind Nahrungsmittel und Textilien. Die wenigen Betriebe konzentrieren sich in den großen Städten Quito und Guayaquil. Es fehlt an Unternehmerinitiativen und Investitionen, an Infrastruktur und Rohstoffen, vor allem aber an der Kaufkraft breiter Bevölkerungsschichten.

1967 stießen Ölsuchtrupps von Texaco-Gulf im Gebiet des Río Napo bei Lago Agrio auf eines der größten Ölvorkommen in Südamerika. Seit 1972 fließt das schwarze Gold durch die 500 km lange und bis in 4000 m Höhe verlaufende Transecuadoriana-Pipeline zum Verschiffungshafen Balao bei Esmeraldas. Das dort raffinierte Öl deckt rund 70% des inländischen Benzinverbrauches. Der Großteil dieses Rohstoffes wird jedoch im Ausland veredelt. Die staatliche CEPE (Corporación Estatal Petrolera Ecuadoriana) kontrolliert inzwischen zum größten Teil das Ölgeschäft, das rund 60% der Exporterlöse erbringt. Die Gewinne schwanken mit den Weltmarktpreisen. Ende der 70er Jahre kam es mit dem Absinken der Weltrohölpreise zu erheblichen Devisenverlusten. Als das Erdbeben vom März 1987 insgesamt 50 km der Pipeline zerstörte, verlor Ecuador 2 Mrd. Dollar.

Große Wasserkraftwerke an den Ríos Daule, Paute und Agoyán sollen ölbetriebene Kraftwerke ersetzen.

Indio-Frau bei der Feldarbeit

Geschichte

Präkolumbische Zeit

Archäologen, darunter der Deutsche Henning Bischof, bringen in den 60er Jahren eine Sensation ans Tageslicht: Sie finden beim Fischerdorf Valdivia die älteste Keramik Amerikas (ca. 3000 v. Chr.). Ein Maiskorn, das versehentlich mitgebrannt worden ist, und Tonabdrücke von diesem Getreide belegen, daß die Menschen hier schon um 2500 v. Chr. intensiv Ackerbau betreiben. Jäger und Sammler gibt es im südlichen Hochland (Funde in der Schwarzen Höhle von Chobshi) schon um 10000 v. Chr., an der Küste um 7000 v. Chr.

1966 spült eine Springflut die sogenannten ›Giganten‹ an den Strand von Los Esteros bei Manta. Neben diesen bis zu 50 cm

großen Tonfiguren deuten viele weitere Funde von Keramikfiguren mit deutlich weiblichen Geschlechtsmerkmalen darauf hin, daß in den frühen Küstenkulturen matriarchalische Strukturen vorherrschen. Die ›ausgebeulten‹ Backen bei manchen der Menschendarstellungen lassen vermuten, daß schon damals Coca gekaut wurde. Die Sitte, die Schädel von Kleinkindern zu deformieren (wohl als Statussymbol gedacht), bringt den Bewohnern des südlichen Ecuador bei den Inkas den Namen ›Avocadoköpfe‹ ein.

Durch die Jahrhunderte gelingen den Küstenkulturen erstaunliche Fortschritte in der Bearbeitung von Keramik, Edelsteinen und Gold. Platin, das man wegen seines hohen Schmelzpunktes in Europa erst im 18. Jh. zu benutzen weiß, verwenden die ecuadorianischen Indios sehr viel früher, wobei sie das Sinterverfahren zusammen mit Gold anwenden. Sie treiben einen regen Handel bis in die Anden hinein, auch hinunter nach Peru. Als Zahlungsmittel dienen Kupferscheiben und -beile von 5 bis 10 cm Durchmesser. Im nördlichen Hochland bei Cochasqui errichten die Caranqui bis zu 20 m hohe Pyramiden mit 200 m langen Rampen.

Gerade die Caranqui leisten den ab 1463 bis nach Südkolumbien vordringenden Inkas Túpac Yupanqui und seinem Sohn Huayna Cápac überaus starken Widerstand. Doch fast alle Männer des Stammes werden schließlich niedergemetzelt – am Ufer eines Sees beim heutigen Ibarra, der fortan Yaguarcocha, ›Blutsee‹, heißt. Danach beginnen die Inkas, Stämme aus ihrem Reich hierher umzusiedeln, so daß sich auch in Ecuador die Staatssprache Quechua und der Sonnenkult durchsetzen. Huayna Cápac heiratet die Tochter des letzten Häuptlings der Cara, die eine Art Vormachtstellung erlangt haben. Aus dieser Verbindung geht Atahualpa hervor, der gegen seinen Bruder um die Thronfolge kämpfen muß.

Kolonialzeit

Als die Spanier 1532 unter Francisco Pizarro bei Tumbes in Nordperu landen, nutzen sie die Zwistigkeiten, erdrosseln Atahualpa 1533 in Cajamarca und beginnen die Eroberung des Inka-Reiches. Schon vorher haben Konquistadoren, von Panama kommend, ecuadorianischen Boden betreten. Sie landen beim heutigen Atacames bei Esmeraldas und auf der Insel Puná im Golf von Guayaquil. Vor der Küste kapern sie ein Balsa-Floß der Manta-Indios und erbeuten reiche Handelsware. 1533, nach der Eroberung Cuzcos, dringt ein Hauptmann Pizarros, Sebastián de Benalcázar, eigenmächtig ins Hochland von Ecuador vor und schlägt Atahual-

pas Feldherrn Ruminahui mit Hilfe von 11 000 Canaris-Indios. Er gründet Quito 1534 und ein Jahr später Guayaquil, bevor er auf der Suche nach El Dorado (vgl. S. 140) nordwärts zieht.

Den Beginn der Kolonialzeit prägt die Jagd nach leicht zu erbeutenden Reichtümern. Gonzalo Pizarro, ein Halbbruder Francisco Pizarros und seit 1539 Gouverneur von Quito, beginnt 1540 mit Francisco de Orellana die Eroberung des Amazonasgebietes. Einem Hinweis von Eingeborenen folgend, begibt sich dieser auf die Suche nach dem ›Zimtland‹ im Osten. Als Orellana, den er vorgeschickt hat, nicht in das Lager zurückkehrt, folgt er ihm, muß die Expedition aber abbrechen. Pizarro, der mit 400 Spaniern und 4000 indianischen Trägern losgezogen ist, erreicht im Juni 1543 mit nur noch 80 seiner Männer zerlumpt, ausgezehrt und erfolglos die Stadt Quito. Er wird 1548 durch königstreue Truppen hingerichtet. Francisco de Orellana ist unterdessen eigenmächtig auf dem Río Napo in die Regenwälder des Ostens vorgedrungen und entdeckt den Amazonas, den er bis zur Mündung befährt. Er kehrt ruhmreich an den spanischen Hof zurück.

Quito wird ab 1563 königliche Audiencia mit eigener Verwaltungsgerichtsbarkeit. Es untersteht dem Vizekönig in Lima, bis man es 1739 endgültig dem Vizekönigtum Neu-Granada und damit Bogotá zuordnet. Wegen fehlender Edelmetallvorkommen konzentriert man sich auf Ackerbau und Weberei. Indios werden zu Zwangsarbeit verpflichtet und sogar an Webstühle gekettet. Anfang des 17. Jhs. kommen dann schwarze Sklaven zum Einsatz, besonders auf den Plantagen der Pazifikküste.

Kolonialzeitliche Dorfkirche in den Anden ▷

Während die Bevölkerung im Hochland unter häufigen Erdbeben und Vulkanausbrüchen leidet, stellen Piratenüberfälle für die Siedlungen an der Küste die größte Bedrohung dar.

Unabhängigkeit und Wirren des 19. Jhs.

Die erste erfolgreiche Erhebung gegen die königliche Audiencia in Quito erfolgt am 10. August 1809 und gilt paradoxerweise als Unterstützung des spanischen Königs, da Napoleon diesen abgesetzt hat. Triebfedern sind einerseits die Furcht vor der Übertragung liberaler Ideen der Französischen Revolution, andererseits hofft man, dem nun schwachen Ferdinand VII. Zugeständnisse abringen zu können. Mit der Entscheidungsschlacht vom 24. Mai 1822 am Vulkan Pichincha bei Quito endet zwar die spanische Kolonialherrschaft, nicht aber die koloniale Struktur, denn Ziel der *patriotas* ist es, die politische und wirtschaftliche Unabhängigkeit zu erreichen, ohne gleichzeitig soziale Veränderungen einzuleiten.

Entsprechend den Ideen Simón Bolívars wird Ecuador als Departamento del Sur der neuen Großrepublik Gran Colombia eingegliedert. Doch schon 1830 löst sich diese Vereinigung wieder auf. Ecuador gibt sich eine eigene Verfassung. Erster Präsident wird der lange Zeit des Lesens und Schreibens unkundige Venezolaner Juan José Flores, der sich als General der Unabhängigkeitsbewegung einen Namen machte. Während der nächsten Jahrzehnte bestimmen die Großgrundbesitzer des Hochlandes die Politik. Die im Aufbau befindliche Kleinindustrie erstickt unter der Einfuhr billiger Importe. *Caudillos,* lokale militärische Führer, die die Unterstützung eines Teils der *hacendados* (Gutsbesitzer) haben und sich gegenseitig bekämpfen, ernennen sich zu ›Jefes Supremos‹, die Verfassungen und Volksvertretungen nach eigenem Gutdünken schaffen.

Auseinandersetzungen zwischen Konservativen und Liberalen prägen das 19. Jh. Die reichen Händler und Plantagenbesitzer der Küstenzone sind eher liberal eingestellt (Zentrum Guayaquil), die Großgrundbesitzer der Sierra, darunter die katholische Kirche, dagegen konservativ (Zentrum Quito). Unter García Moreno (1861–1876), der als grausamer Despot herrscht, kontrollieren die *serranos* den Staat. Die katholische Kirche erhält einen so bestimmenden Einfluß, daß sich Ecuador zur ›Republik des Heiligen Herzens Jesu‹ erklärt. Eine positive Seite der Herrschaftszeit Morenos, der alle liberalen Bestrebungen unterdrückt, ist die Verbesserung der Infrastruktur. 1875 wird der Politiker ermordet.

Als die europäische Nachfrage nach dem guten ecuadorianischen Kakao in den 70er Jahren des 18. Jhs. immens ansteigt, entstehen in der Küstenzone immer mehr Großplantagen, die die Oligarchie der Costa erstarken lassen. Sie besteht nur aus rund 15 Familien, darunter einigen reichen Händlern. Ihr Repräsentant, General Eloy Alfaro, macht sich in Guayaquil zum ›Jefe Supremo‹ und marschiert 1895 in Quito ein.

Ecuador im 20. Jh.

Diese sogenannte Liberale Revolution bringt bis 1925 entscheidende soziale Fortschritte: die Trennung von Staat und Kirche, die Verstaatlichung ihres Grundbesitzes und des Schulwesens, die Zivilehe, eine allgemeine Schulpflicht und ein Berufsheer. 1942 muß Ecuador nach einem Grenzkrieg mit Peru im ›Protokoll

von Rio de Janeiro‹ 185 000 qkm Urwald-
gebiet an den Nachbarn abtreten. Der tie-
fere Grund für die Auseinandersetzung
sind Ölvorkommen in dem umstrittenen
Gebiet.

Der Bananenboom, der Mitte der 50er
Jahre seinen Höhepunkt erreicht, zieht
eine relative wirtschaftliche und politische
Stabilität nach sich. Sein Ende Anfang der
60er Jahre stürzt das Land aber erneut in
eine Krise, von der es sich erst ab 1967
durch die Ausbeutung der reichen Ölvorkommen im nordöstlichen Tiefland er-
holt. Zu Beginn der 80er Jahre geht mit
dem Verfall der Weltmarktpreise auch
dieser Boom zu Ende. Das ständige Auf
und Ab der wirtschaftlichen Entwicklung
wird von einem unsicheren und sprung-
haften politischen Prozeß begleitet, so daß
Ecuador noch nicht – wie Venezuela –
zu einer verläßlichen Demokratie gefunden hat.

Die Kirche La Compañía in Quito

Kunst, Kultur, Folklore

Kunst der Kolonialzeit

Die ersten beständigen Gebäude aus Stein,
die die Holz-, Lehm- und *adobe*-Hütten
der Indios und der ersten Siedler ersetzten,
gruppierten sich stets um die Plaza Mayor,
die in Anlehnung an spanische Siedlungs-
strukturen den Mittelpunkt der Städte bildeten. Die Reichen und bedeutende Persönlichkeiten lebten an oder in unmittel-
barer Nähe dieses Zentralplatzes. Neben
den Stadtresidenzen der Konquistadorenfamilien und der königlichen Beamten
entstanden hier die Klöster der einflußreichen Orden, die meist einen ganzen Häuserblock *(manzana)* einnahmen. Dominikaner, Franziskaner und etwas später

besonders die Jesuiten waren die Initiato-
ren einer Kolonialkunst, die sich hauptsächlich in der Architektur und der Dekoration der Kirchen manifestierte.

Ihre Financiers waren reiche Familien
und Bruderschaften *(cofradías)*, die im
Gegenzug Grabstellen und Kapellen erhielten. Die Stilrichtungen wurden pri-
mär aus Spanien übernommen, aber auch
durch die für die verschiedenen Orden
arbeitenden Architekten aus anderen Ländern (Italien, Niederlande, Deutschland)
beeinflußt. Quito entwickelte sich neben
Cuzco (Peru) zu einem Kunstzentrum
innerhalb der spanischen Kolonien. Die
meisten Gebäude zeigen ein Stilgemisch,
da die jeweilige europäische Mode einerseits mit einiger Verzögerung die Kolonien erreichte und andererseits die häufigen Zerstörungen durch Erdbeben die
Restaurierung im Geiste einer neuen Zeit
nach sich zogen.

Anfänglich orientierte man sich noch am einfachen und klaren Renaissancestil des spanischen Baumeisters Juan de Herrera, der den Klosterpalast El Escorial bei Madrid errichtete. Auch die freieren und gewagteren Formen des Manierismus (Übergang zwischen Hochrenaissance und Barock) sind an einigen Kirchenfassaden nachzuweisen (Kirche San Francisco in Quito). Daneben kam der Platereskenstil zur Anwendung, der die Silberschmiedekunst als Vorbild nahm und große Flächen mit filigranem Schmuck überzog.

Der eigentliche Kolonialstil ist jedoch der Barock, der sich in Spanien Ende des 16. Jhs. durchsetzte und im 17. Jh. in die Kolonien gelangte. Im 18. Jh. begann dann der Siegeszug des Churriguerismo, einer Variante des Spätbarocks, die nach der spanischen Baumeisterfamilie Churriguera benannt ist. Kirchenfassaden, besonders aber Hochaltäre und Innenausstattungen wurden überschwenglich und verschwenderisch dekoriert. Insbesondere die reichen Kolonialstädte konnten sich eine zusätzliche Vergoldung ihrer Kapellen und Altäre leisten.

In der Dekoration der Innenräume von Kirchen und Klöstern wendete man häufig den Mudéjarstil an, der auf die islamischen Baumeister Spaniens, die in den von den Christen zurückeroberten Gebieten arbeiteten, zurückgeht. Charakteristisch sind geometrische und Rankenmuster, die in die Holzdecken *(artesanado)* geschnitzt und dann durch Farben betont werden, außerdem farbige Kacheln und Holzbalkone an den Wohnhäusern. Der Einfluß der Mudéjar-Ornamentalkunst, die sich auch bei Retabeln und Säulen wiederfindet, strahlte von Quito bis nach Tunja in Kolumbien und bis nach Bolivien aus.

In Einzelheiten der Dekoration von Fassaden und Innenräumen zeigen sich mitunter Einflüsse von einheimischen Handwerkern und Indio-Künstlern. Symbole aus der indianischen Mythologie, besonders wenn sie der christlichen Symbolik nahestehen, und regionale Pflanzen und Tiere werden dargestellt. Dieser Mestizostil (auch Kreolenstil oder Andenbarock genannt) zeigt sich am deutlichsten an den Kirchen um den Titicacasee in Bolivien, aber auch in Quito und vereinzelt in Kolumbien.

Die spanischen Missionare, die in die Kolonien kamen, gründeten bald Werkstätten und Schulen, in denen sie Malerei, Holzschnitzerei und Bildhauerei lehrten; denn die indianischen Idole sollten durch Darstellungen christlicher Heiligenfiguren ersetzt werden. Begabte Indios wurden daher gefördert. Sie orientierten sich zwar überwiegend an spanischen Vorbildern, brachten aber auch ihre eigenen Vorstellungen ein.

Schon 1552 gründeten die Franziskaner in Quito die ›Escuela de Arte y Oficios‹, die Keimzelle der späteren berühmten und einflußreichen Escuela Quiteña. Der Einfluß dieser Schule von Quito reichte bis nach Bogotá. Die bedeutendsten Maler des 17. Jhs. waren Miguel de Santiago und Nicolás Javier de Goríbar. Bernardo de Legarda, der berühmteste Bildhauer des 18. Jhs., wurde vor allem durch seine Marienstatuen bekannt, die die Jungfrau mit Flügeln auf einer Mondsichel zeigen. Als ›Jungfrau von Quito‹ ist sie auch das Vorbild für die Monumentalstatue auf dem Panecillo-Hügel. Der andere herausragende Bildhauer des Barock war Caspicara (›Pockengesicht‹, eigentlich: Manuel Chili).

Viele der reich dekorierten *pasos* (Prozessionsstatuen) stammen aus dieser Zeit. Für die leuchtende Bemalung der Holzplastiken waren die *encarnaderos* zuständig, die den realistischen Ausdruck der Figuren durch Glasaugen und echtes Haar verstärkten.

Das Kunsthandwerk der Indios

Schon bevor die Spanier kamen, webten Indio-Frauen schmalere Textilien, wie Gürtel und Schals. Sie benutzen dazu ein kleines Gerät, das sie an einem Baum befestigen. Das andere Ende wird um das Becken geschlungen. Mit Hüftbewegungen wird gesteuert und gespannt.

Das von den Spaniern mitgebrachte Schaf drängte die südamerikanischen Kleinkamelarten, wie Lama, Alpaka (bessere Wolle, Hauptlieferant) und die kleine Wildart *vicuña* (steht unter Naturschutz, liefert die beste Wolle) in ihrer Bedeutung als Wollieferanten zurück. Alpakas werden in 3000 bis 4000 m Höhe um den Vulkan Chimborazo gezüchtet, ihre Zahl ist jedoch verglichen mit den Beständen in Peru und Bolivien gering. Die meist handversponnene Alpakawolle behält die Naturfarben grau, braun und weiß (am seltensten und teuersten), während Schaf- und Baumwolltextilien gefärbt in den Handel gelangen. Chemische Produkte verdrängen zunehmend die mineralischen, tierischen und pflanzlichen Naturfarben, wie das Rot der *achiote*-Frucht oder der *cochenille*-Laus.

Fajas (chumbi) sind Webgürtel, deren breite Ausführung (*mamachumbi*, ›Muttergürtel‹) man unter den schmaleren (*wawachumbi*, ›Babygürtel‹) trägt. Die in Riobamba hergestellten zeichnen sich durch ihre Breite, ihr dichtes Gewebe und die rot-schwarz-gelbe Farbgebung aus. Feiner und besonders hübsch sind die *fajas* von Salasaca und Cañar. Ihre Muster dienten als Vorbilder für die Wandteppiche, die in Otavalo und Salasaca wegen der touristischen Nachfrage angeboten wer-

Indianische Weberinnen

Töpfermarkt in Cuenca

den. Auf dem Markt von Atavalo lassen sich auch Pullover, Jacken, Schals, Mützen, Decken und Handschuhe erstehen. Die eingearbeiteten traditionellen Tiermotive haben bestimmte mythologische Bedeutungen. Eidechse und Spinne versprechen Schutz, Affe und Frosch Wohlstand und Fruchtbarkeit.

Schon in der Kolonialzeit wurden Textilstoffe mit Stickereien geschmückt, besonders die Blusen und Rocksäume der Frauen. Farbenprächtig mit Pflanzen- und Tiermotiven bestickt sind die Blusen der Indias im Raum Cuenca. Ihre gewebten Schals zeigen die altamerikanische Ikatmusterung. Bei dieser Technik werden die Webfäden vor dem Färben umwickelt, so daß die entsprechenden Stellen weiß bleiben und verschwommene Musterränder ergeben. Nach Ikattechnik hergestellte *ponchos* oder Stolen heißen in Ecuador *macanas*. Oft werden mehrere Farben verwendet.

Zum Angebot auf den Märkten von Riobamba und Ambato gehören die *shigras*, aus Agavefasern hergestellte Tragetaschen. Man benutzt eine bestimmte Agavenart, die *cabuya blanca*. Durch Klopfen trennt man die Fasern der Blätter vom Fleisch und wäscht und trocknet sie dann. Die sehr dicht geflochtenen *shigras* sind äußerst widerstandsfähig gegen Feuchtigkeit und Salz. Die Indios verwenden die kleinen als Geldtäschchen, die großen zum Transport von Textilien und Nahrungsmitteln. Die besten *shigras* sind weich und fein geflochten und weisen bunte Musterungen in gedämpften Naturfarben auf.

Weitere Flechtmaterialien werden aus der *toquilla*-Palme hergestellt, insbesondere die sogenannten Panamahüte (vgl. S. 288). Zentren der Keramikherstellung sind Chordeleg (bei Cuenca) und Puyo (dünnwandige *canelo*-Töpfe). Als kunsthandwerkliche Zentren haben auch Cotacachi bei Otavalo (Lederarbeiten), San Antonio de Ibarra (Holzschnitzerei) und Calderón bei Quito (Brotteigfiguren) Bedeutung.

Malerei

Anfänglich war die Malerei in Ecuador ausschließlich religiös ausgerichtet. Die hervorragendsten Werke brachte die Schule von Quito hervor. Miguel de Santiago versah seine Heiligendarstellungen mit Landschaften im Hintergrund. Ende des 18. Jhs. gestalteten Maler der Schule im Auftrage des Vizekönigs von Bogotá eine umfangreiche Dokumentation der Pflanzenwelt von Neu-Gránada mit dem Titel ›Flor de Bogotá‹.

Seit dem Sieg der Unabhängigkeitsbewegung wurden Freiheitshelden porträtiert und Schlachtszenen auf der Leinwand fixiert. Antonio Salas, der herausragende Vertreter der neuen Ära, hinterließ Bilder von allen wichtigen Generälen der Freiheitskämpfe.

Die *costumbristas* der zweiten Hälfte des 19. Jhs. stellten typische Szenen aus dem Leben der einfachen Leute dar. Die Landschaftsmalerei von Rafael Troya war folkloristisch geprägt. Mit Beginn des 20. Jhs. studierten zahlreiche Künstler in Rom und orientierten sich an italienischen Vorbildern. Bekannte Maler dieser Epoche sind Luis Martínez, Pedro León und Emilio Moncayo.

Seit den 30er Jahren widmeten sich viele Maler sozialkritischen Themen, so Luis Mocoso, Leonardo Tejada, Eduardo Kingman, Camilo Egas und Julio Cevallo. Sie wollten Mißstände aufdecken und zum Nachdenken anregen. Der heute international bekannteste Maler Ecuadors ist Oswaldo Guayasamín, der sich schon früh sozial engagierte, nicht nur im Rahmen seiner Tätigkeit als Künstler sondern auch in der Politik. Er schuf das Monumentalmosaik im Regierungspalast von Quito (vgl. S. 254). Für viele seiner fast 6000 Bilder wurde er durch Kunstpreise ausgezeichnet.

Literatur

International bekannt ist der Romancier Jorge Icaza (1906–1978), Mitglied der sozialkritischen ›Gruppe von Quito‹, deren Autoren ein realistisches Bild von der Situation der Indios als leidgeprüften und hungernden Menschen zu zeichnen versuchten. Icaza lernte ihre Lage aus eigener Anschauung kennen, weil er viele Jahre auf der Hacienda seines Onkels lebte. In seinem Roman ›Huasipungo‹ (1934; deutsch: ›Huasipungo – Unser kleines Stückchen Erde‹, 1981) schildert er die Zerstörung einer Indio-Siedlung durch die Profitkumpanei von Großgrundbesitzern, Nordamerikanern, Kirche und Militär, die an den Osthängen der Anden nach Öl suchen. ›El Chulla Romero y Flores‹ (1958; deutsch: ›Caballero im geborgten Frack‹, 1983) beschäftigt sich mit dem Problem der Identitätsfindung von Mestizen. Die Hauptfigur Alfonso, als Sohn eines heruntergekommenen Spaniers und einer India eine charakteristische Figur der unteren Mittelschicht, versucht es mit Hilfe der geborgten ›weißen‹ Identität und dem Namen des Vaters zu etwas zu bringen. Doch die Erfahrung der Korruptheit und Verlogenheit der Weißen hilft ihm, sich zum indianischen Erbe zu bekennen.

Ein ähnliches Thema greift Gustavo Alfredo Jácome in seinem Roman ›Porque se fueron las garzas‹ auf (1979; deutsch: ›Auf der Suche ich nach mir‹, 1982). Der Indio Tupatauchi erkennt, daß er durch sein Studium in den USA und die Heirat einer Nordamerikanerin immer mehr die Verbindung zu seinen kulturellen Wurzeln verloren hat. Er entdeckt, daß er vom Inka-Häuptling Atahualpa abstammt, und entschließt sich, als Leiter einer Indio-Schule zu arbeiten, um den Schülern Stolz auf ihre Kultur zu vermitteln.

Volksmusik

Zu den ältesten Musikinstrumenten gehören große Meeresmuscheln, die wohl
ursprünglich zur Verständigung über weitere Entfernungen dienten. Bei Ausgrabungen fanden sich außerdem tönerne
Okarinen, Gefäßflöten in Tier- und Men-
schenform mit einem Mundstück und
mehreren Tonlöchern. Weit verbreitet ist
in Ecuador die Panflöte *(rondador),* die
aus zusammengebundenen Bambuspfeifen
verschiedener Länge besteht. Bei einfachen
Indio-Festen besteht die ›Kapelle‹ oft nur
aus zwei Spielern; einer bläst eine Flöte
(pingullo) aus Bambusrohr, der andere
schlägt eine dumpfe Felltrommel *(bombó).*
Gelegentlich sieht man auch den *churo*
(Horn eines Ochsen) und die *bocina,* eine
Art Alpenhorn aus dickem Bambusrohr.
Ein wichtiges Instrument der Volksmusikgruppen ist die Gitarre, die von den Spaniern ins Land gebracht wurde.

Gitarrenspieler bei einer Hochzeit

Musikant in Quito

Den *sanjuanito,* einen ländlichen Tanz,
sieht man während des San Juan-Festes zu
Ehren des heiligen Johannes, dem ehemaligen inkaischen *inti kaimi* (Fest der
Winter-Sommer-Wende). Der *pasillo* ist
ein Herz-und-Schmerz-Lied der Sierra,
seine Themen sind Heimat, Liebe und
Leid. Melancholisch und meist langsam ist
der *yaraví.* Verbreitete Lied- und Tanzformen sind *pasacalle* (schneller Rhythmus,
polkaähnlich), *danzante* und *tonada.*

Neben dieser traditionellen Folklore
hat sich in Ecuador die Volksmusik anderer lateinamerikanischer Länder verbreitet, insbesondere die *música tropical* der
Karibik *(cumbia, salsa* und *merengue).* An
der Küste um Esmeraldas, während der
fiestas de marimba (eine Art großes Xylo-
phon aus Holz), zeigen die Schwarzen
und Mulatten ihre traditionellen temperamentvollen Tänze *(torbellino, andarele,
caderona* und *caramba cruzado).*

Orte und Landschaften in Ecuador

Quito

Quito liegt 25 km südlich vom Äquator in ca. 2800 m Höhe an den Osthängen des Vulkans Pichincha, dessen 4794 m hoher Gipfel jedoch von der Stadt aus nicht zu sehen ist. Nach La Paz (Bolivien) ist Quito die am zweithöchsten gelegene Hauptstadt Südamerikas. Nach 1954 verdreifachte sich die Einwohnerzahl in nur 24 Jahren. Quito dehnte sich weit über die Grenzen der engen Altstadt, des *centro histórico,* aus. Im Norden reichen die Siedlungen bis fast zum Äquatormonument, im Süden befinden sich die ärmeren *barrios* und nach Osten erstreckt sich das Stadtgebiet bis in das weite und fruchtbare Tal Los Chillos, wo die ausgebaute Schnellstraße die jüngste Expansion beschleunigt hat. Die Wachstumsrate von ca. 5% jährlich ist hauptsächlich auf die Landflucht zurückzuführen. Dennoch wirken die Slumviertel kleiner und weniger elend als in den Hauptstädten der Nachbarländer.

Besonders seit den 70er Jahren nahm Quito mit Hilfe von ausländischem Kapital einen starken wirtschaftlichen Aufschwung. Neben der Textil-, Nahrungs-, Holz- und Konsumgüterindustrie ist die Verwaltung der Ölindustrie ein wichtiger Faktor. Quito ist das administrative Zentrum Ecuadors und nach Guayaquil die zweitwichtigste Industriestadt des Landes.

Seit Beginn des 20. Jhs. entstanden die ersten *ciudadelas,* die neuen Wohnquartiere nördlich der historischen Altstadt, deren Grenze der Alameda-Park bildet. Im Viertel Mariscal Sucre nördlich des Parks Ejido dominieren repräsentative Villen, die meisten in traditionellen Stilen errichtet. Mittlerweile sind die Villenviertel weiter nach Norden gewandert. Mariscal Sucre steht mit seinen Banken, Geschäften, Büros internationaler Fluggesellschaften, Hotels und Folkloreläden auch für das moderne, aber gesichtslose Quito. Die Raumnot der Stadt ist so groß, daß man daran denkt, den mitten in den Wohnbezirken gelegenen Flughafen zu verlegen.

Das koloniale Quito leidet darunter, daß die Oberschicht aus dem Zentrum nach Norden gezogen ist. Die Besitzer vernachlässigen die alten Häuser und vermieten sie an weniger Betuchte, die hier in beängstigender Enge wohnen. Patios und Salons werden zu Werkstätten und Waschstellen umfunktioniert, wodurch die Bausubstanz angegriffen wird. Wirft man etwa in der Calle Ronda einen Blick ins Innere der Gebäude, so wird klar, daß das koloniale Viertel allenfalls noch Fassade ist – Kirchen und Klöster ausgenommen. Seit die UNESCO die Altstadt 1979 zum ›Menschheitserbe‹ erklärt hat, bemüht man sich um den Erhalt des historischen Stadtteils, insbesondere der kirchlichen Anlagen, die daher oft vorübergehend für Besucher nicht zugänglich sind.

Die vielen fliegenden Händler und die zahlreichen Verkaufsstände in der Altstadt, insbesondere in den Calles westlich und südlich der Kirche San Francisco, vermitteln den Eindruck eines permanenten Straßenmarktes. Zeitungen beklagen die Tatenlosigkeit der Polizei. Für den Touristen bietet sich ein farbiges und chaoti-

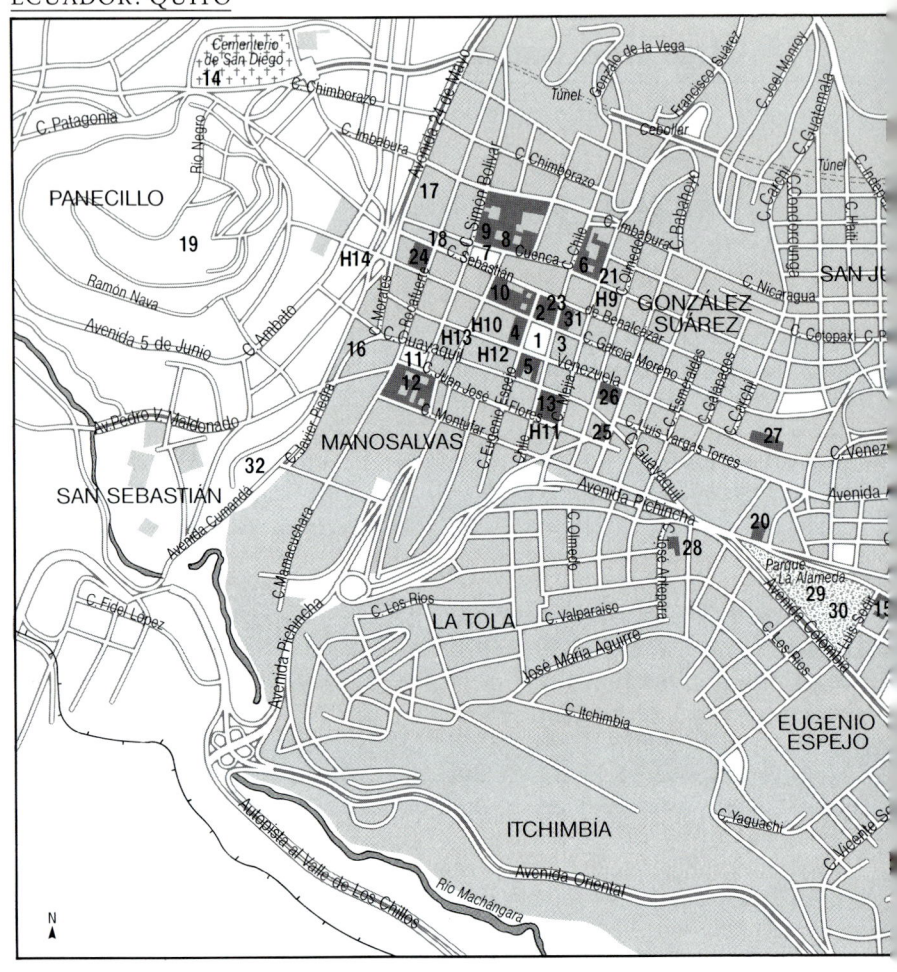

sches, oft auch erbarmungswürdiges Bild: als Lasttiere mißbrauchte indianische Träger, nackte Indio-Kinder, Indio-Frauen hinter Apfelsinen- und Bananenbergen, Schuhputzer und immer wieder zerlumpte Bettler. In dieser Altstadt, in der Adressen häufig noch durch die Nähe zu Kirchen angegeben werden, sind die Straßen eng und steil und enden oft in Treppen. Busse keuchen die bergwärts gerichteten Einbahnstraßen hinauf und hinterlassen erstickende Abgaswolken.

Geschichte

Sebastián de Benalcázar gründete Quito am 6. Dezember 1534 unweit der ehemaligen Hauptstadt der Quitu-Indios, die ab etwa 1490 unter der Herrschaft der Inka standen. Er wählte angesichts der feindlichen Haltung der Indios eine strategisch günstige Lage. Um die Verteidigung der Siedlung zu vereinfachen, plazierte er sie auf einer schmalen, abschüssigen Ebene, die auf drei Seiten durch tiefe

Quito 1 Plaza de la Independencia 2 Regierungspalast 3 Erzbischöflicher Palast 4 Kathedrale, Capilla del Sagrario 5 Rathaus 6 Kirche und Kloster La Merced 7 Plaza de San Francisco 8 Kirche und Kloster San Francisco 9 Capilla de Cantuña 10 Kirche La Campañía 11 Plaza Santo Domingo 12 Kirche und Kloster Santo Domingo 13 Kirche und Kloster San Augustín 14 Kirche und Kloster San Diego 15 Kirche El Belén 16 Calle La Ronda 17 Kirche El Robo 18 Markthalle 19 Panecillo-Statue 20 Museo Arqueológico del Banco Central 21 Museo de Arte Colonial 22 Casa de la Cultura, Museum 23 Kirche La Concepción 24 Kirche Carmen Alto 25 Platz und Theater Sucre 26 Kirche Carmen Bajo 27 Basílica Nacional 28 Kirche San Blas 29 Altes Observatorium 30 Vergnügungspark 31 Hauptpost 32 Busterminal 33 Instituto Geográfico Militar 34 Touristenbüro 35 Buchhandlung Libri Mundi 36 Lufthansa 37 Deutsche Botschaft 38 Wechselstube Paz, Ecuadorian Tours

Hotels: H1 Colón Internacional H2 Alameda Real H3 Chalet Suisse H4 Embassy H5 Colón H6 Los Alpes H7 Waldorf H8 Lutecia H9 Catedral Internacional H10 Auca Continental H11 Vienna Internacional H12 Humboldt Capitol H13 Real Audiencia H14 Gran Casino

Canyons geschützt war. Für die späteren, soliden Steingebäude mußten mühselig niveauausgleichende Steinfundamente errichtet werden. Trotz des unebenen Geländes behielt man beim Aufbau der Stadt das Schachbrettmuster bei, weil es so durch die königlichen ›Leyes de Indias‹ vorgeschrieben war. Allmählich entstanden die Herrenhäuser *(mansiones)* der wohlhabenden Konquistadorenfamilien, die ihre Ländereien im Tal von Quito mit seiner fruchtbaren Vulkanerde be-

saßen. Im Stadtkern erhielten die Orden der Franziskaner, Dominikaner, Mercedarier und Jesuiten beachtliche Grundstücke, die sie mit ihren heute so bewunderten Kolonialkirchen bebauten. Die Klöster entwickelten sich – wie überall in den Kolonien – zum Motor der kulturellen Entwicklung, die ihren besonderen Ausdruck in der Schule von Quito fand (vgl. S. 246).

1563 erhielt Quito als Sitz einer königlichen Audiencia eine größere Eigenstän-

Indianischer Lastenträger in Quito

Mitte dieses Jahrhunderts begann ihre rapide Entwicklung.

Sehenswürdigkeiten

Der Mittelpunkt der Altstadt ist die Plaza Grande. In der Kolonialzeit hieß sie Plaza Mayor und seit 1909 **Plaza de la Independencia** (Platz der Unabhängigkeit). Sie war Schauplatz aller wichtigen politischen und kirchlichen Ereignisse. Im Zentrum steht die Freiheitssäule (Columna de la Libertad). Getreu dem kolonialen Städtebauschema liegen hier die wichtigsten politischen und religiösen Institutionen: die Kathedrale, der erzbischöfliche Palast, das Rathaus und der Präsidentenpalast. An der Stelle des **Palacio de Gobierno** (Regierungspalast) stand einst die Real Audiencia von Quito, das königliche Gericht der Kolonialzeit. Im Obergeschoß des heutigen Gebäudes hat der Präsident des Landes seine Räume. Im Säulengang vor dem Haus halten zwei Soldaten in historischer Uniform ständig Wache. Im Palast selbst befindet sich ein farbenfrohes Monumentalmosaik, das der berühmte zeitgenössische Maler Guayasamín 1960 anfertigte; Thema ist die Entdeckung des Amazonas durch Orellana. An der zur Kathedrale gerichteten Seite erinnert eine der Tafeln im Säulengang an die Ermordung des Präsidenten Moreno auf den Stufen zum Palastgebäude (vgl. S. 244). Im Arkadengang an der Straße findet man Souvenirläden. Auch in Teilen des **Palacio Arzobispal** (erzbischöflicher Palast) haben sich mittlerweile Geschäfte eingerichtet. Unter den *portales,* dem Arkadengang zur Plaza, bieten Kleinhändler und Schuhputzer ihre Dienste an.

Eine Längsseite der **Kathedrale** grenzt an den Platz. Der Haupteingang liegt an der Calle Moreno. Von der Plaza führt eine breite Rundtreppe zum Atrium hin-

digkeit innerhalb des Vizekönigtums Peru. 1592 erhoben sich die rund 1500 Einwohner der Stadt in der ›Rebelión de las Alcabales‹ gegen die neue königliche Steuer von 2%. Doch der Aufstand wurde schnell niedergeschlagen.

In den folgenden zwei Jahrhunderten gab es kaum nennenswerte Ereignisse. 1735 kam eine französische Expedition nach Quito, die unter Leitung von Charles de la Condamine den Verlauf des Äquators berechnete, in dessen Nähe die Stadt liegt. Die Anführer der Erhebung von 1809, des ›Grito de la Independencia‹ (Schrei der Unabhängigkeit, vgl. S. 244), wurden ein Jahr später hingerichtet. Erst die siegreiche Schlacht am nahen Vulkan Pichincha brachte die Unabhängigkeit (1822).

Die Stadt dehnte sich nur langsam aus. 1780 zählte sie 28 000 Einwohner, Ende des 19. Jhs. noch keine 50 000. Erst um die

Nonnen in Quito

auf, eine Art Vorhof, der bei vielen Kirchen der Stadt wegen des nötigen Niveauausgleichs für das Fundament entstand. Hier wohnten die nichtgetauften Indios den Messen bei. An der Kirchenmauer befinden sich Gedenktafeln mit Namen der Stadtgründer, auch der Name Orellanas, der von hier aus in das Amazonasgebiet vorstieß (vgl. S. 242).

Im Inneren befindet sich das Grab des Generals Sucre, der 1822 die entscheidende Unabhängigkeitsschlacht am Pichincha gewann, sowie das von José Flores, dem ersten Präsidenten Ecuadors. Díaz Arias, ab 1550 erster Bischof von Quito, initiierte den Bau der Kathedrale, in der 1572 die erste Messe gelesen wurde. Die notwendigen Mittel erhielt man aus der königlichen Kasse bzw. durch Spenden sowie Gaben in Form von Naturalien von den Indios. Diese verrichteten auch einfache Arbeiten.

Erdbeben machten immer wieder Renovierungen notwendig. Nach dem schweren Beben von 1797 erneuerte der Architekt Antonio García die Kirche im neoklassischen Stil. Er gab ihr eine solide Struktur und eine klare Linienführung. Zu dieser Zeit entstand auch die Kuppel. Eine architektonische Besonderheit ist der in Lateinamerika selten anzutreffende Chorumgang (trascoro), der noch in der gotischen Tradition steht. Dort sind der ›Cristo Muerto‹ und die ›Sabana Santa‹ von Caspicara zu sehen sowie das Gemälde ›Tod der Jungfrau‹ von Miguel de Santiago. In der Mitte des grün-goldenen Altarraumes hängt über dem rot-goldenen Chorgestühl ›Die Krönung der Jungfrau‹ von Manuel de Samaniego, einem berühmten Maler der Schule von Quito.

Die **Capilla del Sagrario** gleich neben der Kathedrale ist besonders wegen des vergoldeten Schnitzwerkes am Eingang (überschwenglicher Churrigueresco-Barock) und wegen der reichverzierten Altäre sehenswert. Entlang der Calle Chile gelangt man zur Kirche **La Merced** am gleichnamigen kleinen Platz. Hier bieten Marktstände Textilien an. Im kleinen Vorhof der Kirche steht die Kopie eines Steinkreuzes, dessen Original im Klosterhof zu sehen ist. Die Symbole von Sonne und Mond über dem Portal deuten auf einen heidnischen bzw. Inka-Einfluß hin. Der Turm von La Merced gilt mit seiner Uhr als ›Big Ben‹ von Quito. Im Gebäudeinnern ist ein weiß-rosa Muster vorherrschend. Die Virgen de la Merced (gnadenreiche Jungfrau) auf dem Hauptaltar, Schutzpatronin der Armee und vom Volk sehr verehrt, ist die wohl älteste Skulptur der Stadt. Der heutige Bau dieser jüngsten unter den Kolonialkirchen entstand nach dem verheerenden Erdbeben

Kirche San Francisco, Quito

von 1698 unter Leitung des Architekten José Jaime Órtiz, der auch indianische Handwerker beschäftigte. Der Hauptaltar wurde von Bernardo de Legarda geschnitzt. Den Brunnen im Klosterhof schmückt eine Statue des römischen Gottes Neptun, eine Seltenheit in christlichen Klöstern. Ein zweigeschossiger Arkadengang, dessen obere Bögen halb so weit sind wie die unteren, umgibt den Patio (Führungen durch Padres).

Die Kirche **San Francisco** erreicht man entlang der Calle Cuenca mit ihrem bunten Markttreiben. Der das Geländegefälle ausgleichende Vorplatz (Atrium) der Kirche ist mit der Plaza de San Francisco durch eine Treppe verbunden. Zu Füßen der Atriummauer bieten Schuhputzer ihre Dienste an. Neben dem Kirchenportal finden sich zahlreiche Devotionalienstände (auf Atrium und Plaza Vorsicht vor Taschendieben!). Kirche und Kloster der Franziskaner nehmen vier Häuserblocks ein. Sie gelten als eines der größten, bedeutendsten und ältesten kirchlichen Bauensembles der Kolonialzeit. Die erste Kirche der Stadt und das erste Franziskanerkloster in Südamerika sollen auf den Ruinen abgebrannter Tempel-Päläste der Inka stehen. Der deutschstämmige Franziskaner Jodoco Ricke leitete 40 Jahre lang die Bauarbeiten. Sein Denkmal steht an der Treppe zur Calle Cuenca. Die 1581 vollendete Fassade zeigt Einflüsse des Manierismus. Die Türme wurden nach dem Erdbeben von 1755 restauriert und haben dabei einen Teil ihrer ursprünglichen Höhe eingebüßt. Die Decken über Chor und Vierung sind im Mudéjarstil gehalten und finden nur noch in den Kirchen Santo Domingo und San Diego ihresgleichen. In der Zentralnische des Hauptaltars steht die 1734 von Bernardo de Legarda geschnitze ›Inmaculada‹ (unbefleckte Jungfrau), eine drachentötende Jungfrau mit

Blumenmarkt in Quito

Engelsflügeln, die man auch als Nuestra Señora de Quito (Unsere Liebe Frau von Quito) bezeichnet. Zu den zahlreichen Nachahmungen dieser Figur zählt der ›mißglückte‹ Riesenengel auf dem Panecillo-Hügel (vgl. S. 262). Sehenswert sind überdies die 80 Chorstühle im Altarraum. Einer der prächtigsten Seitenaltäre ist der des Heiligen Franziskus. Die Kanzel ist mit kleinen gedrehten Säulen verziert. Hinsichtlich der überschwenglichen Dekoration und der Fülle an vergoldeten Details wird San Francisco wohl nur von der Jesuitenkirche La Compañía übertroffen. Sehenswert ist auch das Kloster mit seinem Palmengarten, den ein Marmorbrunnen schmückt. In der Gemäldegalerie des zentralen Kreuzganges mit seinen prächtigen Mudéjardecken (in den Ecken) sind naturgemäß viele Darstellungen des heiligen Franziskus zu sehen. Das Museum besitzt zahlreiche Gemälde der Schule

von Quito (Führung durch Padres möglich).

Die **Capilla de Cantuña** neben der Kirche San Francisco soll nach einem Indio benannt worden sein, dessen Vater Offizier des Atahualpa-Feldherrn Fuminahul war und die Schätze der Inkas vor den Spaniern zu verbergen half. Der Konquistador Hernán Juárez adoptierte Cantuña und zog ihn wie einen Sohn groß. Als der Spanier zu verarmen drohte, half ihm Cantuña mit einem Teil des Inkaschatzes, mit einem anderen Teil finanzierte er Kirchenbauten. Wohl aus Neid auf seinen Reichtum stellten ihn die Spanier vor Gericht. Cantuña gestand einen Pakt mit dem Teufel und wurde von den Franziskanern exorziert. Später soll man sein Gold benutzt haben, um die Kapelle auszustatten. Seit dem 18. Jh. wurde hier die Virgen de los Dolores (schmerzensreiche Jungfrau) verehrt. Einer der Seiten-

Straßenszene in Quito

altäre ist San Lucas geweiht, dem Patron der Maler und Bildhauer. Das Retabel des Hauptaltars zeigt eine Kalvarienbergszene von Legarda.

Von der Kirche San Francisco sieht man aus dem angrenzenden Häuserblock die gelben Kuppeln der Jesuitenkirche **La Compañía** (de Jesús) hervorragen. In mancher Hinsicht ist sie der Höhepunkt kolonial-religiöser Kunst. Als 1586 die ersten vier Jesuitenpater nach Quito kamen, hatten sich die Franziskaner hier schon etabliert. Daß die turmlose Jesuitenkirche ab 1605 ganz in ihrer Nähe entstand, sahen sie mit Argwohn. Erst 1668, beim Tode des italienischen Jesuiten Marcos Guerra, waren die Innenarbeiten weitgehend abgeschlossen. Bis zur Vollendung vergingen aber noch einmal rund 100 Jahre. Der deutsche Jesuit Leonard Deubler aus Bamberg gestaltete die barocke Fassade, die auf die Calle Moreno und einen kleinen Platz zeigt, entscheidend mit. Man hat sie oft mit dem

Grund ausgekleidet. Die Prophetendarstellungen an den Pfeilern werden Javier de Goríbar, einem Schüler Santiagos, zugeschrieben. Über den Bögen zeigen farbige Reliefs Szenen aus dem alten Testament. Der Gemäldekranz an der Kuppeldecke enthält Porträts berühmter Ordensmitglieder, in den Ecken die vier Evangelisten. In der Vierung befinden sich die Altäre der Ordensheiligen Ignatius und Franziskus Javier. Verschiedene Laienbruderschaften *(cofradías)* gestalteten die Seitenaltäre und unterhalten sie. Die einflußreiche Bruderschaft der Jungfrau von Loreto erhielt ihren Altar gleich neben dem, der dem Ordensgründer San Ignacio gewidmet ist (linke Seite, vorn). Zu Füßen des Altars ist die Heilige Mariana de Jesús aus Quito (auch Santa Marianita genannt) beigesetzt; ihre Gitarre ist in einem Glaskasten zu sehen. In der Nähe des Eingangs zeichnet Hernando de la Cruz' Monumentalgemälde ein Bild von der Hölle (›Infierno‹; Luzifer zieht hier sogar Tänzerinnen und Säufer ins Fegefeuer); gegenüber ein ›Jüngstes Gericht‹ (links von den Richtern die Gesegneten, rechts die Verdammten).

Der Extremeño Francisco de Becerra, Baumeister vieler Kathedralen in Mexiko, begann 1581, Kirche und Kloster **Santo Domingo** zu errichten. Da man auf Spenden der Gläubigen angewiesen war, wurde die Anlage erst Ende des 17. Jhs. fertiggestellt und dann wiederholt restauriert. Berühmt ist die Capilla del Rosario rechts vom Hauptaltar, deren Gebäude die Calle Rocafuerte überspannt. Die Statue der Virgen del Rosario (Jungfrau des Rosenkranzes; Fest am 7. Oktober) im Zentrum des Kapellenaltars ist ein Geschenk Karls V. Die Dominikaner förderten die volkstümlichen Rosenkranzgebete anstelle der lateinischen Psalter. In der Sakristei befinden sich sehr schöne polychrome Kommoden,

Schnitzwerk eines Altars verglichen. Tatsächlich treten die wie Korkenzieher gewundenen salomonischen Säulen auch an vielen Retabeln auf. Die vier Statuen in den Nischen der Fassade repräsentieren die Schutzheiligen des Ordens: Ignatius, Franziskus, Stanislaus und Aloisius de Gonzaga. Über dem linken Eingang ist das Herz Jesu und über dem rechten das Marias zu sehen.

Das Innere der Kirche ist fast vollständig mit goldenem Zierat auf rötlichem

im Refektorium mit Mudéjardecken Gemälde aus dem Leben der Santa Catalina
und bedeutender Dominikanermönche.
Die Volkstümlichkeit der Kirche betont
ein Altar, der dem Volksheiligen Martín
de Porres gewidmet ist (rechte Kapellen-
reihe). Er war Mulatte, Sohn eines spanischen Adligen und einer Schwarzen
(1569–1639, Fest am 3. November). Der
Laienbruder widmete sich den Kranken
und Armen. In der nächsten Kapelle liegt
Präsident García Moreno begraben. Zum
Altar der Santa Lucía la Casta (vorne links)
zieht es Augenkranke, deren Patronin sie
ebenso ist wie der Dirnen. Der mit
Araukarien und Palmen ausgestattete
Innenhof des Klosters gilt als einer der
schönsten Quitos. Hier befindet sich auch
ein Museum religiöser Kunst.

Die Kirche **San Agustín** ist innen mit
Freskenmustern ausgemalt. Die Vergoldung der Altäre ist bereits leicht verbli-
chen. Der Architekt Francisco de Becerra
plante und begann den Bau um 1580, bis
Juan de Coral 1606 die Arbeiten übernahm. Als Entgelt sollte dieser eine Grab-
stätte in der Kirche erhalten. Die Fassade
wurde erst 1669 fertiggestellt. Die Gemälde
im Kreuzgang des Klosters sowie das
monumentale Bild am Hauptaltar stammen von Miguel de Santiago und zeigen
Szenen aus dem Leben des hl. Augustin. In
der prunkvoll ausgestatteten Sala Capitular
des Klosters wurde am 10. August 1809 die
erste Unabhängigkeitserklärung des Landes unterzeichnet. Im Empfangssaal hängen vier große Heiligendarstellungen von
Bernardo Rodríguez.

Weitere sehenswerte Kirchen liegen
außerhalb des historischen Zentrums. Als
die Franziskaner zu Beginn des 18. Jhs.
eine Recoleta (Kloster mit strengen
Regeln) gründeten, ließen sie Kirche und
Kloster **San Diego** errichten. Nach dem
Erdbeben von 1868 mußten die Gebäude

von Grund auf erneuert werden. Das Portal ist im Renaissancestil gehalten. Die
alten Mönchszellen, eine Kerzenwerk-
statt, das Refektorium und der Klosterhof
mit einem der ältesten Kreuze der Stadt
können besichtigt werden. In der Nähe
befindet sich einer der interessantesten
Friedhöfe des Landes.

An der Nordseite des Parks La Alameda
steht die kleine Kirche **El Belén.** Sehenswert ist ihr Hauptaltar.

Das **Santuario de Guápolo** liegt an
einem Abhang hinter dem Hotel Quito,
nordöstlich des Parque Ejido. Dieses Gotteshaus mit einer großen Kuppel über der
Vierung wurde Ende des 17. Jhs. erbaut
und ist der Jungfrau von Guadaloupe
geweiht. Die Decke des Kirchenschiffes ist
im Mudéjarstil ausgeführt, die Kanzel von
Juan Bautista Menacho zeigt indianischen
Einfluß. Lange Zeit war die Kirche Zentrum der Schule von Quito. Daher sind
hier einige berühmte Gemälde zu sehen,
wie ›Los Milagros de la Virgen‹ (Die Wunder der Jungfrau) von Miguel de Santiago
und Werke von Nicolás Javier Goríbar.

Geht man von der Plaza Santo Domingo
die Avenida Maldonado hinunter, so gelangt man nach rund 200 m rechts über
eine Treppe in die tiefer gelegene **Calle
Ronda,** eine der ältesten und engsten Straßen des kolonialen Stadtteils. Die weißen
Häuser mit blumengeschmückten und
vergitterten Fenstern erinnern an Andalusien. Geht man die Straße hinauf, sollte
man einen Blick ins Innere der Häuser,
besonders derjenigen auf der linken Seite,
werfen. Ihre Flure und kleinen Patios sind
eng und verschachtelt. Man überquert
dann die Calle Guayaquil und kommt
über die Calle Morales hoch zur **Avenida
24 de Mayo,** in deren Einzugsbereich stän-

Calle Ronda, Quito ▷

dig verschiedene Märkte abgehalten werden. Die Avenida verläuft über einer aufgeschütteten *quebrada* (Schlucht), die die koloniale Altstadt einst nach Süden begrenzte.

Nur wenige Meter bergauf liegt auf der rechten Seite der Avenida die kleine, von Marktständen umlagerte Kirche **El Robo.** Durch den Straßenmarkt in der Calle Cuenca geht es zurück zur Plaza San Francisco. Es lohnt sich, der alten Markthalle am Wege einen Besuch abzustatten. In ihr herrscht eine unglaubliche Enge: Früchte und andere Waren sind bis an die Decke gestapelt, gekrönt von Heiligenstatuen und -bildern. Von der Avenida 24 de Mayo aus kann man entlang der Calle García Moreno über Treppenfluchten zum **Panecillo** mit seiner monumentalen Engelsfigur hinaufsteigen (anstrengend; Taxis ab Av. Caráquez). Von oben hat man eine gute Aussicht auf die Altstadt (mehrere Restaurants).

Museen

Museo Arqueológico del Banco Central (Seiteneingang, 5. Stock des Zentralbankgebäudes am Parque Alameda, Mo–Fr 9–20, Sa und So 10–17 Uhr): derzeit das beste und interessanteste archäologische Museum des Landes. Im oberen Stock ist ein Museum kolonial-religiöser Kunst untergebracht. Mehrsprachige Führungen, teils auch in Deutsch.

Museo de Arte Colonial (Altstadt, Calle Cuenca/Mejía, Di–Fr 9–12.30 und 15.30–18 Uhr), in einem kolonialen Gebäude: Gemälde und Skulpturen der Schule von Quito. Kolonial-religiöse Museen besitzen auch die Kloster Santo Domingo (u. a. Werke von Fray Pedro Bedón), San Agustín (u. a. Gemälde von Miguel de Santiago), San Diego, La Merced und San Francisco (bestes Kloster-

museum), überwiegend Mo–Fr 9–11 und 15–17 Uhr.

Museo Casa de la Cultura (nahe Parque Ejido, Avenida 12 de Octubre/Patria, Di–Fr 9–12.30 und 15–18.30 Uhr): In dem großen, auffälligen, verspiegelten Rundbau sind ein ethnologisches Museum, Gemälde des 19. und 20. Jhs., das Naturkundemuseum und ein Museum der Musikinstrumente untergebracht.

Museo Jijón y Caamaño (Avenida 12 de Octubre, Universidad Católica, Mo–Fr 9–12 und 15–18 Uhr): Archäologie und Geschichte.

Museo Guayasamín (Calle José Bosmediano 543, Stadtteil Bellavista, weit außerhalb des Zentrums, Mo–Sa 9–12.30 und 15–18.30 Uhr): Privatsammlung von Werken des derzeit berühmtesten ecuadorianischen Malers (vgl. S. 249).

Museo Camilo Egas (Calle Venezuela/Esmeraldas, Mo–Fr 9–12.30 und 15–18, Sa 15–18 Uhr): Gemälde von Egas (1889–1962).

Information: Dituris, Dirección Nacional de Turismo, C. Reina Victoria/Roca. Beste Reiseagentur (Büros auch in anderen Städten) mit umfassendem Tourenangebot, u. a. für Galápagos, die östlichen Regenwälder, Bergsteigen und Bahnfahrten: Metropólitan Touring, Av. Río Amazonas 235, Nähe Hotel Colón (vertritt auch American Express). Karten siehe unter Buchläden.

Unterkunft: *Luxushotels:* Colón Internacional, Av. Amazonas/Patria; Alameda Real, Av. Amazonas/Roca; Quito Internacional, Av. González Suárez 2500; Chalet Suisse, C. Reina Victoria/Calama.

Gut bis mittelmäßig: Embassy, C. Wilson 441; Colón, Plaza 326; Residencia Los Alpes, C. Tamayo/Washington; Waldorf, C. Tamayo 233; Hostal Lutecia, C. Washington 909/Páez. *In der Altstadt:* Catedral Internacional, C. Mejía/Cuenca (empfehlenswert, sauber, preiswert, gutes Restaurant); Auca Continental, C. Sucre/Venezuela; Viena Internacional, C. Flores/Chile; Humboldt Capitol, C. Espejo 911; Plaza,

C. Espejo 820; Real Audiencia, an der Plaza Santo Domingo.

Billighotels finden sich in der Altstadt um die Plaza Santo Domingo und entlang der Straßen Rocafuerte und Maldonado. Sehr beliebt bei Rucksacktouristen: Gran Casino, C. García Moreno 330/Ambato. Ganz in der Nähe des Flughafens: Savoy Inn; Yasuni.

Restaurants: Gute Restaurants sind in der Altstadt rar: Restaurante Catedral, neben dem gleichnamigen Hotel, C. Mejía, zwischen C. Cuenca/Benalcázar; Rincón Quiteño, C. Vargas/Manabí (auch Volksmusik); El Criollo, C. Flores 823/Olmedo; Restaurants auch in den Hotels Viena, Auca und Real Audiencia (Quito Viejo).

Regionale Küche: La Choza, Av. 12 de Octubre 1821/Cordero; El Cebiche, C. León Mera 1232/Calama; Bambú Bar, C. Almagro 112/Andrade Marín; Taberna Quiteña Norte, Av. Amazonas 1259/Calama; Rincón La Ronda, C. Belo Horizonte 400/Almagro; Mama Clorinda, C. Reina Victoria 1144; Equinoccio, am Äquatordenkmal (Mitad del Mundo); El Panecillo, auf dem gleichnamigen Stadtberg.

Internationale Küche, meist auch mit einigen typischen ecuadorianischen Gerichten (gut und teuer): El Conquistador, Hotel Colón; El Chalet Suisse, Hotel Chalet Suisse; Techo del Mundo, Hotel Quito (Panoramablick); La Tertulia, Hotel Alameda Real; La Terraza del Tartaro, Av. Amazonas/Veintimilla.

Deutsche Küche: El Ciervo (Zum Hirsch), C. Ramírez Dávalos 258/Páez; Der Rhein, Av. 6 de Diciembre 3467/Bélgica; Casa Humboldt, C. Polonia/Vancouver (Deutsche Humboldtgesellschaft); Taberna Bavaria, C. Juan León Mera 1238/Lizardo García.

Unterhaltung: Auftritte von Folkloregruppen aus Ecuador und anderen lateinamerikanischen Ländern kann man in den *peñas* genießen. Die Getränke sind im Eintrittspreis meist inbegriffen: Taberna Quiteña, Altstadt, C. Vargas Torres/Manabí, ist auch ein Restaurant. Außerdem: Pan y Canto, C. Veintimilla/Av. 6 de Diciembre; Peña del Castillo, C. Calama/Reina Victoria; Nucanchi Llacta, C. Rodríguez/Almagro; Inti Illimani, C. Baquedano/Reina Victoria.

Saftverkäufer, Quito

Flüge: Der Flughafen Mariscal Sucre liegt ca. 8 km nördlich der Altstadt inmitten eines Wohngebietes. Nationale Verbindungen nach Guayaquil (fast stündlich bis nachmittags), Cuenca (täglich 2–3×), Manta (täglich 1×), Galápagos (täglich 1–2× vormittags, SAN nach San Cristóbal, TAME nach Baltra). Sonntags nur Flüge nach Guayaquil, Cuenca und Manta. Außer Manta werden die genannten Ziele von SAN und TAME angeflogen. TAME fliegt auch nach Esmeraldas, Portoviejo, Tulcán, Loja, Coca (i.d.R. 1× täglich); Flüge auch nach Macas, Lago Agrio, Tarapóa, Bahía. Hotelinformation im Flughafengebäude (eventuell noch ohne Telefonreservierung). Taxis bis zum Centro kosten 4–5 Dollar. Adressen von Fluggesellschaften: TAME, Av. Amazonas 13–54/Colón; Reservierungsbüro; Parque Alameda/Av. 10 de Agosto 239; SAN: Av. Colón 535/6 de Diciembre.

Überlandbusse fahren vom Busterminal Cumandá ab (südlich der Plaza Santo Domingo); Abfahrt und Schalter: untere Ebene, Ankunft und Taxis: obere Ebene.

Züge: Der Bahnhof Chimbacalle liegt ca. 2 km südlich der Plaza Santo Domingo und ist von dort mit dem Bus ›Colón-Camal‹ zu erreichen. Das dürftige Streckennetz und die veralteten Waggons (für den Personenverkehr werden meist Schienenbusse – *autoferros* – eingesetzt) verfallen immer mehr. Die Fahrt Quito – Riobamba in einem komfortabler ausgestatteten Waggon (Espreso Metropólitan) wird u. a. von der Reiseagentur Metropólitan Touring in Quito organisiert (Adresse vgl. ›Information‹; Di und Sa ab Quito, Mi und So zurück). Seit 1983 ist die durch Erdrutsche zerstörte Anschlußstrecke Riobamba–Alausí nicht wieder repariert worden. Die berühmte Steilstrecke über die ›Teufelsnase‹ (vgl. S. 299) kann jedoch weiterhin von Alausí (Busverbindung ab Riobamba, ab Cuenca eventuell auch ein *autoferro*) oder von Guayaquil aus befahren werden.

Nach Norden gelangt man per Zug nach Ibarra, von dort Richtung Küste nach San Lorenzo (vgl. S. 272 f.).

Stadtverkehr: *Stadtbusse* verkehren meist entlang der Nord-Süd-Achse und passieren den Alameda-Park und die Plaza Santo Domingo, die daher von der Altstadt aus ein guter Startpunkt ist. Der Fahrpreis ist sehr niedrig; die Busse sind aber meist überfüllt, unbequem und langsam.

Taxis sind überall in der Stadt zu bekommen. Achten Sie darauf, daß ein Taxameter vorhanden ist und benutzt wird, wie vorgeschrieben. Taxis ohne Taxameter oder Fahrer, die vorgeben, es funktioniere gerade nicht, sollte man ablehnen. Manche täuschen Tariferhöhungen vor, um schließlich mitunter den dreifachen Preis zu erzielen.

Leihwagen: Die internationalen Firmen sind im Flughafen vertreten. Avis-Stadtbüro: Av. Amazonas 1700/Orellana; Budget: Av. Colón 1140/Juan León Mera.

Folkloreartikel: In der Altstadt gibt es Folkloreläden mäßiger Qualität im Erzbischöflichen Palast und unter dem Regierungspalast an der Plaza Grande (de la Independencia); ein Spezialgeschäft für Papageien aus Balsa-Holz in der C. Benalcázar, neben der Telefonzentrale IETEL. Die besten Läden mit der größten Auswahl befinden sich im Geschäftsviertel Mariscal Sucre im Bereich der Av. Río Amazonas (etwa Av. Patria bis C. Veintimilla) und auch im Hotel Colón; Ocepa (Av. Amazonas/Washington, mäßige Preise, da staatliche Beteiligung) vertreibt u. a. die geschmackvolle Fabrikkeramik von ARTESA aus Cuenca; weitere Filiale: C. Carrión 1336/Versalles; La Bodega, C. Juan León Mera/Carrión, mit sehr gutem Angebot. Außerdem: Productos Andinos, C. Robles 800/12 de Octubre und C. Urbina 111/Cordero (sehr umfangreiches Angebot); Folclore Dalmau, C. González Suárez 432/S. Ignacio, Edificio Belo Horizonte; El Patio, C. Reina Victoria 231/18 de Septiembre; Folclore Olga Fisch (meist spezielle Entwürfe der bekannten Designerin, folkloristische Anklänge), C. Colón 260/Caamaño, nahe Hotel Quito, Filiale im Hotel Colón Internacional. Viele Geschäfte verschicken die Ware auf Wunsch direkt nach Europa. Beim Einkauf größerer Mengen kann man nach Rabatt fragen. Bei den Indios aus Otavalo an der Av. Amazonas ist Handeln durchaus angebracht.

Bücher und Karten: Die beste Buchhandlung findet man im Geschäftsviertel Mariscal Sucre, nämlich Libri Mundi: C. Juan León Mera 851, zwischen Veintimilla und Wilson; Bücher in allen Weltsprachen, eine große landeskundliche Abteilung. Am Eingang wird auf Veranstaltungen in Quito aufmerksam gemacht. Filiale im Hotel Colón. Viele Romane in Deutsch bietet: Su Librería Carlos Liebmann (Altstadt): C. García Moreno, zwischen Mejía und Chile. Die besten Landkarten erstellt das Instituto Geográfico Militar (Av. Colombia, dann Paz y Niño, neben dem Observatorium, am besten per Taxi), das sie aber nicht gern an Interessenten verkauft. Für die gängigen Karten sucht man also besser eine Buchhandlung auf.

Feste: Quito feiert den Karneval mit einer ›Wasserschlacht‹. Interessant ist die Karwoche, besonders der Karfreitag. Der 6. Dezember leitet die mehrtägigen Feiern zum Gründungstag ein. Höhepunkt ist die Nacht zum 6. Dezember mit Tanz und Musik in den Straßen; in der Festwoche finden Stierkämpfe, Umzüge und Schönheitswettbewerbe statt.

Ausflüge in die Umgebung von Quito

Das moderne, monumentale **Äquatordenkmal** liegt ca. 15 km nördlich von Quito, gleich jenseits des Vorortes Pomasquí. Es erinnert an die Bestimmung der Äquatorlinie (Mitad del Mundo) durch eine französisch-ecuadorianische Expedition von Geographen unter Leitung von Condamine (1735). Interessanter als das klotzige Denkmal und die Büsten der Expeditionsmitglieder ist das Museum der Banco Central (Di–Fr 9–15, Sa–So 10–13 Uhr) mit Ausstellungsobjekten verschiedener indianischer Kulturen. Gleich in der Nähe befindet sich das Restaurant Equinoccio mit typischer ecuadorianischer Küche. Mehrere Busse starten täglich (Aufschrift ›Mitad del Mundo‹, Sa/So überfüllt) ab Calle Tejar, zwei Häuserblocks oberhalb der Kirche La Merced.

Von der Straße von Pomasquí in Richtung Calacalí führt einige Kilometer hinter dem Denkmal eine Abzweigung nach rechts zum Rand des **Pululahua-Kraters.** Wer den Bus nach Calacalí nimmt, muß an der Abzweigung aussteigen und zu Fuß weitergehen. Selbstfahrer bleiben auf der Hauptstraße Richtung Calacalí und biegen dann an der Hacienda Tilincón (Name auf dem Torbogen) rechts ab. Über eine schlechtere, kurvenreiche Straße kommt man hinunter in den Krater. Die Talsohle hat einen Durchmesser von 4 km. In der Mitte sieht man den Sekundärkegel Pondoa. Der Vulkan ist längst erloschen.

Fährt man über Pomasquí weiter Richtung San Antonio, so gelangt man über eine Abzweigung bei diesem Dorf (dort nachfragen) zu den Ruinen von **Rumicucho** (letztes Stück Fußweg), den Überresten einer angeblich noch vor den Inkas

Äquatordenkmal

errichteten Festung, von der allerdings nur Grundmauern zu sehen sind.

Bei gutem Wetter lohnt die Fahrt mit einem Leihwagen zur **Pichincha-Plattform** hinauf. Von dort hat man einen hervorragenden Ausblick auf Quito und seine Umgebung. Der Pichincha ist 4794 m hoch. Von der Av. 10 de Octubre in Quito biegt man in die Calle Mañosca ein (etwa auf der Höhe des Centro Comercial Iñaquito), fährt dann bergwärts über die Umgehungsstraße Av. Occidental hinweg und gelangt auf kurvenreicher Strecke, vorbei an der Hacienda El Cielo (Maut) und der Relaisstation, zur Plattform. Die Fahrt dauert ca. 1 Std.

Per Bus erreicht man in östlicher Richtung die Thermalbäder von Papallacta (ca. 2 Std.) und die näheren, im Tal von Los Chillos gelegenen Bäder El Tingo, La Merced und Club Campestre Ilaló. Interessant und bei den Quiteños sehr beliebt ist der Sonntagsmarkt von **Sangolquí** (südöstlich von Quito, ca. 30 Min. per Bus). Thermalbäder und Markt sind an Wochenenden stark frequentiert.

Am Allerseelentag (2. November: Día de los Difuntos) lohnt sich ein Ausflug nach **Calderón** (nordöstlich von Quito), berühmt wegen seiner bunt glasierten Figuren aus Brotteig *(masapán),* die zusammen mit Speisen und Getränken als symbolische Totennahrung auf die Gräber gelegt werden. Die Sitte, ›mit den Verstorbenen‹ an deren Gräbern zu essen, geht wahrscheinlich auf den vorspanischen Totenkult zurück. In weniger touristisch beeinflußten Orten hat sich dieser Brauch noch ursprünglicher erhalten. Auch in Mexiko kennt man das ›Totenbrot‹ in Form von Totenköpfen und Skeletten. Die Brotteigfiguren werden das ganze Jahr über an der

Colorado-Indio

Hauptstraße von Calderón angeboten und von den *fábricas da pan* ins ganze Land geliefert.

Santo Domingo de los Colorados

Fahrten nach Santo Domingo (de los Colorados) organisieren die Reisebüros, können aber auch auf eigene Faust unternommen werden. Wer einen Tagesausflug plant, sollte sehr früh abfahren. Die Strecke hinunter ins westliche Tiefland ist landschaftlich reizvoll. Die Stadt selbst ist schmutzig, und auch der Markt am Sonntag bietet kaum Attraktionen, zumal die hier lebenden Colorado-Indios selten zu sehen sind.

Von der Stadt bzw. von einem der besseren Hotels kann man ein Taxi zu ihren Dörfern nehmen, die von der Straße südlich des Ortes zu erreichen sind. Dieser Besuch bietet allerdings ein zweifelhaftes Vergnügen: Für die Inszenierung einer touristischen Show werfen sich einige Colorados in ihre Stammestracht und lassen sich fotografieren – gegen Bezahlung natürlich. Mit den Samen der *achiote*-Frucht färben sich die Colorado-Indios ihre Haare. Diese werden dadurch so steif, daß sie wie ein Schirm oder eine Mütze das Gesicht beschatten können. Die Männer tragen ein quergestreiftes, rockartiges Lendentuch.

Praktische Hinweise: Gut sind die Hotels Zaracay, 1,5 km Richtung Quito; El Colorado, Av. 29 de Mayo/Redondel Esmeraldas; Hostería El Colorado, 12 km Richtung Quito. Busse ab Quito, ca. 3 Std.

Das Hochland nördlich von Quito

Otavalo

Der Name Otavalo steht nicht nur für die 110 km nördlich von Quito gelegene Kleinstadt mit gut 20 000 Einwohnern, sondern auch für die dicht besiedelte Region der Otavalo-Indios, die in Dörfern und Hütten der Umgebung am Fuße des Vulkans Imbabura leben. Fleiß, Geschäftssinn und Webkunst haben die Otavaleños berühmt gemacht. Mittlerweile gehören sie zu den wohlhabendsten Indios Südamerikas, was sie nicht zuletzt der Zunahme des Tourismus seit den 60er Jah-

Markt in Otavalo

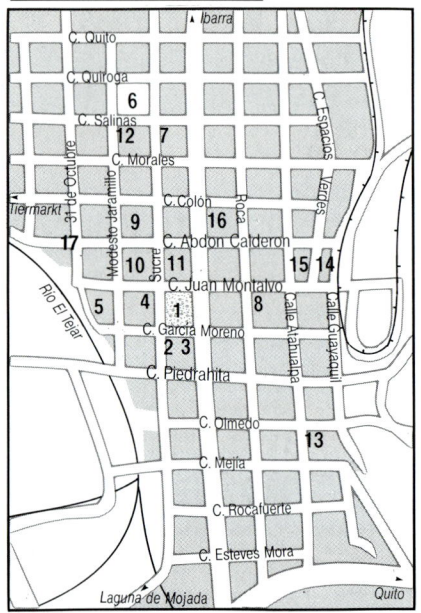

Otavalo 1 Parque Rumiñahui 2 Rathaus 3 Post 4 Kirche San Luis 5 Plaza/Mercado 24 de Mayo 6 Plaza Centenario 7 Hotel El Indio 8 Hotels Otavalo, Riviera Sucre 9 Residencia El Indio, Restaurant Mesón del Arrayán 10 Restaurant Ali Micuy 11 Restaurant Tuparina 12 Peña Amauta 13 Peña del Yamor 14 Bahnhof 15 Busse zum Lago San Pablo 16 Busse nach Quito 17 Busse nach Cotacachi

ren zu verdanken haben. Die Indios verkaufen ihre Textilien nicht nur in viele andere Städte Ecuadors, sondern auch in die meisten Hauptstädte Lateinamerikas.

Die Männer erkennt man an Zopf, Filzhut und einem meist dunkelblauen Wollponcho über dem weißen Hemd und der weißen, dreiviertel langen Hose, die Frauen an ihren mehrreihigen, goldschimmernden Halsketten *(hualcas)* auf bunt bestickten, weißen Blusen. Eines von mitunter drei Schultertüchern *(fachalinas)* ersetzt oft – kunstvoll gefaltet – den Filzhut. Über einem weißen Rock tragen sie einen weiteren schwarzen oder blauen, die durch mehrere Stoffgürtel zusammengehalten werden.

Die inzwischen gepflasterte **Plaza Centenario** ist Mittelpunkt des touristischen Marktes und heißt daher auch ›Plaza de los Ponchos‹. Nicht alles Angebotene ist noch Handarbeit; Acryl- und Anilinfasern drängen sich vor. Mexikanische Motive sind zu entdecken, obgleich unter

Kirchenportal in Otavalo ▷

Übersicht über die wichtigsten Indio-Märkte des Hochlandes

Sonntag:	**Sangolquí**	(bei Quito)
	Salcedo	(bei Latacunga, auch Donnerstag)
	Pujilí	(bei Latacunga, auch Mittwoch)
	Gualaceo	(bei Cuenca)
Montag:	**Ambato**	(auch Mittwoch und Freitag)
Dienstag:	**Latacunga**	(auch Samstag)
Donnerstag:	**Saquisilí**	(bei Latacunga)
	Cuenca	(auch täglich auf der Plaza Rotary)
Samstag:	**Otavalo**	(bester Markt, in kleinerem Umfang findet hier täglich ein auf Touristen zugeschnittener Markt statt)
	Riobamba	

Besonders interessant für ausländische Besucher sind die zuletzt genannten *ferias* von Saquisilí, Cuenca, Otavalo und Riobamba.

dem Einfluß des ›Instituto Otavaleño de Antropolgía‹ die autochthonen Muster wieder an Bedeutung gewinnen. Ponchos, Wandteppiche, Pullover und Strickjacken können je nach Hartnäckigkeit und Geschick um 10 bis 20% heruntergehandelt werden. Zu bedenken bleibt jedoch, daß ein mittelgroßer, handgearbeiteter Wandteppich oft zwei Wochen Arbeit bedeutet. Die Weber bringen ihre Produkte nicht selbst auf den Markt, sondern verkaufen sie an die wohlhabenderen Händler. In den Textilgeschäften am Platz oder in der übrigen Stadt kann man auch an Nicht-Markttagen Waren in guter Qualität finden. An den wichtigsten Markttagen, insbesondere Samstag *(feria sabatina)*, aber auch Mittwoch herrscht ein buntes Treiben in den Seitenstraßen der Plaza Centenario, vor allem entlang der Calle Modesto Jaramillo bis zur **Plaza 24 de Mayo.** Hier versorgen sich die Einwohner von Otavalo mit Gebrauchsgütern aller Art und mit Lebensmitteln. Man sieht an den Beinen gefesselte Hühner, Schweine, unzählige Fruchtsorten, Kartoffeln, Mais, Getreide, Flechtarbeiten, Gebrauchskeramik und vielerlei andere Dinge. Der Copacabana-Markt am Bahnhof ist fast völlig zum Erliegen gekommen. Der Tiermarkt spielt sich im Barrio San Juan ab und ist nur früh morgens interessant (von etwa 5–8 Uhr).

Obgleich der beschriebene Textilienmarkt bis in den Nachmittag andauert, ist es beeindruckend, nach einer Übernachtung in Otavalo den Aufbau der Stände in aller Herrgottsfrühe zu verfolgen. Schon um 4 Uhr schleppen die *cargadores,* die Lastenträger und Ärmsten unter den Indios, in gebückter Haltung, den Trageriemen wie ein Joch um die Stirn gelegt, Berge von Waren für ihre Auftraggeber vom Bus oder Lastwagen zum Marktstand.

Unterkunft: Yamor Continental, am Nordende des Ortes Richtung Ibarra; die übrigen Hotels sind im Ortsplan aufgeführt: Otavalo; El Indio; Riviera Sucre; außerdem einige einfache Residencias. Wer nicht gerade das frühe Marktgeschehen beobachten will, kann auch eine ruhige Unterkunft am nahen See Lago San Pablo auswählen: Hostal Chicapán und Hostería Cabañas del Lago. Die Hostería Cusín im Ort San Pablo del Lago (s. u.) ist eine ehemalige Hacienda. Reservierung in Quito ratsam.

Restaurants: Empfehlenswert sind El Indio, Mesón del Arrayán, Ali Micuy und Tuparina (vgl. Stadtplan). Man versuche *yahuarlocro,* die typische Blutsuppe der Region, oder *llapingachos,* eine Art Kartoffelomelette. *Yamor* ist eine *chicha*-Variante (Maisbier) und wird meist an Festtagen und Wochenenden in den einfachen Indio-Restaurants zu Gebratenem gereicht.

Verkehr: Busse von und nach Quito (mehrmals täglich) benötigen ca. 2–3 Std., so daß Otavalo auch im Rahmen eines Tagesausfluges besucht werden kann.

Unterhaltung/Feste: Falls man in Otavalo übernachtet, seien zwei *peñas* mit weitgehend originaler Volksmusik empfohlen: Peña del Yamor, C. Atahualpa, und Peña Amauta, C. Modesto Jaramillo; Musik Fr und Sa spätabends.

Fiestas de San Juan, 24–29. Juni, mit Stierkämpfen und Regatten auf dem Lago de San Pablo. Anfang September: Fiesta del Yamor.

In der Umgebung von Otavalo

Auch wer Otavalo im Rahmen eines Tagesausfluges besucht, hat nach dem Besuch der Märkte noch Zeit für einen Ausflug in die landschaftlich reizvolle Umgebung. Am attraktivsten ist der zum **Lago Cuicocha.** Wer keinen Mietwagen hat, nimmt den Bus nach Norden bis Cotacachi (Transportes Cotacachi, Abfahrt Nähe Zentralmarkt in der Calle 31 de Octubre, vgl.

Stadtplan) und fährt dort bis zur Endstation am Marktgebäude; hier warten offene Kleinlieferwagen (*camionetas;* Preis je nach Anzahl der Mitfahrer ca. 2 Dollar), die zum Lago Cuicocha fahren. Wer sich für Lederwaren interessiert, kann in **Cotacachi** eines der vielen Geschäfte in der Calle 10 de Agosto aufsuchen. Das schöne Restaurant Mesón de Flores (an der Kirche) vermietet auch Zimmer, ebenso das Hostal Cuicocha (Calle 10 de Agosto/Bolívar).

Am Lago Cuicocha (See der Meerschweinchen) gibt es ein Restaurant und eine Cafetería, von der Ufermole bestehen Möglichkeiten zu Bootsausflügen. Bei gutem Wetter bietet sich ein eindrucksvolles Panorama, mit Blick auf den Vulkan Cotacachi (4939 m), der längst erloschen und schon stark erodiert ist. Seine letzte gewaltige Eruption schuf den Flankenkrater Cuicocha (ca. 3100 m hoch). Die beiden Inseln im See sind erodierte Sekundärvulkane; die Schneewasser des Cotacachi haben dann den See geschaffen. Einer Indio-Legende zufolge ist der Berg Yanaurcu (schwarzer Berg) an der Flanke des Cotacachi ein Kind, das aus der Liebschaft zwischen Cotacachi und dem heiligen Vulkan Imbabura hervorging.

Mit einem geländegängigen Wagen und nur bei trockener Piste kann man von Otavalo (Ausfahrt über die Verlängerung der Calle Sucre nach Südwesten) zu den **Lagunas de Mojanda** gelangen (16 km südlich): In der großen *caldera* (Kessel) des alten Vulkans Mojanda liegt die 120 m tiefe Laguna Grande, von den Indios ›Caricocha‹ (See des Mannes) genannt; südlich davon die Laguna Chica oder Huarmicocha (See der Frau); etwas höher (3700 m) die Schwarze Lagune (Yanacocha), in der sich der dunkle Yanaurcu spiegelt – diese Szenerie vermittelt eine bedrückende *páramo*-Stimmung.

Der 4 km lange **Lago de San Pablo,** der vor der Kulisse des mächtigen Vulkans Imbabura schon bei der Anfahrt von Quito aus zu sehen ist, ist schnell mit dem Bus zu erreichen (10 Min. ab Nähe Bahnhof). Der spanische Heiligenname hat die originale Bezeichnung verdrängt: Chicapán oder Imbacocha (See der Imbayas). Möglichkeiten zur Bootsausleihe über Club Náutico am Ostrand des Sees.

Ibarra

Die Hauptstadt der Provinz Imbambura hat ca. 90 000 Einwohner. Sie liegt 2200 m hoch und hat daher ein angenehmeres Klima als Quito. Es gibt keine Stadt in Ecuador, die nicht von irgendeinem Erdbeben in Mitleidenschaft gezogen worden wäre. Ähnlich wie Ambato litt jedoch Ibarra besonders stark. Am 16. August 1868 um 1 Uhr nachts traf ein Beben die Stadt so vernichtend, daß schätzungsweise 20 000 Menschen starben. Präsident Moreno half schnell, und die ›Ciudad Blanca‹ (weiße Stadt) war schon vier Jahre später wieder aufgebaut. Im nahen Ort Caranqui wurde der Inka-Herrscher Atahualpa geboren, den Pizarro erdrosseln ließ. Ibarra hat keine lohnenden Sehenswürdigkeiten. Im Museum Fray Pedro (Kirche Santo Domingo) wird religiöse Kunst ausgestellt. Im Zentralpark steht ein mächtiger alter *ceiba*-Baum, in dessen Schatten Fotografen ihre Dienste anbieten.

Der **Lago Yaguarcocha** nördlich von Ibarra erhielt den Namen ›Blutsee‹, weil hier die Inka-Soldaten während ihrer Eroberung rund 20 000 Caranqui-Indios hingeschlachtet haben sollen. Heute ist der See durch eine 10 km lange Rennstrecke verschandelt.

Information: Touristenbüro, C. Flores 341.

Straße in Ibarra

Unterkunft: Die besten Hotels sind Ajaví, Av. Mariano Acosta No. 16–38, und Chorlaví, ca. 2 km südlich der Stadt. Gut bis mittelmäßig: Madrid, Paseo Moncayo/Olmedo 857; El Ejecutivo, C. Bolívar 964; Los Alpes, C. Velasco/ Bolívar.

Restaurants: El Dorado, C. Oviedo 547; Las Redes, C. Oviedo 572; El Caribe, C. Flores 757; gute Restaurants auch in den Hotels Ajaví und Chorlaví.

Verkehr: Busse von und nach Quito, ca. 3 Std.; außerdem Bahnverbindung ab Quito und von Ibarra Richtung Küste nach San Lorenzo (s. u.).

Mit der Bahn von Ibarra nach San Lorenzo

Die Bahnfahrt nach San Lorenzo an der Pazifikküste (von dort weiter per Boot und Bus nach Esmeraldas) ist ein kleines Abenteuer. Der Trip dauert mindestens drei Tage und kann auch in umgekehrter Richtung unternommen werden (vgl. S. 302 f.). Vom Bahnhof Ibarra verkehren *autoferros* (Schienenbusse), die ca. 60 Passagiere fassen können und meist überfüllt sind. Da sich die Strecke (1957 fertiggestellt) in schlechtem Zustand befindet, sollte man sich am Tage vorher genau informieren. Die Abfahrt erfolgt generell um 7 Uhr, man muß aber mindestens eine Stunde vorher, besser noch früher, anstehen. Während der Regenzeit (ca. November bis April) steigen die Fahrer oft aus und prüfen die Schienen, was nicht gerade ein Sicherheitsgefühl vermittelt. Die Strecke ist einspurig, daher wird unterwegs rangiert, um den *autoferro* aus Richtung San Lorenzo vorbeizulassen. Die Fahrt bis San Lorenzo dauert minde-

Schienenbus nach San Lorenzo

stens 9 Std.; hier muß man mit sehr einfachen Unterkünften vorlieb nehmen.

Die Zugstrecke ist landschaftlich reizvoll. Hinter dem Ort Salinas erreicht man die tiefe Schlucht des Río Mira. Nach rund 2 Std. wird in Carchi gefrühstückt. Nach ca. 4 Std. ist Lita erreicht, wo man auf den Gegenzug wartet. Danach geht es durch endlose Plantagen und durch viele kleine Orte, deren Holzhütten direkt an den Gleisen stehen. Vom kleinen Bahnhof von San Lorenzo geht man einige Minuten bis zum Ortskern (vgl. S. 303).

Tulcán

Die kühle Grenzstadt in 2900 m Höhe hat ca. 35 000 Einwohner und lebt hauptsächlich von der Landwirtschaft und vom Grenzverkehr und -handel. Für Ecua-

dorianer und Kolumbianer besteht ein unkomplizierter Grenzverkehr zwischen Tulcán und Ipiales (Kolumbien). Touristen lassen ihre ecuadorianische Touristenkarte an der 4 km entfernten Grenzbrücke Rumichaca abstempeln (geöffnet offiziell 8–18 Uhr, teilweise Mittagspause von ca. 1 Std.). Für die Einreise nach Kolumbien bedarf es lediglich des Einreisestempels im Paß.

In Tulcán sollte man unbedingt den Friedhof besuchen. Die Zypressenhecken der Wege sind so zurechtgeschnitten, daß phantastische Formen, Tierfiguren, präkolumbische Masken und Skulpturen entstehen.

Unterkunft: Das beste Hotel ist Complejo Turístico Rumichaca, direkt an der Grenzbrücke; im Ort: El Frailejón, C. Sucre; Residencia Oasis, Av. 10 de Agosto 329; Al Paso, C. Rocafuerte 357/Sucre.

Verkehr: Flüge nach Quito (täglich Mo–Fr); Busterminal 2 km außerhalb der Stadt (Taxis dorthin); gute Busverbindungen nach Quito (ca. 5 Std.), Ibarra (ca. 2 Std.), Otavalo (ca. 3 Std.).

Das Hochland südlich von Quito

Latacunga

Nach einem verheerenden Ausbruch des Cotopaxi im Jahre 1533 befahl der Konquistador Sebastián de Benalcázar, die Siedlung ›La Tacunga‹ auf einem Teil der Ebene zu gründen, die am wenigsten vom Beben betroffen war. Der Vulkan, Ruhm und Elend der Stadt, ließ besonders nach einem erneuten Erdbeben im Jahre 1698 kaum etwas von den bedeutenderen kolonialen Gebäuden, Kirchen und Klöstern des Ortes übrig. Viele weitere Beben folgten, aber die Bewohner ließen sich nicht beirren und bauten Zerstörtes immer wieder auf.

Der nahe **Cotopaxi** (Thron des Mondes), mit 5897 m der höchste aktive Vulkan der Welt, hat seine Asche im gesamten Hochtal verstreut. Aus seiner Lava hauen Indios noch heute den *piedra pómez,* einen leichten porösen Stein, der sich gut als Filter eignet, sowie den *pishilata*-Stein, der durch seine Leichtigkeit und Festigkeit ein ideales Material für den Hausbau abgibt.

Im alten Jesuitenkolleg von Latacunga und im einst prachtvollen Haus des Grafen Maenza sind heute Schulen untergebracht. Die ehemalige Mühle der Jesuiten (1756) beherbergt die Casa de la Cultura mit einem interessanten ethnologischen Museum (auch Funde aus der Inka-Zeit; Calle Padre Saleco/Maldonado). Sehens-

wert ist der Parque Central mit seinen mächtigen Palmen und den zugeschnittenen Büschen.

Ein Indio-Markt findet dienstags und samstags statt. Er ist bereits bei der Anfahrt über die Panamericana von der anderen Flußseite aus zu sehen. Der Markt ist terrassenartig angelegt und wie üblich nach Warengruppen geordnet. Im unteren Teil bieten Früchte, Hülsenfrüchte, Stricke und Metallwaren ein besonders buntes Bild. Am oberen Ende des Marktes kann man in sehr einfachen Restaurants knusprige Schweineschwarten mit Maisfladen essen.

Unterkunft: Hotel Latacunga, C. Eloy Alfaro; Hotel Cotopaxi, im Zentrum; für Selbstfahrer: Hostería Rumipamba de las Rosas, an der Panamericana Richtung Salcedo.

Restaurants: El Fogón, Av. Unidad Nacional; Los Copihues, am Zentralplatz; La Carreta, C. Quito 150.

Verkehr: Latacunga läßt sich von Quito durchaus in einem Tagesausflug besuchen. Busse benötigen ca. 2 Std. Man steige an der Brücke gleich beim Markt aus. Von dort (Brücke/Panamericana) kann man auch weiter nach Süden fahren (nach Ambato, vgl. S. 276ff.).

Feste: Fiesta de la Virgen de las Mercedes am 23. September. Besonders interessant ist am Folgetag die Fiesta de la Mama Negra: Ein als schwarze Frau verkleideter Mann, meist ein Indio, zieht mit seinen Töchtern (ebenfalls Männer in Frauengewändern) durch die Straßen. Als Tiere verkleidete Indios begleiten sie und teilen ein Maisgetränk *(champus)* aus; Volksmusikkapellen. Das Treiben geht, durch die mitternächtliche ›Misa de la Gallina‹ (Hühnermesse) unterbrochen, bis zum Morgen weiter. 11. November (1820): Tag der Unabhängigkeit mit Paraden und Stierkämpfen.

Korbwaren auf dem Markt von Latacunga ▷

Ambato

Nachdem der ursprüngliche Ort San Juan de Ambato, den die Spanier wegen seines guten Klimas liebten, 1698 durch ein Erdbeben zerstört worden war, baute man ihn weiter oben am Río Ambato wieder auf. Weitere Beben erschütterten die ecuadorianische Sierra. Für Ambato, die Hauptstadt der Provinz Tungurahua, wirkte sich das von 1949 besonders verheerend aus: Ihm fielen alle wichtigen kolonialen Bauten zum Opfer. In der Folgezeit entwickelte sich Ambato zu einem Industrie- und Handelszentrum. Der Ort und seine Umgebung sind im Lande als ›Garten Ecuadors‹ berühmt. Hier gedeihen Blumen und Obst, insbesondere auch bei uns bekannte Sorten, wie Birnen, Pfirsiche, Trauben und speziell Äpfel, die in Huachi und Cevallos im Süden in großen Mengen gezogen werden. Das angenehme Klima begünstigt das Wachstum der Früchte: Dem regenreichen ›Frühling‹ von September bis Dezember folgt ein trockener Sommer von Januar bis März, in dem geerntet wird. Die Vermarktung erfolgt durch große agroindustrielle Unternehmen wie Frutagro.

Ambato spielte für Ecuador eine Vorreiterrolle beim Aufbau des Zeitungs- und Druckereiwesens. Jesuiten richteten hier die erste Druckerei ein, die ein Deutscher leitete, und Männer aus Ambato gründeten bedeutende Zeitungen: ›El Telégrafo‹ in Guayaquil, ›El Comercio‹ in Quito.

Sehenswert ist der **Parque Montalvo** mit einem hohen Denkmal des Dichters Juan Montalvo, der berühmtesten Persönlichkeit der Stadt. Es ist von prächtigen Bäumen umgeben. Unweit davon, in der Calle Montalvo/Bolívar, befindet sich das

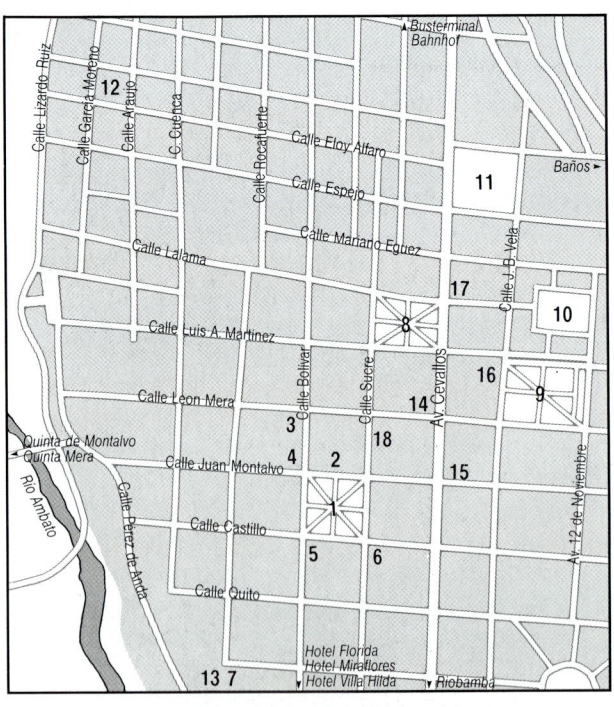

Ambato

1 Parque Montalvo
2 Moderne Kathedrale
3 Casa-Mausoleo de Montalvo
4 Rathaus
5 Post
6 Provinzregierung
7 Touristenbüro
8 Parque Cevallos
9 Plaza 12 de Noviembre
10 Mercado Central
11 Mercado Colombia
12 Mercado 1ro de Mayo
13 Hotel Ambato
14 Hotel Vivero
15 Hotel La Liria
16 Hotel América
17 Hotel Tungurahua
18 Restaurant El Alamo

Salasaca-India ▷

Museo-Mausoleo des Dichters. Im Stadtteil Ficoa jenseits des Flusses, an der
Avenida Los Guaitambos, liegt sein Landhaus **Quinta de Montalvo** inmitten von
Gartenanlagen. Juan Montalvo (1832–
1889) war Politiker und Schriftsteller. Als
Liberaler bekämpfte er den Diktator García Moreno in Schrift und Wort.

Zu den ›tres Juanes‹ der Stadt gehören
außer Juan Montalvo Juan Benigno Vela
(1843–1920), Journalist und Schriftsteller,
und Juan León Mera (1832–1894). Letz-
terer war ein konservatives Allround-
Genie, Dichter und Schöpfer der Nationalhymne. Seine Quinta steht in dem
schönen Park La Liria (Avenida de los
Capulíes), im Stadtteil Atocha jenseits des
Flusses Richtung Norden (Mo–Fr 9–12
und 14–18 Uhr).

Die Kathedrale von Ambato entstand
erst nach dem Erdbeben von 1949.

Landschaft bei Baños

Information: Touristenbüro Dituris, C. Gua-
yaquil/Rocafuerte, beim Hotel Ambato. Metropólitan Touring, C. Bolívar 471; Ecuadorian
Tours, C. Bolívar 678, auch Vertretung von
American Express.

Unterkunft: In Ambato gibt es eine Reihe
guter und preiswerter Hotels: Ambato (bestes
Hotel am Ort); Vivero; La Liria; América sowie
Tungurahua; außerhalb des Zentrums: Florida,
Villa Hilda, Miraflores (alle an der Av. Miraflores Sur); sehr einfache Hotels auch in der Nähe
des Parque 12 de Noviembre/Mercado Central.

Restaurants: Sehr gut sind Alamo, C. Sucre,
und Gran Alamo, C. Montalvo; außerdem:
La Borgonal, C. 13 de Abril/Mera; Monarca,
C. Bolívar/Lalama; Chambord, C. Quito/
Rocafuerte; El Gaucho, C. Bolívar/Castillo;
Faraón, C. Bolívar/Lalama. Spezialitäten: Besonders gewürzte *llapingachos* (Kartoffeltortil-
las) erhält man in den volkstümlichen *comedores* der Mercados Central und Colombia. Weitere Besonderheiten: *pan* (Brot) und *chorizo*
(Wurst).

Verkehr: Busterminal im Stadtteil Ingahurco
an der Av. Colombia, in der Nähe des Bahn-
hofes im Norden Ambatos. Busse nach Norden:
Latacunga (ca. 30 Min.), Quito (ca. 3 Std.); nach
Süden: Riobamba (ca. 1 Std.); Cuenca (ca. 6 Std.);
Guayaquil (ca. 7 Std.); Baños (40 Min.). Busse
nach Orten der Provinz starten von verschiedenen Punkten der Stadt: nach Pelileo und Patate
vom Mercado la Dolorosa (C. Cotachi/Anti-
sana); nach Pillaro an der Av. Unidad Nacio-
nal/Colón, nach Mocha ab Parque Sucre.

Feste: Im Februar findet seit 1962 zusammen
mit dem Karneval die ›Fiesta de la Fruta y de
las Flores‹ statt, mit Umzügen, Volkstänzen,
Wahl der Schönheitskönigin, Stierkampf, Ausstellungen und Theater; alle Hotels sind lange
vorher ausgebucht. 3. August (1698): Fest der
Gründung Ambatos.

Markt: Wochenmarkt *(feria)* hauptsächlich am
Montag, aber auch am Mittwoch und Freitag

Baños

Das angenehme Klima, heiße Quellen und eine wundertätige Jungfrau machen den Ort (44 km südöstlich von Ambato) mit seinen etwa 15 500 Einwohnern zu einer Wochenend- und Urlaubsattraktion. Die Nähe zu den größeren Städten Riobamba und Ambato bzw. die Lage an der gut ausgebauten Strecke durch die Cordillera nach Osten zur Stadt Puyo tun ein übriges. In 1800 m Höhe auf einer Schotterterrasse des Río Pastaza gelegen, hat das Städtchen stets frühlingshafte Temperaturen um 18–20° C (im Mittel). Von November bis Februar fällt am wenigsten Regen. Baños ist umgeben von den Bergen Bellavista (im Osten), Illuchi und Sauce (im Norden) und Runtún (im Süden).

Die vulkanische Aktivität des Tungurahua (5016 m) im Süden schuf einige **Thermalquellen,** denen Heilkraft nachgesagt wird (Bicarbonate, Eisen, Magnesium). Die bekanntesten sind die Piscinas de la Virgen hinter dem Hotel Sangay und nahe dem Wasserfall Chorrera de la Virgen. Die Santa Clara-Bäder befinden sich ebenfalls an der Bergwand. Die Piscinas de Salado (Salzbäder) enthalten die meisten Mineralien. Sie liegen rund 2 km Richtung Ambato. Die Bäder entsprechen häufig nicht ›europäischen‹ Hygieneansprüchen, sie sind mitunter lauwarm und am Spätnachmittag, an Wochenenden und in den Ferien stark frequentiert.

Baños ist ein hervorragender Ausgangspunkt für Spaziergänge und Wanderungen, so zum Cruz von Bellavista, dem Flecken Runtún, zur Lagunilla de Santa Rosa oder nach Norden über die Brücke San Francisco zur San Martín-Schlucht am Río Pastaza. Über andere Wanderungen sollte man vorher genaue Informationen einholen. Man kann im Ort Führer und Pferde mieten.

in den Straßen der Stadt; Früchte und landwirtschaftliche Produkte gibt es vor allem auf den Plazas Urbina (Ende Av. 12 de Noviembre), 1ro de Mayo (C. Sevilla/García Moreno); Colón (C. Colón/Ayllon), Dolorosa (C. Cotacachi/Antizana); Möbel, Pflanzen, Tonwaren und Meeresfrüchte werden auf der Plaza Simón Bolívar verkauft (Av. de los Chasquis/José Mires), Kleintiere, Vögel, Woll-, Flecht- und Seilwaren auf der Plaza La ›Y‹ (Av. de los Andes/El Rey); Gewürze und Körner werden auf der Plaza Pachano angeboten (Av. de los Incas/Cañar). Die überdachten Mercados Central und Colombia (C. Cevallos/Espejo) sind täglich geöffnet, an Montagen herrscht hier besonders viel Betrieb. Märkte und Einkaufsmöglichkeiten in nahegelegenen Ortschaften: in Pelileo, Heimat der Salasaca-Indios (vgl. Abbildung S. 277), Samstagsmarkt (zweitgrößter der Provinz); in Quero Sonntagsmarkt; Pillaro ist ein Handwerkszentrum, bekannt für seine Gitarren.

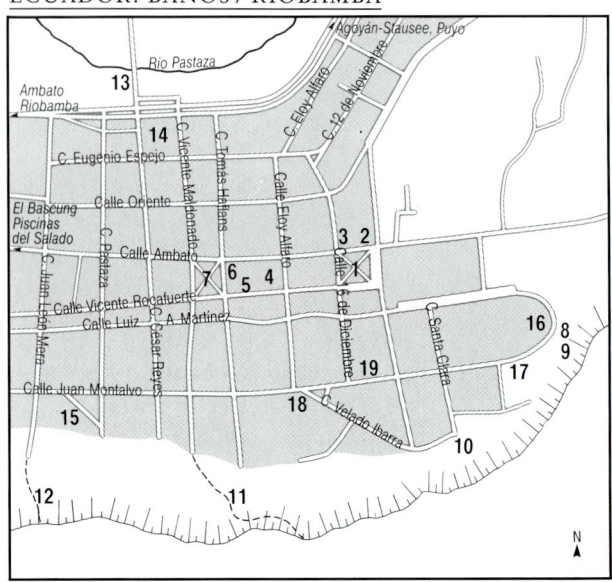

Baños 1 Parque de la Basílica 2 Kirche Virgen de Agua Santa 3 Dominikanerkloster 4 Markthalle 5 Rathaus 6 Post und Telefonzentrale 7 Parque Central 8 Piscinas de la Virgen 9 Wasserfall 10 Santa Clara-Bäder 11 Wanderweg nach Bellavista 12 Wanderweg nach Runtún 13 Brücke San Francisco 14 Busterminal 15 Hospital 16 Hotel Sangay 17 Hotel Palace 18 Hotel Villa Gertrudis 19 Café Alemán

Zum Santuario (Heiligtum) pilgern viele Gläubige, um die wundertätige Virgen de Agua Santa (Jungfrau des heiligen Wassers) zu verehren, besonders zur Zeit ihres Festes im Oktober. Sogar Autos werden hier geweiht. Gemälde der Virgen hängen in der Kirche und im Dominikanerkloster (Museum). Die Padres betreiben eine Radiostation und einen kleinen Zoo am Ostende des Ortes.

Information: Touristenbüro am Parque Central, C. Haflans/Ambato.

Unterkunft: Gut sind die Hotels Sangay (dort auch Informationen und Vermittlung von Führern zum Vulkan Tungurahua sowie in die Regenwälder der Amazonía-Region) und Palace; außerdem: Villa Gertrudis; Paraíso, C. Ambato/Tomás Halflans; Cabañas el Bascúng, nahe den Salado-Bädern; Flor de Oriente, C. Ambato/Maldonado; Hostal Residencia

Magdalena, C. Oriente/Eloy Alfaro; viele preiswerte Residencias in Nähe der Plazas.

Restaurants: El Marqués, Complejo Juan Montalvo; Le Petit Restaurant, C. Eloy Alfaro/Montalvo; Café Alemán (deutsch, vgl. Stadtplan). Eine Spezialität des Ortes sind *alfeñiques* (Zuckermandelgebäck). Der *aguardiente* (Zuckerrohrschnaps) von Baños ist ebenfalls bekannt. Mit Wasser, Limone und Zimt entsteht der *canelazo*, der neben dem *guarapo* (Zuckerrohrsaft) auch von Straßenverkäufern angeboten wird.

Verkehr: Vom Busbahnhof an der Durchgangsstraße verkehren häufig Busse nach Ambato (40 Min.) und Riobamba (1 Std., gute Straße), nach Puyo (ca. 2 Std., je nach Straßenzustand während der Regenzeit), nach Tena und nach Misahuallí am Río Napo (ca. 6–7 Std., direkt oder in Puyo und Tena umsteigen); nach Quito (5 Std.) auch direkt. Busse der Firma Luna-Sánchez verbinden die Salado-Bäder mit dem Agoyán-Staudamm (Wasserfall, 40 m), Abfahrt ca. alle 30 Min. entlang der C. Ambato und am Parque de la Basílica.

Feste: 15. Mai (1664) Stadtgründungsfest; 16. Dezember (1944) Kantonsfeiern; Oktober: Fiesta de la Virgen de Agua Santa; November: Fiesta de San Martín.

Riobamba

Laut spanischer Überlieferung war Riobamba neben Liribamba und Cajabambó eine der drei Hochebenen, auf denen die unter der Herrschaft der Inkas stehenden Purhuaes-Indios lebten. Hier lag auch ihre Hauptstadt, die der Inka-Feldherr Ruminahui zerstörte. An ihrer Stelle gründeten die Spanier am 28. August 1534 die Villa de Santiago de Quito, doch setzte sich die spanisch-indianische Bezeichnung Riobamba durch, die am 9. Juli 1575 (heute als Datum der Stadtgründung gefeiert) auch offiziell übernommen wurde.

Ein verheerendes Erdbeben zerstörte den Ort 1797 völlig. Die Überlebenden legten die Stadt 20 km entfernt auf einer weiten Ebene neu an (Pampa de Tapí). Am 11. November 1820 wurde die Siedlung unabhängig, und zehn Jahre später war sie Sitz der ersten Verfassungsgebenden Versammlung des Landes (daher der Name der Calle Primera Constituyente).

Der schäbige Bahnhof läßt nicht vermuten, daß er nach dem von Durán bei Guayaquil der größte des Landes ist. Aufgrund seiner Lage im Zentrum des Landes und durch die Eisenbahnverbindung entwickelte sich Riobamba Ende des vorigen Jahrhunderts zu einem wirtschaftlichen Mittelpunkt.

Heute ist Riobamba mit seinen etwa 148 000 Einwohnern die Hauptstadt der

Näher in Riobamba

Riobamba 1 Mercado de Artesanías, Plaza León   2 Kirche La Concepción   3 Museum religiöser Kunst   4 Parque Maldonado   5 Kathedrale   6 Rathaus   7 Mercado Santa Rosa   8 Mercado Condamine   9 Parque Sucre   10 Parque La Libertad   11 La Basílica   12 Touristenbüro   13 Banco Central (kleines archäologisches Museum)   14 Parque 21 de Abril   15 Bahnhof   16 Hotels Imperial, Los Shiris   17 Restaurant Candilejas   18 Restaurant Cabañas Montecarlo   19 Restaurant León Rojo

Provinz Chimborazo, die nach dem nahen, höchsten Vulkan des Landes benannt ist (6310 m). Die Provinz steht landesweit hinsichtlich des Anteils von Indios an der Bevölkerung an erster Stelle. Sie ziehen Gemüse und Kartoffeln, die in dieser Höhe (2750 m) gut gedeihen. Zusammen mit ihren handwerklichen Waren (Leder, Textilien) bieten sie ihre Agrarprodukte auf den farbigen Märkten an: Über 10 000 Indios kommen regelmäßig aus der Umgebung zu den *ferias,* die vornehmlich samstags an verschiedenen Stellen abgehalten werden.

Wer die typischen Webarbeiten der Indios betrachen oder erwerben möchte, sollte den **Mercado de Artesanías** auf der Plaza León vor der Kirche La Concepción aufsuchen. Breite und Qualität des Angebots haben abgenommen. Die ortsfremden, emsigen Otavalo-Indios (vgl. S. 267 ff.) bestimmen das bunte Marktgeschehen

auch hier entscheidend mit. Es setzt sich in den angrenzenden Straßen bis zum Alfonso-Markt mit Fleisch und Lebensmitteln fort (einen Häuserblock weiter).

Ein farbiges Bild bietet auch der im Barrio Santa Rosa gelegene überdachte Markt mit seinen Sisalstricken, schwarzen Schweinen, Bergen von Früchten und Kartoffeln, Hüten, roher Wolle und *raspadura* (in Blätter eingewickelte Masse für *chicha*-Bier). Die große Halle **Mercado Condamine** ist auf Industriewaren spezialisiert.

Die Iglesia de la Inmaculada Concepción (Kirche der unbefleckten Empfängnis) entstand ab 1890, nachdem die alte Kirche abgebrannt war; nur die Heiligenfiguren des Cristo del Buen Suceso (1650) und der Inmaculada wurden gerettet. Das angeschlossene Kloster beherbergt ein **Museo de Arte Religiosa** (Eingang Calle Argentinos, Di–Sa 9–12/15–18, So 9–12 Uhr) mit religiösen Kunstwerken in den ehemaligen Zellen der Nonnen. Wertvollstes Objekt in einem der letzten Räume ist eine Kustodia aus dem alten Riobamba.

Der wohl interessanteste der kleinen Parks in der Stadt ist der **Parque Maldonado.** Man hat hier die eindrucksvolle Fassade der durch Erdbeben zerstörten **Kathedrale** wiederhergestellt, ein seltenes Beispiel des indianisch inspirierten Mestizenbarocks. An den vier Seiten des Parks reihen sich interessante gußeiserne Laternenpfähle. In der Mitte der Plaza steht das Denkmal von Pedro Vicente Maldonado, einem Gelehrten des 18. Jhs.

Einen guten Blick auf den Vulkan Chimborazo und die Stadt hat man vom Park des 21. April auf dem Loma de Quito (Hügel) mit der gleichnamigen, weithin sichtbaren Kirche. Der Chimborazo ist jedoch – wie die Vulkane Altar und Tungurahua im Osten – nur bei sehr gutem Wetter zu sehen.

Information: Touristenbüro, C. Tarquí/Primera Constituyente.

Unterkunft: Gut bis mittelmäßig sind folgende Hotels: Galpón, C. Argentinos/Zambrano; Chimborazo Internacional, 50 m weiter (einfacher als Galpón); Zeus, Av. León Borja, drei Blocks vom Busterminal stadteinwärts; Los Retamas, Av. de la Prensa, gegenüber Busterminal; Imperial, C. Rocafuerte/10 de Agosto (zentral); Los Shiris, gegenüber Imperial; Metropolitano, Av. León Borja/Lavalle.

Restaurants im Zentrum: Candilejas (familiär, nahe den Hotels Imperial und Los Shiris); Cabañas Montecarlo; León Rojo (vgl. Stadtplan).

Verkehr: Vom interprovinziellen Busterminal Busse nach Quito (ca. 4 Std.), Cuenca (über Guamote und Alausí 6–7 Std., Fahrt landschaftlich sehr schön; falls man gegen Mittag in El Tambo vor Cañar ankommt, hat man noch Zeit für die Inka-Ruinen von Ingapirca – vgl. S. 288 ff.; ab Alausí Bummelbahn über die ›Teu-

felsnase‹ Richtung Guayaquil, vgl. S. 299), Guayaquil (5 Std., über Cumandá-El Triunfo: landschaftlich sehr schön). Nach Baños (1 Std.) ab Av. Luis Cordovez/Espejo nördlich des Parque Maldonado. Busse zu den Orten der Provinz Chimborazo starten von anderen Punkten: nach Punín vom Parque Calderón (zehn Blocks östlich des Parque Maldonado); nach Guano ab C. Rocafuerte/Febres Cordero; nach Cajabamba und San Juan (am Chimborazo) zwei Blocks südlich des Busterminals.

Ausflüge: Ca. 20 km vor Cajabamba geht eine ältere Straße über Calpi nach San Juan (und weiter nach Guaranda), von wo man zum Whymper-Refugium am Vulkan **Chimborazo** gelangt. **Cajabamba** bietet sonntags einen kleinen, aber ursprünglichen Markt der Puruhaes-Indios, die aus der Region um den Colta-See kommen.

Gleich hinter Cajabamba trifft man auf den **Lago de Colta,** der allmählich verlandet, und auf die kleine **Iglesia de Balbanera** (auch Valvanera). An ihrer Stelle soll die älteste Kirche des Landes gestanden haben – von den Konquistadoren als Dank für ihren Sieg über die Inka errichtet. Festlichkeiten im September zu Ehren der Virgen de Balbanera.

Das Städtchen **Guano** nördlich von Riobamba ist berühmt wegen seiner handgeknüpften Teppiche mit hübschen Designs; sie werden sogar nach Europa exportiert; ein ›Denkmal des Webers‹ am Zentralpark; Ruinen eines Franziskanerkonvents; in der Stadtbibliothek eine gut erhaltene Mumie aus diesem Kloster.

Mocha, an der Straße nach Ambato, ist ein Zentrum der Meerschweinchenzucht. Sehr lohnend ist die Fahrt nach Baños in nordöstlicher Richtung (vgl. S. 279 f.), die man auch von Ambato aus unternehmen kann.

Cuenca

Cuenca, rund 470 km südlich von Quito gelegen, ist die drittgrößte Stadt Ecuadors. Dennoch herrscht hier eine kleinstädtisch-geruhsame Atmosphäre. Die bedeutende Universität begründet Cuencas lange kulturelle Tradition.

Ende des 15. Jhs. unterwarf der Inka-Herrscher Tupac Yupanqui die in dieser Region lebenen Cañari-Indios, die sich erbittert wehrten. Auf dem Boden der zerstörten Cañari-Siedlung wurde die Militärbastion Tumipamba (etwa: Ebene des Messers) errichtet und später vom hier geborenen Inka-Herrscher Huayna Capac zur administrativ-religiösen Metropole des Nordens ausgebaut. Dabei imitierte man die Struktur der Hauptstadt Cuzco. Im südöstlichen Stadtteil Pumapungo (Tor des Puma) konzentrierten sich Paläste und Tempelanlagen.

Bei Ankunft der Spanier tobte der Inka-Thronfolgekrieg zwischen dem im Nordreich geborenen Atahualpa und seinem Stiefbruder Huascar. Die Konquistadoren fanden ein niedergebranntes Tumipamba vor, profitierten aber dennoch lange von der Infrastruktur des Ortes, den sie Tomebamba nannten. Das große Netz der inkaischen Aquädukte erfüllte über Jahrhunderte seinen Zweck.

Rodrigo Núñez de Bonilla, der die Erdrosselung Atahualpas als Begleiter Pizarros miterlebt hatte, erhielt als erster Spanier fruchtbare Ländereien um Cuenca zugeteilt. Im Auftrag des Vizekönigs in Lima gründete Gil Ramírez Dávalos am 12. April 1557 den Ort ›Santa Ana de los Ríos de Cuenca‹. Vier Flüsse, die Ríos Tomebamba, Yanuncay, Tarqui und Challuabamba, sorgen für die Fruchtbarkeit des Talbeckens.

Sehenswürdigkeiten

Sehr interessant ist ein Gang entlang des Río Tomebamba mit seinen Wäscherinnen. Über dem steilen Nordufer stehen einige alte Häuser, die allerdings zusehends verfallen.

Die **Ruinen von Pumapungo** sind nicht vom Flußufer, sondern nur von der Calle Larga zugänglich. Man kann kaum mehr als restaurierte Grundmauern sehen; denn die ersten Spanier benutzten die Inka-Ruinen als Steinbruch für ihre Häuser. 1913 begann der deutsche Amerikanist und Archäologe Max Uhle mit wissenschaftlichen Ausgrabungen, die erst 1981 von Archäologen im Auftrage der Banco Central wieder aufgenommen wurden. Schon Max Uhle identifizierte in Pumapungo die Paläste von Huayna Capac und den Tempel des Viracocha (Sonnengott). Heute unterscheidet man auf dem Ruinenfeld als Einheiten der einstigen Anlage: Akllahuasi (Haus der Sonnenjungfrauen), Kallancas del Sol (Herbergen und Vorratshäuser), Coricancha (Sonnentempel) sowie Mausoleum und Gärten des Inka-Herrschers. In rund 40 Gräbern und Votivgruben fand man Keramik und auch Goldbeigaben. Ein kleines, aber interessantes Museum der Banco Central gleich bei den Ruinen zeigt die Ausgrabungsergebnisse.

Am belebten Parque Calderón wurde ab 1886 die neue **Kathedrale** errichtet. Ihr Architekt war der deutschstämmige Johannes Stiehle, der von 1874 bis 1899 als Mitglied des Redemptoristenordens in Cuenca wirkte und hier viele weitere Bauwerke schuf. Die blauen Kuppeln der 1957 vom Papst geweihten Kathedrale sind das Wahrzeichen der Stadt. Die Ausstattung des imposanten Innenraumes besteht ganz aus Marmor, der meist in den nahen Marmor-Brüchen von Mangán und Sayausí gehauen wurde. Die Türme blieben unvollendet, ihr Fundament war angeblich falsch berechnet.

In der **alten Kathedrale** (Iglesia del Sagrario) am Park gegenüber finden oft Ausstellungen statt. Für den ersten Bau von 1557 verwendete man auch Quader

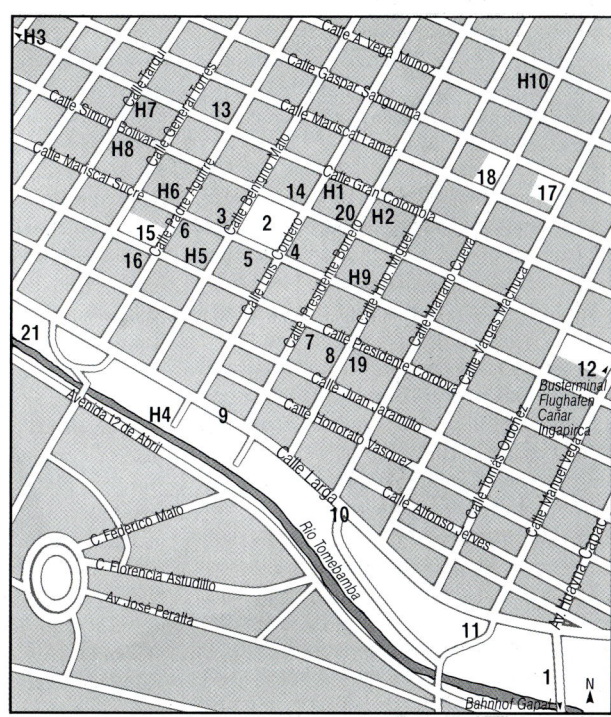

Cuenca 1 Ruinen von Pumapungo 2 Plaza Calderón 3 neue Kathedrale 4 alte Kathedrale 5 Rathaus 6 Plazoleta del Carmen, Kloster Carmen de la Asunción 7 Kirche und Kloster La Concepción 8 Museum religiöser Kunst 9 Museum Remigio Crespo Toral 10 Kirche Todos Santos 11 Ruinen Todos Santos (Museum) 12 Kirche San Blas 13 Kirche Santo Domingo 14 Provinzregierung 15 Mercado San Francisco 16 Kirche San Francisco 17 Mercado Rotary 18 Plaza Cívica 19 Touristenbüro 20 Post und Telecom 21 El Barranco (Schlucht) Hotels: H1 El Dorado H2 Presidente H3 La Laguna H4 Crespo H5 Alli Tiana H6 Catedral H7 Gran Hotel H8 Tomebamba H9 Paris Internacional H10 Las Américas

der Inka-Ruinen von Pumapungo. Die Orgel von Gaspar Sangurima im Chorraum gilt als einzigartig in Südamerika.

Die **Plazoleta del Carmen** mit ihrem ständigen kleinen Blumenmarkt ist einer der malerischsten Winkel der Stadt. Zu Kirche und Kloster Carmen de la Asunción gehört ein kleines Museum, das nur wichtigen Gästen der Stadt gezeigt wird.

Ebenso wie die Karmeliterinnen leben die Conceptas, die Nonnen des Klosters **La Concepción,** in Klausur. Ein Teil des 1599 erbauten Hauses ist religiöses Museum (9–16, Sa 9–12 Uhr, Zugang von

der Calle Hno. Miguel, schräg gegenüber dem Touristenbüro). Außergewöhnlich ist die breite Glockenwand der Klosterkirche an der Calle Presidente Córdova.

Das **Museo Remigio Crespo Toral** (Calle Larga/Presidente Borrero), benannt nach einem Dichter Cuencas, zeigt historische, religiöse und archäologische Objekte (Mo–Fr 8–13 und 15–18 Uhr).

Das **Museo de Artes Populares,** eingerichtet vom Instituto Azuayo de Folclore, enthält lokale und überregionale Volkskunst (Mo–Fr 8–12.30 und 14.30–18.30 Uhr, Calle Sucre 1–76).

Information: Touristenbüro, C. Hno. Miguel/ Presidente Córdova; Reiseagentur Metropólitan Touring, C. Sucre, nahe Hotel Paris; nahebei: Ecuadorian Tours (auch zuständig für American Express).

Unterkunft: *Luxushotels:* El Dorado, C. Gran Colombia/Luis Cordero; Presidente, C. Gran Colombia/Borrero; La Laguna, Av. Ordóñez Lasso, außerhalb des Zentrums an der Straße nach Las Cajas, Nähe Río Tomebamba.

Gut bis mittelmäßig: Crespo, C. Larga/Luis Cordero (sehr bekanntes Hotel in zentraler und schöner Lage am Río Tomebamba, wird zum Fluß hin ausgebaut; Annex an der C. Cordero); Alli Tiana, C. Córdova/Aguirre; Catedral, C. Aguirre 8–17; Gran Hotel, C. General Torres 9–10; Tomebamba, C. Bolívar/Tarqui; Paris Internacional, C. Sucre/Borrero; Las Américas, C. Mariano Cueva/Pío Bravo (für den Preis sehr gute Qualität, sehr sauber, gutes Restaurant).

Restaurants: Mansión del Recuerdo, C. Huayna Capac, zw. Jaramillo/Vásquez; El Jardín und Capulíes, C. Córdova, zw. Cordero/Borrero; Balcón Quiteño, C. Sangurima 649; El Túnel, C. General Torres 860; Nutibara, C. Sangurima/Luis Cordero; gute Restaurants auch in den Hotels Crespo (blaue Forelle), Dorado, La Laguna und Las Américas. Cafés mit Atmosphäre: Café Paris, im gleichnamigen Hotel; Café El Carmen, C. Sucre/Malo, links gegenüber dem Eingang zur Kathedrale, an der Casa de la Cultura. Spezialitäten des Ortes: *cuy asado* (gebratenes Meerschweinchen); *fritada* (gekochtes, dann gebratenes Schweinefleisch); *mote* (Masse aus geschältem und gekochtem Mais); gerühmt werden auch Gebäck und Süßigkeiten Cuencas.

Verkehr: *Flüge* vom Flughafen Mariscal Lamar nordöstlich des Zentrums, täglich bis zu drei Verbindungen nach Guayaquil (außer So) und Quito (So ein SAN-Flug).
Busse: Busterminal an der Av. España, gegenüber dem Flughafen; nach Quito (ca. 11 Std.); besser fährt man erst nach Riobamba und übernachtet dort (ca. 6 Std.; Strecke außerordentlich schön, da sie durch fast alle Landschaftstypen der Sierra führt); Cañar/El Tambo (2 Std.); Guayaquil (5 Std.; auf dieser Strecke erlebt man den starken Kontrast zwischen Sierra und Costa-Landschaft); Loja (ca. 8 Std.; noch streckenweise sehr schlechte Straße, landschaftlich aber sehr schön; Machala (ca. 6 Std.), von dort ständig Busse zum Grenzort Huaquillas (1 Std.; sehr häufige Militärkontrollen, je nach politischer Lage).

Autoferros (Schienenbusse) nach Alausí (über Ingapirca) ab dem Bahnhof im Stadtteil Gapal (vgl. auch S. 299); Informationen zur aktuellen Beschaffenheit der Strecke und zu Fährplänen im Touristenbüro sowie den Reisebüros.

Folkloreartikel: Ständiger Markt auf der Plaza San Francisco, u. a. Lederwaren und an der Nordseite Textilien aus Otavalo; Straßenmarkt von dort entlang der Calles Cordova, Tarqui und Larga (Früchte, Lebensmittel, Blumen). Jeden Donnerstag Indio-Markt auf der Plaza Rotary (u. a. Keramik, Flechtarbeiten) und entlang der nahen Calles Gaspar Sangurima und Mariano Cueva. In den Calles Sangurima und Múñoz bis hoch zur Plaza María Auxiliadora sind am frühen Vormittag viele indianische Frauen zu sehen, die Strohhüte flechten bzw. Faserbündel *(paja toquilla)* verkaufen. Besonders samstags Blumenmarkt vor der Iglesia del Carmen. Mittwochs *feria libre,* eine Art Flohmarkt, weiter außerhalb, an der Av. las Américas nahe dem Mercado El Arenal im Osten der Stadt. Viele Folkloreläden entlang der Calle Gran Colombia, darunter Ocepa, Artesanías Atahualpa und Productos Andinos. Artesa an der Plazoleta de las Monjas (Kreuzung der Calles Córdova und Borrero) verkauft geschmackvolle moderne Keramik aus hiesigen Werkstätten, daher sehr preiswert.

Feste: 12. April: Gründungstag; 3. November (1820): Unabhängigkeitstag (Día de la Independencia); 2/3. Mai: Fiesta de la Cruz del Vado (Kreuz der Furt) zur Erinnerung an die Taufe des Río Tomebamba auf den Namen Julián Matadero (Schlächter) durch einen Bischof und

Blumenmarkt in Cuenca ▷

Panamahüte aus Ecuador

Die beste Qualität unter den ›Panama hats‹ haben die ›Cuencas‹ aus der gleichnamigen Stadt im südlichen Hochland Ecuadors und die ›Montecristis‹ von der Küste: Sie sind blendend weiß, gleichmäßig gearbeitet und wasserdicht. Die feinsten lassen sich zusammenrollen und in schmalen Schachteln verkaufen. Die frühesten Exporte erfolgten ab 1836 in die Karibik und nach Panama, das um 1900 als Exportdrehscheibe einen Boom erlebte. Die tropentauglichen Hüte waren bei den nordamerikanischen Kanal-Ingenieuren besonders beliebt – daher stammt auch der irreführende Name ›Panama hats‹.

Die Hüte werden aus Blattfasern der *toquilla*-Palme geflochten, die wild oder auf Plantagen der Costa-Provinzen Manabí und Guayas wächst. Die besten Fasern sollen aus Manglaralto kommen. Man schneidet die grünen Blätter, kämmt die Fasern aus, trocknet sie in Bündeln und sortiert sie nach Farbe und Qualität, bevor sie nach *pesetas* (Mengeneinheiten) verkauft werden. Die Hutmacher befeuchten die Fasern vor dem Flechten. Sie kochen den fast fertigen Hut mit Leim aus, um ihn geschmeidig zu machen, und lassen ihn anschließend trocknen. Auf einem Holzgestell klopft man ihn in Form und wäscht ihn dann in kaltem Wasser, bevor die Krempe geflochten und zuletzt gebügelt wird.

Die Hutmacher unterscheiden 20 verschiedene Qualitäten, je nach Herkunft. Als gute Qualität gelten *brisa, cayo, media ala, sailor*. Unregelmäßiger gearbeitet oder fleckiger sind *ushuro, mosqueado, macho, aguado*. Die Fertigung eines Hutes beansprucht je nach Güte von einem Tag bis zu mehreren Monaten.

Nach 1945 wurden in nur drei Jahren mehr als 15 Mio. Exemplare in alle Welt verkauft, was Tausenden von Ecuadorianern Arbeit brachte, vor allem den fleißigen Hochlandbewohnern um Cuenca.

an die Beschwörung des Flusses, dessen Hochwasser wiederholt zu Katastrophen geführt hatten. Zu diesem Fest wird ein spezielles Brot gebacken; außerdem Feuerwerk.

In der Umgebung von Cuenca

Der lohnendste Ausflug führt nach Norden zu den Inka-Ruinen von **Ingapirca.** Sie befinden sich in der Nähe der Stadt Cañar, deren Name auf die einst in diesem Gebiet siedelnden Cañari-Indios zurückgeht. Nachdem die Inkas diese Region im 15. Jh. in ihr Nordreich eingegliedert hatten, erbauten sie auf den Ruinen der Cañari-Hauptstadt ein eigenes administratives und religiöses Zentrum. Der eliptische Sonnentempel von Ingapirca, in klassisch-fugenloser Bauweise errichtet, liegt auf einem Felsen, der das Tal von Cañar beherrscht und den Strahlen der ›göttlichen‹ Sonne besonders lange ausgesetzt ist. Der wahrscheinlich auch als Sonnenobservatorium genutzte Tempel ist genau dreimal so lang wie breit. In der Umgebung seiner imposanten Grundmauern hat man die Fundamente weiterer Gebäude freigelegt. Am Eingang zum Rui-

Hutladen in Cuenca ▷

Blick auf die Ruinen von Ingapirca

nenkomplex befinden sich ein kleines Museum und ein Restaurant. Sehr einfache Restaurants liegen auch an der Abzweigung der Stichstraße zu den Ruinen, kurz vor dem Dorf Incapirca (Markt am Freitag).

Praktische Hinweise: Wer nicht an einer organisierten Tour von Cuenca aus teilnehmen möchte, kann einen der vielen Busse ab Cuenca Richtung Norden nehmen, in Tambo aussteigen (den Fahrer gleich bei Fahrtantritt informieren) und von der dortigen Plaza mit einem der meist schon wartenden kleinen Lieferwagen *(camionetas)* nach Ingapirca fahren. (Da es oft regnet, ist ein Wagen mit Verdeck vorzuziehen.) Es ist auch möglich, in Cañar auszusteigen, von wo Kleinbusse nach Tambo verkehren. Bei einem selbstorganisierten Ausflug sollte man möglichst früh von Cuenca aufbrechen.

Ein Ausflug nach Osten führt durch ein landschaftlich schönes Gebiet nach **Gua-**

laceo, das wegen seiner Stickerei (auf Blusen und anderen Textilien) bekannt ist. Das Färben von Tüchern und Decken in traditioneller Ikattechnik (vgl. S. 248) ist selten geworden, die so behandelten Kleidungsstücke sind entsprechend teuer. Am Sonntag findet auf der Plaza Central ein kleiner Markt statt. Wenige Kilometer südlich liegt **Chordeleg,** das für seine Silberarbeiten bekannt ist. Außerdem werden hier Panamahüte und Schnitzereien angeboten. Früher förderte man in der Umgebung Gold, und das Goldschmiedehandwerk blühte. Die heute gefertigten filigranen Silberarbeiten sind meist von minderer Qualität. Sehenswert ist das Museo de Artesanía (Kunsthandwerk) an der Plaza Central.

Praktische Hinweise: Ab Cuenca Busse nach Gualaceo, auch Sammeltaxis; vom dortigen Marktplatz fahren ständig Busse oder *colectivos* nach Chordeleg.

Touren durch die Ostkordillere und ins östliche Tiefland

Die höher gelegenen Orte am Ostabhang der östlichen Kordillere, wie Baeza, Tena und Puyo, sind auf meist guter Straße von Quito und Ambato (über Baños) problemlos mit Leihwagen oder Bussen zu erreichen. Eine Rundreise von Quito über Baeza, Tena, Puyo, Baños und Ambato ist in zwei Tagen zu bewältigen. Allein wegen der landschaftlich großartigen Andenüberquerungen lohnen sich die Rundfahrt bzw. Stichfahrten Quito – Baeza und Ambato – Puyo als Tagesausflüge. Für zusätzliche Ausflüge auf dem Río Napo (meist ab Misahuallí bei Tena) sollte man mindestens zwei bis drei weitere Tage einplanen. Reisebüros in Quito bieten organisierte Touren an. Eine der interessantesten und komfortabelsten veranstaltet Metropólitan Touring (vgl. S. 262): Flug nach Coca, dann auf dem Hotelschiff Flotel Orellana eine Fahrt auf dem Río Napo (s. u.). Zu allen in den folgenden Routen beschriebenen Orten gelangt man mit dem Bus (bzw. Sammeltaxi).

Von Quito nach Baeza

Von Quito führt eine Straße nach Osten über Tumbaco (mildes Klima, Anbau von Blumen und Obst) und Pifo. Sie überquert dann einen Paß (ca. 4000 m, mitunter großartiger Blick auf den 5700 m hohen Vulkan Antisana) und geht hinunter nach Papallacta (3400 m) am Fluß gleichen Namens. Dessen Tal folgt die Straße hinab nach Baeza. Die als Missionssiedlung gegründete Stadt (Hotels Nogal, Oro Negro und Samay) liegt in einer land-schaftlich reizvollen Umgebung am Südrand eines Naturparks (Reserva Ecológica), der die Vulkane Cayambe und Reventador einschließt.

Von Baeza über Lago Agrio nach Coca am Río Napo

Lago Agrio (Nueva Loja) liegt ca. 145 km nordöstlich von Baeza. Hinter den Dörfern Borja und El Chaco klettert die Straße auf 2000 m (manchmal gute Aussicht auf den Vulkan Reventador, 3485 m). Rund 10 km hinter der Brücke über den Río Azuela führt ein Seitenweg zu den Wasser-schnellen San Rafael. Etwa bis zu dieser Stelle lassen sich Touren als Tagesausflüge von Quito aus bewältigen.

Die Straße ist bis Lago Agrio gut, da sie zu den dortigen Erdölfeldern führt (allerdings ist sie häufig durch Erdrutsche blockiert oder beschädigt). Über El Dorado de los Cascales am Río Aguarico (Gebiet der Cofanes-Indios) erreicht man Lago Agrio (mehrmals täglich Flüge von/nach Quito). Von dort sind es in südlicher Richtung 2 Std. (ca. 80 km) bis zur Stadt Coca (offiziell Puerto Francisco de Orellana) am Zusammenfluß von Río Napo und Río Coca. Coca ist ein unattraktiver Ort mit einigen einfachen Unterkünften (u. a. Auca, Residencia Rosita, Florida) und einem Flughafen. Gäste des Hotelbootes Flotel Orellana gehen hier an Bord und fahren den Río Napo abwärts, u.a. zur Lagune Limoncocha.

Von Baeza über Tena nach Misahuallí am Río Napo

Um Misahuallí auf dem schnellsten Weg zu erreichen, nimmt man am besten ab Baeza die Straße nach Tena (ca. 65 km)

über Archidona mit einer sehenswerten Kirche und einigen einfachen Unterkünften. Dort frage man nach einem Führer zu den nahen Höhlen von Jumandí mit Kolonien von Vampir-Fledermäusen. Tena ist die Hauptstadt der Provinz Napo (Unterkünfte u. a. Auca, an der Straße nach Archidona, sowie Mol, Residencia Alemania, Amazonas). Kurz vor der Brücke über den Río Napo, über die man in den Ort Puerto Napo gelangt, führt eine Straße nach links nach Misahuallí, ca. 20 km flußabwärts (Sammeltaxis an der Brücke). Von diesem Ort (gute Unterkunft Alinahui, einfache Unterkünfte Balcón del Napo, Paisano, Etsa u. a.) lassen sich verschiedene Touren mit Führern in den Regenwald und auf dem Río Napo unternehmen.

Mehrere Führer operieren über das Hotel Balcón del Napo, man erkundige sich dort eingehend über Bedingungen und Routenverlauf. Zur Mindestausrüstung gehören auf jeden Fall ein Moskitonetz, ein Schlafsack, Gummistiefel und Regenbekleidung. Von Misahuallí fahren Motorboote in ca. 6 Std. über den Río Napo nach Coca. Zurück (flußaufwärts) dauert die Fahrt mindestens 10 Std. (bei gutem Wetter).

Von Tena nach Puyo und Baños

Von Tena bzw. Puerto Napo erreicht man Puyo in ca. 90 Min. Die Straße führt in südlicher Richtung durch eine grüne, hügelige Landschaft. Puyo ist ein schnell wachsender Ort. Als wichtigstes Zentrum des ecuadorianischen Oriente ist er Ausgangspunkt für die Besiedlung der Regenwälder Amazonías (Unterkünfte: u. a.

⊲ Misahuallí am Río Napo

Hotels Turingia, Europa Internacional, California). Die kurvenreiche und oft enge Straße hoch nach Baños (vgl. S. 279 f.) über Mera folgt dem Tal des Río Pastaza, das landschaftlich außerordentlich reizvoll ist.

Von Cuenca nach Macas

Außer von Quito und Ambato kann man die Ostkordillere auch von Cuenca aus überqueren. Die relativ neue Straße (gut bis Limón) über Gualaceo ist landschaftlich reizvoll. Nach ca. 8 Std. gelangt man nach Sucúa, dem Zentrum der Shuaras-Indios (Jivaros), berühmt durch ihre Vergangenheit als Kopfjäger (Schrumpfköpfe). Die Indios sind von den Salesianer-Missionaren ›zivilisiert‹ worden.

Macas, Hauptstadt der Provinz Santiago-Morona, ist ein Zentrum der Rinderzucht. In dem Gebiet fördert man zudem einen Teil des ecuadorianischen Erdöls. In naher Zukunft wird die Straße nach Puyo (s. o.) fertiggestellt werden. Ab Macas gibt es mehrmals wöchentlich Flüge nach Quito.

Die Küstenzone

Guayaquil

Guayaquil ist mit rund 2 Mio. Einwohnern die größte Stadt des Landes und wirtschaftlich ebenso bedeutend wie die Hauptstadt Quito. Im Osten durch den Río Guayas begrenzt (auch ›La Ría‹ genannt), dehnt sich die Stadt gezwungenermaßen nach Norden, aber auch nach Südwesten in die Sumpfgebiete der *esteros* aus. Hier sind viele Häuser der armen Randviertel aus Platzmangel ins Wasser gebaut.

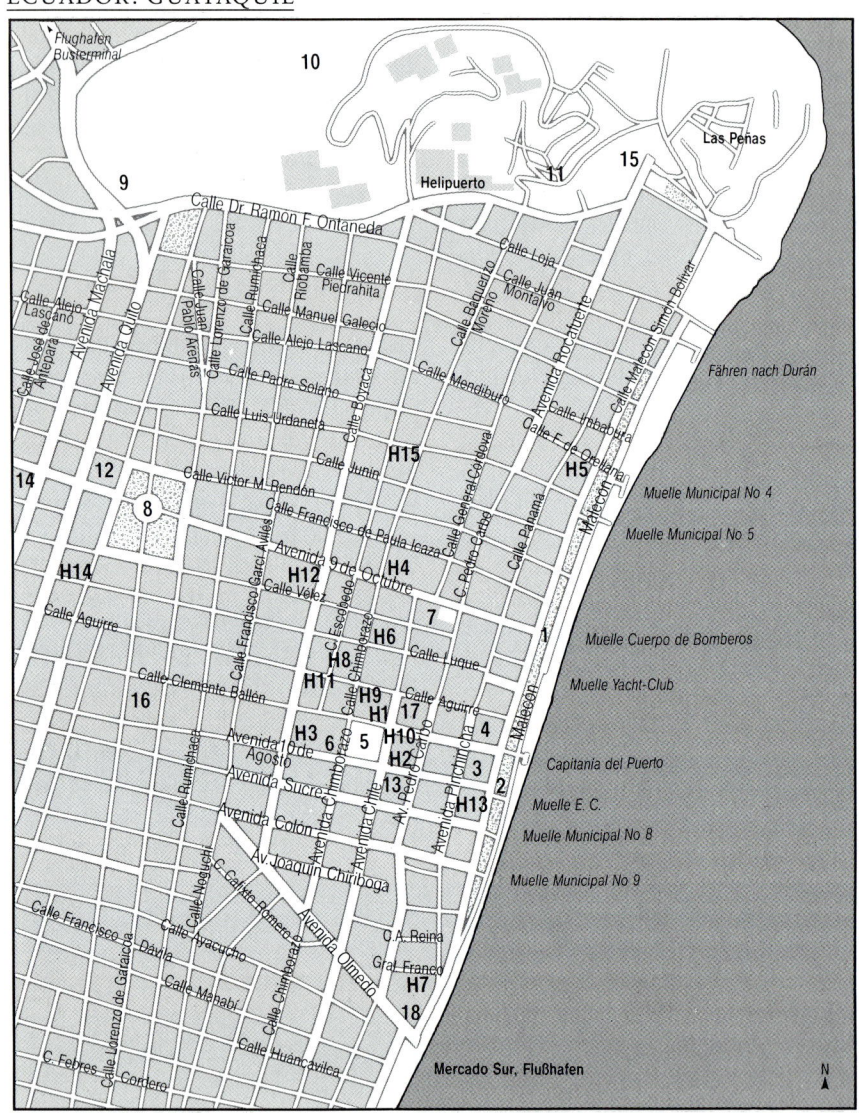

Guayaquil   1 La Rotunda   2 Torre Morisca   3 Rathaus   4 Provinzregierung   5 Parque Seminario (Parque Bolívar)   6 Kathedrale   7 Kirche San Francisco   8 Parque Centenario   9 Zentralfriedhof   10 Sagrado Corazón   11 Cerro del Carmen   12 Casa de la Cultura, Goldmuseum   13 Museo Municipal, Bibliothek   14 Museo Antropológico del Banco Central   15 Kirche Santo Domingo   16 Mercado Central   17 Post   18 Touristenbüro

Hotels: H1 Unihotel   H2 Continental   H3 Gran Hotel Guayaquil   H4 Casino Boulevard   H5 Ramada   H6 Palace   H7 Humboldt   H8 El Ejecutivo   H9 Plaza, Doral   H10 Rizzo   H11 Sol de Oriente   H12 Majestic   H13 Italia   H14 Alexander   H15 Residencia Pauker

Ihre wirtschaftliche Spitzenstellung verdankt die Stadt dem neuen Hafen, über den die Hälfte aller Exporte und ca. 90% der Importe Ecuadors abgewickelt werden. Ein auch für Hochseefrachter geeignetes Kanalsystem im Estero Salado verbindet den Puerto Nuevo Marítimo, 10 km südlich der Stadt, mit dem Meer und dem Río Guayas. Größere Schiffe fahren sogar bis Durán (Eloy Alfaro), nur kleinere legen noch am Südhafen oder wenig nördlich davon am Malecón von Guayaquil an, der dadurch die Lebendigkeit verloren hat, die ihm Reisende um 1900 noch bescheinigten. Er ist zur Anlegestelle für Privat- und Marinejachten ›degradiert‹ und zur geruhsamen Promenade geworden.

Handwerk und Industrie haben sich in das Gebiet von Daule verlagert. Die Bürohochhäuser der Banken und Handelsunternehmen verleihen dem Stadtzentrum heute einen kosmopolitischen Charakter.

Förderlich für die wirtschaftliche Entwicklung der Stadt war der Bau der über 3 km langen zweiteiligen Brücke nach Durán (Eloy Alfaro) im Jahre 1970. Sie überspannt den Río Guayas am Zusammenfluß von Río Daule und Río Babahoyo und führt über die Insel La Puntilla. Damit sind die Autos nicht mehr auf die Fähren über den Guayas angewiesen, um Durán bzw. die Straßen in die Sierra zu erreichen. Deren Ausbau ließ die einst gefeierte Eisenbahn ab Durán zur Bedeutungslosigkeit verkommen. Seit 1983 fährt sie nur noch bis Alausí.

Aufgrund seiner wirtschaftlichen Bedeutung ist Guayaquil das Ziel vieler Zuwanderer aus dem Hochland. Die Slums, hier *guasmos* genannt, sind die größten und elendesten in Ecuador. Ihre Versorgung mit festen Straßen, Elektrizität oder gar Trinkwasser ist nicht abzusehen. Eine Folge ist auch, daß die Arbeitslosigkeit extrem hoch ist und mehr als 50% der Einwohner Guayaquils im ›informellen Sektor‹ leben, d. h. ihre reale Arbeitslosigkeit durch Straßenverkauf, Schuhputzen und Gelegenheitsarbeiten verdecken. Auch die Masse der Bettelnden, speziell vor den Hotels, ist ein Symptom dieser Situation.

Geschichte

Guayaquil wurde dreimal gegründet: Die ersten 1535 von Benalcázar am Río Babahoyo und wenig später von Francisco Zaera am Río Yaguachí angelegten Siedlungen waren nicht von Bestand. Francisco de Orellana, der Entdecker des Amazonas, gründete den heutigen Ort am Río Guayas unter dem Namen Santiago de Guayaquil. Der Legende nach geht der erste Teil des Wortes ›Guaya-quil‹ auf Guayas, den Häuptling der kriegerischen Huncavilcas, zurück, der die kleine Siedlung aus Rache in Brand steckte und sich dann in die Fluten des Amay (heute Río Guayas) stürzte. Seine Geliebte Quil, verewigt im zweiten Teil des Wortes, nahm er mit in den Tod. Tatsächlich stammt ›Gua-ya-quil‹ wohl aus einem vorkolumbischen Idiom und bedeutet ›unser großes Haus‹.

Die spanische Holzhaussiedlung wuchs langsam (1571: 141 Einwohner, 200 Jahre später: 6629) und brannte mehr als einmal nieder – nicht nur durch Piratenüberfälle. Großfeuer wüteten 1707, 1764 und 1896. Die von Reisenden gerühmte Holzarchitektur der Häuser mit ihren breiten Galeriegängen ist daher fast völlig verschwunden. In der Kolonialzeit waren Guayaquils Handwerker berühmt, die sehr harte Hölzer (am besten waren die des *guachapeli*-Baumes) verarbeiteten.

Ab 1671 führte die Stadt den Titel ›Königliche Werft des Südmeeres‹. Doch diente die Siedlung eher als Fluß- denn als Seehafen. Der Treibsand des Río Guayas zwang die größeren Schiffe dazu, ihre Ladung schon an der Ostküste der südlich von Guayaquil gelegenen Insel Puná zu löschen. Hier ankerten auch die Gold- und Silbergaleonen der Spanier auf ihrem Weg von Callao (Peru) nach Panama. Trotz der Bedeutung Guayaquils befestigten die Spanier es nur ungenügend durch Forts.

Das sumpfige Terrain der Stadt mußte durch meterhohe Aufschüttungen befestigt werden. Auch die Fundamente der heutigen Hochhäuser sind durch Mangrovenstämme unter der dicken Betonschicht stabilisiert. Als Barriere gegen die Fluten des Río Guayas errichtete man den Malecón.

Die wirtschaftliche Basis der Stadt war der Handel. Sie besaß das Privileg, mit allen Kolonien Spaniens Handel treiben zu können, während die streng merkantilistische Politik im allgemeinen nur eingleisige Verbindungen mit dem Mutterland erlaubte. Die Kolonie exportierte Baumwolle, Kakao und Zuckerrohr, die von den schon früh betriebenen Plantagen der Umgebung Guayaquils stammten. Importiert wurden Fertigwaren aus dem Mutterland.

Nach der Unabhängigkeit von Spanien am 9. Oktober 1820 herrschte ein freierer Wind im Handel. Aber erst der Bau der Eisenbahn (Beginn 1897) von Durán über Alausí und Riobamba nach Quito kurbelte den nationalen Güterverkehr an und brachte einen größeren wirtschaftlichen Aufschwung.

1895 errang die Stadt durch den Umsturz der Liberalen die Vorherrschaft gegenüber Quito, verlor sie jedoch 1925 wieder, als mit dem Ende des Kakaobooms eine Wirtschaftskrise eintrat. Erst mit dem Beginn des Bananenbooms um 1950 ging es erneut aufwärts.

Sehenswürdigkeiten

Der klimatisch angenehmste Flecken der Stadt ist der **Malecón**. Die über 1 km lange parkähnliche Uferpromenade ist mit vielen Bänken und Denkmälern ausgestattet. Von den neun Molen sind die meisten verfallen; eine wird als Restaurant (Muelle 5), eine als Yachthafen (Muelle 4), eine andere als Anlegestelle der Hafenpolizei genutzt. Am belebtesten ist der Malecón zwischen den Avenidas 9 de Octubre und Colón. Im Säulenhalbkreis der **Rotunda** schütteln sich Simón Bolívar und San Martín scheinbar brüderlich die Hände. Die beiden Generäle der Befreiungskriege trafen sich hier am 26./27. Juli 1822, um über die Zukunft der befreiten Länder zu beraten. San Martín hatte die südlichen Kolonien, Bolívar den Norden befreit. San Martín akzeptierte die Eingliederung Guayaquils in das von Bolívar geplante Großkolumbien. Dieser blieb ein Jahr in Guayaquil und schlug dann die entscheidende Schlacht in Peru.

Der südliche Teil des Malecón wird auch Paseo de las Colonias genannt, weil verschiedene Ausländer-Kolonien, insbesondere auch die deutsche, den Ausbau der Promenade mitfinanziert haben. An der Einmündung der Av. 10 de Agosto steht die **Torre Morisca**. Der Uhrenturm in pseudo-maurischem Stil ist das Wahrzeichen der Stadt. Traditionell steigt jeden Dienstag ein Beamter der Stadt hinauf und zieht das Uhrwerk auf. Die im Hafen Beschäftigten sollten am Turm die Zeit ablesen können, und das Hafengebiet ließ sich von hier oben gut überwachen.

Schräg gegenüber an der Uferstraße, an der Calle Clemente Ballén, befindet sich der Palacio Municipal (Rathaus) und nördlich gegenüber die Gobernación (Regierung der Provinz Guayas).

Die vielen alten Bäume mit mächtigen Wurzeln im eindrucksvollen **Par-**

que Seminario (auch Parque Bolívar) überstanden den Großbrand von 1896. Hier
kann man manchmal große Leguane
sehen, die frei herumlaufen. Die **Kathedrale** (Catedral Metropolitana) am Platz
ist im neogotischen Stil erbaut. Der
Hauptaltar besteht aus Marmor.

Am Parque Rocafuerte ist die Kirche
San Francisco sehenswert. Sie zeigt ebenfalls neogotischen Stil und ersetzt eine
durch den Großbrand von 1896 vernichtete Kirche.

In der Mitte des großflächigen **Parque
Centenario** erinnert die Columna de Los
Próceres an die vier Männer der Stadt, die
sich als Wegbereiter der Unabhängigkeit
hervortaten.

Wegen seiner Monumentalität und Lage
verdient der **Zentralfriedhof** (Cemente-
rio General) besonders erwähnt zu werden. Diese weiße Großstadt der Toten hat
Alleen, Haupt- und Nebenstraßen, Sack-
gassen, Prachttreppen. Im Westteil liegen
Nischengräber in Blocks mit bis zu zehn
Stockwerken. Die *nichos* sind oft phanta-
stisch geschmückt. Besonders im östlichen
Teil haben sich die Reichen luxuriöse
Mausoleen errichten lassen. Eine Palmen-
allee führt zum Mausoleum von Vicente
Rocafuerte; weiter oben die Totenvilla
von Eloy Alfaro. Selbst auf dem Friedhof
bleiben den Armen die Randplätze vorbehalten. Ihre Gräber mit schlichten Holz-
kreuzen erstrecken sich den Berg hinauf:
die Slums der Toten (oben auf dem Berg
eine Jesusfigur: Sagrado Corazón oder
Jesús del Consuelo, gleich daneben die
Sendeantenne des Canal 2 Ecuavisa). Der
Friedhof hat mehrere Eingänge. Unter
und jenseits der Straßenüberführung vor
dem Friedhof reihen sich die Blumen-
stände aneinander.

Zentralfriedhof in Guayaquil

Auf der anderen Seite des Bergrückens mit dem Namen Cerro Santa Ana (Santana, ca. 90 m hoch) liegt der **Barrio Las Peñas**. Viele seiner Häuser stammen aus dem 19. Jh. Sie haben den verheerenden Brand von 1896 überstanden, insbesondere die an der Calle Numa Pompilio Llona. Das Viertel ist ziemlich verwahrlost und harrt der Renovierung. Besucher sollten vorsichtig sein, die Zeitungen berichten immer wieder von Überfällen. Daher ist es ratsam, mit einem Taxi durch die Straßen zu fahren, bis hoch zum Cerro del Carmen, von wo sich ein weiter Blick auf die Stadt bietet.

Museen

Casa de la Cultura (vgl. Stadtplan, 7. Stock): **Goldmuseum ›Carlos Zevallos Menéndez‹,** nach dem Mann benannt, der viele der Goldobjekte der Küstenregion zusammentrug (Mo–Fr 9–12 und 15–18.30, Sa 9–16 Uhr).

Museo Municipal (vgl. Stadtplan): Archäologische Funde, besonders der Küste, kolonialzeitliche Sammlung und Schrumpfköpfe, Jagdtrophäen von Indio-Stämmen).

Museo **Antropológico del Banco Central** (vgl. Stadtplan): Anthropologisches Museum mit zahlreichen Ausstellungsstücken der Küste, speziell der Valdivia- und Chorrera-Kulturen (Mo–Fr 10–18, Sa/So 10–13 Uhr).

Museo Nahím Isáias Barquet in der Filanbanco, Av. Pichincha/C. Ballén (im Sommer 1989 eingerichtet): Schwerpunkt ist religiöse Kunst der Kolonialzeit, der Escuela Quiteña.

Jährlich im Juli Ausstellungen im Stadtviertel Las Peñas, Calle Numa Pompilio Llona: Malerei, Bildhauerei, Kunsthandwerk (organisiert von der Asociación Cultural Las Peñas).

Information: Dituris, Malecón, Ecke Av. Olmedo; Reiseagenturen: Metropólitan Touring, C. Pichincha/Aguirre; Ecuadorian Tours, Av. 9 de Octubre/Ecke C. Esmeraldas (Vertretung von American Express).

Unterkunft (vgl. Stadtplan): *Luxushotels:* Unihotel; Continental; Gran Hotel Guayaquil, Oro Verde (Av. 9 de Octubre/García Moreno, fünf Blocks westlich vom Parque Centenario); Casino Boulevard; Ramada.

Gut bis mittelmäßig: Palace; Humboldt; El Ejecutivo; Plaza; Rizzo; Sol de Oriente; Doral (kleines Straßencafe); Majestic; Italia; Alexander; Residencia Pauker.

Restaurants: *Internationale Küche* in den sehr guten Restaurants der Hotels: El Fortín (Hotel Continental); El Parque (Unihotel, 4. Stock, gute Aussicht); 1822 (Gran Hotel Guayaquil); außerdem: El Caracol Azul, Av. 9 de Octubre/C. Los Ríos (gilt als bestes Restaurant für Meeresfrüchte, liegt außerhalb der Grenzen des Stadtplanes).

Ecuadorianische Küche: La Pepa de Oro (Gran Hotel Guayaquil, auch Darbietungen mit Volksmusik); La Canoa (Cafetería des Hotels Continental, 24 Std. geöffnet, ab 23 Uhr typische Gerichte); El Rincón Folclórico, Malecón/C. Juan Montalvo (Volksmusik Fr und Sa ab 21 Uhr); Muelle 5, Malecón/C. Junín (auf einer Mole am Malecón, Blick auf den Río Guayas); Jambelí (Hotel Rizzo).

Kolumbianische Küche: Fonda Antioqueña, Av. 9 de Octubre/C. Esmeraldas.

Spanische Küche: Hostería Madrid, Los Ríos/Primero de Mayo (acht Blocks westlich des Parque Centenario).

Verkehr: *Flüge* vom Aeropuerto Simón Bolívar, ca. 2 km nördlich des Zentrums, nach Quito (täglich ca. 10×); Cuenca (täglich bis zu 3×, So 1×); Loja, Ambato, Manta, Machala (täglich außer So); Galápagos (mit SAN nach San Cristóbal; mit TAME nach Baltra). Das staatliche Informationsbüro Dituris hat einen Stand im Flughafen, außerdem gibt es eine Hotelreservierung und eine Wechselstube (Achtung: Die Kofferjungen sind sehr aufdringlich und teuer!).

Busse: Der Busterminal Roldos Aguilera befindet sich am Nordende des Flughafens. Er ist sehr groß und gut organisiert; ständig Busse zum Zentrum, daneben zu Orten der Provinz; Verbindungen nach Quito (ca. 8 Std.), Riobamba (ca. 5 Std.), Cuenca (ca. 7 Std.), Esmeraldas (ca. 7 Std.), Manta (ca. 4 Std.), Santo Domingo (ca. 5 Std.), Machala (ca. 3 Std.), Playas (ca. 2 Std.), Salinas (ca. 2,5 Std.). Innerhalb der Stadt gibt es die weiß-blauen Busse Servicio Especial, die komfortabler als die normalen *busetas* sind. Die meisten Busse fahren entlang des Malecón.

Züge verkehren ab Durán auf der anderen Seite des Flusses (s. u.).

Folkloreartikel: Wie üblich besitzen die Luxushotels Souvenirläden, z. B. Oro Verde, C. Hollander, und Gran Guayaquil; einige mäßig gute *artesanía*-Läden links neben der Kirche San Francisco. Im Zentrum: Ocepa, Baquerizo Moreno 1118; Artesanías del Ecuador, Av. 9 de Octubre/Malecón; nahebei liegt Arte Folclor Otavalo, auch im Unicentro; weitere Geschäfte in den Einkaufszentren, insbesondere im Policentro: Folclor Carmita, Local 38; La Ñusta; Lo Nuestro (Olga Fisch-Local 56) dort auch Galería Guayasamín.

Straßenmärkte für Gebrauchswaren südlich des Zentrums um die Av. Olmedo bis zu den Av. Pichincha und Av. Colón; in diesem Bereich wird viel geschmuggelte Ware angeboten. Hier und um den Mercado Sur südlich des Olmedo-Denkmals ist äußerste Vorsicht vor Dieben geboten!

Feste/Unterhaltung: Der Gründungstag der Stadt am 25. Juli (1537) und Bolívars Geburtstag (Natalicio) am Tag vorher werden zusammen gefeiert. 9. Oktober (1820): Tag der Unabhängigkeit Guayaquils.

Das Departamento de Cultura organisiert im August Folkloretänze im Parque Seminario, ca. 11 Uhr an Sonntagen.

Peñas (Volksmusik): Peñna del Deseo, C. Eloy Alfaro/Portete; Carlín, C. Alborada, 5a Etapa, Nähe Albocado; El Solar de Sancho Panza, Circunvalación Sur/Guayaquanes, Urdesa; Amnesía, C. Estrada/Balsamos, Urdesa; außerdem im oben erwähnten zentral gelegenen Rincón Folclórico.

Mit der Bahn von Guayaquil/ Durán über die ›Teufelsnase‹

Die Bahnfahrt von Durán hinauf nach Alausí in den Anden bietet landschaftliche Höhepunkte, vor allem auf dem letzten Stück über die berühmte ›Teufelsnase‹ (Nariz de Diablo): Der Zug klettert hier im Zick-Zack bergauf. Auch kürzere Strecken sind erwägenswert, etwa bis Milagro oder Narajito, um von dort per Bus nach Guayaquil zurückzukehren. Nimmt man die Fähre um 5.30 Uhr ab dem Nordende des Malecón (vgl. Stadtplan), so erreicht man den Bummelzug, der ca. 6.30 Uhr in Durán losfährt und einen vollen Tag bis Alausí braucht. Die Tour wird auch über Reisebüros organisiert (z. B. Confeturi Milton Abad, Francisco de Paula Icaza/Boyacá), allerdings verbunden mit einem Besuch von Riobamba und Cuenca. In Alausí ist in der Regel eine Übernachtung notwendig (nur einfache Hotels, u. a. Europa und Panamericana, beide nahe der Bushaltestelle).

Ausflüge von Guayaquil an die Küste

Lohnend ist der Ausflug ab dem Busterminal nach **Playas** (Villamil), südwestlich von Guayaquil an der Pazifikküste gelegen. Zum Ort gehört ein breiter Strand. Vormittags befördern die vielen Fischer ihre Boote auf Rollen ins Wasser. Ein kleiner Fischmarkt befindet sich oben am Strand nahe dem Hotel Humboldt sowie auch einige einfache Restaurants (frischer *cebiche*, Cocktail aus Meeresfrüchten). Am Nordstrand liegt eine Reihe von Balsa-Seglern, die man mieten kann. Restaurant-Bungalows säumen den Südstrand. An Wochenenden und von Januar bis April wird Playas stark von einfacherem Publi-

kum aus Guayaquil frequentiert, für das
Playas der am nächsten gelegene Badeort
ist; daher dominieren sehr einfache Unterkünfte, wie die Hotels Rey David, Mira-
glia, Miramar, Acapulco, Turístico. Besser
und mit Seeblick: Hotel Humboldt nahe
Punta Chapolla nördlich des Ortes; Hotel
Playas mit gutem Restaurant, am Strand
im Ortsbereich.

Nicht als Badeort, aber als Fischerdorf interessant ist **Posorja,** das am Canal
del Morro gegenüber der Isla Puná liegt.
(Transport mit *camionetas* vom Zentrum
Playas). Die Fischer beliefern die ortsan-
sässige Fischindustrie. Hafen und Gewässer sind stark verschmutzt; Großtanker
passieren den Canal del Morro auf dem
Wege nach Guayaquil. Ab Posorja kann
man sich mit Fischerbooten nach Puná
auf der gleichnamigen Insel übersetzen
lassen.

Eine Fahrt nach **Salinas** an der Spitze einer
schmalen Halbinsel, dem meistbesuchten
Badeort Ecuadors, dauert etwa 2,5 Std.
(Busse ab Guayaquil). Zweimal im Jahr
herrscht hier Hochbetrieb, zur Zeit der
Costa-Ferien am Anfang des Jahres und
der Sierra-Ferien im Juli und September.
Der Ort besitzt einen modernen Zuschnitt und hat gute Hotels und Restaurants, bietet aber keine besonderen
Attraktionen. Es existieren vielfältige Wassersportmöglichkeiten. **Punta Carnero**
an der Südseite der Halbinsel mit sehr
schönen Ständen ist für seine Tiefsee-
Sportfischerei bekannt. Hier sind einige
gute Hotels entstanden, von denen das
Punta Carnero am interessantesten ist.
Malerisch ist das nahe Fischerdorf **Ancon-
cito** an der gleichnamigen Bucht. Von großem landschaftlichem Reiz ist eine Fahrt
entlang der **Bahía de Santa Elena,** der
weitgeschwungenen Bucht nördlich von
Salinas. Die neue Küstenstraße Carretera

Balsa-Segler in Playas

Porlamar wird ständig weiter nach Norden ausgebaut und erschließt ein vorher
isoliertes Gebiet einsamer Fischerdörfer,
wie beispielsweise **Ayangue,** wo viele
Familien aus Guayaquil schon ihre
Wochenendhäuser haben.

Von Puerto de Cayo (rund 80 km
nördlich von Ayangue an der Küste) gelangt man landeinwärts nach **Jipijapa** (gut
20 km) und dann über die Inlandstraße
Richtung Norden nach **Montecristi** (weitere 40 km), das für seine Panamahüte
berühmt ist (vgl. S. 288). Das große Hut-
exportgeschäft ist hier ebenso wie in
Cuenca vorbei. Viele andere Flechtwaren
aus der *toquilla*-Palme werden an der
Hauptstraße und in der Stadt angeboten.

600 Einwohner, erlebte dann aber während der beiden Weltkriege einen Kautschukboom, bis das synthetische Gummi erfunden wurde. Der Bau der größten Raffinerie Ecuadors und des Tiefseehafens im Jahre 1979 brachte einen erneuten Aufschwung, so daß die Stadt heute mit 140 000 Einwohnern eine der größten des Landes ist. Südlich des Ortes endet die transandine Pipeline beim Hafen Balao (vgl. S. 240).

Esmeraldas selbst besitzt keine Attraktionen. Auffallend ist der hohe Anteil von Schwarzen, die meist in den Elendsvierteln auf sumpfigem Gelände leben. Der Strand von Las Palmas (nördlich) hat zwar eine Anzahl akzeptabler Hotels, sieht aber wenig einladend aus. Es ist ratsam, die kleineren Badeorte südlich von Esmeraldas für einen Aufenthalt zu wählen.

Information: Touristenbüro in der C. Bolívar/9 de Octubre.

Hotels (am Strand von Las Palmas): Del Mar; Cayapas; Atahualpa.

Restaurants: mehrere an der Promenade Av. Kennedy am Strand von Las Palmas; die regionale Küche ist sehr variabel. Bananen, Kokosnuß und natürlich Meeresfrüchte werden sehr häufig verwendet.

Verkehr: vom Flughafen Rivadeneira jenseits des Flusses täglich Mo–Sa Flüge nach Quito. Busse ab Zentralplatz nach Quito (ca. 5 Std.).

Esmeraldas

Esmeraldas liegt im Nordwesten Ecuadors, an der Mündung des Río Esmeraldas in den Pazifik. Der Name des Ortes (Smaragde) geht auf die ersten spanischen Siedler zurück. Pizarro soll hier zweimal weiter südlich gelandet sein und Gold und Smaragde als Beweis nach Panama geschickt haben. Doch die Suche nach Smaragdminen war erfolglos; die grünen Edelsteine kamen wahrscheinlich aus Kolumbien. 1736 traf der Franzose Condamine mit seiner Expedition ein (vgl. auch S. 254) und entdeckte die wirtschaftlichen Möglichkeiten des Kautschukbaumes. Noch 1890 hatte Esmeraldas nur

Die Küste südlich von Esmeraldas

30 km entfernt liegt **Atacames** mit einem schönen Palmenstrand, der allerdings durch die Unwetterkatastrophe von 1983 gelitten hat. Vom Ort gelangt man über eine Brücke zur anderen Seite des Río

Atacames, wo sich die Strandzone befindet. Hier gibt es viele einfache Unterkünfte und Restaurants, die frische Meeresspezialitäten anbieten (auch *caipirina,* einen Cocktail aus Zuckerrohrschnaps, Limone und Zucker). Verkäufer bieten Schmuck aus schwarzer Koralle *(coral negro),* oft auch aus roter an.

Unterkunft: Akzeptable Bungalows am Strand sind Cabañas Roger's und Villas Casa Blanca; in Strandnähe: Cayapas. An der Straße vor Atacames: Castelnuevo; Puerto Esmeraldas; Club del Pacífico (in Tonsupa, 5 km nördlich von Atacames).

Einen langen Strand besitzt auch **Sua,** ca. 5 km südlich von Atacames. Das einzige akzeptable Hotel ist hier Chagra Ramos, mit gutem Restaurant. Einfache Hotels und Restaurants entlang der Sandstraße. Der Strand zwischen Atacames und Sua hat wegen wiederholter Überfälle einen schlechten Ruf. Vorsicht beim Baden: starke Unterströmungen und ab und zu Haie.

Von Esmeraldas nach San Lorenzo

Eine Fahrt per Bus und Boot nach San Lorenzo nahe der kolumbianischen Grenze und von dort per Schienenbus *(autoferro)* hoch nach Ibarra ist immer noch ein kleines Abenteuer, für das mindestens drei Tage anzusetzen sind. Busse (Costeñita und Pacífico) fahren von Esmeraldas auf einer relativ guten Straße bis Río Verde/Rocafuerte und auf einer Piste weiter bis La Tola. In Camerones, auf halber Strecke nach Río Verde, kann man Bungalows *(cabañas)* am Strand mieten, in Río Verde gibt es ein einfaches Hotel. Wer unterwegs an einem der herrlich einsamen, von Palmenhainen gesäumten Strände oder in einem der Dörfer aussteigt, um sich umzusehen, kann sich problemlos von einem Jeep oder Lastwagen (großzügiges Trinkgeld) wieder mitnehmen lassen. In allen größeren Dörfern gibt es sehr primitive Unterkünfte. Das gilt auch für **Rocafuerte,** wo man sehr gute Gerichte aus Meeresfrüchten bekommt.

Wenn man nicht übernachten will, sollte man **La Tola** um die Mittagszeit erreichen (von Esmeraldas 5 Std.), da man von hier bis San Lorenzo weitere 4 Std. per Boot braucht. Eine Übernachtung in der sehr einfachen Residencial La Tola ist allerdings überlegenswert, um einen Ausflug zur kleinen Insel **La Tolita** zu machen. Sie war von ca. 500 vor bis 500 nach der Zeitenwende Begräbnisstätte der La Tolita-Kultur, von der nicht nur Keramikgegenstände, sondern auch Goldfigurinen zeugen. Ihr gelang weltweit erstmalig die Gold-Platin-Legierung. 1968 holte der Amerikaner James Judge eine Goldmaske aus den Fluten des Río Santiago, der Italiener Yanuzzelli soll vor ihm 1700 Pfund Gold, das er hier fand, an die Regierung in Quito verkauft haben. In La Tola bieten die Bewohner heimlich (verbotenerweise) Keramik und Goldfigürchen an. Auf der Insel befindet sich ein kleines primitives Museum.

In den langen Booten der Cooperative El Pailón geht es von La Tola über Valdéz (Limones) und Tambillo nach San Lorenzo. Man fährt durch ein Labyrinth von Mangroveninseln und Wasserarmen. **Valdéz** ist ein Handelszentrum für Waren, die über die Ríos Santiago und Cayapas hierher gelangen. Holz steht an erster Stelle, wie man leicht an den Holzstapeln im Hafen erkennen kann, wo das Boot einen Stopp einlegt. Selten sieht man hier Caya-

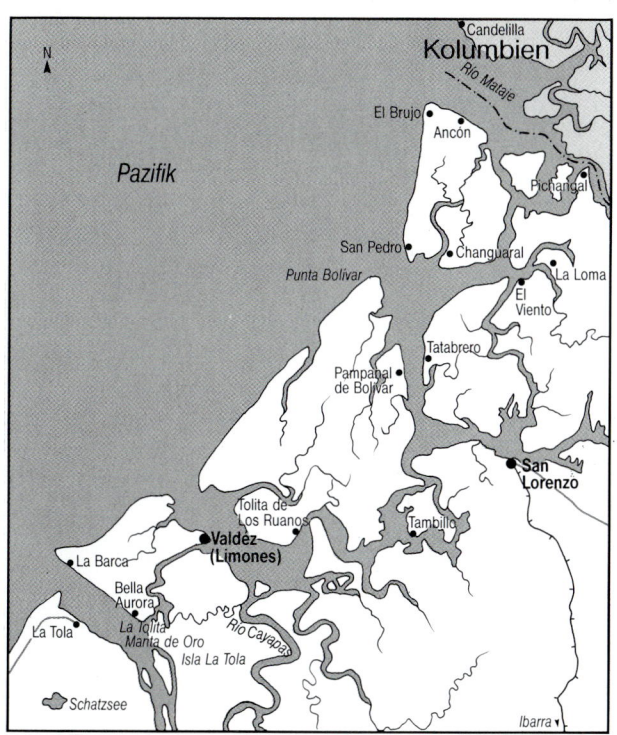

(map labels)
N
Kolumbien
Candelilla
Río Mataje
Pazifik
El Brujo
Ancón
Pichangal
San Pedro
Changuaral
La Loma
Punta Bolívar
El
Viento
Tatabrero
Pampanal
de Bolívar
San
Lorenzo
Tolita de
Los Ruanos
Tambillo
Valdez
(Limones)
La Barca
Bella
Aurora
La Tolita
Manta de Oro
Río Cayapas
La Tola
Isla La Tola
Schatzsee
Ibarra

Die Küste nördlich von
Esmeraldas

pas-Indios, die man eher im Ort Borbón, weiter im Inland am Zusammenfluß von Río Santiago und Río Cayapas, zu Gesicht bekommt. An beiden Flüssen wurde einst Gold gewaschen.

San Lorenzo hat ca. 10 000 Einwohner, überwiegend Schwarze. Wenn es regnet, macht der Schlamm die Straßen unpassierbar. Alle Unterkünfte sind sehr einfach, meist wird ein Moskitonetz gestellt, das schon über dem Bett hängt (es ist ratsam, das Zimmer anzusehen, bevor man sich einmietet; ›Hotels‹: Ibarra, Margaritas, Ecuador, Wilma, San Lorenzo, Jhonny's, Pailón, Colón). Boote nach Ancón (Palma Real) und Pichangal an der Mündung des Grenzflusses Río Mataje können am Hafen gemietet werden. Achtung, wegen des Schmuggels in diesem Grenzbereich mit Kolumbien nimmt das Militär viele Kontrollen vor.

Der Schienenbus *(autoferro)* nach Ibarra im Hochland fährt ca. 7 Uhr früh ab, man sollte mindestens eine Stunde vorher am Bahnhof sein und die Fahrkarten schon am Tag vorher kaufen. Der Bahnhof liegt ca. 10 Min. außerhalb des Ortskerns (vgl. auch die Beschreibung der Bahnfahrt Ibarra–San Lorenzo, S. 272 ff.).

Die Galápagos-Inseln

Der 1000 km westlich von Ecuador gelegene Archipel umfaßt sechs große und zwölf kleinere Inseln, daneben eine Unzahl kleinster Felseneilande. Auf die Insel Isabela entfällt die Hälfte der ca. 8000 qkm großen Landmasse. Die West-Ost-Ausdehnung des Archipels beträgt rund 200 km. Die Galápagos-Inseln bestehen aus Lavagestein. Durch ihre Abgeschiedenheit hat sich eine artenreiche, beeindruckende Tierwelt erhalten, die die Hauptattraktion des Archipels bildet.

Die gut 6000 Bewohner siedeln hauptsächlich auf Santa Cruz und San Cristóbal, außerdem im Süden von Isabela und auf Floreana. Sie leben von Landwirtschaft und Fischerei sowie zunehmend vom Tourismus. Die meisten Besucher kommen über den Flughafen Baltra nach Santa Cruz. Aber auch San Cristóbal verzeichnet durch den neuen Flughafen eine zunehmende Zahl von Gästen. Die Hauptreisezeiten sind Dezember/Januar, Ostern und Juli/August.

Wichtige Hinweise

Klima: Die Monate Januar bis Mai bieten die meisten Sonnentage, es ist sehr heiß, doch gehen auch viele kurze Schauer in den niedrigen Lagen herunter, so daß die Vegetation im April und Mai am üppigsten ist. Anschließend treten von Juni bis Dezember Nebel und stärkere Bewölkung auf (Garuazeit), es ist kühler und in Niederungen trockener, in hohen Staulagen feuchter. Im September/Oktober ist das Meer stürmischer. In dieser für Ausflüge ungünstigen Zeit werden viele Boote repariert.

Ausrüstung (nur das erfahrungsgemäß Wichtigste): robuste und bequeme Schuhe, am besten ein Ersatzpaar, da die scharfen Lavakanten dem Schuhwerk stark zusetzen (für die vielen ›nassen Landungen‹ ein Paar leicht zu säubernde Sandalen); Sonnencreme mit hohem Lichtschutzfaktor, besonders für die langen Bootsfahrten, am besten zusätzlich eine Kopfbedeckung; Regenschutz; warme Kleidung, da die Nächte kalt sein können; mehrere Handtücher;

Lavalandschaft auf Galápagos

minimale Erste-Hilfe-Ausrüstung, da auf den Booten das Material ausgehen könnte; Medikamente gegen die Seekrankheit; Plastikbeutel, u.a. als Kameraschutz; Varioobjektiv mit gutem Telebereich und pro Tag mindestens zwei Filme; Fernglas.

Geld: Es ist sehr ratsam, genügend Bargeld mitzubringen. Schecks werden nur mit Verlust – wenn überhaupt – eingelöst, und Kreditkarten akzeptiert man meist nicht. Dollars wechselt man zu einem schlechteren Kurs als auf dem Festland. Am besten tauscht man vor der Reise

genügend Sucres. Vielfach werden Dollar und Sucre als Zahlungsmittel akzeptiert (etwa bei den Bootsfahrten), wobei ein Preisvergleich lohnt (die Bezahlung in Sucre ist oft vorteilhafter).

Reisetips: Die gängige Art, die Galápagos-Inseln zu besuchen, ist eine Kombination aus Flug und ein- bis zweiwöchiger Rundreise per Schiff. Wer erst in Quito oder Guayaquil bucht, sollte das gleich nach der Ankunft tun, um den Inselaufenthalt optimal in den Reisekalender einzubauen. Es ist möglich, in Quito ein Pau-

schalangebot mit einem Flug ab Guayaquil zu buchen und vorher das Festland bis Guayaquil zu bereisen, um dann von Galápagos direkt nach Quito zurückzufliegen oder umgekehrt die Route Quito – Galápagos – Guayaquil zu nehmen.

Insbesondere in den Hauptreisezeiten klappt eine individuelle Organisation aber selten optimal. Weniger die Flüge als die besseren Tourenboote sind dann ausgebucht. Nur wer viel Zeit hat, sollte auf eigene Faust zu den Inseln fliegen und sich dort ein Boot suchen. In diesem Falle nimmt man am besten den Flug

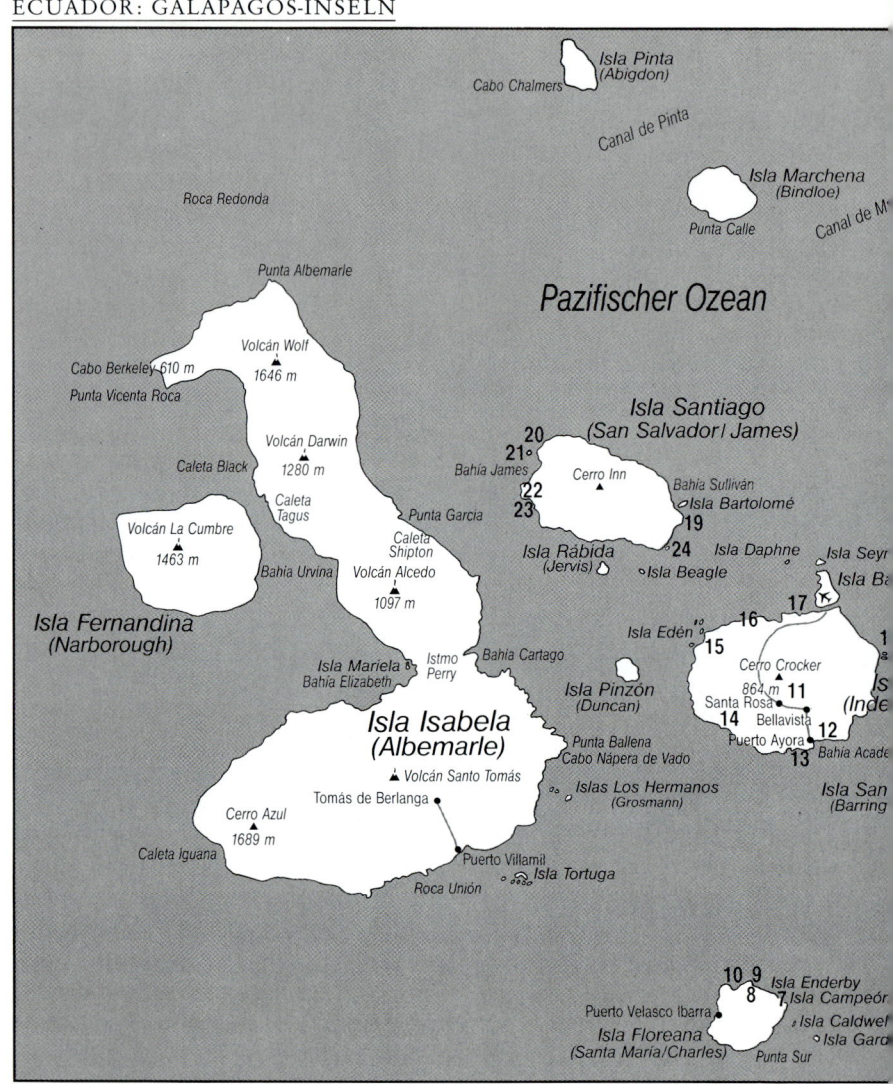

nach Baltra auf Santa Cruz, dessen Hafenstadt Puerto Ayora die meisten Hotels hat. Man muß dann aber eventuell mit einer sehr einfachen Unterkunft vorlieb nehmen. Falls man dort kein akzeptables Boot für eine mehrtägige Rundreise findet, bleiben immer noch die angebotenen Tagesausflüge (vgl. S. 314), die aber nur einen sehr begrenzten Eindruck von der Inselwelt vermitteln. Aus diesem Grund und angesichts der hohen Kosten für Flug, Aufenthalt und Ausflüge lohnt sich eher eine organisierte Tour. Immerhin kostet der Flug ab Quito ca. 370 Dollar (ab Guayaquil rund 40 Dollar weniger), und pro Aufenthaltstag ist mit 50 bis 100 Dollar zu rechnen, je nach Güte von Hotel und Ausflugsboot.

Beim Buchen einer Pauschalreise gibt es einiges zu bedenken: Man befindet sich mindestens sieben Tage und Nächte auf See; große Schiffe haben dann ihre Vorteile (teilweise wird einmal

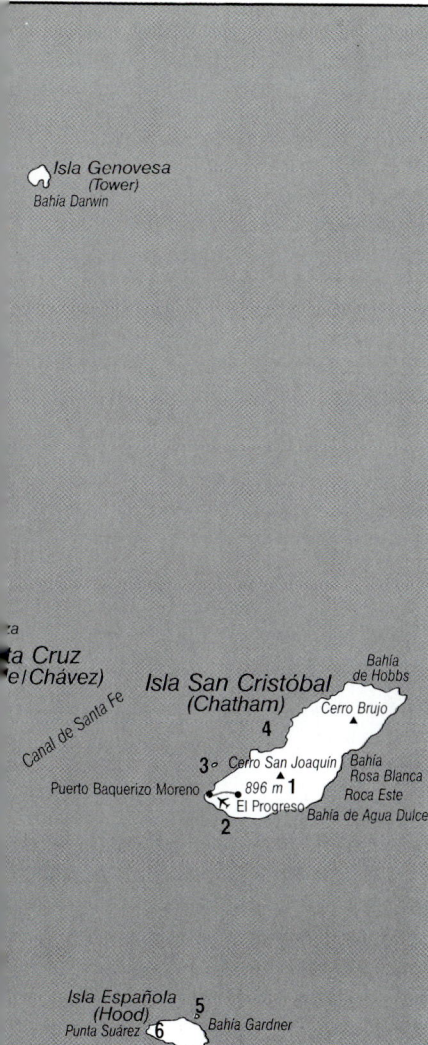

Galápagos-Inseln

Isla San Cristóbal
1 Lagune El Junco
2 Ballena-Felsen
3 Insel Lobos
4 Kicker-Felsen

Isla Española
5 Insel Gardner
6 ›Blowhole‹

Isla Floreana
7 Piratenhöhlen
8 Laguna de los Flamingos
9 Punta Cormorant
10 Post Office Bay

Isla Santa Cruz
11 Krater Media Luna
12 Darwin-Forschungsstation und Gehege
13 Schildkrötenbucht (Bahía Tortuga)
14 Schildkrötenreservat
15 Bahía Conway
16 Las Bachas
17 Caleta Tortuga Negra
18 Gordon Rocks

Isla Santiago
19 Bahía Sullivan
20 Piratenbucht (Caleta Bucanero)
21 Insel Albany
22 Playa Espumilla
23 Puerto Egas
24 Sombrero Chino

auf Santa Cruz übernachtet). Die größten Schiffe mit 90 Passagieren sind zwar bequemer, dürfen aber nur etwa ein Viertel der genehmigten Besichtigungsplätze anlaufen. Auch wenn bei der Landung kleine Gruppen gebildet werden, bleibt es eine Massenveranstaltung. Boote mit bis zu zwölf Passagieren dürfen alle erlaubten Orte anlaufen, sind aber meist enger und unbequemer, obgleich es auch hier Luxusversionen gibt. Bei der Buchung lasse man sich ein Foto des Schiffes zeigen. Wichtig ist zudem, daß der Führer wenigstens Englisch spricht.

Es ist ratsam, bei den größeren Reisebüros zu buchen: Metrópolitan Touring (Quito: Av. Río Amazonas 239; Guayaquil: Av. 9 de Octubre 424/Gran Pasaje-Gebäude); Ecuadorian Tours (Quito: Av. Amazonas 339/Washington); Coltur (Quito: C. Robles 370/Páez; hat auch ein Büro in Puerto Ayora). Unterkünfte auf Galapagos vgl. S. 313, 317.

Die Tierwelt auf Galápagos

1959, zum hundertjährigen Jubiläum des Erscheinens von Darwins Buch ›Von der Entstehung der Arten‹, wurden die Inseln zum Nationalpark erklärt, ausgenommen die schon besiedelten Gebiete. 1962 begann die Darwin-Forschungsstation auf Santa Cruz zu arbeiten. Erst seit dieser Zeit entstand ein geschlossenes Konzept zur Erhaltung der einmaligen Tierwelt der Galápagos. Speziell autorisierte Touristenschiffe dürfen nur ganz bestimmte Stellen anlaufen, immer muß ein ausgebildeter ecuadorianischer Führer dabeisein, und die Besucher sind gehalten, nicht von den markierten Wegen abzuweichen. Noch nicht vollständig gelungen ist die Ausrottung von Ratten und verwilderten Haustieren, insbesondere Ziegen, Hunden, Schweinen, Eseln und Katzen, die Flora und Fauna zu zerstören drohten. Die wichtigsten und beeindruckendsten Tierarten, die der Tourist zu Gesicht bekommt:

Seelöwen: Die Bullen, die bis zu 250 kg Körpergewicht erreichen können, bewachen zwei bis drei Wochen lang einen Harem von bis zu 20 Weibchen, wobei sie in ständigem Kampf mit Rivalen stehen. Danach ziehen sie sich in eine getrennt lebende Junggesellenkolonie zurück, der auch die jungen Männchen bis zu sechs Jahren angehören.

Echsen: Die Meerechsen *(iguanas marinas)* sind meist dunkel gefärbt; während der Paarungszeit im Dezember und Januar zeigen die Männchen leuchtende Farben. Nur die Galápagos-Arten suchen ihre Nahrung auf dem Meeresboden. Die größten Meerechsen leben auf Santa Cruz und Isabela, die farbigsten auf Española und Santa Fé. Sie bilden Kolonien, während die Landechsen *(iguanas terrestres)* eher Einzelgänger sind. Sie sind länger als die Meerechsen und leben in kleinen Höhlen, Männchen und Weibchen getrennt. Die größten dieser gelblichen Echsen gibt es auf Santa Fé.

Schildkröten *(galápagos;* Namensgeber und Wappentier der Inseln): Die Riesen- oder Elefantenschildkröten können bis zu 250 kg schwer, über 1 m groß und bis zu 200 Jahre alt werden. Sie leben in großen Kolonien in den Kratermulden der Vulkane auf Isabela, außerdem im Schildkrötenreservat auf Santa Cruz und in den Gehegen der Forschungsstation Darwin.

Blaufußtölpel *(piqueros patas azules):* Diese blaubefußten Vögel sieht man sehr häufig, da sie sich nahe der Küste aufhalten, wo man sie bei ihren Sturztauch-Manövern beobachten kann. Sie brüten am Boden. Die Jungen zeichnen sich durch ein weißes Flaumfederkleid aus. Die Maskentölpel sind größer und am Schnabel-grund um die Augen schwarz (daher der Name).

Fregattvögel *(fragata real):* Der Prachtfregattvogel hat die Fähigkeit verloren, sein Gefieder zu fetten, und auch seine Schwimmhäute sind degeneriert. Er holt daher seine Nahrung nicht aus dem Meer, sondern jagt sie anderen Vögeln ab. Das ist für Jungtiere schwer, die bis zu acht Monaten gefüttert werden müssen. Während das Männchen schwarz gefiedert ist, sind die Jungtiere fast weiß. Zur Balzzeit bläst das Männchen einen roten Luftsack auf, breitet die Flügel weit auseinander und gibt Klacktöne von sich.

Zur Geschichte des Archipels

Einem wenig glaubwürdigen Bericht des spanischen Chronisten Sarmiento de Gamboa (1580) zufolge soll der Inka-Herrscher Tupac Yupanqui im Zuge der Eroberung der ecuadorianischen Küste auch die 1000 km entfernt liegenden Inseln angesteuert und von dort Schwarze und Gold mitgebracht haben. Keramikfunde sprechen andererseits dafür, daß schon Menschen der vorinkaischen Küstenkulturen, die auch hoch bis nach Mexiko Handel trieben, die Inseln erreichten.

Als erster Spanier entdeckte der Bischof von Panama, Tomás de Berlanga, die Inseln durch Zufall am 10. April 1535. Sein Schiff geriet in eine lange Windstille und wurde durch die Strömung zum Galápagos-Archipel abgetrieben. Seine Leute überlebten hier nur, indem sie Kakteen auspreßten und das ›rosa Wasser‹ tranken. Ab dem Ende des 17. Jhs. dienten die Inseln Seeräubern, wie Davis, Knight, Dampier und Eaton, als Rückzugsbasis. Sie liefen vor allem die Bahía de Albany im Nordwesten der Insel Santiago an, in deren Nähe es zur Regenzeit ausreichend Trinkwasser gab. Diese Bucht heißt daher Caleta Bucanero. Man reparierte hier die Schiffe und jagte Schildkröten, die Fleisch und Öl lieferten. Sie wurden übereinandergestapelt als Lebendproviant mitgenommen. Dampier ließ 1684 eine Karte des Archipels erstellen und gab den Inseln englische Namen, die Ecuador erst 1892 durch spanische ersetzte. Auch der englische Kapitän Rogers lief Galápagos Anfang des 18. Jhs. an, nachdem er bei der chilenischen Insel Juan Fernández den Schotten Selkirk an Bord genommen hatte, der Daniel Defoe als Vorbild für ›Robinson Crusoe‹ diente. Die Zeit der Seeräuber hinterließ viele Legenden von vergrabenen Schätzen.

Ende des 18. Jhs. kamen die Walfänger. Der erste Siedler, ein gewisser Patrick Watkins, lebte zu Beginn des 19. Jhs. auf Floreana und tauschte selbstangebautes Gemüse gegen den Rum der Seeleute.

Amerikaner und Engländer liebäugelten mit einer Annektion der Inseln als Stützpunkte für ihre Walfängerflotten. Aber nach der Befreiung von der spanischen Kolonialherrschaft reklamierte Präsident Juan José Flores Galápagos 1832 für Ecuador (daher auch der Name Floreana für eine der Inseln). Gern schob man unliebsame Staatsbürger auf die Inseln ab. Der Freiheitskämpfer Villamil ließ 80 aufständische Soldaten hierher deportieren. Später folgten männliche und weibliche Zuchthäusler. Villamils Nachfolger Colonel Williams sammelte eine Leibwache aus Sträflingen und Matrosen der Walfängerschiffe um sich und beutete die wenigen Siedler schonungslos aus, bis sie ihn vertrieben. 1852 lebten nur noch acht Kriminelle auf Floreana. Einer von ihnen, Manuel Briones, genannt der ›Pirat von Guayaquil‹, plante die Ermordung des Präsidenten Flores, um selbst zu herrschen. Mit einigen Getreuen kaperte er ein Schiff, griff den Hafen von Guayaquil an und tötete 30 Menschen. Er wurde wenig später gefangengenommen und auf dem Zentralplatz von Guayaquil öffentlich hingerichtet.

1869 kam der Spanier José de Valdizán, der für die Bewirtschaftung seiner Hacienda Strafgefangene vom Festland holte. Er wurde ermordet. Sein Kompagnon Cobos gründete die Hacienda El Progreso auf San Cristóbal und baute erfolgreich Zuckerrohr an, führte dann aber ein so grausames Regiment als ›König‹ in einem kleinen Privatstaat, daß seine Arbeiter ihn 1904 mit der Machete erschlugen.

International berühmt wurden die Galápagos-Inseln durch Charles Darwin, der

Die Baronin und der ›Ritter‹

Anfang der 30er Jahre war die Insel Floreana Schauplatz eines menschlichen Dramas, dessen Einzelheiten nie ganz aufgeklärt wurden.

1929 ließen sich der Berliner Dentist Friedrich Ritter und seine Freundin Dore Korwin auf der Insel nieder. Sie hatten sich alle Zähne ziehen lassen und benutzten gemeinsam ein Stahlgebiß. Beide waren Vegetarier, huldigten einer primitiven Naturphilosophie und dem Nudismus. Der Name ihrer Hütte, ›Frie-do‹, war aus den ersten Buchstaben beider Vornamen zusammengesetzt und symbolisierte die ersehnte Ruhe. Für die wenigen Touristen war das Paar eine Attraktion. 1930 kam das deutsche Ehepaar Wittmer mit einem kleinen Sohn. Sie bewohnten erst Piratenhöhlen, um dann auf das Land des von Villamil gegründeten ›Asilo de Paz‹ umzuziehen.

1932 landete schließlich die exzentrische Baronin Eloisa Bosquet de Wagner-Wehrborn mit Hausrat, Tieren und zwei Verehrern auf Floreana. Sie war angeblich die Frau eines französischen Barons, den sie in Istanbul kennengelernt und in Paris wieder verlassen hatte. Sie plante, das Hotel Paraíso für reiche Amerikaner zu errichten und warb in amerikanischen Zeitungen um Touristen, doch das Echo blieb aus. Die Baronin, ständig mit Reitpeitsche und Revolver bewaffnet, setzte sich als Monarchin der Insel in Szene. Sie stiftete Unruhe und verfeindete sich mit den Ritters, die sich als ›philosophische Eremiten‹ gestört sahen. Ihren anfänglichen Geliebten Rudolf Lorentz ließ die Baronin zugunsten seines Nebenbuhlers Robert Philipson fallen und degradierte ihn zum Sklaven.

Eines Tages erschien Lorentz verstört bei den Wittmers und berichtete, die Baronin und Philipson hätten sich in einer Yacht auf- und davongemacht. Im Juli 1934 verließ Lorentz auf dem Schiff des Norwegers Nuggeröd die Insel. Fünf Monate später entdeckte man die ausgedörrten Leichen von Lorentz und Nuggeröd zufällig am Strand der Insel Marchena. Ritter deutete in einem Brief an seinen Freund Allan Hanock an, daß schreckliche Dinge auf der Insel Floreana geschehen seien. Als der Freund kam, war der Vegetarier Ritter schon tot. Er starb unter Krämpfen, vermutlich an einer Fleischvergiftung. Seine Freundin Dore fuhr mit Hanock nach Deutschland zurück, mußte sich hier gegen Mordverdächtigungen verteidigen und landete schließlich in einer Berliner psychiatrischen Anstalt. Die Wittmers blieben auf Floreana – bis heute.

sich als Student in Oxford langweilte und auf eine Zeitungsannonce des Kapitäns Robert Fitz Roy antwortete, um mit ihm 1831 auf der ›Beagle‹ zu den Galápagos zu fahren. Sein Aufenthalt auf den Inseln vom 16. September bis zum 20. Oktober 1835 bildete den Grundstein für sein 1859 erschienenes Werk über die Evolution und den Ursprung der Arten. Der amerikanische Romancier Melville fuhr 1841 zu den Galápagos und verarbeitete seine Erlebnisse in einem Roman. Nach einer Expedition im Jahre 1923 schrieb der Tiefseeforscher William Beebe ein romantisches Buch über die Inseln. Diese paradiesischen Schilderungen bewegten viele Norweger, sich auf Santa Cruz anzusiedeln. Bald jedoch folgte die Ernüchterung aufgrund der harten Lebensbedingungen: 1929 waren nur noch drei geblieben.

Santa Cruz (engl: Indefatigable)

Santa Cruz, das touristische und kommerzielle Zentrum von Galápagos, ist die Insel mit den fruchtbarsten Böden und der abwechslungsreichsten Vegetation. **Puerto Ayora** wird durch die landwirtschaftlichen Produkte aus den höher gelegenen Regionen im Inselinneren versorgt. Hier liegen die kleinen Orte Bellavista und Santa Rosa. Während an der Küste um Puerto Ayora Mangrovendickicht und Trockenvegetation dominieren, trifft man weiter oben auf dichtere Wälder mit höheren Bäumen und auf Sumpfgebiete. Um die Krater der Vulkane herrscht Pampavegetation vor. Im Südwesten reicht ein Naturreservat (mit ca. 1500 Schildkröten) von der Küste bis etwa zur Grenze des kultivierten Landes. Der Norden der Insel ist so trocken, daß hier nur Dornstrauchvegetation gedeiht. Auf Santa Cruz leben acht der 13 Arten von Galápagos-Finken und viele andere Vogelarten.

In der **Estación Biológica Charles Darwin,** an der Bahía Academy östlich von Puero Ayora (25 Min. Fußweg), werden vor allem vom Aussterben bedrohte Schildkröten gezüchtet, um sie wieder an verschiedenen Stellen der Inselwelt auszusetzen. Das geschieht etwa im Alter von, sechs Jahren, wenn die Tiere Faustgröße erreicht haben und der Panzer zur Verteidigung fest genug ist. In den hinteren Gehegen der Station, die seit 1964 existiert, leben ausgewachsene Schildkröten. Man kann ein Gehege betreten und sie von nahem betrachten und fotografieren. Das Museum Van Straelen informiert über Geologie und Naturgeschichte der Galá-

Puerto Ayora 1 Ninfa Bar-Restaurant 2 Post 3 Ingala Parkverwaltung 4 Kirche 5 Hotel Castro 6 Hotel Ninfa 7 Radiostation 8 Mercado Micro 9 Hotel Colón 10 Bar La Terraza 11 Hafenverwaltung 12 Hotel Elizabeth 13 Rathaus 14 Hotel Lobo del Mar 15 Banco Nacional 16 Hotel Sol y Mar 17 Pensión Gloria 18 Pensión Angermeyer 19 Bar la Peña 20 Bar La Fragata 21 Friedhof 22 Hotel Galápagos 23 Hotel Salinas 24 Hotel Las Palmeras 25 Apotheke 26 Hotel Darwin 27 Büro der Fluggesellschaft Tame 28 Hotel Santa Cruz

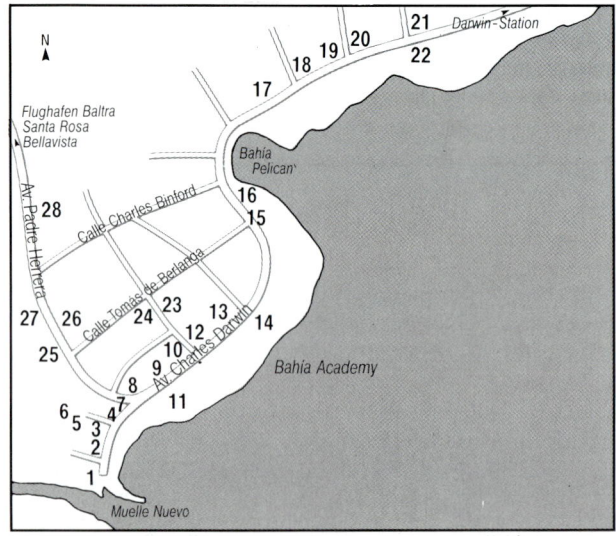

pagos. Gleich am Eingang der Forschungsstation befindet sich ein Informations-
stand, der auch Postkarten und Bücher
vertreibt.

Ausflüge auf Santa Cruz

Ca. 2 Std. dauert die Wanderung auf gutem
Weg zur Bahía Tortuga westlich von
Puerto Ayora. Startpunkt ist die Hauptstraße beim Hotel Elizabeth, in der Bucht
ein schöner Sandstrand, am Ufer Mangroven; manchmal sind Schildkröten und
Echsen zu sehen.

Ab Bellavista führt ein Weg zu den
Lavatunnels, die auf einem Privatgrund-
stück liegen (kleine Eintrittsgebühr);
ebenfalls ab Bellavista gelangt man zum
Vulkankrater Media Luna (Tagesausflug).

Schildkröte auf Santa Cruz

Lohnend ist auch der Besuch des Schild-
krötenreservates bei Santa Rosa (ebenfalls
ein Tagesausflug; falls man den Bus ab
Puerto Ayora nimmt, dem Busfahrer Bescheid sagen).

Denken Sie bei den Tagesausflügen
daran, Proviant und Getränke mitzunehmen. Genauere Informationen in Puerto
Ayora, auch kombinierte organisierte
Touren erfragen.

Information: Centro Cooperativo Turístico,
neben der Ninfa-Bar; Coltur, Av. Padre Julio
Herrera, Nähe C. Charles Binford.

Unterkunft: Es gibt drei gute Hotels am Strand:
Galápagos (Bungalow, östlich des Ortes, Nähe
Darwin-Station), Delfín (östlich des Ortes, nur
per Boot erreichbar, liegt im Halbkreis um
eine Meereslagune, Restaurant) und Sol y Mar
(direkt an der Bucht). Weitere einfache Unterkünfte im Ort: Lobo del Mar; Ninfa (bei gleich-
namigem Bar-Restaurant); Elizabeth; Castro;
Colón; Salinas; Las Palmeras; Gloria; Angermeyer; Darwin; Santa Cruz. Besonders in der
Hochsaison mit starkem einheimischem Tourismus (Ostern, Weihnachten, Juni bis August)

sollte man unbedingt von Quito oder Guayaquil aus reservieren.

Restaurants: Ninfa Bar-Restaurant, am West-
ende der Uferstraße (nicht nur gute Fischge-
richte, auch beliebter lokaler Treffpunkt an der
Bar, Möglichkeit der Information über Aus-
flüge); La Garrapata, am Weg zur Darwinsta-
tion; Don Enrique, an Hauptstraße (lokale
Gerichte); Los Gemelos, Nähe Schule; Four
Lanterns, an der Pelican Bay; Bambú, Nähe
Bank; weitere Cafeterías und Bars vgl. Ortsplan.
Speisen und Getränke sind teurer als auf dem
Festland.

Verkehr: Busse fahren mehrmals täglich von
Puerto Ayora zu den Orten Bellavista und Santa
Rosa. Zum Flughafen auf der kleinen Insel
Baltra vor der Nordküste von Santa Cruz
nimmt man den Bus ab Puerto Ayora (täglich
um 8 Uhr morgens) und anschließend die Fähre
nach Baltra (insgesamt mindestens 2 Std. Weg-
strecke, Karten unbedingt tags zuvor kaufen).
Flugverbindungen bestehen nach Quito und
Guayaquil. Bei Ankunft im Flughafen Baltra ist

sofort die hohe Gebühr für den Eintritt in den Nationalpark Galápagos zu bezahlen. Heben Sie den Beleg gut auf, denn ohne ihn können Sie keine weitere Tour buchen.

Schiffe der Nationalparkorganisation Ingala fahren Dienstag und Samstag nach San Cristóbal (ca. 4 Std.), zurück Montag und Mittwoch; Donnerstag nach Isabela (Puerto Villamil), von dort Freitag nach Floreana und am selben Tag zurück nach Santa Cruz.

Bootstouren: In Tagesausflügen werden die Islas Plaza Sur vor der Ostküste von Santa Cruz, Seymur gleich nördlich von Baltra und Santa Fe angelaufen.

In der Hochsaison ist es schwierig, auf Anhieb einen Platz in einem besseren Boot zu finden (oft ausgebucht). Informieren Sie sich im Touristenbüro oder in der Ninfa-Bar nebenan, und vergleichen Sie die Angebote sorgfältig. Wenn Sie es sich leisten können, nehmen Sie nicht die billigsten Boote. Qualitätskriterien sind u. a.: ihre Schnelligkeit, damit man nicht zu lange für die Anfahrt braucht; ein mehrsprachiger Führer, der sich in der Tierwelt auskennt; Bequemlichkeit, die für die langen Anfahrten wichtig ist. Die angegebenen Preise gelten immer für das Boot; je weniger Personen mitfahren, um so teurer wird es also für den einzelnen. Man bezahlt meist eine Abschlagssumme für Nahrungsmittel, die die Crew besorgt. Es ist ratsam, sich bei mehrtägigen Touren eine verbindliche Liste der Zielpunkte geben zu lassen.

Islas Plaza

Tagesausflüge ab Puerto Ayora zu den kleinen Islas Plaza vor der Ostküste von Santa Cruz steuern in der Regel nur die südliche der beiden Eilande an. Da sie als Galápagos en miniature gilt, ist der Besucherandrang groß (2 Std. Zeit für die Inselbesichtigung). Die nördliche Küste ist wegen der flachen Lavablöcke ein idealer Platz für Seelöwen, von denen ca. 1000 Exemplare auf Süd-Plaza leben. Oft kommen sie schon bei der (›trockenen‹) Landung dicht ans Boot. Sie verteilen sich hier auf zwei Kolonien: In der einen verteidigen ausgewachsene Männchen ihre Harems; in die andere ziehen sie sich dann nach drei Wochen erschöpft zurück. Zu dieser Junggesellenkolonie gehören auch Jungbullen. Besonders die Alten können gefährlich werden, wenn man ihnen zu nahe kommt.

Die zweite Attraktion der Insel sind die Landechsen, die hier relativ klein sind. Besonders im Westteil gibt es viele Opuntia-Kakteen und Dornbuschwald, Aufenthaltsort von Galápagos-Finken. An der steilen Ost- und Südküste (bewegte See) lassen sich u. a. Gabelschwanzmöwen, Tropikvögel (Ruderfüßer; Hochseevögel) mit rotem Schnabel und Sturmtaucher beobachten.

Seymour, Mosquera, Daphne

Seymour (Norte) besteht wie die Insel Baltra (Seymour Sur) aus einem Plateau, dessen Basalt- und Lavaformationen sich unter Wasser bildeten und sich dann über die Meeresoberfläche erhoben. Seymour Norte ist dichter bewachsen als Baltra. Die Insel wird hauptsächlich wegen der Kolonien von Fregattvögeln angesteuert, die hier gut zu beobachten sind. Außerdem gibt es Brutkolonien der Blaufußtölpel.

Auf der kleinen Insel Mosquera gibt es eine große Seelöwenkolonie. Die westlich von Baltra gelegene Insel Daphne ist der Rest eines stark erodierten, großen, runden und flachen Vulkankegels mit sehr flachem Krater. Er ist Nistplatz Hunderter von Blaufußtölpeln. In der stellenweise bis zu 15 m aufragenden Felswand der Steilküste mit ihren vielen ausgewaschenen Höhlen liegen die Brutplätze zahlreicher Vogelarten.

Flamingo auf Seymur

Bartolomé, Santiago und Rábida

Die kleine Insel **Bartolomé** liegt vor der Ostküste der größeren Nachbarin Santiago. Die Boote legen an zwei Stellen der Nordbucht an. Vom nordöstlichen Landungssteg (›trockene‹ Landung) führt ein Weg durch eine Lavalandschaft zu einem Krater (ca. 1 Std.). Von dort blickt man auf die eindrucksvolle Mondlandschaft der kleineren Nebenkrater im Süden, die durch die Verstopfung des Hauptkraters entstanden. Vom Krater aus sieht man im Osten von Bartolomé zwei Strände, die durch eine niedrige Landzunge getrennt sind; rechts eine auffällige Felsspitze aus Lavagestein (Rinnacle Rock). Da die Insel sehr jung ist, ist sie nur spärlich bewachsen. Meist wird vor der Landenge noch einmal geankert (›nasse‹ Landung). Pinguine bevölkern das Nordwestufer.

Auf der Insel **Santiago** (586 qkm, auch San Salvador bzw. James genannt) erhebt sich im Norden ein Vulkankrater von ca. 900 m Höhe. Im vorigen Jahrhundert wurden diverse Eruptionen registriert, die an vielen Stellen eindrucksvollste Vulkanlandschaften hinterlassen haben. Von der Bahía Sullivan aus (Ostküste ›trockene‹ Landung) kann man eine interessante Lavazone besichtigen, die sich 1897 bildete. Die **Caleta Bucanero** (Piratenbucht) an der Nordwestküste von Santiago war – wie der Name ausdrückt – ein beliebter Aufenthaltsort von Piraten. Weiter südlich, gleich hinter dem Strand **Playa Espumilla** (›nasse‹ Landung), kann man in den Salzwasserlagunen Flamingos beobachten, außerdem Galápagos-Enten und Stelzenläufer. In der Nähe der sich südlich anschließenden **Bahía James** (Puerto Egas) befinden sich noch Reste einer Salzmine, die in den 20er und dann wieder in den

60er Jahren in Betrieb war. Man gewann das Salz im nahen Vulkan, in dessen Kratersee durch Gesteinsrisse Meerwasser gelangte. Eine Süßwasserquelle zu Füßen des hohen Vulkankegels versorgte einst in Regenzeiten Piraten und Walfänger mit Trinkwasser.

Das südlich von Santiago gelegene **Rábida** gehört mit nur 2,5 qkm Fläche zu den kleinsten Inseln. Sie erreicht mit bis zu 370 m im Verhältnis zu ihrer Größe eine beachtliche Höhe. Die Küste ist überwiegend steil, der Zugang erfolgt über eine kleine Bucht (›nasse‹ Landung); von hier relativ kurzer Weg zur Hauptattraktion, einem rötlichen Strand (eisenhaltige Lavapartikel) mit Seelöwen, dahinter eine Lagune mit Flamingos, seitlich davon auch Pelikan-Nistplätze und Blaufußtölpel. Allein auf dieser kleinen Insel existieren neun Arten des Darwinfinken.

Die Mini-Insel **Sombrero Chino** (chinesischer Hut) im Südosten von Santiago (›nasse‹ Landung) besteht aus einem Schildvulkan mit kleinen Nebenkratern. An der Landungsbucht sind Seelöwen und Meerechsen zu sehen. Landschaftlich reizvoll sind die Lavatunnel und Stricklava.

Santa Fe (engl.: Barrington)

Die Vegetation der ziemlich kahlen Insel besteht vor allem aus Kakteen und *palo santo*-Bäumen. In der malerischen Landebucht im Nordosten (›nasse‹ Landung) leben Seelöwen. Außerdem sind Landechsen (endemische Art von Santa Fe) und Spottdrosseln, die in Symbiose mit den Echsen leben, zu beobachten. Viele Vogelarten nisten in den Steilküsten, besonders im Norden.

Landschaft auf Santa Fe

Floreana
(Santa María/engl.: Charles)

Die weniger wegen ihrer Tierwelt als wegen der geschichtlichen Ereignisse (vgl. S. 311) interessante Insel ist 170 qkm groß. Höchste Erhebung ist der Cerro Paja (640 m). In den höheren Lagen wohnen rund 50 Menschen, darunter die durch ihr Buch ›Postlagernd Floreana‹ bekannt gewordene Señora Wittmer, die auch Unterkünfte und Mahlzeiten bereitstellt (Asilo de Paz). Hier kann man sich am besten über die Insel informieren und erfahren, wie man zum Grab Ritters oder zum Hotel Paraíso der Baronin gelangt.

An der Nordküste liegt die berühmte Post Office Bay (Bahía de Correo), in der Colnett 1793 ein noch heute vorhandenes Faß als Postkasten einrichtete.

Weiter östlich befindet sich nahe Punta Cormorant ein Strand mit grünlichem Sand (Olivinit), dahinter Mangrovenwald mit der sogenannten Laguna de los Flamingos. Vor der Punta Cormorant liegt eine Felsengruppe, Reste eines untergegangenen Kraters, der als Corona del Diablo (Teufelskrone) bezeichnet wird. An der Ostküste befinden sich die Cuevas de los Piratas, Höhlen, die angeblich Piraten als Unterschlupf dienten.

Española (engl.: Hood)

Die rund 60 qkm große und relativ flache Insel (ca. 200 m ü. M.) am südlichen Rand des Archipels hat viele endemische Tierarten bewahrt und gehört daher zu den interessantesten Inseln der Galápagos. Schon bei der Landung in der Bahía Suárez kann man auf Seelöwen treffen. Für den ca. 2 km langen Fußmarsch sind mindestens 2 Std. anzusetzen. Am Ende gelangt man zur einzigen zugänglichen Albatros-Kolonie der Galápagos, wo schätzungsweise 20 000 Vögel nahe am Touristenpfad nisten. Sie verlassen die Insel von Januar bis März, da sie in dieser Zeit wenig Nahrung in den warmen Gewässern der Niño-Meeresströmung finden. Interessant sind auch die roten Meerechsen, die Lavaechsen, große Kaktusfinken und Gabelschwanzmöwen. Auf der anderen Seite der Landungsbucht liegt ein ›Blowhole‹ (Blasloch), durch das bei starkem Wellengang eine bis zu 20 m hohe Fontäne aufsteigt.

San Cristóbal (engl.: Chatham)

Mit 560 qkm ist San Cristóbal die viertgrößte Insel, nur wenig kleiner als Santiago. Hier leben fast ebenso viele Menschen (ca. 2500) wie auf Santa Cruz. **Puerto Baquerizo Moreno** ist die administrative Hauptstadt des Galápagos-Archipels, Sitz der Regierung und Marinestützpunkt. In den höheren Lagen, um die Siedlung El Progreso, gedeihen auf den fruchtbaren Böden und wegen des feuchteren Klimas Kaffee, Kakao, Gemüse und Früchte (für den lokalen Verzehr). Die Siedler sowie verwilderte Ziegen, Hunde, Esel und Schweine haben wie auf vielen anderen Inseln die ursprüngliche Tierwelt weitgehend zurückgedrängt. In Puerto Moreno existiert ein kleines Museum.

Unterkunft: Die beste Unterkunft bietet das Gran Hotel, am Ostende des Ortes; ebenfalls zu empfehlen ist Mar Azul, am Weg zum Flughafen; einfachere Unterkünfte: Northia, Gloria, Miramar, Don Jorge, San Francisco.

Restaurants: Gut sind Rosita und Chatham, ebenso die Restaurants des Gran Hotel und des Hotels Mar Azul.

Verkehr: 3× wöchentlich mit SAN nach Quito und Guayaquil; Ingala-Boote verkehren mehrmals wöchentlich nach Puerto Ayora auf Santa Cruz. Busse fahren ins Innere der Insel nach El Progreso.

Isabela (engl.: Albemarle)

Mit 4600 qkm ist Isabela die mit Abstand größte Insel des Archipels, mehr als viermal so groß wie Santa Cruz. Sie gehört zusammen mit den Nachbarinseln Santiago und Fernandina zu den vulkanisch aktivsten Regionen der Erde. Seit 1911 wurden auf Isabela 13 Eruptionen gezählt. Die *caldera* (Kraterschüssel) des Vulkans Santo Tomás im Süden zählt mit 10 km Durchmesser zu den weltweit größten. Über weite Strecken zeigt die Insel das Gesicht einer Mondlandschaft aus Lavafeldern und Aschewüsten. Neben sechs großen Kratern gibt es schätzungsweise 2500 Sekundärkegel. Der Vulkan Wolff im Norden ist mit etwa 1700 m der höchste. In den *calderas* von Wolff und Darwin leben große Kolonien verschiedener Arten von Riesenschildkröten.

Pelikan

Puerto **Villamil** an der Südküste, benannt nach dem Mann, der die ersten Kolonisten herbrachte, liegt auf einer fruchtbaren Ascheebene zwischen Meer und Lavafeldern. Das 18 km entfernte **Tomás de Berlanga** erhielt seinen Namen nach dem Bischof, der das Archipel für die Spanier entdeckte. Die Bewohner beider Orte leben von Gemüse- und Obstanbau, Viehwirtschaft und Fischerei.

1944 wurden hier Gefangenenkolonien eingerichtet. Rund 230 Menschen lebten in drei Lagern, die Schwerverbrecher in demjenigen bei Tomás. Sie bauten als Beschäftigungstherapie eine Basaltmauer von 120 m Länge, 8 m Breite und 9 m Höhe. Die Reste dieser *muro de lágrimas* (Mauer der Tränen) sind noch zu sehen. Nach einem Aufstand der Gefangenen wurden die Lager 1959 geschlossen.

Im allgemeinen ist ein Besuch der Inseln Isabela und Fernandina nur in längere Spezialtouren eingeschlossen, da die Fahrt bis an die Westküste viel Zeit in Anspruch nimmt. Hier liegt die berühmte **Caleta Tagus,** früher ein bevorzugter Ankerplatz der Walfänger, die ihre Namen auf den Felswänden verewigten. Man sieht möglicherweise Pinguine, Pelikane, Kormorane und Blaufußtölpel. Gleich hinter einem Hügelrücken befindet sich der kreisrunde Salzkrater Lago Darwin.

An der Ostküste von Isabela wird die **Punta García** angesteuert, um von hier aus Kolonien flügelloser Kormorane zu besuchen oder Ausflüge von einem oder zwei Tagen zur *caldera* des Vulkans Alcedo zu unternehmen. Für diese Exkursion ist eine sehr gute Kondition nötig. Für eine Übernachtung an Land muß eine Genehmigung bei der Verwaltung des Nationalparks eingeholt werden.

Touristen bei der Erkundung der Inseln

Abbildungsnachweis

Farbfotos

Robert Gabor, Gaggenau: Umschlaginnenklappe, Umschlagrückseite, 1, 2, 4, 8, 9, 11, 14, 17, 18, 20, 21, 22, 30, 31, 32, 33, 34, 36, 37
Roland E. Jung, Bad Sassendorf: Umschlagvorderseite
Karl-Arnulf Rädecke, Harxheim: 3, 6, 7, 10, 12, 13, 15, 16, 19, 23, 24, 26, 27, 28
Christian Wurm, Ingolstadt: 5, 25, 29, 35

Schwarzweißfotos

Archiv für Kunst und Geschichte, Berlin: S. 28f., 117, 118
Ingrid Authenrieth (Mainbild, Frankfurt a. M.): S. 215
Robert Gabor, Gaggenau: Frontispiz, S. 17, 18, 22, 30f. (2), 33, 49, 52, 53, 54, 63, 65, 66 (2), 67, 69, 71, 72, 93, 94, 95, 107, 112 (rechts), 119, 121, 122, 123, 125, 129, 132, 132f., 133, 139, 140, 148, 154f., 156, 156f., 159, 187, 189, 192f., 234f., 236, 240, 241, 245, 250, 256, 261, 266, 275, 277, 278f., 290, 297, 309, 313, 315, 316, 318, 319
Margot Kallabis, Hamburg: S. 8, 127, 134f., 137, 210, 247, 250, 258f., 272, 273, 287, 289, 304f., 309
Ulf Müller-Moewes, Königswinter: S. 10f., 81, 88, 90, 90f., 98f., 102, 105, 107, 108f., 151, 200, 225, 230f., 234f., 238, 243, 269, 300f.
Horst Nachtigall, Alt-Kolumbien: S. 218; ders., Indianerkunst der Nordanden: S. 1, 111, jeweils mit freundlicher Genehmigung des Dietrich Reimer Verlages, Berlin
Christian Pehlemann, München: S. 21
Karl-Arnulf Rädecke, Harxheim: S. 39, 57, 74f., 75, 84, 85, 87, 97, 129, 143, 144, 146, 147, 153, 155, 191, 195, 196, 202, 202f., 203, 221, 223, 227, 248, 254, 255, 257, 263, 265, 267, 281
Süddeutscher Verlag, Bilderdienst, München: S. 14f., 26, 35, 40, 43, 44f., 47, 79, 112 (links), 141, 190, 206, 213, 219, 292
Ullstein Bilderdienst, Berlin: S. 20, 109, 216
Wilbert, Johannes, Survivors of El Dorado, New York 1972: S. 24

Die übrigen Abbildungen stammen aus den Archiven von Autor und Verlag

Karten und Pläne: DuMont Buchverlag, Köln

Praktische Reiseinformationen

Reisevorbereitungen

Informationsstellen

Im deutschsprachigen Raum existiert z. Zt. kein Verkehrsamt oder Informationsbüro. Kolumbien unterhält eine Oficina de Turismo in Madrid: Calle Princesa 17, 3ra Esq. 28008 Madrid. Die Fluggesellschaften verschicken in begrenztem Umfang Material und geben Auskünfte: Avianca (Kolumbien), Poststraße 2–4, 6000 Frankfurt, ☎ 0 69/2 73 99 50; Viasa (Venezuela), Westendstr. 8, 6000 Frankfurt, ☎ 0 69/71 73 45.

Diplomatische Vertretungen

der Republik Venezuela

. . . in Deutschland
Botschaften: Im Rheingarten 7, 5300 Bonn 3, ☎ 02 28/4 00 92–0; Otto-Grotewohl-Str. 5, 1080 Berlin; Postfach 61 04 70, 1000 Berlin 61, ☎ 37–2/2 29 21 11/2 29 27 42.

Konsulate: Brönnerstr. 17, 6000 Frankfurt a. M. 1, ☎ 0 69/28 72 84/85; Rothenbaumchaussee 30, 2000 Hamburg 13, ☎ 0 40/4 10 12 41/4 10 12 21; Prinzregentenstr. 54/1, 8000 München 22, ☎ 0 89/22 14 49.

. . . in der Schweiz
Botschaft: 71, Eigerstr., 3007, Bern, ☎ 31/45 32 82.

Konsulat: 22 Rue de L'Athené 1206, 1211 Genf 12, Postfach 390, ☎ 46 82 42/46 89 97.

. . . In Österreich
Botschaft: Marokkanergasse 22, A-1030 Wien, ☎ 75 32 19/72 26 38–39–30.

der Republik Kolumbien

. . . in Deutschland
Botschaft: Friedrich-Wilhelm-Str. 35, 5300 Bonn 1, ☎ 02 28/23 45 65.

Konsulate: Hochallee 89, 2000 Hamburg 13, ☎ 0 40/45 72 31 und 45 28 12; Rudolfstr. 13–17, 6000 Frankfurt a.M.1, ☎ 0 69/25 16 50; Kreilerstr. 21, 8000 München 80, ☎ 0 89/34 41 14; Kurfürstendamm 62, 1000 Berlin 15, ☎ 0 30/8 81 90 38; Eberhardstr. 12, 7000 Stuttgart 1, ☎ 07 11/23 22 02.

. . . in der Schweiz
Botschaft: Willadingweg 27, 3006 Bern, ☎ 5 20–7 96.

. . . in Österreich
Botschaft: Stadiongasse 6–8, A-1010 Wien, ☎ 4 24–2 49.

der Republik Ecuador

. . . in Deutschland
Botschaft: Koblenzer Straße 37–39, 5300 Bonn 2, ☎ 02 28/35 25 44–45.

Konsulate: Rothenbaumchaussee 221, 2000 Hamburg 13, ☎ 0 40/44 31 35; Fraunhofer Str. 2, 8000 München 5, ☎ 0 89/26 56 58; Zitadellenweg 20 D–F, 1000 Berlin 20, ☎ 0 30/3 32 03 77; Berlinderstr. 56–58, 6000 Frankfurt 1, ☎ 0 69/1 33 22 95.

. . . in der Schweiz
Botschaft: 139 Rue de Lausanne, 1202 Genf, ☎ 3 15–2 89/3 14–8 79.

Konsulate: Aeschengraben 16, 4051 Basel, ☎ 0 61/2 31–1 69; Monttastr. 1, 3000 Berlin 6, ☎ 43 02 11.

. . . in Österreich
Botschaft: Goldschmiedgasse 10–II–24, A-1010 Wien, ☎ 6 63– 2 08.

Einreisebestimmungen

Die Länder Venezuela, Kolumbien und Ecuador verlangen von Touristen aus der

Bundesrepublik, Österreich und der Schweiz statt eines Visums lediglich eine Touristenkarte (Kolumbien verlangt offiziell keine), die während des Anfluges in doppelter Ausführung ausgefüllt wird. Eine Kopie verbleibt beim Besucher, sie ist bei der Ausreise vorzulegen. Benötigt wird außerdem ein Reisepaß, der noch sechs Monate Gültigkeit haben sollte. Er erhält jeweils bei der Ein- und Ausreise einen Stempel.

Die Touristenkarte berechtigt zu einem Aufenthalt von 90 Tagen, (in Venezuela von 60 Tagen, falls sie von einer Fluglinie ausgestellt ist). Wenn im Einreiseflughafen nach dem Aufenthaltszeitraum gefragt wird, sollte man vorsichtshalber mehr Tage angeben, weil spätere Verlängerungen Kosten verursachen und zeitaufwendig sind. Reisende, die eine Verlängerung des Aufenthaltes planen, und alle Nicht-Touristen, etwa Geschäftsleute, die ein Visum brauchen, sollten sich vor dem Abflug an die jeweilige Botschaft des Reiselandes wenden.

Nachweise über Impfungen werden offiziell nicht verlangt, es sei denn man kommt aus einem Infektionsgebiet (das gilt beispielsweise für Afrika).

In der Regel wird nicht überprüft, ob Flugreisende die vorgeschriebenen 20–30 Dollar pro Aufenthaltstag nachweisen können, wohl aber ist meistens das Ausreiseticket (bzw. Rundflugticket) vorzulegen.

Alle Gegenstände des persönlichen Reisebedarfs sind zollfrei. Bei elektrischen Geräten wird jeweils eines pro Person akzeptiert, bei Fotoapparaten in der Regel zwei, doch sollten sie gebraucht aussehen. Die Einfuhr von 200 Zigaretten oder 200 g Tabak, 1 Liter Spirituosen und einer kleineren Menge Parfüm ist immer zollfrei. Es wird in aller Regel großzügig abgefertigt.

Reisezeit

Da in Venezuela, Kolumbien und Ecuador keine Jahreszeiten in unserem Sinne existieren, gibt es auch keine ungünstigen Reisezeiten. Die Monate Dezember bis April sind vergleichsweise trocken. In der übrigen Zeit ergrünt die Vegetation durch die häufigeren Niederschläge, allerdings regional sehr unterschiedlich. Der Regen geht meist am Nachmittag nieder. Deshalb sollte man Ausflüge auf den Vormittag konzentrieren. (Vgl. auch die Kapitel zum Klima der einzelnen Länder und Regionen im landeskundlichen Teil.)

Mit Engpässen bei Hotels, speziell in Badeorten und beliebten Bergregionen, ist besonders in der Hauptsaison (Ferienzeit) in den Monaten Juli und August (an der Küste Ecuadors auch im Januar und Februar) sowie um Weihnachten und Ostern zu rechnen.

Reisekasse

Die Orientierungswährung aller drei Länder ist der US-Dollar. Es ist deshalb ratsam, Kreditkarte(n), Reiseschecks und Bargeld in Form von Dollar mitzunehmen. Alle drei Zahlungsarten haben allerdings ihre Vor- und Nachteile.

Mit Kreditkarten kann in allen besseren Hotels, Restaurants und Geschäften bezahlt werden. Für das Anmieten eines Leihwagens ist sie Voraussetzung, da sonst eine hohe Kaution zu hinterlegen ist. Sehr weit verbreitet sind Visa-, American Express-, Diners- und Mastercard. Ideal sind zwei Karten. (Für die Zeit der Reise können die günstigen dreimonatigen Kennenlern-Angebote genutzt werden.) Wenn man mit der Kreditkarte alle größeren Beträge bezahlt, braucht man ansonsten wenig Bargeld. Reiseschecks vermitteln außerdem die beruhigende Gewißheit, daß im Verlustfall bei umgehender Meldung und Angabe der Schecknummern keine Kosten anfallen und Ersatz geleistet wird. Sehr gängig sind Schecks von American Express (Amexco), da diese Firma ein Netz von Vertretungen unterhält, die in der Regel notfalls auch Bargeld auszahlen und Post annehmen. Die direkte Zahlungsmöglichkeit mit Schecks ist allerdings aus verschiedenen Gründen rückläufig. Man benutzt sie heute vor allem, um bei Banken und Wechselstuben Landeswährung einzutauschen. Daher ist es ratsam, nur 100- und 50-Dollar-Schecks mitzunehmen. Zu bedenken ist, daß immer Scheckgebühren anfallen. Nicht am sichersten, aber am bequemsten ist die Mitnahme von Dollar. Während der Reise sollte man immer Dollar (möglichst in kleiner Stückelung) parat haben. Die Vorteile: Wechselmöglichkeiten bestehen auch in Hotels und Geschäften; Rechnungen können vielerorts direkt in Dollar beglichen werden, wobei ein Preisvorteil ausgehandelt werden kann. Als Faustregel kann gelten: soviel wie möglich mit Kreditkarte bezahlen, vorrangig mit Schecks wechseln und Dollarscheine in Reserve halten.

Wer für den äußersten Notfall vorbeugen will, sollte mit seiner Hausbank einen Modus (eventuell mit Codewort) zur schnellen Transferierung von Geld nach Südamerika absprechen. Das klappt am besten bei großen Banken, die verläßliche und schnelle Verbindungen zu einer Partnerbank in den drei Ländern haben.

Beim Volumen der Reisekasse sollte der Individualtourist von rund 30 bis 40 Dollar pro Tag ausgehen. Das ist natürlich nur eine grobe Schätzung für durchschnittliche Ansprüche. Wer beispielsweise die Galápagos-Inseln besucht, zahlt mit Flug und Rundreisen gut das Doppelte. Einzelreisende müssen mit vergleichsweise höheren Hotelkosten rechnen. Wer nur sehr einfache Hotels und Restaurants und den spottbilligen Bustransport in Anspruch nehmen will, kann mit 10 bis 20 Dollar am Tage auskommen.

Kleidung

Die besseren Hotels übernehmen die Reinigung der Wäsche. Morgens abgegeben,

hat man sie (beim teureren) Eilauftrag meist schon abends zurück. In den einfachen Hotels verdienen sich oft die Zimmerfrauen mit der Wäsche ein Zubrot. Nimmt man den Service öfter in Anspruch, kann man die Reise-Garderobe erheblich reduzieren. Normale Kleidungs- und Ausrüstungsgegenstände lassen sich in den größeren Städten problemlos nachkaufen.

Allgemein gilt: Man benötigt Sommerkleidung; für kühle Abende in den Andengebieten oder für klimatisierte Räume empfiehlt sich die Mitnahme eines leichten Pullovers und einer Jacke. Wer etwas vornehmer ausgehen will, sollte auf ein sportliches Jackett (für den Mann) und ein (längeres) Kleid (für die Frau) zurückgreifen. Auch in den besten Hotels und Restaurants wird aber zwanglose Urlaubskleidung akzeptiert.

Generell unüblich sind kurze Hosen für den Mann, es sei denn beim unmittelbaren Badebetrieb. Aber auch in diesem Fall zieht man sich für den Restaurantbesuch um. Abseits der Badeorte sollten Männer und Frauen auf das Tragen von Shorts verzichten, v. a. bei Besichtigungen von Kirchen und nationalen Gedenkstätten.

Ein leichter Regenschutz ist angebracht, am besten ist eine Jacke aus regenabweisendem Obermaterial. Allgemein gilt für die Kleidung in den Tropen, daß sie luftig, leicht, hell und schnell zu waschen und zu trocknen sein sollte. Unterwäsche sollte man auch bei größter Hitze tragen. Dichtgewebte Baumwolle saugt zwar schnell den Schweiß auf, gibt die Feuchtigkeit aber sehr langsam ab und klebt dann auf der Haut. Erkältungen können die Folge sein. Daher wird oft zu Mischgeweben geraten oder – bei Oberhemd und Hose – zu leichten Popelin- oder Leinenstoffen.

Gepäck

Nicht nur der Individualtourist sollte auf kompaktes, leichtes, gut tragbares und strapazierfähiges Koffermaterial achten. Ideal ist eine Kombination aus Koffer und Tasche, mit breitem, abnehmbarem Trageriemen und bequemem Handgriff, beides stabil verankert. Ein Hartschalenkoffer ist schwerer und lohnt sich nur, wenn man zerbrechliche Souvenirs befördern will. Praktisch sind aber ein Stabilisierungsrahmen und Räder. Wer viel fliegen und mit Bussen fahren will, sollte in erster Linie darauf achten, daß das Gepäckmaterial robust verarbeitet und sehr strapazierfähig ist, denn es muß scharfe Kanten und oft auch Feuchtigkeit aushalten. Extras, wie Schnallen und kleine Taschen, werden sehr leicht abgerissen. Die Schlösser müssen robust sein. Für alle Fälle sollten Sie das Gepäck mit einem starken Voll- oder Halbriemen zusätzlich sichern. Hinzu kommen sollte eine nicht zu kleine Umhängetasche mit einem bequemen breiten Schulterriemen (am besten mit zusätzlichem Tragegriff) für die Fotoausrüstung (vgl. S. 350) und alle wichtigen Dinge (außer Geld und Originaldokumenten, vgl. Diebstähle, S. 348). Gerade wer auf eigene Faust reist, wird im täglichen touristischen Kleinkampf sehr bald dankbar sein, in jeder Hinsicht auf leichtes und unkompliziertes Gepäck und eine ebensolche Ausrüstung geachtet zu haben.

Nützliche Reiseutensilien: Taschenmesser mit Nagelreiniger, Schere, Zahnstocher, Büchsen- und Flaschenöffner – Rasierapparat mit Akku – kleine, starke, aufstellbare Taschenlampe – Ohrenschutz – leichte Kopfbedeckung – Flüssigwaschmittel für die kleine Wäsche – leichte Badeschuhe für das Hotelbad – desinfizierende Hygienetüchlein und Erfrischungstücher – Sonnencreme mit hohem Lichtschutzfaktor – mehrere Plastiktüten verschiedener Größe. Wer viel in Billighotels übernachten will, sollte sich zwei kurze stabile Ketten und Vorhängeschlösser mitnehmen und einen leichten Schlafsack. Ein amerikanischer Flachstecker-Adapter ist unbedingt nötig.

Elektrische Geräte müssen auf 110 Volt umschaltbar sein.

Gesundheitsvorsorge

Die drei Länder verlangen keine Impfungen. Die Vorsorge richtet sich nach dem individuellen Sicherheitsempfinden. Gegen Gelbfieber sollte sich impfen lassen, wer in die feucht-heißen Tieflandregionen fahren will. Nur Reisende aus gefährdeten Ländern, insbesondere afrikanischen, sind verpflichtet, eine Gelbfieber-Impfung nachzuweisen. Zwar ist die Krankheit auch in den Gelbfiebergebieten der feucht-heißen Regenwälder selten, doch es gibt bislang kein Gegenmittel, und jeder zweite Fall endet tödlich. Die Impfung hat eine Gültigkeitsdauer von zehn Jahren. Informationen können über die Tropeninstitute, autorisierte Ärzte bzw. Gesundheitsämter eingeholt werden.

Auf alle Fälle sollte man gegen Malaria vorsorgen, da die Krankheit wieder weltweit auf dem Vormarsch ist. Die entsprechenden Tabletten werden vor, während und nach der Reise in bestimmten Abständen eingenommen. Die älteren Medikamente haben den Nachteil, daß die Erreger gegen sie zunehmend resistent geworden sind, die neuen Mittel führen insbesondere bei längerer Einnahme zu unangenehmen Nebenwirkungen. Vor dem Mittel Lariam etwa, das für kurze Reisen empfohlen wird, hat die Weltgesundheitsorganisation gewarnt.

Gegen Typhus gibt es neuerdings Medikamente in Form von Kapseln. Der zeitliche Abstand zur Malariaprophylaxe muß beachtet werden. Der Schutz beträgt 85% und gilt für ein bis zwei Jahre.

Die infektiöse Gelbsucht, die Hepatitis A, wird durch verunreinigte Lebensmittel hervorgerufen. Einen begrenzten Schutz gegen die Krankheit bietet eine Impfung mit Gammaglobulin. Da es sich um eine passive Immunisierung handelt, bei der schon von anderen Menschen gebildete Antikörper gespritzt werden, erlischt die Wirkung nach ca. drei Monaten. Gegen die Hepatitis B, die durch Bluttransfusionen und verunreinigte Spritzen übertragen wird, kann man sich ebenfalls schützen, das Serum ist aber sehr teuer. Die Mitnahme von Einwegspritzen für Notfälle ist ratsam.

Gegen Poliomyelitis (Kinderlähmung) helfen Schluckimpfungen, gegen Tetanus (Wundstarrkrampf) Injektionen. Für einen effektiven Schutz muß wiederholt und in großen Abständen geimpft werden. Infektionen sind auch in unseren Breiten möglich, jeder sollte also ohnehin über den nötigen Schutz verfügen. In den Zielländern besteht erhöhte Infektionsgefahr, insbesondere auch für Kinder. Die Dauer des Schutzes beträgt in beiden Fällen etwa zehn Jahre.

Auf jeden Fall sollte man vor seiner ersten Reise in die Tropen einen kompetenten Arzt, am besten ein Tropeninstitut (bzw. Hygieneinstitut) konsultieren. Das muß rechtzeitig geschehen, denn die Impfung gegen Gelbfieber erfolgt sechs Wochen, die übrigen ein bis zwei Wochen vor Reisebeginn (außer Tetanus und Polio). Über Erreger sowie Verlauf und Therapie von Tropenkrankheiten sind inzwischen eine Reihe von Publikationen erschienen.

Wichtig ist auch der Abschluß einer kurzfristigen privaten Auslandskrankenversicherung, da die gesetzlichen Kassen anfallende Kosten nicht übernehmen.

Reiseapotheke: Die folgende Aufstellung lehnt sich an Empfehlungen der Tropen- bzw. Hygieneinstitute an. Umfangreiche Informationen und Merkblätter erhält man dort. Bei Medikamenten gegen chronische Erkrankungen konsultiere man seinen Arzt; bei der Einnahme ist außerdem die Zeitverschiebung zu beachten.

Reisekrankheit: Soventol oder Rodavan bzw. Scopoderm-Pflaster (rezeptpflichtig) – Kopfschmerzmittel – Durchfälle: Imodium – Hautentzündung: Decoderm trivalente (rezeptpflichtig) – Verletzungen: Betaisodona-Lösung zur Desinfektion, Pflaster, Mull und elastische Binden – Schmerz und Fieber: Aspirin – Insektenschutz: Autan – Insektenstiche und Sonnenbrand: Soventol Gelee – eventuell Augentropfen – Malariatabletten – Einwegspritzen (vgl. auch Apotheken, S. 346).

Anreise

Reguläre Linienflüge sind sehr teuer und kosten je nach Ziel und Saison rund 4–5000 DM für Hin- und Rückflug in der Economy-Klasse. Alle Fluggesellschaften bieten aber auch für etwa die Hälfte und oft darunter Holiday- oder Flieg- und Spar-Tarife an, um ihre Kapazitäten voll auszulasten. Man muß allerdings zeitig buchen, insbesondere für die Hauptsaison von Juli bis September. Die venezolanische Linie Viasa und die kolumbianische Linie Avianca sind besonders preiswert. Der Flugpreis kann sich auch danach richten, ob Zwischenstopps mit eventuell mehrstündigen Aufenthalten eingelegt werden, oder ob es sich um einen Direktflug handelt.

Noch preiswerter können Billigflugtickets über einige Reisebüros, die oft in Zeitungen inserieren, erworben werden. Sie bieten Flüge von Flughäfen wie Amsterdam, London, Brüssel oder Zürich teilweise schon für ca. 1400 DM an. Dabei muß man jedoch

Anfahrts- und eventuell Übernachtungskosten einkalkulieren. Meist sind die Reisedaten vorgegeben. Eine Fülle von Annoncen der Billigflug-Reisebüros und eine gute Übersicht über Dumping-Flüge enthält die Zeitschrift ›Reise & Preise‹ in ihrer Rubrik ›Flugbörse‹ (mit Angabe der Reisebüros).

Die kolumbianische Linie Avianca und die venezolanische Viasa (Avensa) bieten Airpässe an, die für einen Pauschalpreis eine bestimmte Anzahl von Flügen innerhalb der Zielländer erlauben. Voraussetzung ist in der Regel, auch die Anreise mit der Gesellschaft durchzuführen.

Reisen innerhalb der Länder

... mit dem Flugzeug

Alle drei Länder haben gut ausgebaute Flugstreckennetze. Bei den relativ wenigen guten Straßen, den großen Entfernungen und dem oft schwierigen Gelände ist das Fliegen eine enorme zeitliche und nervliche Entlastung. Auch über größere Entfernungen innerhalb der einzelnen Länder kosten einfache Flüge kaum über 60 Dollar.

Die Flugscheine werden direkt bei den Gesellschaften oder in Reisebüros gelöst. Man kann das Tickekt persönlich reservieren oder telefonisch über die Hotelrezeption und es dann erst vor dem Check-in (eine Stunde vor Abflug) am Flughafenschalter kaufen. Oft gibt es eine Warteliste *(lista de espera),* auf der man meist eine gute Chance hat, wenn man auf einem Platz unter den ersten zehn steht. Eventuell sollte man zusätzlich einen Platz auf dem nächsten Flug reservieren und es gleichzeitig auf der Warteliste des früheren Fluges versuchen bzw. sich auf mehrere Wartelisten setzen lassen. Der Aufruf dieser Liste erfolgt mitunter nur anhand der Listennummer, rund 20 Min. vor Abflug, an einem entsprechend gekennzeichneten Schalter. Fast immer herrscht starker Andrang, und es ist ratsam, frühzeitig am Schalter zu stehen.

Vergewissern Sie sich beim Check-In, daß Ihr Gepäck ordnungsgemäß gekennzeichnet ist. Der auf das Flugticket geklebte

oder geheftete Gepäck-Coupon wird beim Verlassen der Gepäckauslieferung im Zielflughafen kontrolliert und einbehalten.

Wer viel fliegen möchte, frage in einem Reisebüro nach einem ausgedienten Flughandbuch *(guía de tráfico/transporte)* des Vormonats. Meist erhält man ein kostenloses Exemplar. Es enthält auch andere wertvolle Informationen, wie Adressen der Fluggesellschaften, Reisebüros, Konsulate etc.

In Venezuela: Internationale Flugplätze gibt es in Caracas (Maiquetía), Maracaibo und auf der Isla de Margarita; auf internationalen Strecken fliegt Viasa. Avensa (Aerovías Venezolanos; VE), Aeropostal (staatlich, LV oder LAV) und Aeronaves del Centro fliegen auf den Inlandslinien, wobei die erste als die beste gilt. Tickets können zwischen den beiden erstgenannten Gesellschaften übertragen werden. In den Flughafengebäuden sind ihre Schalter oft weit voneinander entfernt plaziert.

In Ecuador: Internationale Flughäfen sind Quito und Guayaquil; internationale Linien bedient die Gesellschaft Ecuadoriana. Nationale Jet-Flughäfen gibt es in Cuenca, Ambato, Loja, Manta, Machala, Salinas und auf den Islas Galápagos (Baltra und San Cristóbal); die wichtigsten Fluggesellschaften, die nationale Linien bedienen, in der Reihenfolge ihrer Bedeutung: TAME

Entfernungen in Venezuela (in km)

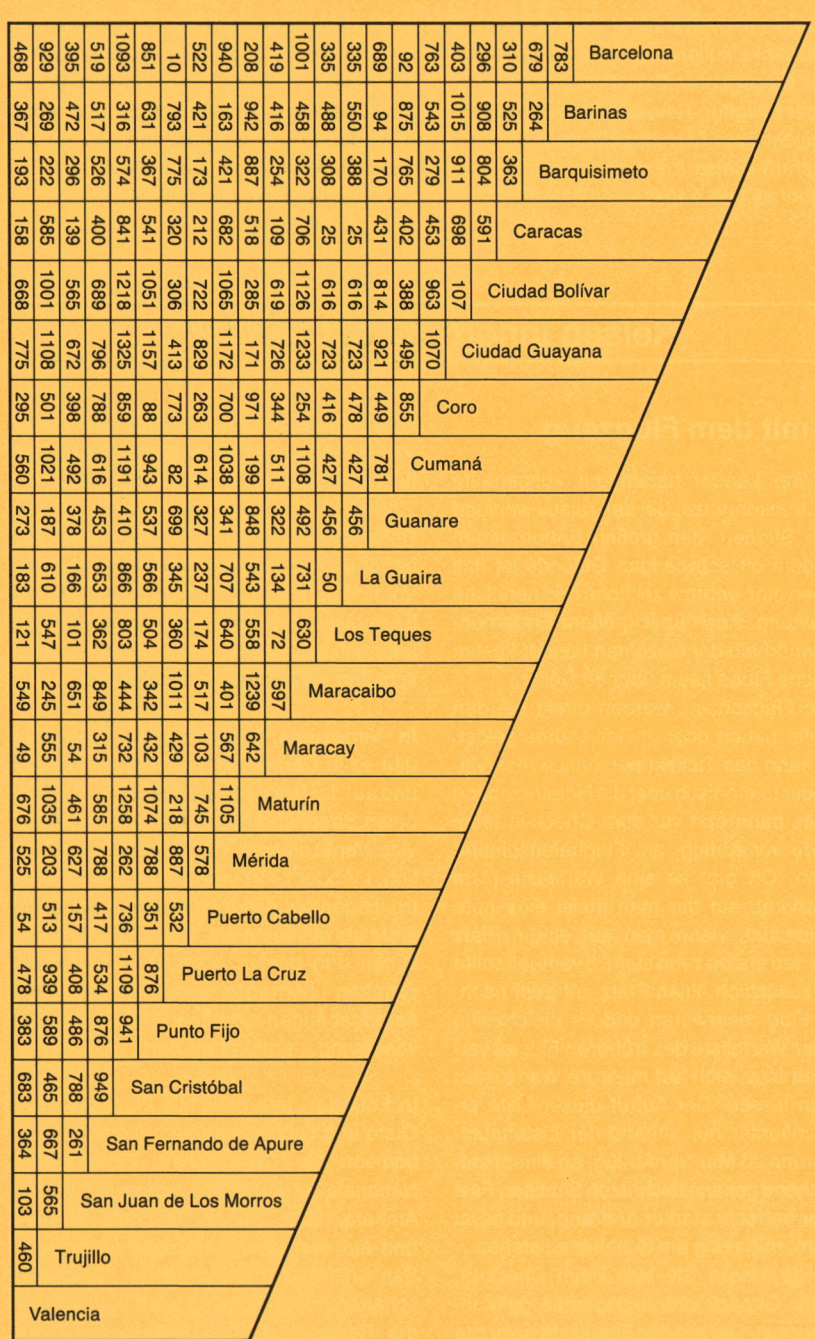

	Valencia	Trujillo	San Juan de Los Morros	San Fernando de Apure	San Cristóbal	Punto Fijo	Puerto La Cruz	Puerto Cabello	Mérida	Maturín	Maracay	Maracaibo	Los Teques	La Guaira	Guanare	Cumaná	Coro	Ciudad Guayana	Ciudad Bolívar	Caracas	Barquisimeto	Barinas
Barcelona	468	929	395	519	1093	851	10	522	940	208	419	1001	335	335	689	92	763	403	296	310	679	783
Barinas	367	269	472	517	316	631	793	421	163	942	416	458	488	550	94	875	543	1015	908	525	264	
Barquisimeto	193	222	296	526	574	367	775	173	421	887	254	322	308	388	170	765	279	911	804	363		
Caracas	158	585	139	400	841	541	320	212	682	518	109	706	25	25	431	402	453	698	591			
Ciudad Bolívar	668	1001	565	689	1218	1051	306	722	1065	285	619	1126	616	616	814	388	963	107				
Ciudad Guayana	775	1108	672	796	1325	1157	413	829	1172	171	726	1233	723	723	921	495	1070					
Coro	295	501	398	788	859	88	773	263	700	971	344	254	416	478	449	855						
Cumaná	560	1021	492	616	1191	943	82	614	1038	199	511	1108	427	427	781							
Guanare	273	187	378	453	410	537	699	327	341	848	322	492	456	456								
La Guaira	183	610	166	653	866	566	345	237	707	543	134	731	50									
Los Teques	121	547	101	362	803	504	360	174	640	558	72	630										
Maracaibo	549	245	651	849	444	342	1011	517	401	1239	597											
Maracay	49	555	54	315	732	432	429	103	567	642												
Maturín	676	1035	461	585	1258	1074	218	745	1105													
Mérida	525	203	627	788	262	788	887	578														
Puerto Cabello	54	513	157	417	736	351	532															
Puerto La Cruz	478	939	408	534	1109	876																
Punto Fijo	383	589	486	876	941																	
San Cristóbal	683	465	788	949																		
San Fernando de Apure	364	667	261																			
San Juan de Los Morros	103	565																				
Trujillo	460																					
Valencia																						

(Transportes Aéreos Militares Ecuadorianos), SAN und Saeta.

In Kolumbien: Internationale Flughäfen: Bogotá, Cali, Barranquilla, Cartagena, Pereira, Medellín und auf der Insel San Andrés; internationale Linie: Avianca. Nationale Jethäfen: Arauca, Armenia, Bucaramanga, Cúcuta, Florencia, Ibagüe, Ipiales, Leticia, Manizales, Monteria, Neiva, Pasto, Popayán, Puerto Asís, Riohacha, Santa Marta, San Vicente, Valledupar, Villavicencio; Fluggesellschaften für Inlandsflüge in der Reihenfolge ihrer Wichtigkeit: Avianca, Sam, Aces, Intercontinental de Aviación, Aires, Satena.

... mit dem Bus

Mit diesem billigen Massentransportmittel gelangt man fast überall hin. Die meisten größeren Städte haben inzwischen gut ausgebaute interprovinzielle Busterminals *(terminal terrestre),* die außerhalb der Stadtzentren liegen.

Falls kein Busterminal vorhanden ist, starten die Busse von den Niederlassungen der einzelnen Unternehmen. Orte der näheren Umgebung einer Stadt werden teils von den Überlandbussen mitbedient, oder die Busse starten an den Plätzen oder Märkten, wo sie die meisten Passagiere finden. In aller Regel kann das Hotelpersonal darüber Auskunft geben.

Da eine scharfe Konkurrenz zwischen den Busunternehmen herrscht, die in Privatbesitz sind, rufen die *socios,* die Begleiter der Busfahrer, mit lauter Stimme den Zielort aus. Die *socios* kontrollieren die Fahrscheine, laden Gepäck auf und ab und gehen dem Fahrer in allem zur Hand. Für lange Strecken sind Busse erster Klasse (erkennbar an Bezeichnungen wie Pullman, *lujo, primera clase* oder *rápida)* anzuraten, da sie meist voll klimatisiert sind und die Möglichkeit der Platzreservierung bieten. Sie sind beque-

mer, schneller und halten unterwegs nicht so oft. In Kolumbien und Venezuela werden in den besten Bussen mitunter sogar Videovorführungen angeboten.

In der Regel können Reservierungen einen Tag vorher vorgenommen werden. Da häufig Doppelbuchungen vorkommen, sollte man auch im Fall einer Reservierung möglichst eine Stunde vor Abfahrt erscheinen.

Über längere Strecken werden ein oder mehrere Zwischenstopps in einfachen Restaurants eingelegt. Verpflegung mitzunehmen ist daher nicht nötig, zumal die Busse auch noch von Verkäufern gestürmt werden, die ihr warmes und kaltes Essen in allen erdenklichen lokalen Variationen anpreisen.

Busse zweiter Klasse *(segunda clase, ordinario)* sind häufig in schlechtem Zustand, unbequem und mit Passagieren und Gepäck überladen. Sie halten sehr oft, um Passagiere aufzunehmen oder aussteigen zu lassen. Man kann sie zwar meist durch Handzeichen anhalten, für einen Sitzplatz sollte man sich jedoch reichtzeitig am Startpunkt des Busses einfinden. Pannen kommen relativ häufig vor. Die Hauptschwachpunkte sind Reifen und Bremsen. Einen TÜV gibt es nicht.

Die primitiven, oft bunt angestrichenen Busse ohne Fenster, die es in Kolumbien gibt, heißen *chivas.* Sie bedienen meist entlegene Gebiete und kleine Dörfer. Mitunter sind dies umgebaute Lastwagen mit Holzbänken auf der Ladefläche. Unabhängig vom Busverkehr ist es üblich, auf der Ladefläche von Lastwagen mitzufahren. Der Fahrer erwartet dafür eine Bezahlung.

Es ist ratsam, das Gepäck möglichst immer im Auge zu behalten. Die Gefahr eines Diebstahls droht weniger auf der Fahrt als im Busbahnhof. Bei vielen Bussen wandert das Gepäck aufs Dach und wird dort mit einer Plane bedeckt. Wenn man das Handgepäck unter dem eigenen Sitz verstaut, achte man darauf, daß es nicht von hinten zugänglich ist.

... mit dem colectivo

Parallel zu den meisten Busstrecken fahren *colectivos* (Sammeltaxen), meist ältere amerikanische Straßenkreuzer oder auch Kleinbusse. In Venezuela heißen sie *por puestos*.

Sie besitzen innerhalb der Busterminals gesonderte Abteilungen und fahren ab, wenn der Wagen mit vier bis sechs Personen ausgelastet ist. Daher ergeben sich kürzere Wartezeiten als beim Bus. Die Fahrpreise betragen höchstens das Doppelte des Bustickets.

Die Vorteile: Die Fahrgäste werden in aller Regel bis vors Haus bzw. Hotel oder in deren Nähe gebracht (falls nicht, hilft ein Trinkgeld). Die Beförderung ist schneller, die Sicherheit für das Gepäck größer. Die Nachteile: Bei voller Besetzung kann es sehr eng werden, besonders vorn. Da man niedriger als im Bus sitzt, ist die Aussicht eingeschränkt. Es ist allerdings möglich, einen zusätzlichen Platz oder gar alle Sitze des Sammeltaxis zu mieten. Unter den *colectivos* gibt es (wie auch bei den Taxis) solche, deren Fahrer keine Lizenz besitzen. In Venezuela werden sie ›piratas‹ genannt. Sie stehen immer etwas abseits der offiziellen Standorte und werben ihre Kunden durch Rufen oder direktes Ansprechen. Bei Unfällen mit diesen Taxis besteht kein Versicherungsschutz.

In den größeren Städten sind die *colectivos* meist Kleinbusse (*microbuses* oder *autobusetas* genannt). Sie fahren jeweils auf einer bestimmten Route hinaus zu den Vorstädten. Wer aussteigen will, ruft ›pare‹ (halten Sie) bzw. ›parada‹, oder er gibt den Haltepunkt mit den Worten ›esquina‹ (Ecke) oder schlicht ›aqui‹ (hier) an. Bezahlt wird im Gegensatz zum Bus häufig erst beim Aussteigen.

Auf dem Lande dienen auch Kleinlieferwagen *(camionetas)* als Sammeltaxis. Man sitzt hier auf Bänken an den Seiten der Ladefläche.

... mit der Bahn

Die Bahn ist in allen drei Ländern ein drittklassiges Beförderungsmittel mit einem sehr eingeschränkten, eingleisigen und schmalspurigen Streckennetz, das obendrein durch Vernachlässigung weiter schrumpft. In Venezuela existiert nur noch eine Strecke für den Personenverkehr (Puerto Cabello – Barquisimeto). Verbindungen zu den Nachbarstaaten bestehen nicht.

Die Bahn ist langsam, unpünktlich, unbequem und durch die Vernachlässigung von Gleisen und Wagenpark (die Wagen und Gleisanlagen sind oft älter als 50 Jahre) streckenweise unsicher. Beschädigungen durch Erdrutsche können nur langsam behoben werden – im Gegensatz zur Straße.

Der Bau von Straßen parallel zu den Bahnstrecken und der weit flexiblere Transport durch Busse und Lastwagen stellen die Bahnbeförderung immer mehr ins Abseits – trotz extrem niedriger Fahrpreise. Auf einigen Strecken lohnen sich für den Personenverkehr nur noch *autoferros* (oder *ferrobuses*), d. h. Busse auf Schienen, die mit Dieselkraftstoff betrieben werden. In Kolumbien, das über den vergleichsweise umfangreichsten Bahnverkehr verfügt, unterscheidet man noch zwischen erster Klasse *(primera clase* oder *lujo)* und zweiter Klasse *(segunda clase* oder *ordinario).* Stellenweise trägt der Tourismus dazu bei, daß Strecken aufrechterhalten werden.

Für Abenteuerlustige mit viel Zeit sind einige Strecken ein Erlebnis; Beispiel in Kolumbien: die Strecke Bogotá – Santa Marta; in Ecuador: die Strecken Ibarra – San Lorenzo, Quito – Riobamba und Guayaquil – Alausí. Das langsame Reisen ist in diesen Fällen gerade von Vorteil.

... mit dem Taxi

Vereinfacht kann man die Taxis folgendermaßen einteilen: Die Straßentaxis, oft in

Entfernungen in Kolumbien (in km)

	Armenia	Barrancabermeja	Barranquilla	Bogotá	Bucaramanga	Buenaventura	Cali	Cartagena	Cúcuta	Girardot	Ibagué	Ipiales	Manizales	Medellín	Neiva	Pasto	Pereira	Popayán	Riohacha	San Agustín	Santa Marta	Tunja	Villavicencio
Armenia																							
Barrancabermeja	830																						
Barranquilla	1113	710																					
Bogotá	290	540	1020																				
Bucaramanga	715	115	595	425																			
Buenaventura	258	1082	1306	542	967																		
Cali	206	1030	1254	490	915	128																	
Cartagena	977	846	136	1149	731	1170	1118																
Cúcuta	912	312	687	622	197	1164	1112	823															
Girardot	161	669	1149	129	554	413	361	1138	751														
Ibagué	87	743	1221	203	628	339	287	1058	825	74													
Ipiales	676	1502	1726	962	1378	600	472	1590	1584	833	759												
Manizales	99	824	1053	284	709	330	278	917	906	260	186	750											
Medellín	317	1029	796	489	914	510	458	660	1111	499	425	930	257										
Neiva	300	840	1320	300	725	548	401	1273	922	171	209	607	395	613									
Pasto	593	1419	1643	879	1304	517	389	1507	1501	750	676	83	667	847	524								
Pereira	44	874	1069	334	759	275	223	933	956	205	131	695	55	273	340	612							
Popayán	337	1163	1387	623	1048	261	133	1251	1245	494	420	339	411	591	268	256	356						
Riohacha	1359	759	265	1069	644	1571	1519	401	736	1198	1272	1991	1318	1061	1369	1908	1334	1652					
San Agustín	523	1067	1547	527	952	575	447	1565	1149	398	436	653	622	861	227	570	567	314	1596				
Santa Marta	1211	678	98	988	563	1404	1352	234	655	1117	1191	1824	1151	894	1288	1741	1167	1485	167	1515			
Tunja	427	403	883	137	288	679	627	1019	485	266	340	1099	421	626	437	1016	471	760	932	664	851		
Villavicencio	398	648	1128	108	533	650	598	1257	730	237	311	1070	392	597	408	987	442	731	1177	635	1096	245	

331

Entfernungen in Ecuador (in km)

Ambato	Baños	Cuenca	Esmeraldas	Guayaquil	Huaquillas	Ibarra	Latacunga	Loja	Machala	Manta	Otavalo	Playas	Quito	Riobamba	Salinas	Santo Domingo	Tulcán
Ambato																	
44	**Baños**																
342	386	**Cuenca**															
404	448	739	**Esmeraldas**														
398	442	243	470	**Guayaquil**													
597	641	255	740	270	**Huaquillas**												
272	316	608	456	544	870	**Ibarra**											
40	84	382	357	358	637	232	**Latacunga**										
553	597	211	950	454	275	819	593	**Loja**									
534	578	192	679	207	83	806	574	252	**Machala**								
411	456	435	474	196	466	555	376	650	400	**Manta**							
241	285	583	431	519	845	25	201	800	781	530	**Otavalo**						
521	565	356	583	113	393	669	371	567	320	315	632	**Playas**					
136	180	472	320	416	734	136	96	689	670	419	111	529	**Quito**				
65	109	277	462	232	532	331	105	488	469	320	306	333	201	**Riobamba**			
539	583	384	611	141	421	697	500	595	348	333	660	122	549	373	**Salinas**		
209	253	552	187	283	553	269	170	763	494	286	244	396	133	275	428	**Santo Domingo**	
390	434	732	548	668	994	124	350	943	930	679	149	781	260	455	821	393	**Tulcán**

Kooperativen organisiert, sind am billigsten. Man winkt sie einfach heran. Die speziellen Touristentaxis, die vor den besseren Hotels stehen, sind meist etwas komfortabler, aber teurer. Man kann sie auch für Rundfahrten oder längere Strecken mieten. Die meist modernen Funktaxis operieren von einer Station aus und sind auf Bestellungen spezialisiert. Fast überall verlangt das Gesetz inzwischen eingebaute Taxameter. An Gründen, mit denen diese Vorschrift umgangen wird, fehlt es den Fahrern meist nicht: Das Taxameter funktioniere plötzlich nicht mehr, die Tarife hätten sich über Nacht geändert, das Benzin sei teurer geworden, ein Aufschlag für diese spezielle Fahrt sei üblich usw.

In diesen Fällen oder wenn überhaupt kein Taxameter vorhanden ist, sollte man unbedingt den Preis vorher aushandeln. Zur Orientierung: Innerstädtische Fahrten liegen meist um 1 Dollar. Wenn genügend Taxis bereitstehen, sollte man diejenigen ohne Taxameter grundsätzlich meiden.

Wenn vom Hotel aus nur wenige Touren unternommen werden, sind Taxis nicht nur billiger als Mietwagen, sondern auch risikofreier und zeitsparender, da der Fahrer sich gut auskennt. Am besten, man erkundigt sich vorher im Hotel nach dem ungefähren Preis für eine Fahrt und verhandelt dann mit dem Fahrer.

... mit Mietwagen

Autos können bei den einschlägigen internationalen und einer Fülle nationaler Verleihfirmen gemietet werden. Das Gros der verfügbaren Leihfirmen ist immer in den Flughafengebäuden vertreten, was viel Lauferei erspart und den schnellen Vergleich ermöglicht. Auch in den besten Hotels bietet immer mindestens eine Firma ihre Dienste an.

Meist genügt der nationale Führerschein, die Mitnahme eines internationalen kann aber hilfreich sein, da er mehrsprachig ist. Voraussetzung für das Mieten eines Wagens ist eine Kreditkarte. Sie erspart die Zahlung einer sehr hohen Kaution. Viele nationale Leihfirmen sind zwar billiger als die internationalen, doch steckt der Vertrags-Teufel häufig im Kleingedruckten, das man nicht versteht oder aus Zeitmangel nicht liest. Mehr Sicherheit bieten die internationalen Firmen auch deswegen, weil man sie in Streitfällen noch nach der Rückkehr in die Heimat juristisch belangen kann. Grundsätzlich sollte man den umfangreichsten zusätzlichen Versicherungsschutz wählen, da die einheimischen Autofahrer meist nicht haftpflichtversichert sind. Fahrerflucht ist an der Tagesordnung, und die Polizei ist bestechlich. Vor dem Abschluß des Mietvertrages sollten Sie die wichtigsten Funktionen des Wagens prüfen: das elektrische System, Bremsen und Reifen; am besten macht man eine Probefahrt, denn meist unterschreibt man, daß der Wagen in ordnungsgemäßen Zustand übernommen wurde. Überprüfen

Sie die Tankfüllung, und fragen Sie, ob die Miete nach einem Totalausfall des Wagens wegen einer Panne bis zur Rückführung weiterläuft. Wenn ja, kann es teuer werden.

Accessoirs wie Außenspiegel, Scheibenwischer, Radkappen, aber auch Radios sind meist nicht mitversichert und werden sehr häufig entwendet. Parken Sie möglichst auf einem bewachten Grundstück, und lassen Sie die Wagenpapiere nie im Auto. Es ist grundsätzlich zu überlegen, ob sich ein Leihwagen rentiert, wenn man nur Orte ansteuert, die mit Taxis billiger zu erreichen sind und mit einem ortskundigen Fahrer auch schneller. In den großen Städten ist wegen Parknot, Staus und chaotischem Verkehr ohnehin das Taxi vorzuziehen. Die Fahrt ins Inland nimmt man am besten vom Flughafen aus auf (Straßenkarten, vgl. S. 353).

Verkehrsbedingungen

Die Verkehrsmoral ist in Venezuela, Kolumbien und Ecuador von geradezu unbegrenztem Egoismus geprägt. Der Stärkere siegt. Verkehrsregeln und -zeichen werden nicht grundsätzlich beachtet, sondern nach individueller Einschätzung der Verkehrssituation befolgt.

Es wird oft bei Rot über die Kreuzung gefahren. Die Ampelsignale sind mitunter kaum erkennbar. Daher sollte man auch bei Grün immer auf den Seitenverkehr achten. Geschwindigkeitsbegrenzungen werden häufig nicht eingehalten. Viele Fahrer schalten nachts nur das Standlicht ein, bei Rädern und Mopeds ist damit zu rechnen, daß sie ohne Licht oder Rücklicht fahren. Riskante Überholvorgänge kommen nicht selten vor. Kurven werden auch auf gefährlichen Serpentinen geschnitten, wobei eventuell vorher warnend gehupt wird.

Das alles ist vor dem Hintergrund oft überalteter Wagen zu sehen, die bis zum Totalausfall gefahren werden. Eine TÜV-Kontrolle fehlt. Reifen, die bis auf die Leinenstruktur abgefahren sind, und mangelhafte Bremsen verursachen die meisten Unfälle. Das am häufigsten benutzte Signal ist die Hupe. Blinker werden oft nicht gesetzt oder durch Handzeichen ersetzt: Ausgestreckter Arm bedeutet Linksabbiegen, Hand schwenkt nach oben (zum Dach) heißt Rechtsabbiegen, und nach unten gedrückte Handflächen signalisiert dem Hintermann, langsam zu fahren.

Auch die besten Straßen können plötzlich und unerwartet tiefe Schlaglöcher aufweisen. Rand- und Mittelmarkierungen sind selten. Besonders kritisch ist der Zustand selbst guter Straßen in der Regenzeit und nach starken Schauern. Durch mangelhafte Stabilisierung ist oft die halbe Fahrbahn abgerutscht oder durch Erde und Geröll blockiert. Steinschlag-Schutz gibt es kaum. Zusammengebrochene Fahrzeuge stehen nicht selten hinter einer scharfen Kurve mitten auf der Straße, ohne Vorwarnung oder nur mit einigen Zweigen oder Steinen als ›Warndreieck‹ versehen. In ländlichen Gebieten muß man ständig darauf gefaßt sein, daß Tiere die Straße überqueren oder daß die Straße für den Viehtrieb benutzt wird.

Das Tankstellennetz ist sehr weitmaschig. Daher gehört ein großer Reservekanister unbedingt zur Ausrüstung eines Autofahrers. Im Notfall kann man in einem Dorf nach Personen fragen, die Benzin (meist kein Super) verkaufen. Gerade durch abgelegene Dörfer mit wenig Autoverkehr muß man sehr vorsichtig fahren. Ein Personenschaden kann hier böse Folgen haben, selbst wenn man im Recht ist. Bei einem Unfall mit Personenschaden sollte man sofort die Botschaft verständigen.

Unterkunft

Die drei Zielländer verfügen über eine breite Palette an Unterkünften. Ausgesprochene Luxushotels *(hoteles de lujo)* befinden sich in den Hauptstädten, den großen Badeorten und den von Geschäftsleuten stark frequentierten Großstädten. Sie gehören meist zu einer internationalen Kette (etwa Hilton). Die Hotels der ersten *(primera categoría),* zweiten und der dritten Klasse (meist vier, drei und zwei Sterne) werden in diesem Reiseführer als ›gut bis mittelmäßig‹ klassifiziert.

Für die Einstufung als Luxushotel oder Hotel erster Klasse sind Serviceeinrichtungen ausschlaggebend, wie Konferenzsaal, mehrere Restaurants und Bars, Swimmingpool, 24-Stunden-Service usw., Dinge also, auf die ein Tourist normalerweise verzichten kann.

Ein Zwei-Sterne-Hotel bietet meist ein ordentliches Zimmer mit Bad und – falls notwendig – Klimaanlage. Individualtouristen sollten sich das angebotene Zimmer immer zeigen lassen, denn der Zimmerkomfort schwankt innerhalb eines Hotels oft beträchtlich, und nicht immer werden die besseren Zimmer zuerst angeboten. Wichtiger als Größe und Ausstattung sollten eine ruhige Lage und funktionierende sanitäre Einrichtungen sein, die auch in den besseren Hotels oft vernachlässigt werden. Kann man bei der Ankunft nicht alles überprüfen, darf man sich nicht scheuen, notfalls einen Zimmerwechsel zu verlangen. Die Hotels sind verpflichtet, an der Rezeption einen Preisaushang anzubringen.

Taxifahrer kennen meist die Qualität der Hotels am Ort. Wenn man den ungefähren preislichen Rahmen (um 20 Dollar für ein Doppelzimmer in einem Mittelklasse-Hotel) und die gewünschte Lage angibt, werden sie das Richtige finden. Viele Taxifahrer erhalten zwar von den Hotels Provisionen, wenn sie Touristen bringen, aber man muß ja nicht im angesteuerten Haus bleiben. Es bietet sich an, die Hotelsuche mit dem einmal engagierten Taxi fortzusetzen. Ist man zu zweit, kann einer im Taxi beim Gepäck bleiben. Der Alleinreisende sollte dieses immer mitnehmen und dem Taxifahrer signalisieren, daß er warten soll.

Im allgemeinen muß das Zimmer um 12 oder 13 Uhr geräumt sein. Manche Hotels gewähren jedoch nach Rücksprache eine Verlängerung von ein oder zwei Stunden, und fast alle gestatten die Aufbewahrung des Gepäcks für ein paar Stunden oder auch Tage (unbedingt Namensschild oder

-aufkleber anbringen!). Für eine längere Zeitspanne oder bei Wertsachen sollte man sich eine Quittung ausstellen lassen.

Neben den Hotels existieren eine ganze Reihe anderer Unterkünfte, wie *hostales* und *hosterías*. Sie liegen in der Qualität etwas unter den Hotels. Ein Drei-Sterne-Hostal entspricht in etwa einem Zwei-Sterne-Hotel.

Die billigsten Unterkünfte nennen sich *residencial, hospedaje, casa de huéspedes* oder *pensión* und sind zusammen mit den Billighotels besonders in der Nähe von Busterminals und Märkten anzutreffen. In touristischen Orten bieten sie meist auch ganzen Familien für längere Zeit Unterkunft und sind daher entsprechend laut. Mit *cabaña* oder *villa* werden Bungalow-Unterkünfte bezeichnet, die oft an ein Hotel angegliedert sind.

Essen und Trinken

Im allgemeinen sind Essen und Trinken in den drei Ländern für den Dollar-Touristen preiswert. Nur Importiertes ist teuer, wie Wein und Whisky. Die besseren Hotels verfügen meist über eigene Restaurants mit internationaler Küche, die auch das eine oder andere nationale Gericht auf der Speisekarte haben oder an bestimmten Tagen der Woche anbieten.

Die typischen Gerichte *(comida criolla, platos típicos)* des jeweiligen Landes oder einer Region erhält man in den einfachen Restaurants oft in ursprünglicher Form. Es empfiehlt sich ein Trinkgeld *(propina)* von 10% oder mehr, das in den besseren Restaurants erwartet wird, während man in den bescheideneren auch kleine Summen akzeptiert. (Überreichen Sie das Trinkgeld nicht demonstrativ, sondern lassen Sie es

auf dem Tisch liegen.) Da viele bessere Restaurants in den Vorstädten der Großstädte liegen, fahren die Gäste abends in Privatwagen vor. Meist beaufsichtigt dann ein Wächter die Autos, der ebenfalls ein Trinkgeld bekommen sollte. Die teuren Restaurants setzen angemessene Kleidung voraus, machen jedoch bei Touristen Ausnahmen, vorausgesetzt, man kleidet sich nicht zu salopp.

Preiswert ißt man in den *cafeterías,* über die viele bessere Hotels neben einem Restaurant verfügen. *Piqueteadores* heißen in Kolumbien die einfachen Restaurants mit typischer Landesküche. In Venezuela erhält man Snacks auch in den sogenannten *fuentes de soda* oder den *areperas,* die auf gefüllte Maisteigtaschen spezialisiert sind. *Parrilladas* servieren gegrilltes Fleisch. *Panaderías* (Bäckereien) und *pastelerías* (eine Art Konditorei) bieten oft auch Sitzgelegenheiten und servieren Kaffee. Sehr verbreitet sind *pizzerías* und chinesische Restaurants *(chifas).*

Die *comedores populares,* sehr einfache, billige und typische Eßstände auf und in der Umgebung von Märkten, sind mit Vorsicht zu genießen – nicht nur wegen der mangelnden Hygiene, sondern auch wegen Ingredienzien, wie altem Fett und minderwertigem Fleisch.

Üblicherweise sind die Restaurants von ca. 11 Uhr bis Mitternacht geöffnet und schließen von ca. 15 bis 17 Uhr. Abends herrscht erst ab ca. 21 Uhr Hochbetrieb.

Die Küche in Venezuela

Das volkstümliche Nationalgericht Venezuelas ist der *pabellón criollo,* der besonders für die Region um Caracas typisch ist. Dieses stärkereiche Bauerngericht aus würzigen Fleischstreifen *(carne mechada),* schwarzen Bohnen *(caraotas negras),* Reis und gebratenen Kochbananen *(plátanos fritos)* verdaut man am besten mit Hilfe eines Bieres.

Hallacas sind eine nationale Spezialität, die hauptsächlich in der Zeit um Weihnachten und Neujahr gegessen, aber auch während des gesamten Jahres in Restaurants angeboten wird: Diese Maistaschen sind mit würzigem Hühner-, Rind- oder Schweinefleisch gefüllt und in Bananenblätter eingepackt.

Arepas, eine Art lockeres, ungesäuertes, rundes Maisbrot, wird mit weißem Käse *(queso de mano)* serviert oder auch mit Schinken gefüllt und als Vorspeise gereicht. Die *areperas* bieten diese Spezialität in vielen Variationen an, darunter mit schmackhaftem gelbem Mais *(amarillo)* und mit Fleisch- und Käsefüllung, oft als heiße *tostadas.*

Die *empanadas* sind gebackene, gefüllte Maistaschen in der Form eines Halbmon-

des. In den Andengebieten und in anderen Regionen wird häufig Weizen- statt Maismehl verwendet. Große und dünne Maismehlfladen, die man zusammenfaltet und mit Käse oder Schinken füllt, heißen *cachapas.*

Typisch ist auch der *sancocho,* ein Fleisch- oder Fischeintopf mit dazu passendem Gemüse und Knollenfrüchten, besonders *yuca.* Traditionelle Nachspeisen sind *bienmesabe* (Gebäck mit Kokosnußcreme und Rum), *cascos de guayábana* (Guavenstücke mit Käsecreme) oder *quesillo* (eine Art sahniger Karamelpudding).

Die Küche in Kolumbien

Die Gastronomie Kolumbiens ist regionaler geprägt als die Venezuelas. Eine Art Nationalgericht, besonders im Hochland um Bogotá, ist *ajiaco,* ein Eintopf aus Kartoffeln (oft mehrere Arten), Fleisch (meist Huhn), Mais und Gemüse, Kapern, Avocadostückchen und etwas Sahne. Das Geschmacksgeheimnis ist *guasca,* ein Würzkraut der Umgebung. Weiter nördlich, in Tunja, ist das traditionelle Gericht *cuchuco de trigo:* Weizensuppe mit Schweinerücken und *papa amarilla,* einer gelblichen Kartoffelart. Noch weiter nördlich, in der Provinz Santander, gilt *mute* als das typische Gericht: eine Suppe aus zerstoßenem Mais, Kichererbsen und klein geschnittenem Rindermagen. Ziegenfleisch *(cabrito)* wird hier in vielen Variationen und meist scharf gewürzt zubereitet. In den Hochtälern des Südwestens (Ibagüe, Tolima, Huila) ist das Festessen *lechona,* Spanferkel. Man läßt nur Kopf und Haut intakt, stellt dann die Figur des Ferkels mit einem Gemisch aus dem gewürzten Fleisch, Erbsen und Reis wieder her und brät alles kroß über offenem Feuer. Die *tamales* von Tolima sind in *congo*-Blätter eingewickelte Maistaschen. Im oberen Cauca-Tal enthalten die *tamales* de *pipián* ein Gemisch aus Fleisch, roter Kartoffel und Erdnußpfeffer.

In Antioquia bereitet man die *arepas* aus *maíz pilado* (in einem *pilón* zestoßene Maiskörner) zu, die ohne Salz gekocht und dann zu flachen Kugeln oder Halbkugeln gebraten werden. *Mazamorra* ist in Milch gekochter Mais, in seiner klassischen Art ohne Süße. Weihnachtsgebäck sind die *buñuelos,* gebratene Maismehl-Käse-Mischungen, die oft zusammen mit *natilla* gereicht werden, einem zimtbestreuten Karamelpudding aus Mais, Milch und unraffiniertem Zuckerrohrsirup. *Bandeja antioqueña* ist Grillfleisch mit Reis, Bohnen, Kartoffeln oder Maniok (Yuca).

In den Anden bilden Mais und Bohnen die Ernährungsgrundlage, an der karibischen Küste eher der Reis. Als Beigabe zu vielen Gerichten reicht man *arroz con coco:* Reis, den man mit Kokosmilch und ausgepreßten Trauben kocht und mit Salz oder auch Zucker würzt. Vieles andere wird ebenfalls mit Kokosmilch zubereitet, so auch *higadete,* Leber *(hígado)* vom Rind. Nicht aus Mais, sondern meist aus Reis sind die *tamales,* die in *bijoa* – statt Bananenblätter eingewickelt werden. Den landesüblichen *sancocho*-Eintopf variiert man hier mit Kohlblättern und *ñame,* einer Art Yamswurzel, die im übrigen Land kaum benutzt wird, oder mit dem Fleisch des *sábalo,* dem häufigsten Fisch der Karibikküste. Kokosfleisch mit Yuca und Anis ergibt *enyucado,* ein Buttergebäck. Irreführend ist der Name *cabeza de gato* (Ziegenkopf) für Kochbananenmus mit *chicharrón* (kroß gebratene Schweineschwarte). *Patacones* sind eine Art Kuchen aus gebackenem Kochbananenmus. Speziell um Barranquilla ißt man *arroz con lisa,* einen massenhaft in Süßwasserlagunen vorkommenden Fisch. Er wird erst getrocknet, dann gekocht, mit Zwiebeln und Tomaten gebraten, und anschließend mit einem Setzei darauf serviert. Eine Spezialität ist auch *arroz con chipichipi,* eine kleine wohlschmeckende Muschel, in deren Saft man den Reis kocht. Typisch für die Insel San Andrés ist der *rendón,* ein Fischgericht in Kokosmilch

mit Süßkartoffeln *(batate),* der verwandten Yamswurzel *(ñame)* und scharfen Gewürzen.

Gegen die Kälte des Hochlandes um Bogotá trinken die *campesinos* eine Art heißen Punsch, den *canelazo.* Er besteht aus *aguardiente* (Zuckerrohrschnaps), Wasser, Zucker, etwas Limone und Zimt. Werden weder Alkohol noch Zimt und statt Wasser Milch sowie viel Rohzucker verwandt, so erhält man *panela,* das Getränk der armen Leute. *Alegría* ist ein süßes Getränk aus Hirse, Anis, Kokosnuß und Zucker. *Mistela* heißt ein köstlicher Früchtelikör mit Anis, der aus den Departamentos Huila und Tolima kommt. Dort kennt man auch den *masato,* ein Getränk auf der Basis von Reis und Mais.

In der Region um Popayán und Cali trinkt man eiskalten *champús,* ein Fruchtgetränk mit gekochtem Mais mit Limonenblättern. Auf den kühleren Höhen des extremen Südens, in Nariño, wärmt man sich mit verschiedenen *hervidos,* heißem Zuckerrohrschnaps mit Fruchtsäften auf.

Der spezielle *aguardiente* der Chocó-Region ist der *biche.* Bei vielen der aufgeführten alkoholischen Drinks wird *aguardiente* durch Rum ersetzt. Einer der besten ist ›Ron Caldas‹ aus dem gleichnamigen Departamento.

Guarapo ist reiner oder fermentierter Zuckerrohrsaft. *Chicha* entsteht durch Zerkleinern, Kochen und Fermentieren von Mais. Oft wird auch Reis und Zuckerrohr hinzugenommen.

Mehr noch als Venezuela und Ecuador hat Kolumbien eine Vielzahl von Fruchtgetränken. Immer sollte man den reinen Preßsaft verlangen: *jugo natural.* Bei einigen Früchten muß allerdings Flüssigkeit zugesetzt werden, um das Fruchtfleisch trinkbar zu machen: *batido* ist Saft mit Eis, *sorbete* mit Milch.

Verlangt man einen *tinto,* bekommt man keinen Rotwein wie in Spanien, sondern einen schwarzen Kaffee, der in Kolumbien traditionell mild ist. *Café perico* ist Kaffee mit ein wenig Milch, *café con leche* ist Milch mit etwas Kaffeekonzentrat.

Die Küche in Ecuador

Wie überall in den Anden werden auch in den Hochtälern Ecuadors kräftige Gerichte zubereitet. Typische Schnellwärmer sind die Suppen und Eintöpfe. *Caldo de patas* ist sehr verbreitet, eine Brühe mit Fleisch von Schweins- oder Rindsfüßen, Kartoffeln und/ oder Yuca. *Locro* ist eine Suppe aus Milch, Kartoffeln, Mais und Kräutern (mit Käse: *locro de queso;* mit Schweinehaut: *locro de cuero; yaguarlocro:* Suppe mit Kutteln, Blutwurststückchen und oft Avocado).

Tamales, eine mit Fleisch, Ei und Zwiebeln gemischte Maismasse, werden in Ecuador mit einem Blatt der *achira*-Pflanze umwickelt. *Quimbolitos* sind eine Art süßer *tamales.* Damit vergleichbar sind die *humitas,* die aus jungem Mais *(choclo)* bestehen, oft mit Quark und ohne Fleisch zubereitet und in Maisblätter gewickelt werden. Auch hier gibt es eine süße Variante. Gekochte *choclos* werden häufig nur mit einem Stück Käse gereicht. Sehr variantenreich sind die *empanadas,* Mais-, Weizen- oder Reismehltaschen mit Fleisch- und Käsefüllungen. *Empanadas de verdes* sind mit Fleisch gefüllte Taschen aus grünen, mehligen Kochbananen. Aus dieser Banane werden auch die runden und gefüllten *bolas de verde* gemacht. *Llapingachos* sind in Fett gebratene, mit Käse gefüllte Kartoffelkugeln.

Die *fritada* ist lange in Knoblauch und Salz gebratenes Schweinefleisch. Sehr bäuerlich ist auch die *chugchucara.* Sie besteht aus Schweineschwarte, Speck, *fritada* und *empanadas. Churrasco* ist kurz gebratenes Fleisch, das oft mit Ei und Reis serviert wird.

Hornado nennt sich ein in rötlichem *achiote*-Fett gebackener Schweinebraten. Ein Fleischgericht aus der traditionellen Indio-Küche ist *cuy,* Meerschweinchen. Es ist fast nur in einfachsten Restaurants und auf Märkten erhältlich. *Seco de pollo, de borego, de chivo* nennt man trocken gebratenes Fleisch von Huhn, Hammel und Ziege. Gutes Fleisch vom Rind erhält man am ehesten, wenn man *lomito fino* bestellt. Fisch wird im Hochland nicht nur als Forelle *(trucha)* gegessen, sondern auch als Stockfisch. Zusammen mit Mais, Bohnen und Linsen ergibt er die *fanesca,* die typische Suppe der Osterwoche.

Obgleich frischer Fisch und andere Meerestiere von der Küste täglich nach Quito eingeflogen werden, schmecken sie an der Pazifikküste am besten. Das gilt insbesondere für *ceviche,* einen Cocktail aus kleingeschnittenem Fisch (meist *corvina*) oder Muschel-, Krabben-, Krebsfleisch mit Zwiebeln und Limonensaft. *Colonche* ist ein scharfer *ceviche* mit Süßwasserkrabben *(camarones de agua dulce).*

Feiertage und Feste

Wichtige Feiern und Feste sind in allen drei Ländern der Karneval *(carnaval),* die Oster- oder Karwoche (*Semana Santa,* von Palmsonntag bis Ostersonntag mit Gründonnerstag und Karfreitag als wichtigsten Tagen; der Ostermontag wird nicht gefeiert), Himmelfahrt *(Ascensión del Señor)*, Fronleichnam *(Corpus Christi)* und das Herz-Jesu-Fest *(Sagrado Corazón de Jesús)*.

Viele Großstädte sind in der Osterwoche, mindestens ab Mitte der Woche wie ausgestorben. Ein Mangel an Hotelzimmern besteht hier nicht, wohl aber in den Erholungs- und Badeorten an der Küste und in den Orten der bekanntesten Osterfeiern wie Mérida in Venezuela und Popayán in Kolumbien. Der Zeitraum zwischen Wochenenden und Feiertagen wird sehr häufig als Urlaub genutzt, so daß an diesen Tagen vielfach auch die Geschäfte geschlossen sind.

Neben den beweglichen und unbeweglichen landesweiten Fest- und Feiertagen gibt es unzählige regionale und lokale Feier- und Gedenktage, wie Gründungstage von Provinzen, Städten und Gemeinden. Auch das kleinste Dorf feiert seinen Patronatstag, den Tag eines Schutzheiligen. Mit den *fiestas* (ein oder mehrere Tage, an denen gefeiert wird) sind oft *ferias* (Indio-Märkte) verbunden.

Staatliche und religiöse Feiertage mit festem Datum:

1. Januar: Neujahr (Año Nuevo); 6. Januar: Dreikönige (Los Reyes Magos); 12. Januar, Ecuador: Tag der Entdeckung des Amazonas (Día del Oriente); 19. März: Josefstag (San José); 19. April, Venezuela: Unabhängigkeitstag (Día de la Independencia); 1. Mai: Tag der Arbeit (Día del Obrero, del Trabajo); 24. Mai, Ecuador: Schlacht am Pichincha; 29. Juni: Peter und Paul (San Pedro y San Pablo); 20. Juli, Kolumbien: Unabhängigkeitstag (Independencia Nacional); 24. Juli, Venezuela: Geburtstag Simón Bolívars; 7. August, Kolumbien: Schlacht von Boyacá (Batalla de Boyacá); 15. August: Mariä Himmelfahrt (Día de la Ascención); 12. Oktober: Entdeckung Amerikas (Día de la Raza); 1. November: Allerheiligen (Todos los Santos); 2. November: Allerseelen (Día de los Difuntos); 8. Dezember, Kolumbien: Unbefleckte Empfängnis (Inmaculada Concepción); 25. Dezember: Weihnachten (Navidad); 31. Dezember: Silvester (Fin de Año).

In Kolumbien werden Feiertage, die auf Dienstag bis Freitag fallen, auf den folgenden Montag gelegt.

... in Venezuela

Januar
Mérida: Paradura del Niño, die Figur des Christuskindes wird durch die Felder getragen, Gebete um Fruchtbarkeit.

Februar
Provinz Mérida (besonders am 2. Februar): Danceros de la Candelaria, Mariä Lichtmeß-Feier mit Trachten und Tänzen.
Carúpano/Callao: Karneval, beide Orte sind berühmt für ihre besonders farbigen Umzüge und Kostüme. In Callao wird der Calypso gespielt.

März
Elorza (um den 19. März): Fiesta del Joropó (Nationaltanz); auch an anderen Orten der Llanos.

April
Mérida, Caripito, Tostos: Semana Santa. Den Abschluß der Osterwoche bildet die Verbrennung des Judas (Quema de Judas).

Mai
Landesweit: Velorio del Cruz de Mayo; zahlreiche Clubs feiern, Kreuze werden geschmückt, man legt Gelübde ab und spendet.
Pueblo Nuevo, Provinz Mérida: Locainas de Santa Rita mit humorvoll satirischen Kostümen und Umzügen.

Juni
San Francisco de Yare: Los Diablos Danzantes (Teufelstänze) an Fronleichnam, eines der buntesten Feste in Venezuela. Vor der Messe wird in gehörnten Tiermasken und meist roten Kostümen getanzt, um Sünden und Teufel auszutreiben.
Curiepe: Fiesta de San Juan, 23. bis 26. Juni, Tänze mit afrikanischem Einschlag, viel Trommelmusik, Feuerwerk; ähnliche Feste in vielen anderen Orten des Barlovento (östlich von Caracas).

August
Isla de Margarita: Fiestas de la Virgen (in Asunción).
El Moján, Sinamaica: Fiestas de San Bartolo.

September
Guanare: Fiesta de la Virgen de Coromoto, der Nationalheiligen Venezuelas.

Oktober
Isla de Margarita, 12./13. Oktober: Fiesta de Nuestra Señora del Pilar, 12./13. Oktober.

November
Maracaibo: Feria de la Chinita, auch in anderen Orten des Staates Zulia, mit Stierkämpfen und Volksmusik.

Dezember
Landesweit: Weihnachten wird lauter und fröhlicher als in Europa gefeiert. In den Fenstern stehen bunte Krippenszenen. Ähnlich wie an Silvester werden Feuerwerkskörper gezündet.

... in Kolumbien

Januar
Pasto: Carnaval de los Blancos y Negros (Karneval der Weißen und Schwarzen), ein ausgelassenes Fest mit Umzügen und interessanter Verkleidung.
Manizales: Feria de Manizales, eine Woche mit Präsentation von Kunsthandwerk, Volksmusik und Stierkämpfen, Wahl der Kaffee-Königin.

Februar
Barranquilla: berühmtester Karneval des Landes, an vier Tagen vor dem Aschermittwoch.
Cartagena: Fiesta de la Candelaria, religiöses Fest, oft auch Ende Januar (vgl. S. 195).
Ciénaga: Fiesta del Caimán (Alligator) mit Umzügen und Volksmusik.

März
Cartagena: Festival del Caribe; internationale Volksmusik
Popayán: Während der Osterwoche findet in Popayán außer den Prozessionen das internationale Festival der religiösen Musik statt. Berühmt sind auch die Karwochenfeierlichkeiten von Pamplona, Mompox und Sachica.

Juni
Cartagena: Festival Internacional del Cine (Internationales Filmfestival).
Neiva: Festival Reinado del Bambuco mit Musikfolklore, Umzügen, Wahl der Königin des Bambuco (Volkstanz).

Juli
Villavicencio: Festival del Joropó (Volkstanz).
Riohacha: Fiesta del Dividivi (Baumart).

August
Medellín: Desfile de Silleteros; Umzüge.
Santa Marta: Fiesta del Mar mit Wahl der Meereskönigin und Regatten.

September
Manaure: Fiesta del Sal (Salzfest) auf der Halbinsel Guajira.
Paipa: Concurso Nacional de Bandas; nationaler Wettbewerb von Volksmusikgruppen aus den Anden.

Oktober
Acacias: Volksmusik der Llanos.

November
Cartagena, 11. November: Unabhängigkeitstag
San Martín: Festival Turístico del Llano, Reitervorführungen und Tanz-/Musikdarbietungen (rund 60 km südlich von Villavicencio)
San Andrés (Insel): Reinado del Coco; bei diesem Inselfest wird eine Kokosnußkönigin gewählt.

Dezember

Cali, 25. Dezember bis 3. Januar: Feria de la Caña de Azucar; Volksfest mit Wahl einer Königin und Stierkämpfen.

Tunja: Aguinaldo Boyacense, regionale Volksmusik und Tänze.

Arauca: Torneo Internacional del Joropó y Contrapunteo; Wettbewerb in diesen beiden Volksliedarten und Reiterwettbewerbe, wobei Stiere am Schwanz gezogen und zu Boden geworfen werden.

... in Ecuador

Februar

Ambato: Feria de las Frutas y Flores (Fest der Früchte und Blumen); Ausstellungen, Volksmusik, Stierkampf.

Guaranda: Berühmtester Karneval des Landes.

März

Atuntaqui, 2. März: Festival de la Caña (Zuckerrohrfest).

Gualaceo, 4.–6. März: Festival del Durazno (Pfirsichfest).

April

Bayushi/Guano: Festival de la Manzana (Apfelfest).

Riobamba: Feria Internacional Agropecuaria y Artesanal mit Umzügen, Volksmusik, Stierkampf.

Mai

Quito: Fiesta de la Cruz im Stadtteil Cruz Verde.

Cuenca: Fest im Stadtteil Cruz del Vado.

Andengebiet: Fronleichnam.

Puyo: Feria Agropecuaria e Industrial.

Juni

Otavalo Tabacundo: Fiesta de San Juan, auch in anderen Dörfern um den Imbabura-Vulkan der gleichnamigen Provinz; am 24. Juni mit Umzügen, Maskierung und Kostümierung.

Sangolquí: Fiesta del Maíz y Turismo; ab 24. Juni, Umzüge, Kunsthandwerk, Stierkämpfe.

Cayambe: San Pedro y San Pablo (Peter und Paul); Ende Juni: Volksmusik und -tänze, auch in Otavalo, Tabacundo und anderen Orten.

Santo Domingo: Fiestas Regionales.

Juli

Guayaquil: Fundación de Guayaquil (Gründungsfeiern); Ausstellungen Sportwettbewerbe, Wahl der Schönheitskönigin ›Perla del Pacífico‹.

August

Esmeraldas, 3.–5. August: Unabhängigkeitsfeiern; Ausstellungen, Markt, Umzüge.

Quito, 10. August: Unabhängigkeitstag

Sicalpa (Chimborazo): Fiestas de la Virgen de las Nieves.

Quito-Guápulo: Fiesta de la Virgen de Guápulo

Quito-El Tejar: Fiesta de la Virgen del Tránsito; Feuerwerk, Blasmusik

Yaguachí (Guayas): Fiesta de San Jacinto

September

Otavalo: Fiesta del Yamor (Maisfest): Volkstänze, Hahnenkämpfe, Umzüge.

Loja: Fiesta de la Virgen del Cisne, gleichzeitig Grenzfeiern.

Cotacachi: Fiesta de la Jora (Maisbierfest).

Machala, 20.–26. September: Feria Mundial del Banano.

Latacunga, 23./24. September: Fiesta de la Virgen de las Mercedes; am 23. September um Mitternacht: Misa de la Gallina, am 24. September La Mama Negra mit Umzügen und Maskierungen.

Quito: Fiesta de la Virgen de las Mercedes

Ibarra: Fiesta de los Lagos: Umzüge, Tänze, Autorennen um den See Yaguarcocha.

Oktober

Guayaquil, 9. Oktober: Unabhängigkeitsfeier.

November

Calderón: Día de Difuntos (Totensonntag); Schmücken der Gräber (auch in andern Orten, in Quito auf dem Friedhof San Diego, in Guayaquil auf dem großen Friedhof). Brotfiguren *(muñecas de pan)* werden hergestellt.

Quinche: Fiesta de la Virgen de Quinche, Wallfahrten.

Cuenca, 3. November: Unabhängigkeitstag.

Manta: Kantonisierung von Manta, regionale Feste.

Riobamba, 11. November: Unabhängigkeitstag.

Dezember

Quito, 6. Dezember: Gründungstag, mit Umzügen, Wahl der Königin, Stierkämpfen. Die Nacht auf den 6. ist als Noche Quiteña eines der wichtigsten Feste Ecuadors.

Quito/Guayaquil u. a.: Weihnachten; Krippenfiguren stehen Heiligabend in den Fenstern und Kirchen; Feuerwerk, Weihnachtslieder, Mitternachtsmesse.

Cuenca: Pase del Niño, bekannte Weihnachtsfeiern.

Landesweit, 28. Dezember: Fiestas de Inocentes, Umzüge, Maskeraden.

Quito/Guayaquil: An Silvester wird das alte Jahr in Form von Puppen verbrannt.

Sprachführer

Die Landessprache in Venezuela, Kolumbien und Ecuador ist Spanisch. Daneben existieren verschiedene indianische Idiome; vor allem in Ecuador ist Quechua als Umgangssprache verbreitet. Das Spanische ist allerdings mit Lateinamerikanismen durchsetzt, und auch die Aussprache weicht vom kastilischen Spanisch ab; etwa werden Konsonanten zwischen Vokalen und Endungs-s, ja manchmal ganze Wortsilben verschluckt. Für Reisende in Südamerika sind Grundkenntnisse des Spanischen sehr nützlich, denn nur selten wird man sich auf englisch oder deutsch verständigen können.

Betonung und Aussprache: Bei Wörtern, die auf n und s sowie auf Vokalen enden, liegt die Betonung auf der vorletzten, sonst auf der letzten Silbe. Abweichend von dieser Grundregel wird eine Silbe mit Akzent stets betont. Diphtonge wie io, ia zählen wie ein Buchstabe.

c	vor a, o, u wie dt. k, vor e und i wie ß
ch	wie dt. tsch
g	vor a, o, u wie dt. g, vor e und i wie Rachen-ch
gu	vor e und i wie dt. g (guitarra)
h	ist stumm
j	wie dt. Rachen-ch
ll	wie dt. j, regional in einen weichen sch-Laut übergehend
ñ	wie dt. nj
qu	vor e und i wie k
r	wird gerollt
rr	stark gerolltes r
s	scharf wie dt. ß; vor b, d, g, l, m, n stimmhaft wie in Rose
v	liegt in der Lautung zwischen dem dt. w und b, wird aber nie wie f gesprochen
x	vor Vokalen wie dt. gs, vor Konsonanten eher s/ß
y	am Wort- und Silbenanfang wie j, am Wortende wie i
z	wie scharfes s; regional und schichtenspezifisch auch wie englisches th

Grammatikalische Geschlechter und Pluralbildung: *Un* (ein), *el* (der) und *los* (die) sind männliche, *una* (eine), *la* (die) und *las* (die, Plural) weibliche Artikel. Die Präposition *a* verschmilzt mit dem männlichen Artikel *el* zu *al* (zum, am), aus *de* und *el* wird *del* (vom). Substantive mit der Endung o sind in der Regel männlich, mit der Endung a weiblich. Auch die meisten Adjektive enden – je nach Geschlecht des im allgemeinen vorangestellten Substantivs – auf o bzw. a. Der Plural wird durch Anhängen von s gebildet bzw. durch es.

Begrüßungs- und Höflichkeitsformeln

Guten Morgen, guten Tag	buenos días
Guten Tag	buenas tardes
Guten Abend, gute Nacht	buenas noches
Auf Wiedersehen/ tschüß, bis später	adiós/hasta luego
Hallo, wie geht's? (Begrüßung)	¿hola, qué tal?
Bitte/danke/gern geschehen	por favor/gracias/ de nada
Entschuldigen Sie bitte!	disculpe/perdón
Gestatten?	(con su) permiso
Wie heißt du/ heißen Sie?	¿cómo te llamas/ se llama Usted?
Ich heiße ...	me llamo ...
Sehr erfreut (bei Vorstellungen)	encantado/a, mucho gusto

Wichtige Redewendungen und Begriffe

Ja/nein	sí/no
Sprechen Sie/ sprichst Du Englisch/Deutsch?	¿habla/hablas inglés/alemán?
Ich verstehe nicht	no entiendo/ no comprendo
Ich spreche kein Spanisch	no hablo español
Können Sie/kannst Du ein bißchen langsamer sprechen?	¿puede/puedes hablar más despacio?

Ich komme aus Deutschland/ Österreich/ der Schweiz	soy de Alemania/ Austria/Suiza
Gibt es ...?/ es gibt kein ...	¿hay ...?/no hay ...
Bitte, helfen Sie mir!	¡ayúdeme, por favor!
Mann/Frau (Anrede)	señor/señora (auch: Don/Doña plus Vorname)
Mann/Frau (Geschlecht)	el hombre/la mujer
Wer?/was?	¿quién?/¿qué?
Wo?/wohin?/woher?	¿dónde?/¿adónde?/ ¿de dónde?
Wie?/wieviel?	¿cómo?/¿cuánto?
Wann?/warum?	¿cuándo?/¿por qué?

Reise und Verkehr

Norden/Süden	el norte/el sur
Osten/Westen	el este/el oeste
Rechts/links	a la derecha/ a la izquierda
Geradeaus	todo recto, todo seguido
Ist das nah/weit?	¿está cerca/lejos?
Stadt/Stadtviertel	la ciudad/el barrio (la colonia)
Dorf/Land	el pueblo/el campo
Straße (innerorts)/ Fernstraße	la calle, la carrera, la avenida/ la carretera
Gebirge/Bergland	la cordillera, la sierra/la montaña
Vulkan/Hügel	el volcán/el cerro
Fluß/See/Meer	el río/el lago/el mar
Lagune/Bucht	la laguna/la bahía
Insel	la isla
Hauptplatz/Zentralpark	la plaza central/ el parque central
Kathedrale/Kirche	la catedral/la iglesia
Küste/Strand	la costa/la playa
Markt/Supermarkt/ Geschäft	el mercado/el supermercado/la tienda
Touristeninformation/Polizei	la oficina de turismo/ la policía
Flughafen/Flugzeug/Flug	el aéropuerto/ el avión/el vuelo

Auto/Fahrer	el auto(móvil), el carro/el conductor
Auovermietung	alquiler de autos
Taxi/Taxifahrer	el taxi/el taxista
Zum Flughafen, bitte!	¡al aéropuerto, por favor!
Bus/Busbahnhof/ Haltestelle	el autobús/la esta- ción de auto- buses/la parada
Zug/Bahnhof/ Bahnsteig	el tren/la estación (de ferrocarriles)/ el andén
Schiff/Hafen	el barco/el puerto
Fahrkarte/Fahr- kartenschalter	el billete/la taquilla
Wo ist der Bahnhof?	¿dónde está la estación?
Wie spät kommt der Zug in . . . an?	¿a qué hora llega el tren a . . .?
Wo fährt der Bus nach . . . ab?	¿dónde sale el auto- bús para . . .?
Hin/und zurück	ida/y vuelta
Erste/zweite Klasse	primera/segunda clase
Ich habe viel/ wenig Gepäck	tengo mucho/poco equipaje
Paß/Personalaus- weis/Visum	pasaporte/carta de identidad/visado
Ist . . . geöffnet/ geschlossen?	¿está abierto, a . . ./ cerrado, a . . .?
Wo ist eine Werk- statt/Tankstelle?	¿dónde está un taller mecánico/ una gasolinera?
Benzin/Wasser/Luft	gasolina/agua/aire
Batterie/Licht	batería/luz
Motor	motor

Unterkunft

Hotel/Pension/ Gästehaus	hotel/pensión/ hospedaje
Haben Sie ein Zimmer frei?	¿hay/tiene una habi- tación libre?
Einzel-/Doppel- zimmer	habitación indivi- dual/doble
. . . mit Ehebett	con (cama de) matrimonio
. . . mit getrennten Betten	con camas separadas
. . . mit/ohne Bad/ Dusche	con/sin baño/ducha
Gibt es eine Toilette	¿hay servicios/hay un baño?
Bett/Hängematte	cama/hamaca
Seife/Handtuch	jabón/toalla
Klimaanlage	aire acondicionado
Ventilator	ventilador
Schlüssel	llave

Essen und Trinken

Was gibt es zu essen/zu trinken	qué hay para comer/ para tomar
Frühstück/Mittag- essen	desayuno/almuerzo
Abendessen/ das Essen	cena/comida
Löffel/Gabel/ Messer	cuchara/tenedor/ cuchillo
Teller/Tasse/Glas	plato/taza/vaso
Das Essen ist sehr gut	la comida está muy rica
Die Rechnung bitte	la cuenta, por favor

Die wichtigsten Speisen und Getränke

Brot/Toast	pan/tostada
Schinken/Käse/ Wurst	jamón/queso/ chorizo
Kartoffeln/Reis/ Nudeln	las patatas/arróz/ spaghetis
Gemüse/Salat	legumbres/ensalada (mista)
Bohnen/Mais/ Paprika	frijoles/maíz/ pimiento
Fisch/Fleisch	pescado/carne
Gekocht/gebraten/ gegrillt	cocido/asado, frito/ la parilla, a la plancha (auf Grill- platte)
Muscheln/Garne- len/Langusten	mejillones/gambas/ langostinos
Schweine-/Lamm-/ Rind-/Kalbfleisch	carne de cerdo/ cordero/vaca, res/ ternera
Kaffee mit Milch	café con leche
Kaffee, schwarz	café solo, tinto
Mineralwasser mit/ ohne Kohlensäure	agua mineral con/ sin gas

Fruchtsaft	jugo
Bier/Wein	cerveza/vino
vgl. auch Essen und Trinken, S. 335 ff.	

Geld, Einkauf, Post

Ich möchte Geld/ Schecks wechseln	quisiera cambiar dinero/cheques
Nehmen Sie Dollar?	¿aceptan dólares?
Preis/Wechselgeld/ Trinkgeld	el precio/el cambio/ la propina
Was kostet das?	¿cuánto es, cuánto vale, cuánto cuesta?
Das ist teuer/billig	está caro, a/barato, a
Wo gibt es . . . zu kaufen?	¿dónde se puede comprar . . .?
Postamt	correos
Brief/Karte	carta/postal
Telefon/Anruf/ telefonieren	teléfono/llamada/ llamar
Briefmarke/Stempel	sello/timbre
Adresse	dirección
Eilbrief/Telegramm	carta de exprés/ telegrama
Haben Sie ein Telefonverzeichnis?	¿tiene una guía telefónica?

Im Krankheitsfall

Arzt/Zahnarzt	médico/dentista
Krankenhaus/ Apotheke	hospital/farmacia
Medikament/ Medizin	remedio/medicina
Ich habe eine Erkältung/Fieber	tengo un resfriado/ fiebre
Ich habe Kopfschmerzen/ Bauchschmerzen	me duele la cabeza/ el vientre
Gibt es hier ein Krankenhaus?	¿hay aquí un hospital?
Bitte, rufen Sie einen Arzt!	¡por favor, lláme a un médico!

Wichtige Adjektive und Adverbien

Gut/schlecht	bueno, a/malo, a
Schön/häßlich	guapo, a; bonito, a/ feo, a
Groß/klein	grande/pequeño, a
Lang/kurz	largo, a/corto, a
Viel/wenig	mucho, a/poco, a
Mehr/weniger	más/menos
Schwer/leicht	pesado, a; grave/ ligero, a
Alt/neu	viejo, a/nuevo, a
Richtig/falsch	correcto, a/falso, a
Billig/teuer	barato, a/caro, a
Schnell/langsam	rápido, a/lento, a; despacio, a
Arm/reich	pobre/rico, a

Zeitangaben

Montag/Dienstag/ Mittwoch/Donnerstag/Freitag/ Sonnabend/ Sonntag	lunes/martes/ miércoles/jueves/ viernes/sábado/ domingo
Januar/Februar/ März/April/Mai/ Juni/Juli/August/ September/Oktober/November/ Dezember	enero/febrero/ marzo/abril/mayo/ junio/julio/agosto/ septiembre/octubre/noviembre/ diciembre
Datum/Stunde	la fecha/la hora
Tag/Woche	el día/la semana
Monat/Jahr	el més/al año
Morgen/am Morgen, vormittags	mañana/por la mañana
Nachmittag, am Nachmittag, nachmittags	tarde/por la tarde
Abend, Nacht/am Abend, nachts	noche/por la noche
Heute/gestern	hoy/ayer
Früh/spät/früher/ später	temprano/tarde/ más temprano/ más tarde
Wie spät ist es?	¿qué hora es?
Es ist Viertel nach fünf	son las cinco y cuarto
Es ist halb drei	son las dos y media
Es ist fünf vor zehn	son las diez menos cinco
Mittag/Mitternacht	mediodía/medianoche

345

Zahlen

1	uno	17	diecisiete	135	ciento treinta y cinco
2	dos	18	dieciocho	200	doscientos, -as
3	tres	19	diecinueve	300	trescientos, -as
4	cuatro	20	veinte	400	cuatrocientos, -as
5	cinco	21	veintiuno	500	quinientos, -as
6	seis	25	veinticinco	600	seiscientos, -as
7	siete	30	treinta	700	setecientos, -as
8	ocho	31	treinta y uno	800	ochocientos, -as
9	nueve	40	cuarenta	900	novecientos, -as
10	diez	50	cincuenta	1 000	mil
11	once	60	sesenta	10 000	diez mil
12	doce	70	setenta	1 000 000	un millón
13	trece	80	ochenta		
14	catorce	90	noventa		
15	quince	100	cien, ciento		
16	dieciséis	101	ciento uno		

Bei weiblichen Substantiven ist stets auch die weibliche Form des Zahlwortes zu gebrauchen.

Praktische Informationen von A–Z

Apotheken

In den größeren Städten gibt es zahlreiche Apotheken (farmacias). Die großen Tageszeitungen veröffentlichen regelmäßig eine Liste der farmacias mit Sonderdiensten. An jeder Apotheke sind Hinweise auf den Nachtdienst angebracht (beleuchtetes Zeichen ›turno permanente‹). Um den Nachtdienst in Anspruch zu nehmen, muß man entweder klopfen oder klingeln.

Auch Drogerie-Waren sind in Apotheken erhältlich. Die gängigen Arzneimittel sind meist sehr billig und oft mit den unseren inhaltlich identisch, da sie von den gleichen Pharma-Konzernen stammen. Sie sind außerdem überwiegend rezeptfrei. Es werden auch kleinste Mengen von Tabletten, Pulvern etc. verkauft. Man beachte bei Packungen unbedingt das Verfallsdatum. Große Apotheken sind zu bevorzugen, da sie bessere Vorrichtungen zum Kühlen und Lagern der Arzneien besitzen. Apotheker dürfen auch Spritzen verabreichen.

Ärzte

Viele Ärzte in den Hauptstädten sprechen aufgrund ihres Auslandsstudiums ein passables Englisch. Man kann sich im Krankheitsfall an die Botschaften wenden und sich einen Arzt empfehlen lassen. Auch viele private Kliniken bieten einen guten ambulanten Service. Bei kleineren Beschwerden oder Reisekrankheiten helfen auch die Apotheker, oft mit wirksamen einheimischen Arzneien. Die Rechnung muß sofort bezahlt werden. Die Quittung sollte für die Abrechnung mit der Krankenkasse möglichst auch in Englisch ausgestellt sein und genaue Angaben enthalten.

Auskunftstellen für Touristen

Alle drei Länder unterhalten staatliche Informationsbüros in den touristisch wichtigen Orten. Die Zentralen dieser Büros in den jeweiligen Hauptstädten (mit Zweigstellen im Flughafen) besitzen umfangreiches Material, das sie teilweise kostenlos abgeben. Vor einer Reise durch das Land sollte man sich hier nicht nur mit Informationsbroschüren zum Land im allgemeinen, sondern gezielt zu den Orten und Landesteilen, die man ansteuern will, eindecken. Die nationalen Tourismusstellen sind Corpoturismo in Venezuela, CNT in Kolumbien und Dituris (soll durch Cetur ersetzt werden) in Ecuador. Sie unterhalten auch eine Reihe von Hotels im Land, in denen man ein Zimmer reservieren kann. Viele Provinzen und Städte haben lokale Büros eingerichtet, in denen aber manchmal nur dürftige Informationen zu erhalten sind.

Häufig sind die Reisebüros *(agencias de viajes)* weit besser informiert, und man erhält mitunter auch dann sehr gute Broschüren, wenn man keine Tour bucht. Die größeren Reisebüros (u. a. Ecuadorian Tours in Ecuador, Tierra Mar Aire in Kolumbien und Turisol in Venezuela – alle sind zugleich Agenten von American Express –) haben nicht nur landesweit die meisten Filialen, sondern besitzen auch gute EDV-gestützte Buchungssysteme, etwa für die Reservierung eines Fluges.

Die Handelskammern *(camera de comercio)* bieten ebenfalls mitunter gute schriftliche Informationen für Touristen an. In den Rathäusern *(ayuntamiento, alcaldía, municipio)* gibt man im allgemeinen gern Auskunft. Bessere Informationen und Karten als die Touristenbüros erhält man häufig in den besseren Hotels am Ort, die auch meist über ein Reisebüro im Haus verfügen. Auch ohne Gast zu sein, kann man sich hier kundig machen.

Automobil-Clubs in den Hauptstädten:
Caracas: Touring y Automóvil Club de Venezuela, Centro Integral Santa Rosa, Locales 11 y 12, C. A., Av. Principal (bei Korrespondenz hinzufügen: Apto. 68102).

Bogotá: Touring y Automóvil Club de Colombia, Cra. 14 (Av. Caracas), C. 46–72.
Quito: Automóvil Club del Ecuador (ANETA), Av. Eloy Alfaro/Berlín, Casilla 2830.

Bergsteigen

Der Andinismus ist in Ecuador ein florierender Tourismuszweig. Voraussetzung sind eine sehr gute Kondition und eine mehrtägige Anpassung an die schon erhebliche Höhe von Quito. Ausländer bevorzugen die Gipfel Chimborazo und Cotopaxi. Obwohl es sich bei ihnen um die höchsten Berge Ecuadors handelt, sind die für Bergsteiger eingerichteten Hütten leicht zu erreichen, und der Aufstieg ist vergleichsweise ›einfach‹. Als sehr schwierig gilt die Besteigung von Sangay und Autana. Es ist immer ratsam, sich guten und erfahrenen Führern anzuvertrauen.

Die größeren Bergsteigerclubs in Deutschland, Österreich und der Schweiz verfügen über Kontaktadressen. In Quito kann man sich an die Andenclubs wenden. Das ist zwar vergleichsweise billiger, die Führungen werden aber von Amateuren durchgeführt. In Quito ist zu empfehlen: Expediciones Andinas, Marco Cruz Arellano, P.O. Box 8198 suc. 8.

Dazu ein Buchtip für deutsche Leser: Die Schneeberge Ecuadors (Marco Cruz), zu beziehen über Libri Mundi (vgl. Bücher, S. 264), verschickt auch ins Ausland.

Bettler

Betteln ist ein Phänomen der Städte, insbesondere der Großstädte. Vergleicht man die Situation von vor zehn oder auch nur vor fünf Jahren mit der heutigen, so muß man vor allem in Kolumbien und Ecuador eine deutliche Zunahme bettelnder Menschen konstatieren.

Die ohnehin schon Armen werden noch ärmer, und ihre Zahl nimmt zu. Aus den Elendsvierteln, die durch die zunehmende Landflucht explosionsartig angewachsen sind, drängen tagsüber immer mehr Bettler und ambulante Verkäufer in die Zentren der Städte. In Caracas und Bogotá versucht man, die touristisch frequentierten historischen Zentren von ihnen freizuhalten.

Betteln ist in diesen Ländern immer ein Ausdruck absoluter Verzweiflung, denn jeder, der noch die Kraft hat, wird stets versuchen, sich mit Schuhputzen, Lastentragen, Wagenwaschen, Kunststücken und diversen Kleindiensten über Wasser zu halten, um den Rest seiner Selbstachtung zu retten. Daher sind es überwiegend alte Menschen, Behinderte und Kinder, darunter besonders viele verelendete Indios, die etwa vor Kircheneingängen betteln.

Aus den Restaurants werden sie zwar rigoros vertrieben, bekommen aber oft die Küchenreste. Es ist auch durchaus üblich, daß Gäste ihnen die Reste von Mahlzeiten überlassen. Man sollte immer eine Menge Kleingeld für die Bettler bereithalten und großzügig geben, obgleich es auch ›Trickbettler‹ gibt und Familien, die ihre vielen Kinder systematisch an die Touristentische schicken.

Vorsicht ist bei den *gamines,* den Kinderbanden von Bogotá geboten. Ist man hier zu großzügig, hat man gleich Dutzende von zerlumpten Kleinen um sich, die ihre Opfer durch Ablenkungsmanöver zunächst täuschen, um ihnen dann die Handtasche oder eine Kette zu entreißen.

Diebstähle

Ohne zu übertreiben, kann gesagt werden, daß die vielen Diebstahlgeschichten, die man besonders aus Kolumbien hört, zumeist auf die Naivität und Unbesorgtheit der Bestohlenen selbst zurückzuführen sind.

Prinzipiell sollte man Elendsviertel sowie einsame Straßen und Parks in den Großstädten meiden. Kein Europäer kann verheimlichen, daß er Tourist ist, wohl aber

kann man die Kamera in eine Tragetasche stecken und den Schmuck zu Hause oder im Hotel lassen. Wer Wertsachen in einem Hotelsafe deponiert, sollte sich einen Beleg geben lassen. Um nicht auf Ihren ›Reichtum‹ aufmerksam zu machen, sollten Sie ihr Geld beim Zahlen nicht gleich bündelweise ziehen, sondern Klein- und Großgeld an getrennten Stellen aufbewahren, vorher den Geldbedarf des Tages überschlagen und nicht zu viel in den Taschen mitnehmen; keinesfalls Geld oder andere wichtige Dinge in die Gesäßtasche oder in nicht verschließbare Außentaschen stecken; Wertsachen besser in Innentaschen aufbewahren. Hemden mit zwei großen verschließbaren Brusttaschen sind von Vorteil: in die eine kommen die Geldscheine und Schecks, in die andere der Paß.

Die meisten Geldgürtel sind zu schmal und umständlich zu öffnen. Bewährt hat sich als Reservoir für die Reisekasse und für wichtige Papiere eine flache Geldkatze, die unter der Kleidung am Gürtel oder um die Hüfte getragen wird. Brustbeutel sind zumeist an der Umhängeschnur sichtbar und können schnell abgeschnitten werden.

Will man ein normales Portemonnaie benutzen und trotzdem auf Nummer sicher gehen, kann man es mit einigem Geschick an die Kette eines Schlüsselzuges legen, den man am Gürtel befestigt. All diese Sicherheitsmaßnahmen wird man schätzen lernen, wenn man im Gedränge vor Busschaltern steht oder sich durch Marktgewühl kämpft. Beliebte Orte für Diebe sind Flughallen, Bus- und Bahnterminals, Märkte, belebte Plätze. Besonders kritisch wird die Situation immer dann, wenn die Aufmerksamkeit des Touristen abgelenkt ist, etwa bei Sehenswürdigkeiten, beim Suchen nach einem Taxi oder Bus, bei der Auswahl von Souvenirs.

Im Gedränge sollten Sie Taschen vor dem Körper tragen; die Hand immer am Riemen halten; auf Bürgersteigen nicht zu nahe an der Straße gehen bzw. die Tasche nicht zur Straßenseite hin tragen; größeres Gepäck beim Warten zwischen die Beine nehmen oder sich daraufsetzen und möglichst an einer Mauer oder in einer Nische warten. Die Tricks der Diebe sind phantasievoll: Der eine lenkt ab (Rempeln, Beschmutzen der Kleidung), der andere macht sich mit dem Gepäck auf und davon.

Diplomatische Vertretungen in Venezuela, Kolumbien und Ecuador

(Botschaft: Embajada – Konsulat: Consulado – Apartado: Postfach – Edificio: Gebäude – Piso: Stockwerk).

... in Venezuela

Botschaft der Bundesrepublik Deutschland (Embajada de la República Federal de Alemania): Caracas, Av. San Juan Bosco, Esq. 3a Transversal, Edificio Panaven, Piso 2, Apartado 2078, ✆ 33 47 44
Honorarkonsulate (Consulados Honorarios): in Maracaibo (Calle 77, No. 3C–24, Edificio Los Cerros, Piso 8, ✆ 91 24 06); San Cristóbal (Carrera 8, Edificio Torovega, La Concordia, ✆ 44 88 66); Valencia (Calle 159 No. 106–36, Guapero, ✆ 21 19 48); Ciudad Guayana (Av. Las Américas, Edificio Amazonas, Local 4, Puerto Ordaz, ✆ 22 22 72)

Botschaft Österreichs (Embajada de Austria): Caracas, Av. La Estancia, Edificio Torre las Mercedes, Piso 4, Chuao, Ofc. 408, ✆ 91 38 63, 92 29 56
Honorarkonsulat (Consulado Honorario) in Maracaibo

Botschaft der Schweiz (Embajada de Suiza): Caracas 1060, Av. Francisco de Miranda, Campo Alegre, Edificio Torre Europa, Piso 6, ✆ 9 51 40 64
Honorarkonsulat in Maracaibo

... in Kolumbien

Botschaft der Bundesrepublik Deutschland: Bogotá, Cra. 4 No. 72–35, Edificio Sisky, Piso 6, ✆ 2 12 05 11
Honorarkonsulate: in Medellín (Calle 52, No. 47–28, Edificio La Ceiba, ✆ 2 51 66 26 vormittags, 2 51 63 16 nachmittags); Cartagena (Calle 5a, No. 12–76, Castillogrande, Oficina 8D, ✆ 65 19 01); Cali (Av. 4a Norte No. 14–107, Barrio Granado, ✆ 68 53 61), Cúcuta (Calle 7, No. 4–55, ✆ 2 24 55); Barranquilla (Calle 80 No. 79, Edificio Tealco, ✆ 45 83 08); Bucaramanga und Manizales

Botschaft Österreichs: Bogotá, Cra. 11 No. 75–29, ✆ 2 35 66 28
Konsulate: Generalkonsulat in Bogotá, Calle 70 No. 5–60, Edificio Portachuelo, ✆ 2 49 31 39; Konsulate in Barranquilla, Cali, Cartagena, Medellín

Botschaft der Schweiz: Bogotá, Cra. 9a No. 74–08, Edividio Profinanzas, Piso 11, Ofc. 1101, ✆ 2 55 39 45/2 55 52 80/2 35 95 07

... in Ecuador

Botschaft der Bundesrepublik Deutschland: Quito, Av. Patria y 9 Octubre, Edificio Eteco, Piso 5, ✆ 23 26 60/56 72 31/56 72 33
Honorarkonsulate: in Cuenca (Av. Huayna Capac 12–24, c/o Pasamaneria S. A., ✆ 83 23 88/83 59 80); Guayaquil (Av. 9 de Octubre 109 y Malecón, Esq., Piso 2, ✆ 51 27 00/51 38 76); Manta (Av. 102, Los Esteros, c/o Sefman C. A., ✆ 61 40 51/61 07 40)

Botschaft Österreichs: Quito, Av. Patria y Amazonas, Edificio Cofiec, Piso 11, ✆ 54 53 36/56 33 44/56 33 42
Konsulate: Generalkonsulat in Quito, Av. Coruna 1224, Edificio Austria, Piso 3, ✆ 23 96 60/50 34 56; Konsulat in Guayaquil

Botschaft der Schweiz: Quito, Av. Amazonas 3617 y Joan Pablo Sanz, Edificio Xerox, Piso 2, ✆ 43 41 13/43 49 48/43 49 49/24 06 94

Drogen

Jeglicher Drogenbesitz wird sehr hart bestraft. Man vermeide auch Dinge, die ein ignoranter, übereifriger oder korrupter Zöllner oder Polizist für Drogen halten könnte, wie weißes Pulver oder selbstgedrehte Zigaretten. Tabletten sollten sich in der Originalpackung befinden. Ansonsten kann es insbesondere an weniger frequentierten Grenzübergängen gefährlich werden, vor allem wenn das Äußere des Touristen zusätzlich Vorurteile weckt.

Flüge von Kolumbien nach Europa oder zu den südamerikanischen Nachbarstaaten werden streng kontrolliert. Militärkontrollen finden nicht nur in Grenznähe sondern häufig auch im Landesinneren statt.

Fotografieren

Filme sind in Lateinamerika teurer als bei uns und das Sortiment ist eingeschränkter. Beim Kauf sollte man noch stärker als zu Hause auf das Verfallsdatum achten.

Für den Transport kann man die Filme aus den Döschen nehmen und sie – eventuell nach Empfindlichkeit sortiert – in separate Klarsichttütchen und diese wiederum in einen verschließbaren Klarsichtbeutel stecken. Der Sinn der Prozedur: Bei den mitunter intensiven Kontrollen wird das gesamte Gepäck untersucht, oft auch die Filmdöschen. Das kann Zeit und Nerven kosten. Bei dem beschriebenen Vorgehen präsentiert man lediglich den transparenten Filmbeutel, während das übrige Handgepäck durch den Röntgencheck läuft. Nur Filme mit dem Vermerk ›Filmsafe‹ kann man bedenkenlos durch die Kontrolle schicken.

Wer eine Spiegelreflexkamera benutzen und Menschen fotografieren möchte, sollte auf ein gutes Teleobjektiv nicht verzichten, um aus größerer Entfernung fotografieren zu können. Gerade Indios fühlen sich von Fotografen belästigt. Aus Gründen des Gewichts empfiehlt sich jeweils ein Varioobjektiv im Weitwinkel- und im Telebereich. Die Einbuße an Lichtstärke macht das intensive Licht der Tropen wett. Einen Ausgleich schaffen auch Filme im höheren Empfindlichkeitsbereich. Angesichts der intensiven Sonne gehört ein Skyfilter auf jedes Objektiv. Es nimmt das Blau aus dem Mittagsschatten und schützt darüber hinaus das Objektiv. In den Tropen sind Kontraste (starke Sonne – starker Schatten) ein großes Problem. Im Zweifelsfall müssen Sie sich entscheiden, die dunkleren Partien aufzublenden oder die hellen abzublenden. An bedeckten Tagen, nach Regenschauern, werden Aufnahmen oft erstaunlich gut.

Die hohe Luftfeuchtigkeit macht den Filmen ein paar Wochen lang nichts aus. Tritt man nach längerem Aufenthalt aus der Kühle klimatisierter Räume in die feuchte Hitze draußen, beschlagen oft Filmstreifen und Objektiv; dann mit der Aufnahme etwas warten.

Militärisch wichtige Anlagen und Soldaten dürfen nicht fotografiert werden. In Museen, Gedenkstätten und Kirchen ist das Fotografieren generell verboten (in jedem Fall jedoch das Benutzen des Blitzlichtes).

Frauen allein unterwegs

Individualtouristen sollten in den Zielländern nie allein reisen. Das gilt insbesondere für Frauen, denen eine Begleitung dringend anzuraten ist. Auch ein ständiger Begleiter schützt nicht immer vor ›Anmache‹, wohl aber vor direkter Belästigung. Die meisten Südamerikaner wissen natürlich, daß junge Touristenpaare oft nicht verheiratet sind und werben um junge Frauen. Falls dies nicht erwünscht ist, sollte das Paar deutlich machen, daß es verheiratet oder zumindest verlobt ist.

Allein oder zu zweit reisende Frauen können sich oft durch die Aussage, sie seien verheiratet, oder durch das Tragen eines Ringes nicht schützen. Denn ein *macho* wird auf die Frage, warum eine Frau ohne ihren Ehemann reist, seine eigene Antwort haben. Beweiskräftiger sind Bilder von Ehemann und Kindern oder die Angabe eines ernsthaften Grundes für die Reise: Journalismus, Studienzwecke, Verwandtenbesuch. Manchmal hilft es, durchblicken zu lassen, daß man gar nicht allein reist, daß der Partner sich im Hotel befindet oder auf einem Ausflug.

Angemessene Kleidung und das eigene Verhalten sind wichtig: Keine Shorts tragen, keine zu engen Blusen, die Schultern sollten möglichst verhüllt sein; längeren Augenkontakt beim Gespräch vermeiden, keine Männer um Auskunft fragen. Insgesamt sind die lateinamerikanischen Männer daran gewöhnt, daß die einheimischen Mädchen und Frauen auf Pfiffe und Komplimente im Vorbeigehen *(piropos)* nicht reagieren.

Südamerikanische *machos* empfinden es als normal, neben der Ehefrau, und meist stillschweigend von ihr geduldet, eine Geliebte, die berühmte *casa chica* (kleines Haus), zu haben. Ihr Bild von der Frau in den modernen Industrieländern ist durch US-Filme und Serien von der billigen Sorte geprägt. Von echter Emanzipation erfahren sie eher im Sinne von sexueller Freizügigkeit. Diese Klischees werden allzu leicht auf allein oder zu zweit reisende Europäerinnen übertragen. Es ist mit der Männlichkeit des *macho* nicht zu vereinbaren, es nicht wenigstens versucht zu haben. Seine Großzügigkeit und seine Rhetorik kennen keine Grenzen. Wenn sich Frauen in der Erwartung einer netten Bekanntschaft darauf einlassen, dann aber bei konkreterem Verlangen abblocken oder sich über die Avancen gar lustig machen, müssen sie aufgrund verletzter Männlichkeit mit aggressivem Verhalten rechnen. (Buchtip: Frauen Unterwegs, rororo Sachbuch)

Geld und Wechseln

In den Zielländern herrscht meist eine zweistellige Inflationsrate. Statt mit Münzen wird zunehmend mit Scheinen gezahlt, so daß entsprechend abgenutztes Papiergeld im Umlauf ist. Solche Scheine kann man bei Banken umtauschen. Zerrissene Scheine werden von Geschäften meist nicht angenommen.

Im allgemeinen ist es einfacher, Dollarnoten zu tauschen als Schecks, die auch Wechselstuben manchmal ablehnen; denn ihnen entstanden Millionenverluste durch Scheckfälscherbanden. Dollarnoten haben darüber hinaus einen etwas besseren Umtauschwert, und die Scheckgebühr entfällt.

Da die einheimische Währung täglich an Wert verliert, tausche man keine allzu großen Summen auf einmal. Bei den großen Banken und den ihnen angeschlossenen Wechselstuben sind die Wechselkurse am günstigsten. Schlechtere Kurse bieten im allgemeinen die Hotels, wo man oft nur Dollarnoten tauschen kann.

Vor dem Grenzübertritt in ein Nachbarland sollte man nur geringe Summen der Währung des Ziellandes tauschen, da dies dort meist günstiger möglich ist. Niemals auf der Straße bei ambulanten Händlern (am häufigsten an den Grenzen anzutreffen) tauschen, da ihnen nicht zu trauen ist.

Inflation und plötzliche Geldentwertung haben dazu geführt, daß jeder Ersparnisse am liebsten in Dollar umwandelt. Daher ist vielfach die Barzahlung in Dollar möglich und meist auch günstiger. Rechnungen, die per Kreditkarte beglichen werden, sollten immer auf die eindeutig ausgewiesene Landeswährung ausgestellt sein. Überprüfen Sie die Beträge. Das kolumbianische Peso-Zeichen ist dem Dollar-Zeichen ähnlich und sollte deshalb durch die Abkürzung ›col.‹ gekennzeichnet sein, um Verwechslungen auszuschließen.

Gesundheitsrisiken

Da man bei der Ankunft in Quito und Bogotá gleich auf rund 2600 m Höhe landet, ist es wichtig, sich zu akklimatisieren: zumindest die ersten beiden Tage maßvoll essen (wenig Fett), wenig rauchen und Alkoholika trinken, Treppen langsam steigen, nicht zu viel unternehmen, bei Besichtigungen auf ein Taxi zurückgreifen. Keinesfalls gleich noch größere Höhen in Angriff nehmen, was in Bogotá und Caracas möglich ist. Leichte Formen der Höhenkrankheit sind normal: Anflüge von Herzklopfen, Atemnot, Kopfschmerzen, Schwindel, Übelkeit. Bei seltenen starken Symptomen muß ein Arzt aufgesucht werden.

Auch die tropische Hitze belastet den Kreislauf. Sinnvoll sind Maßhalten beim Essen, Zurückhaltung bei Alkoholika (sie erweitern zusätzlich die Adern und ermüden noch mehr) und viel Mineralwasser bzw. mehr Salz, um den Wasser- und Mineralienverlust nach starkem Schwitzen zu ersetzen. Salztabletten sind nicht unbedingt nötig, man salze nur die Speisen etwas stärker. In trocken-heißen Gebieten merkt man den starken Flüssigkeits- und Mineralienverlust nicht so sehr wie in feucht-heißen Gegenden, wo die Luftfeuchtigkeit je nach Ventilation nur ein Drittel des Schweißes verdunsten läßt, der Rest wird durch die Kleidung aufgesogen. Viel Schwitzen und Trinken sind normal in der Phase der Klimaanpassung, die ca. drei Wochen dauern kann.

Die fremden Colibakterien haben es bei einem Körper, der durch einen anstrengenden Flug, Übermüdung, die Zeitumstellung, fremdes Essen und Klimawechsel geschwächt ist, leicht. Daher sind am Anfang Schonung und eher vertraute Speisen zu empfehlen. Multivitamintabletten und viel Mineralwasser, insbesondere wenn man aus Mangel an Hunger zu wenig ißt. Die Hauptursache für Durchfall ist verunreinigtes Trinkwasser (vgl. S. 357). Deshalb ist Vorsicht geboten, denn im Fall einer Infizierung geht eine Woche des kostbaren Urlaubs verloren. Man sollte also eher übervorsichtig sein: nur gut gekochte Speisen und schälbare Früchte, keine Salate, kein Speiseeis, keine Eiswürfel in den Getränken *(sin hielo)*. Auch sehr kalte Getränke können auf Dauer die Widerstandskraft von Magen und Darm schwächen und dann zu Durchfall führen.

Falls es dazu kommt, hilft meist schon ein Mittel zur Reduzierung der Darmtätigkeit (vgl. Reiseapotheke, S. 326). Wenn sich keine Besserung einstellt, muß der Flüssigkeits- und Elektrolytverlust ständig ausgeglichen werden, um Schwäche zu vermeiden. Also sollte man viel Tee oder Mineralwasser trinken und darin pro Glas einen Viertel Teelöffel Salz und etwas mehr Zucker auflösen, dazu Salzgebäck oder Zwieback, Multivitamin- und Mineralstofftabletten nehmen. Falls nach drei oder vier Tagen keine Besserung eintritt, einen Arzt aufsuchen.

Kino

Täglich werden die Programme der Kinos *(cine)* mit den Eintrittszeiten in den lokalen Zeitungen veröffentlicht. Hauptvorführtage sind Donnerstag, Freitag und Samstag. Montags gibt es oft Preisnachlässe. Es werden meist zwei Spielfilme hintereinander gezeigt. Der Großteil der Filme kommt aus den USA. Sie sind im Sinne des Jugendschutzes zensiert. In Caracas beispielsweise gibt es Bewertungskriterien, die durch Buchstaben gekennzeichnet sind. Für Jugendliche unter 14 Jahren sind nur A-Filme erlaubt. Kinder dürfen Kinos im allgemeinen nur bis 19 Uhr besuchen.

Landkarten

Zu allen drei Ländern kann man schon in der Heimat in gut sortierten Buchhandlungen passable Touristen- oder Straßenkarten erwerben. In den Hauptstädten Caracas, Bogotá und Quito erhält man in den staatlichen Reisebüros oder ebenfalls in den großen Buchhandlungen in aller Regel aktuellere und bessere Karten.

Venezuela: Die Karte der Ölgesellschaft Lagovén ›Rutas de Venezuela‹ ist eine brauchbare Straßenkarte, die die Topographie des Landes gut erkennen läßt und zusätzlich eine detaillierte Umgebungskarte und einen großen Stadtplan von Caracas enthält. Der ›Guía Progreso‹ ist ein Straßenatlas in handlicher Heftform; mit Symbolen sind Campingplätze, touristische Sehenswürdigkeiten, Tankstellen, Hotels (mit Telefonnummern), Flugnetz u. ä. kenntlich gemacht.

Kolumbien: Empfehlenswert ist die ›Mapa Vial y Turístico‹ (mit fünf Stadtplänen auf der Rückseite), die vom staatlichen Touristenbüro CNT herausgegeben wird. In Buchhandlungen erhält man einen ›Auto Guía‹ in spiralgebundener Buchform, der das Straßennetz nach Streckenabschnitten (mit Höhenprofil) ordnet und über Skizzen aller wichtigen Städte mit Durchgangsstraßen sowie Hotel- und Restaurantauswahl verfügt.

Ecuador: Die beste Karte, ›República del Ecuador‹, ist vom Instituto Geográfico Militar herausgegeben und kann in guten Buchhandlungen erworben werden (vgl. S. 264). Sie enthält auch eine gute Karte der Galápagos-Inseln. Die ›Mapa Vial-Turístico‹, die ebenfalls vom Militärinstitut herausgegeben wird, ist weniger instruktiv, da die Topographie des Landes nicht erkennbar und die Karte der Galápagos-Inseln kaum brauchbar ist. Die topographischen Karten (Hojas Topográficas) des gleichen Instituts sind sehr gut, werden aber nur im Institut selbst verkauft (vgl. S. 264).

Märkte

Mit dem Wort *mercados* werden in der Regel die ständigen, meist überdachten Markthallen bezeichnet. Die Wochenmärkte der Indios (in Ecuador) heißen *ferias.* Sie finden traditionsgemäß an einem oder zwei fixen Wochentagen statt. Die bekanntesten, von Touristen frequentierten Märkte werden mehrmals in der Woche in reduziertem Umfang abgehalten. Leider ist hier oft die ursprüngliche handwerkliche Vielfalt durch billige Industrieware ersetzt worden, außer bei von Touristen nachgefragten Waren, insbesondere Textilien.

Das Marktgeschehen beginnt schon vor Tagesanbruch und löst sich zumeist im Laufe des Vormittags auf. Man kann dann die Restware billiger erstehen, die besten Stücke sind allerdings verkauft. Es wird geradezu erwartet, daß der Interessent feilscht. Für diesen Fall ist die gute Kenntnis der spanischen Zahlen von großem Nutzen. Freundliches Auftreten steigert die Achtung vor dem Käufer und begünstigt das Ergebnis, das immer einen Kompromiß darstellt. Unbedingt zu vermeiden sind Unbeherrschtheit oder Aggressivität. Es hilft, eher, die Ware wiederholt kritisch unter die Lupe zu nehmen, scheinbar auf den Kauf zu verzichten und wegzugehen.

Die Märkte sind nach Warengattungen aufgeteilt: Früchte, Keramik, Textilien, Flechtwaren, Seile, Eisenwaren. Ausgewählte Folkloreartikel, für deren bessere Qualität man auch mehr bezahlen muß, findet man in den entsprechenden Läden der Luxushotels in den Haupt- und Großstädten.

Massenmedien

Die Tageszeitungen der drei Länder sind überwiegend städtisch orientiert. Insbesondere auf dem Land behindern Analphabetismus und Transportschwierigkeiten die

Verbreitung. Nur wenige Leser abonnieren Zeitungen, meistens werden sie auf der Straße gekauft. Um ihre Existenz zu sichern, müssen sich die Zeitungen überdies an mächtigen Interessenträgern orientieren. Unabhängige Kritik ist daher selten.

Bei den überregionalen Blättern gibt es meist eine Sonntagsausgabe. An den Wochenenden erscheinen in den großen Publikationen Hinweise zu kulturellen Veranstaltungen, während der Ferienzeiten auch touristische Informationen zu den verschiedenen Landesteilen.

Die meisten Magazine kommen aus dem Ausland, wie Hogar, Visión, Vanidades. Sie bestimmen zusammen mit den internationalen Comics das Bild der Zeitungskioske.

Venezuela verfügt über zwei große landesweite Zeitungen, ›El Nacional‹ und ›El Universal‹, die als die bessere gilt. Ebenfalls aus Caracas stammt die Boulevardzeitung ›El Diario‹. Am späten Nachmittag erscheinen ›El Mundo‹ und ›2001‹. Den englischen ›Daily Journal‹ gibt es an großen Kiosken, in den besten Hotels und am Flughafen. Einige nationale Magazine sind ›Número‹, ›Élite‹, ›Bohemia‹, ›Zeta‹, ›Resumen‹, ›Semana‹.

Kolumbiens größte Tageszeitungen sind auf einer Skala von liberal bis konservativ angeordnet: ›El Espectador‹, ›El Tiempo‹, ›La República‹, ›El Siglo‹. Aus Cali kommt ›El País‹, aus Medellín ›El Mundo‹ und ›El Colombiano‹, aus Barranquilla ›El Heraldo‹.

Ecuador hat zwei große überregionale Zeitungen: ›El Universo‹ (Guayaquil) und ›El Comercio‹ (Quito). Weitere regionale Morgenausgaben sind: ›El Telégrafo‹, ›Expreso‹ (Guayaquil); ›El Tiempo‹, ›Hoy‹ (Quito); ›El Mercurio‹ (Cuenca); Abendausgaben: ›La Razón‹ (Guayaquil) und ›Últimas Noticias‹ (Quito). Als Unterhaltungszeitschriften sind ›Vistazo‹ und ›El Estadio‹ (Sport) verbreitet. Die kleinformatige Zeitschrift ›Tiempo Libre‹ informiert u. a. über das aktuelle Kultur- und Restaurantangebot in Quito und Guayaquil.

Radio und Fernsehen wurden in ihrer Verbreitung nicht nur durch die Armut der Bevölkerung, sondern auch durch die mangelnde Elektrifizierung behindert. Das Transistorradio mit Batterie hat daher einen wahren Siegeszug erlebt. In jedem Land gibt es eine Unmenge von kleinen Radiostationen, in Ecuador beispielsweise rund 250, von denen jedoch die wenigsten über 10 kW haben. Ihre Reichweite ist daher gering, zumal die Topographie der Anden die elektromagnetischen Wellen stark einschränkt. Die meisten Stationen senden auf *onda larga* (entspricht unserer Mittelwelle), nur ein kleiner Teil auf UKW. Das Gros ist privat-kommerziell, ca. 10% sind religiös-kulturell und im Besitz von Missionsstationen oder Bischofssitzen. Beim Fernsehen stellt der Preis für die Anschaffung und Installation ein entscheidendes Hindernis dar, da die Geräte fast immer sehr teure Importware sind, besonders die Farbfernseher. In Ecuador gibt es erst seit 1975, in Kolumbien seit 1980 Farbfernsehen.

Auf dem vernachlässigten Lande gewinnt der Fernsehbesitzer in den Augen von Nachbarn und Verwandten an Einfluß. In einigen armen Andendörfern, die die Segnungen des elektrischen Stroms genießen, ist die Kneipe mit dem Fernseher der attraktive Dorfmittelpunkt.

Fast alle Sender werden kommerziell von Unternehmen betrieben. Daher unterbrechen Werbespots ständig die Sendungen. Serien werden meist in den USA als Paket eingekauft, ohne daß der Käufer die Möglichkeit hat, das Schlechte vom Guten zu trennen. Da sie sehr billig sind, wird die nationale Produktion vernachlässigt. Die Serien des Fernsehens sind öfter synchronisiert als die ebenfalls meist aus den USA importierten Kinofilme.

Maße und Gewichte

In allen drei Ländern gilt das metrische System. Alte spanische Maße und Gewichte werden besonders auf dem Lande noch hin und wieder verwendet. Nur wenige sind für den Touristen interessant. Hierzu zählen: 1 *galón* = 3,78 Liter, 1 *libra* = 460 Gramm = 16 *onzas* zu je ca. 29 Gramm.

Notruf

Caracas: Ambulanz, ✆ 5 45 45 45/5 45 47 47
Bogotá: Ambulanz, ✆ 23 15 62 3
Quito: Ambulanz, ✆ 21 49 98.

Öffnungszeiten

Die unten angegebenen Öffnungszeiten können nur Annäherungswerte sein, da die Zeiten auch innerhalb der einzelnen Länder schwanken. In den heißen Gebieten öffnet man früher, um die kühleren Stunden auszunutzen. Mittags wird dort eine *siesta* eingelegt. Geschäfte müssen sich nicht nach Ladenschlußzeiten richten, viele haben auch am Samstag bis in den späten Abend geöffnet. Einkaufszentren öffnen ihre Tore von Montag bis Samstag bis 20 Uhr, hin und wieder auch am Sonntag. Am besten hält man sich an die folgenden Kernzeiten:

Geschäfte: 9–12 und 15–18 Uhr, Sa nachmittags meist geschlossen;

Banken: Mo–Fr 9–11.30 Uhr;

Behörden: Mo–Fr 9–11 und 15–16.30 Uhr.

Polizei

In Venezuela ist die Verkehrspolizei (Inspectoría de Tránsito) unter ✆ 1 67, die Guardia Nacional unter ✆ 1 68 zu erreichen, in Caracas die Stadtpolizei (Policía Metropolitana) bzw. die lokale Polizei an anderen Orten unter ✆ 1 69.

In Bogotá wende man sich an die Policía de Turismo: Cra. 7/C. 27–42, 2. Stock, ✆ 2 84 50 47, auch im Flughafen und im Busterminal.

In Quito ist die Polizei unter ✆ 2 47 500 bis 5 05 zu erreichen.

Es empfiehlt sich, die Rezeption des jeweiligen Hotels in Anspruch zu nehmen, da Einheimische sich besser in den polizeilichen Gepflogenheiten auskennen und beim Touristen im allgemeinen Sprachbarrieren bestehen.

Post

Briefe und Karten (Luftpost: *correo aéreo)* brauchen mindestens eine Woche, wenn sie von den Hauptstädten oder den Großstädten mit internationalem Flughafen nach Europa verschickt werden, von der Provinz aus dauert es meist erheblich länger.

Vor allem sollte man Zwischenstufen vermeiden, Briefe und Karten also nicht im Hotel einwerfen, sondern direkt bei der Post *(correos)* und dort in den Kasten mit der Aufschrift ›*internacional*‹ oder ›*extranjero*‹. ›*Certificado*‹, ein Einschreiben, ist bei wichtigen Briefen angebracht. Lufthansa-Büros nehmen in der Regel Post nach Deutschland (auch Päckchen) an. Es existieren eine Reihe privater Firmen *(aeromensajeras),* die aber immer sehr teuer sind. Die besseren Souvenirgeschäfte übernehmen die Versendung von Waren per Luftfracht.

Post aus Europa wird mit der Aufschrift *poste restante* bis zu einem Monat gelagert. Wenn man die Post abholt und der Beamte nicht sogleich fündig wird, lassen Sie ihn auch unter dem Vornamen oder ›Herr‹ bzw. ›Frau‹ nachschauen. Eine andere Möglichkeit besteht darin, Briefe an die Botschaft schicken zu lassen. Wegen der Unzuverlässigkeit der Hauszustellung haben viele Einheimische ein Postfach: *apartado aéreo* (Apdo. Aéreo oder A. A., Casilla oder P.O. Box). Besonders in der Wirtschaft verläßt man sich eher auf Telefon und Telex bzw. eigene Boten.

Auch Pakete gibt man am besten als *certificado* auf. Der nicht sehr verläßliche

Seeweg dauert allerdings zwei bis drei Monate. Der Versand per Luftfracht kostet kaum unter 10 Dollar pro Kilogramm. Man geht mit Paketmaterial und Inhalt zur Post, wo man nach der Zollinspektion packen kann (Schnur und Schere sind oft vorhanden). Bereits verschlossene Pakete können von den Beamten wieder geöffnet werden.

Stromspannung

Die Stromspannung beträgt meist 110 V; in Gebrauch sind Flachsteckeranschlüsse.

Telefonieren

Bei einem Gespräch nach Europa muß die Zeitdifferenz von sechs bis sieben Stunden beachtet werden. Am besten ruft man um die Mittagszeit an, dann trifft man die Gesprächspartner abends an. Das Gespräch vom Hotelzimmer aus ist wegen der Vermittlungsgebühr zwar teurer aber auch bequemer: Man ruft die Vermittlung an, gibt Land, Telefonnummer und Namen des Gesprächspartners durch sowie die eigene Telefon- oder Zimmernummer. Dann legt man wieder auf und wartet auf die Vermittlung. Man kann die Angaben auch schriftlich über die Rezeption an die Vermittlung weiterleiten lassen. Ein Drei-Minuten-Gespräch nach Europa kostet ca. 30 DM.

Billiger sind Gespräche von den Schaltern der Telefongesellschaften: in Venezuela: CANTV (sprich kantewe); in Kolumbien TELECOM; in Ecuador IETEL. Man muß hier ein Formular mit den Daten ausfüllen, erhält eine Kabine zugewiesen und zahlt anschließend am Schalter.

Toiletten

Öffentliche Toiletten sind im allgemeinen in einem sehr schlechten Zustand. Die meisten Restaurants akzeptieren, daß man ihre Toiletten benutzt, ohne etwas zu verzehren. Meist mangelt es aber auch hier erheblich an Hygiene. Das liegt teils am fehlenden Wasser und besonders in älteren Stadtteilen an verrotteten Abwasserrohren. Toiletten sind im allgemeinen als ›Servicios‹ gekennzeichnet, die Herrentoilette trägt die Aufschrift ›Caballeros‹ bzw. ›Hombres‹, die Frauentoilette ›Damas‹ bzw. ›Señoras‹. In einfachen Kneipen gibt es keine Frauentoilette, da hier nur Männer verkehren. Es ist angebracht, immer etwas Toilettenpapier und desinfizierende Hygienetüchlein dabei zu haben.

Trinkgeld

Kellner in den besseren Restaurants erwarten ein Trinkgeld von ca. 10%, Gepäckträger bekommen bis umgerechnet einen halben Dollar. Taxifahrer erwarten meist kein Trinkgeld, verdienen es aber, falls sie mit Taxameter abrechnen, was nicht selbstverständlich ist.

Der Zimmerboy bekommt bei der Einweisung im Hotel für schwerere Gepäckstücke rund einen Viertel Dollar. Wichtiger sind die Zimmerfrauen, die fast immer bescheiden und freundlich auftreten, hart arbeiten und – obgleich oft noch Mädchen – meist schon Mütter sind, die eine Familie unterhalten und abends noch versorgen müssen. Ein tägliches großzügiges Trinkgeld ist für diese Frauen angebracht: Man kann es im Zimmer hinterlegen, am besten mit einem Zettel *para servicio,* damit es nicht für achtlos herumliegendes Geld gehalten wird.

Zusätzliche Serviceleistungen an Tankstellen, wie Scheibenputzen, sollten ebenfalls durch ein Trinkgeld entlohnt werden, vor allem wenn speziell dafür ein Junge zuständig ist. Viele Menschen versuchen, sich mit Gefälligkeitsdiensten ein ›Trinkgeld‹ zu verdienen, um nicht betteln zu müssen.

Trinkwasser

Leitungswasser sollte man grundsätzlich meiden. Es wird in den Städten zwar meist antibakteriell behandelt, doch führen verschiedene andere Unzulänglichkeiten zur Verunreinigung: defekte Leitungssysteme, stehendes Wasser in offenen Auffangbecken oder deren mangelhafte Reinigung. Diese Becken sind als Zisternen auch in Hotels installiert, um die häufigen Wasserausfälle zu überbrücken.

In Supermärkten kann man purifiziertes Wasser, meist in Vier-Liter-Flaschen, kaufen. Alle drei Länder haben auch gutes Mineralwasser (hervorragend ist die Marke ›Güitig‹, Ecuador), das man in Lebensmittelgeschäften, Getränkeshops, Cafeterías oder Hotelbars bekommen und mit aufs Zimmer nehmen kann. Bei starken Bedenken gegenüber dem Leitungswasser sollten sich Vorsichtige mit dem Mineralwasser auch die Zähne putzen.

Besonders in den einfachen Restaurants sollte man möglichst die Flasche Mineralwasser ungeöffnet (tapada) bestellen (keinesfalls nur ein Glas Wasser), da eine ›Streckung‹ mit Leitungswasser nicht auszuschließen ist. Hier und auch sonst ist anzuraten, möglichst nicht aus der Flasche zu trinken oder die Öffnung zumindest gut abzuwischen, da sich unter dem Verschluß Keime ansammeln können, speziell bei der Lagerung von Flaschen in normalem Wasser, was zur Kühlung in heißen Gebieten oft praktiziert wird.

Gefahren drohen vorwiegend von Spuren von Leitungswasser in Fruchtsäften, Salaten, Speiseeis oder in Form von Eiswürfeln. Das gilt auch für einfache Essensstände auf Märkten, falls die Eß-Utensilien im Wassereimer ›gereinigt‹ wurden oder wenn beim Camping das Wasser weniger als 20 Minuten abgekocht wird.

Wasser, das mit Chlortabletten oder anderen Mitteln entkeimt wird, schmeckt nicht nur scheußlich, sondern muß auch meist genau bemessen werden, um negative Darmreaktionen zu vermeiden.

Währungen

Venezuelas Währung ist der Bolívar (Bs.), benannt nach dem nationalen Befreiungshelden Simón Bolívar. In Umlauf sind Scheine zu 500, 100, 50, 20, 10 Bs, Münzen (moneda) zu 5, 2, 1 Bs sowie zu 50 (Real), 25 (Medio), 10 und 5 (Puya oder Centavo) Céntimos (in Klammern die wichtigsten volkstümlichen Bezeichnungen). Der Bolívar wurde 1983 aus der Dollar-Bindung gelöst und stark abgewertet. Die wichtigste Bank ist die Banco Central de Venezuela.

Kolumbiens Währung ist der Peso ($, oder um Verwechslung mit dem Dollar-Zeichen zu vermeiden: col. $), was schlicht ›Gewicht‹ bedeutet; Noten gibt es zu 2000, 1000, 500, 200, 100, 50, 20, 10 Pesos, Münzen zu 20, 10, 5, 2, 1 Pesos und 50 Céntimos. Zentrale Bank ist die Banco de la República.

Ecuadors Währung ist der Sucre (S/.), benannt nach Marschall José de Sucre, dem Befreier von der spanischen Kolonialherrschaft. Noten existieren zu 5000, 1000, 500, 100, 50, 20, 10, 5 Sucres, Münzen zu 50, 20, 10 Centavos und 1 Sucre. Zentrale Bank ist die Banco Central del Ecuador.

Zeitdifferenz

In Venezuela ist es fünf Stunden, in Kolumbien und Ecuador sechs Stunden früher als bei uns (MEZ). Während der Sommerzeit erhöht sich die Differenz um eine Stunde.

Rück- und Weiterreise

Bei Flügen zwischen Venezuela, Kolumbien und Ecuador werden die jeweiligen Einreiseformulare von den Fluggesellschaften ausgeteilt. Die Paß- und Zollformalitäten werden auf den Flughäfen meist problemlos abgewickelt. Da Inlandsflüge relativ preiswert sind, kann es sich lohnen, zu einem grenznahen Ort zu fliegen, die Grenze auf dem Landwege zu überqueren und vom nächsten Flughafen weiterzufliegen. Wer diesen Weg einschlägt oder per Bus in eines der Nachbarländer einreist, muß sich an der Grenze einen Ausreisestempel in den Paß geben lassen und über eine Touristenkarte für das Zielland verfügen. Eine Kopie dieser Karte ist für die Ausreise aufzubewahren. Für Kolumbien genügt ein Ein- bzw. Ausreisestempel im Paß.

Wer von vornherein Grenzübertritte einplant, sollte sich die nötigen Unterlagen schon bei den jeweiligen Konsulaten im Heimatland besorgen. Bei der Einreise gebe man vorsichtshalber die jeweils längstmögliche Aufenthaltsdauer an (in der Regel 90 Tage). Hin und wieder wird der Nachweis eines Ausreisetickets und einer Geldreserve von 20 bis 30 Dollar pro Aufenthaltstag verlangt (teils abhängig vom äußeren Eindruck der Besucher). Als Ausreisebeweis wird auch ein offener Flugschein (MCO = Miscellaneous Charges Order) anerkannt, den man bei Fluggesellschaften, die der IATA angehören, später gegen ein Flugticket nach Wahl eintauschen kann.

Bei der Rückreise nach Europa können folgende Mengen zollfrei eingeführt werden: 200 Zigaretten oder 50 Zigarren oder 250 g Tabak; 1 Liter Spirituosen über 22 % oder 2 Liter bis 22 %; 250 g Kaffee und 50 g Parfüm. Der deutsche Zoll beschlagnahmt nach dem Washingtoner Artenschutzabkommen alle Souvenirs von geschützten Tieren und Pflanzen, es sei denn, man besitzt eine Ausfuhr- bzw. Einfuhrgenehmigung. Ähnliches gilt für Österreich und die Schweiz.

Wer Reproduktionen präkolumbischer Kunstgegenstände erwirbt, lasse sich immer eine Quittung geben, die man manchmal beim Zoll vorlegen muß. Die Ausfuhr von originalen präkolumbischen Kunst- und Kulturgegenständen ist streng verboten. Auch bei ›guten‹ Fälschungen besteht die Gefahr der Beschlagnahme. Für teuren Schmuck kann ebenfalls eine Quittung verlangt werden.

Verzeichnis
kunsthistorischer und landestypischer Begriffe (Glossar)

Adobes (span.): Luftgetrocknete Lehmziegel, oft mit Stroh und Kies als Beimischung

Alameda (span.): Allee, ursprünglich oft mit Pappeln (alamos)

Alcaldía (span.): Rathaus

Arkade: Bogenstellung über Säulen oder Pfeilern

Artesanía (span.): Volkstümliches Kunsthandwerk, Volkskunst

Artesonado (span.): Deckentäfelung mit meist geometrischer Musterung in der maurischen Kunst → Mudejarstil

Ateneo (span.): Kulturelles Zentrum

Audiencia (span.): Bezirk eines hohen kolonialen Verwaltungsgerichts, ebenso Bezeichnung für den Gerichtshof und für das Richterkollegium

Avenida (span.): Breite Hauptverkehrsstraße

Azulejos (span.): In der spanischen, portugiesischen und iberoamerikanischen Kunst und Architektur verwendete hart gebrannte, glasierte Tonfliesen, mit pflanzlichen oder figürlichen Ornamenten geschmückt

Balneario (span.): Strandbad, auch generell für Badeort

Barrio (span.): Stadtviertel, Vorort

Basilika: Längsgerichteter drei- und mehrschiffiger Kirchenbautyp

Bollwerk: Eine einer Festung vorgelagerte Verteidigungsanlage

Cabildo (span.): Gebäude und Gremium des kolonialen Stadtrates

Calle (span.): Straße

Capilla (span.): Kapelle im Seitenschiff einer Kirche; in großen Klöstern auch Nebenkirche; als capilla mayor wird der Altarraum bezeichnet

Carrera (span.): In Lateinamerika Bezeichnung für Straßen, die im Schachbrettmuster einer Stadt in der gleichen Richtung verlaufen und die querliegenden → calles kreuzen

Carretera (span.): Landstraße

Castillo (span.): Koloniale Befestigungsanlage

Caudillo (span.): Im mittelalterlichen Spanien Bezeichnung für Heerführer, in Lateinamerika politisch-militärischer Machthaber

Chalana (span.): Flußfähre

Chor: Vom Gemeinderaum abgetrennter, für das Gebet der Geistlichen bestimmter, höhergelegener Kirchenraum mit Hauptaltar und meist Chorgestühl

Churriguerismus: Ornamentenreiche Prunkform des spanischen Spätbarock, benannt nach dem Architekten José Churriguera (1650–1723)

Cimarrón (span.): Entflohener Negersklave, der sich auf eigene Faust durchbringt

Colegio (span.): Höhere Schule, oft privat

Criollo (span.): Kreole, in den Kolonien geborener Spanier

Cuadra (span.): Häuserblock

Erosion: Abtragung von Erdschichten durch Wasser, Eis, Wind und Schwerkraft

Fortín (span.): Kleinere Verteidigungsanlage, eine Art befestigter Geschützstand

Galeriewald: Flußbegleitender Feuchtwald in Savannen- und Steppengebieten

Generalkapitanat: Militärische Verwaltungseinheit in den Kolonien

Gobernación (span.): Gebäude und Sitz einer Provinzverwaltung

Hacienda (span.): Landgut, Farm

Huaquero (span.): Mann, der nach alter Keramik (huaco) sucht, Grabplünderer

Hypogäen: Unterirdische Gewölbe oder Kulträume

Inti-Raymi: Inkafest der Sommersonnenwende

Kazike: Indianischer Stammeshäuptling, von den Spaniern oft in die lokale Verwaltung integriert, heute auch Bezeichnung für politische Lokalgrößen

Konquistador: Eroberer der spanischen Kolonialgebiete

Kreuzgang: Der um den Rechteckhof führende Säulengang eines Klosters in dem die Kreuzprozessionen stattfanden und um den sich die Klostergebäude gruppieren

Krypta: Unter dem → Chor gelegener unterirdischer Raum zur Aufbewahrung von Reliquien, Bestattung von Märtyrern, später auch geistlichen und weltlichen Würdenträgern

Lancha (span.): Boot, Motorboot

Llanos (span.): Savannengebiet in Venezuela und Kolumbien

Loma (span.): Hügel, auch für Stadtteile benutzt, die auf einem Hügel liegen

Manierismus: Später Stil der Renaissance, der sich in vielfältigen Erscheinungsformen vom Ideal des überhöhten Naturvorbilds abwendet, zugunsten größerer Expressivität und Dynamik

Mestizo-Stil: Barockstil der Kolonien, charakterisiert durch Verwendung indianischer Motive in der Dekoration

Mirador (span.): Aussichtspunkt, Ausguck; auch für vergitterte Balkone an Adelshäusern oder Klöstern

Mita: Freiwillige Arbeitsleistung für die Gemeinschaft in der Zeit der Inka, hat sich in Indiodörfern bis heute erhalten

Morro (span.): Meist felsige Spitze einer Landzunge, herausragender Berg oder Hügel, oft synonym für eine darauf errichtete Festung

Mudéjarstil: Spanisch-islamische Stilrichtung der nach der christlichen Wiedereroberung Spaniens weiterwirkenden maurisch-islamischen Künstler. Als Stilelemente wurden in den Kolonien besonders die geometrischen Dekorationsmuster der (Holz-)Decken übernommen

Parador (span.): In Venezuela ein familiäres Hotel oder Restaurant

Páramo (span.): Feuchtkalte Vegetationszone unterhalb der andinen Schneegrenze; Graslandschaft und niedriger Pflanzenwuchs

Paseo (span.): Promenade

Pico (span.): Bergspitze

Platereskenstil: Spanischer Dekorationsstil des 15./16. Jhs., der Motive aus der Silberschmiedekunst aufgreift

Quechua (sprich: Ketschua): Indianersprache

Quinta (span.): Landhaus

Rancho (span.): Bauernhof, in Venezuela Haus eines Armenviertels

Rejas (span.): Fenstergitter, in der kolonialen Frühzeit aus Holz, später zunehmend aus Eisen

Sakristei: Raum neben dem Altar zum Ankleiden der Priester und Aufbewahren liturgischer Geräte

Selva (span.): Das tropische Waldgebiet des Amazonasbeckens, hochgelegene Zonen werden als Selva alta, niedere Zonen als Selva baja bezeichnet

Stele: Bearbeiteter Steinmonolith

Zipa, Zaque: Fürsten der Chibcha-Indios

Literaturhinweise

Zu Venezuela

Eberhard, T.: Kult und Kultur. Volksreligiosität und kulturelle Identität am Beispiel des Maria-Lionza-Kultes in Venezuela, München 1983

Fichte, H.: Petersilie – Die afroamerikanischen Religionen IV: Santo Domingo, Venezuela, Miami, Grenada, Frankfurt 1980

George, U.: Inseln in der Zeit. Venezuela. Expeditionen zu den letzten weißen Flekken der Erde, Hamburg 1988

Koch, E. J.: Verdammt, glücklich zu sein – Mit den Kairos unterwegs, Bielefeld ³1986

McIntyre, L. A.: Die amerikanische Reise. Auf den Spuren Alexander von Humboldts, Hamburg ²1989

Otero Silva, M.: Lope de Aguirre – Fürst der Freiheit. Roman, Köln 1981

Polanco, T.: Das ist Venezuela, Starnberg 1982

Ptak, H. P.: Venezuela – Träume werden Wirklichkeit. Reisebericht und Information, Bammental 1982

Werz, N.: Parteien, Staat und Entwicklung in Venezuela, Köln 1983

Zu Kolumbien

Arrubla, M.: Colombia, hoy, Bogotá 1985

García Márquez, G.: Hundert Jahre Einsamkeit. Roman, Köln 1970

García Márquez, G.: Die Liebe in den Zeiten der Cholera. Roman, Köln 1987

García Márquez, G.: Der General in seinem Labyrinth. Roman, Köln 1989

Maceoin, G.: Kolumbien, Venezuela und Guayana, New York 1969

Meschkat, K., Rohde, P., Töpper, B.: Kolumbien. Geschichte und Gegenwart eines Landes im Ausnahmezustand, Berlin 1980

Müller-Plantenberg, C.: Überlebenskampf und Selbstbestimmung, Frankfurt 1983

Paz-Gómez, E.: Schwarz in Kolumbien. Ein autobiographischer Bericht, Hildesheim ²1989

Zu Ecuador

Baumann, P.: Valdivia. Die Entdeckung der ältesten Kultur Amerikas, Hamburg 1978

Baumann, P., Patzelt, E.: Menschen im Regenwald. Expedition zu den Auka, Berlin 1983

Baumann, P., Patzelt, E.: Erinnerungen eines Kopfjägers, Frankfurt 1978

Cropp, W.-U.: Im Herzen des Regenwaldes, München 1989

Cruz, M.: Die Schneeberge Ecuadors, Quito 1983

Dillner, G.: Massenkommunikation in Ecuador, Frankfurt 1979

Einl-Eibesfeld, I.: Galápagos – Die Arche Noah im Pazifik, München ⁷1984

Humboldt, A. von: Vom Orinoko zum Amazonas, Mannheim ⁹1985

Icaza, J.: Caballero im geborgten Frack. Roman, Göttingen 1983

Icaza, J.: Huasipungo. Unser kleines Stückchen Erde. Roman, Göttingen ²1988

Jacome, G. A.: Auf der Suche ich nach mir. Roman, Göttingen 1982

Rohrbach, C.: Der weite Himmel über den Anden. Zu Fuß zu den Indios in Ecuador, München 1989

Wellbauer, A.: Die Deutschen in Ekuador, Quito 1975

Wittmer, M.: Postlagernd Floreana, Frankfurt 1959

Ortsregister

Hauptverweise erscheinen **halbfett**. Abkürzungen in Klammern:
(E) = Ecuador, (K) = Kolumbien, (V) = Venezuela.

Personenregister

»Richtig reisen«: Zentralamerika

Reise-Handbuch

Von Gerhard Heck und Manfred Wöbcke. 490 Seiten mit 34 farbigen und 138 einfarbigen Abbildungen, 52 Karten und Plänen, 49 Seiten praktischen Reisehinweisen, Glossar, Register

DuMont Kunst-Reiseführer: Guatemala · Honduras · Belize

Die versunkene Welt der Maya

Von Hans Helfritz. 272 Seiten mit 38 farbigen und 82 einfarbigen Abbildungen, 61 Zeichnungen und Plänen, 12 Seiten praktischen Reisehinweisen, Register

DuMont Reise-Taschenbuch: Nicaragua

Von Ingeborg Weber und Hans-Otto Wiebus. 252 Seiten mit 12 farbigen und 64 einfarbigen Abbildungen, 10 Karten und Plänen, 33 Seiten praktischen Reisehinweisen, Register

DuMont Kunst-Reiseführer: Mexiko

Ein Reisebegleiter zu den Götterburgen und Kolonialbauten Mexikos

Von Hans Helfritz. 283 Seiten mit 37 farbigen und 106 einfarbigen Abbildungen, 79 Zeichnungen und Karten, 60 Seiten praktischen Reisehinweisen, Personen- und Ortsregister

»Der flexible Band mit seinem informativen Bildkatalog hat den Vorteil, daß er einem der faszinierendsten, fernen Länder der Erde gewidmet ist . . . Hans Helfritz gibt eine sachkundige Übersicht in drei Hauptkapiteln nach den Fundstätten: den Kultstätten des Hochlandes, der Golfküste und des mexikanischen Südens. Der Führer enthält eine Anleitung, wie man schon bei einem kurzen Aufenthalt von nur vierzehn Tagen Besichtigungsfahrten sinnvoll planen und einen Überblick erhalten kann.«   *Die Zeit*

DuMont Kunst-Reiseführer: Mexico auf neuen Wegen

Ein Reisebegleiter zu präkolumbianischen Kultstätten und Kunstschätzen

Von Werner Rockstroh. 384 Seiten mit 39 farbigen und 85 einfarbigen Abbildungen, 152 Plänen und Zeichnungen, 80 Seiten praktischen Reisehinweisen, Register

»›Mexico auf neuen Wegen‹ fasziniert, wie alle DuMont-Reiseführer, durch die Ausführlichkeit und fundierte Information bei guter Lesbarkeit des Textes auch für den interessierten Laien. Ein eigener Teil vermittelt praktische Hinweise, wie man die beschriebenen unbekannten Stätten erreicht bzw. auch weitere kaum erschlossene Ruinenplätze. Der Autor empfiehlt sechs verschiedene Touren durch Mexiko. Dabei beschreibt Rockstroh nicht nur die kulturhistorisch interessanten Stätten, sondern vergißt auch nicht, über die Straßenverhältnisse zu berichten bzw. auf landschaftlich reizvolle Gegenden hinzuweisen.«   *Wiener Zeitung*

»Richtig reisen«: Mexiko

Von Gerhard Heck und Manfred Wöbcke. 380 Seiten mit 35 farbigen und 167 einfarbigen Abbildungen, 49 Karten und Plänen, 26 Seiten praktischen Reisehinweisen, Literaturverzeichnis, Glossar, Register

DuMont Kunst-Reiseführer

»Richtig reisen«